Dez Anos de Reflexões Trabalhistas

Paulo Sergio João

Doutor em Direito pela Pontifícia Universidade Católica de São Paulo (1998). Mestre em Direito pela Universidade de São Paulo (1985). Mestre em Direito Social — *Université Catholique de Louvain*, Bélgica (1981). Graduado em Direito pela Pontifícia Universidade Católica de São Paulo (1974). Professor Associado Doutor da Pontifícia Universidade Católica de São Paulo, desde 1978. Professor de Direito do Trabalho dos cursos de graduação e pós-graduação da PUCSP. Coordenador do Núcleo de Pesquisa em Direito do Trabalho do Programa de Pós-graduação da PUCSP. Sócio titular do escritório Paulo Sergio João Advogados. Membro do Instituto de Direito Social Cesarino Jr.

Dez Anos de Reflexões Trabalhistas

LACIER

LACIER

Lacier Livraria e Editora
www.livrarialacier.com.br

Rua Doutor Quirino, 808 – Centro
CEP 13015-081 – Campinas, SP – Brasil

Junho, 2024

Diretor: *Lacier José de Rezende*
Coordenação editorial: *Peter Fritz Strotbek*
Projeto de capa: *Fabio Giglio*
Projeto gráfico e editoração eletrônica: *The Best Page*

Ficha Catalográfica

Dados Internacionais de Catalogação na Publicação (CIP)
(Câmara Brasileira do Livro, SP, Brasil)

J62d João, Paulo Sergio

Dez anos de reflexões trabalhistas / Paulo Sergio João. — 1. ed. — Campinas, SP : Lacier Editora, 2024.
420 p. ; 17 x 24 cm.

ISBN 978-85-64412-10-1

1. Direito do trabalho — Aspectos sociais — Brasil. 2. Legislação trabalhista — Impactos. 3. Relações trabalhistas. 4. Direito do trabalho — Coletânea. I. Título.

CDU 34:331(81)

Índices para catálogo sistemático:
Direito do trabalho — Coletânea

Angela Schmidt da Rosa – Bibliotecária – CRB-14/1171

Sumário

2016

2017

2018

2019

2020

Covid-19

2021

2022

2023

2024

Apresentação

É com muita honra e prazer que reúno neste exemplar os artigos de minha autoria e que foram objeto de publicação na Coluna Reflexões Trabalhistas ao longo dos últimos 10 anos.

Tudo começou em março de 2014, quando o Professor Pedro Paulo Manus, de saudosa memória, convidou a mim e ao Professor Raimundo Simão de Melo para que, juntamente com ele, revezássemos, a cada semana, na publicação de artigos com breves considerações sobre temas relevantes do Direito do Trabalho e do Processo do Trabalho.

Em maio de 2014 demos início às publicações com uma característica peculiar: chamar a atenção para as peculiaridades jurídicas do momento com a percepção das transformações jurídicas e legais relevantes, sempre deixando uma mensagem de ordem pessoal.

Neste período passamos por diversas situações que mereceram destaque: alteração da legislação previdenciária introduzida pelas Medidas Provisórias ns. 664 e 665, convertidas nas Leis ns. 13.135 e 13.134 de 2015; o Programa de Proteção ao Emprego, introduzido pela Medida Provisória n. 680, convertido na Lei n. 13.069 de 2015; decisões dos tribunais trabalhistas em negociação coletiva e enquadramento sindical; a reforma trabalhista das Leis ns. 13.429 e 13.467 de 2017 e toda discussão travada sobre terceirização e novas modalidades de contrato de trabalho; o período de Covid-19 e os impactos nas relações de trabalho com as medidas de urgência e o momento de calamidade pública; representação sindical; o dilema dos sindicatos com o fim da contribuição sindical obrigatória; o negociado sobre o legislado; o trabalho por meio de plataformas e a uberização das relações de trabalho; as decisões do Supremo Tribunal Federal sobre questões trabalhistas, como por exemplo os Temas 725 e 1.046; e, ainda a questão da igualdade de tratamento entre mulheres e homens entre tantos outros, ao longo destes 10 anos.

Não se trata, portanto de uma publicação com viés acadêmico no sentido de um curso de formação profissional, mas reproduz de uma forma bastante relevante uma linha do tempo com reflexões na evolução do direito do trabalho a partir das transformações políticas e sociais do período.

Em janeiro de 2022, com a inesperada e sentida ausência do Professor Pedro, a Professora Fabíola Marques passou a fazer parte da trinca de autores.

Agradeço ao Dr. Márcio Chaer pelo apoio ao longos destes anos e não poderia deixar de homenagear *in memoriam* o Professor Doutor Pedro Paulo Teixeira Manus.

Agradeço, finalmente, à minha companheira Sandra Ciocci pelo apoio e incentivo.

Prefácio

Qualquer pessoa que viva o Direito do Trabalho já se sentiria privilegiada por prefaciar a mais nova obra do Professor Doutor Paulo Sergio João. Essa honraria é ainda maximizada quando se trata de um ex-aluno, ex-orientando e eterno aprendiz de suas lições.

Conheci o Professor Paulo Sergio João ainda nas carteiras da COGEAE na PUC/SP, lembrando até hoje a maneira gentil com a qual ele me recebeu ao final de uma de suas aulas. Naquele momento, comecei a aprender que o verdadeiro Mestre não é o que tudo sabe, mas aquele que está aberto a sempre dialogar.

Essa forma de deixar os seus alunos à vontade foi a tônica durante as aulas do Mestrado, e ainda nos seus diversos questionamentos, durante as orientações de Mestrado e Doutorado.

Ao longo dos seus mais de 30 anos de magistério, na Pontifícia Universidade Católica de São Paulo, formou grandes pensadores, com a sua maneira singela e calma de propor a reflexão. Felizes dos que tiveram essa oportunidade na PUC/SP nos cursos de graduação, mestrado e doutorado, assim como os discentes da Fundação Getúlio Vargas que gozaram desse privilégio.

A generosidade que marca o autor, em suas atividades como docente e a lealdade com as suas convicções pessoais e profissionais, é transposta para o seu novo livro com a simplicidade que lhe é peculiar no enfrentamento de temas complexos como o financiamento sindical, conjuntamente com o apontamento das mazelas do modelo brasileiro, vindicando a ratificação da Convenção n. 87 da OIT, num cenário de ampla liberdade sindical, demonstrando, inclusive, que os trabalhadores já não se sentem representados por sindicatos que não conformaram as suas atuações às exponenciais transformações provocadas pela fusão dos mundos digital, biológico e físico, ou mesmo a singeleza e a técnica com que aponta a falência do modelo de representação por categoria, mormente diante de um cenário de ampla terceirização validada inclusive pelo STF.

E ao longo do livro, vai cronologicamente atualizando o leitor com temas controversos, acrescentando suas ponderações, tal como no julgamento do STF relativo à mudança de posição quanto à contribuição assistencial, sustentando o o sufocamento do direito à liberdade sindical pelo STF, ou mesmo ao tratar das inconsistências do Tema 935.

A obra, "Dez Anos de Reflexões Trabalhistas", é um passeio pelo tempo, onde o leitor perceberá, não só a atualidade com que os temas foram tratados na Coluna Reflexões Trabalhistas no *Conjur*, como também como o Professor Paulo Sergio João antecipou grandes celeumas do mundo do trabalho, tal como a insegurança jurídica provocada pela lei do corretor de imóveis ou mesmo o transportador autônomo de cargas, e isso já em 2014 — questões que efervescem nas cortes trabalhistas e no STF.

Nessa esteira, o festejado Paulo Sergio João, habilmente, demonstrou a natureza tripartite da relação a justificar a distinção entre contrato temporário e contrato por prazo determinado, assim como em razão de o contrato não estar vinculado a um prazo, mas a uma situação específica (atualmente necessidade de substituição transitória de pessoal permanente ou demanda complementar de serviços), diferenciou com clareza os institutos da terceirização e do trabalho temporário — muito antes da Lei n. 13.429/2017.

O fato rememora, por certo, as alterações da Lei n. 6.019/74, ocorridas somente em 2017 e a decisão do STF na ADPF 324, ao passo que PSJ já demonstrava anos antes que a "atividade fim não é pressuposto da terceirização ilícita", sem olvidar de propor reflexão sobre "o dilema dos falsos autônomos e falsos empregados".

Anteriormente à pandemia, o amigo Paulo Sergio João demonstrava preocupação com "o tempo de descanso como direito fundamental do trabalhador", considerada a alteração na forma de prestação do trabalho combinada com o avanço tecnológico.

Durante o episódio pandêmico, abordou "os sintomas da Covid-19 nas relações trabalhistas", assim como a desnecessidade da MP n. 1.109/2022, dentre outros temas correlatos, tal como a polarizada discussão quanto à exigência de vacinação, sustentando que a "exigência de vacina não é motivo para rescisão indireta por motivo ideológico".

Temas como a terceirização, a representação sindical, o direito de greve e seus contornos permeiam a obra do autor, inclusive em reflexões do ano corrente, abordando as "novas dimensões do direito do trabalho", a partir da licitude da terceirização, a contratação com hipersuficiente (autossuficiente) ou mesmo a intervenção mínima no plano coletivo.

Por certo que o autor — advogado, professor, Doutor em Direito pela Pontifícia Universidade Católica de São Paulo, Mestre em Direito pela Universidade de São Paulo e em Direito Social pela *Université Catholique de Louvain* (Bélgica), como bolsista do CNPq — deixa, de forma condensada, relevante contribuição ao mundo do direito do trabalho.

A obra torna-se leitura obrigatória aos que desejam acompanhar os principais acontecimentos do direito laboral nos últimos 10 anos, com as preciosas reflexões de quem foi homenageado pelo TST, onde recebeu a medalha de Comendador da Ordem do Mérito Judiciário, além da outorga de Comendador pelo TRT2, TRT15 e TRT23, afora o reconhecimento internacional conferido pelo prêmio *Client Choice Awards.*

Boa leitura a todas e todos!

Célio Pereira Oliveira Neto
Membro da Academia Brasileira de Direito do Trabalho (cadeira 75). Pós-Doutor pela Universidade do Porto. Doutor, Mestre e Especialista pela PUC/SP. Pesquisador GETRAB/USP. Professor. Presidente da Sociedade Brasileira de Teletrabalho. Sócio fundador Célio Neto Advogados.

2014

Efeitos dos meios informatizados na proteção trabalhista

6 de junho de 2014

Em dezembro de 2011, dia 17, a Lei n. 12.551 alterou o art. 6º da CLT e introduziu parágrafo único, para caracterizar o que seja trabalho a distância com temas atualizados diante das transformações tecnológicas e dos meios de comunicação.

Convém sinalizar, para fins de interpretação dos efeitos da alteração, que o artigo modificado encontra-se no Capítulo de Introdução da CLT, reservado a conceituar pessoas às quais a legislação trabalhista se aplica: define empregador, empregado, tempo de serviço, proibição de discriminação entre trabalho manual, técnico ou intelectual, local da prestação de serviços, formas de trabalho excluídas da CLT, formas de interpretação para autoridades administrativas e da Justiça do Trabalho, nulidades, respeito a direitos adquiridos, prescrição de créditos e direito de ação. Tudo isto nos arts. 1º a 12.

O art. 6º reformado, encontra-se, portanto, nos aspectos gerais de apresentação da CLT e não poderia cuidar dos direitos materiais reconhecidos aos protegidos durante a relação de emprego. Cuida com detalhes nos capítulos pertinentes que tratam da duração da jornada de trabalho, salário mínimo, férias anuais remuneradas, períodos de descanso, contrato de trabalho, salário e remuneração entre outros.

O artigo reformado repete o anterior ao afirmar que para fins de aplicação das normas trabalhistas não se distingue entre aquele serviço prestado no âmbito da empresa e o prestado no domicílio do empregado, desde que reunidas condições de vínculo de emprego, acrescentando agora o trabalho a distância ("não se distingue entre o trabalho realizado no estabelecimento do empregador, o executado no domicílio do empregado e o realizado a distância, desde que estejam caracterizados os pressupostos da relação de emprego"). Trouxe ainda a nova redação o parágrafo único para dizer que se inserem na modalidade trabalho a distância os meios telemáticos e informatizados, assim dispondo expressamente: "Os meios telemáticos e informatizados de comando, controle e supervisão se equiparam, para fins de subordinação jurídica, aos meios pessoais e diretos de comando, controle e supervisão do trabalho alheio". Não se trata aqui de presumir vínculo de emprego, mas de advertir o tomador de serviços de que esse modelo de relação de trabalho se sujeita à condição de empregado em domicílio, passível de reconhecimento de vínculo de emprego.

O trabalho exercido pelo trabalhador em domicílio é uma antiga prática de gestão de empresas. O trabalhador é remunerado pelo trabalho executado por produção ou outra forma, de acordo com os critérios de cada setor ou atividade, exemplificativamente no setor de confecção, que se utiliza de costureiras que prestam serviços em seu próprio domicílio. Mereceu referência pela CLT para advertir quanto à igualdade de tratamento e respeito aos direitos trabalhistas que deveriam ser dispensados aos prestadores de serviços em domicílio, quando reunidas as condições de empregado.

Com a evolução dos meios informáticos e de comunicação, o artigo da CLT, embora não excluísse a possibilidade da prova, poderia não atender aos novos modelos de prestação de serviços em que a presença física do empregado na empresa fosse dispensável. Para identificar o que seja trabalho a distância, o parágrafo único apresentou os meios telemáticos e informatizados de comando como instrumentos de demonstração de que o trabalhador estaria sob a forma de comando pessoal e direto pelo tomador de serviços.

Deste modo, não se trata de controle de jornada nem reconhecimento de que eventual comunicação do empregador fora do expediente normal obrigaria o empregador ao pagamento, de forma inquestionável, de horas extraordinárias. Alguns sugeriram até nova redação da Súmula n. 428 do TST para se ajustar aos termos da redação da lei, esquecendo-se de que o TST aprova Súmulas observando os precedentes de julgamento que a ela deram ensejo.

Já está pacificado que não se trata de tempo à disposição e não se refere a duração do trabalho, tanto pela intenção do legislador como pelo capítulo em que se insere a alteração. Menos ainda a situação prevista traz o reconhecimento de vínculo de emprego de modo inquestionável.

A nova lei trouxe um elemento de atualização e de possível prova de subordinação jurídica de prestadores de serviços cuja atividade ocorre fora do local da empresa. Em palavras outras, se houver o uso de meios telemáticos e informatizados de comando, controle e supervisão, tais meios se equiparariam a formas de controles pessoais, isto é, como se fossem praticados no próprio ambiente da empresa.

A Súmula n. 428 do TST sofreu nova redação, mas sem alterar o conteúdo da redação anterior, para dizer que "I – O uso de instrumentos telemáticos ou informatizados fornecidos pela empresa ao empregado, por si só, não caracteriza o regime de sobreaviso e II – Considera-se em sobreaviso o empregado que, à distância e submetido a controle patronal por instrumentos telemáticos ou informatizados, permanecer em regime de plantão ou equivalente, aguardando a qualquer momento o chamado para o serviço durante o período de descanso". Continua, portanto, afinada com os seus precedentes e não deve ser confundida com a reforma ora introduzida.

O teor da Súmula diz respeito ao cumprimento do contrato de trabalho quanto à jornada de sobreaviso, decorrente do uso de aparelho de intercomunicação e que obriga o empregado ao atendimento de chamados e respostas imediatas. Em síntese considera que o direito à reparação dessa jornada depende de prova em juízo. Não se refere a Súmula ao exercício do poder diretivo do empregador

Portanto, a redação sinaliza para um instrumento de demonstração de controle e subordinação no sentido de incluir esse trabalhador no campo de proteção trabalhista. Não se trata de reconhecimento de horas extras.

Modelo sindical baseado na unicidade deve ser revisto

18 de julho de 2014

Nos últimos meses os movimentos trabalhistas evidenciaram o surgimento de grupos trabalhadores, dissidentes no próprio sindicato que os representa dentro da estrutura planejada pela lei. São conflitos atípicos assim denominados porque escapam do controle formal do sindicato. Apenas para lembrar alguns casos, os garis do Rio de Janeiro, os motoristas rodoviários mais recentemente, tanto naquela cidade como na cidade de São Paulo e região metropolitana, onde causaram problemas de toda ordem no trânsito, por razões óbvias, e, consequentemente nas atividades de rotina dos trabalhadores e das empresas.

Diante do fato ocorrido, há uma perplexidade relativamente à minoria dissidente do sindicato, e a questão mais prontamente colocada é de saber se tal grupo teria reconhecimento jurídico para agir desta forma, pois o sindicato que representa a "categoria" já havia assinado uma convenção coletiva de trabalho com o sindicato patronal. O outro questionamento vem na sequência: de quem seria a responsabilidade pelos prejuízos de todo gênero sofridos e qual o grau de responsabilidade do município nesta crise localizada.

Primeiro ponto de destaque é que os trabalhadores dissidentes demonstram, de forma sintomática, que o velho critério da representatividade sindical não serve mais para manifestar a vontade de todos que supostamente o sindicato representaria. A dissidência exige uma revisão do modelo sindical baseado na unicidade.

Os dirigentes sindicais que se acostumaram no conforto do modelo tradicional brasileiro estão perdendo o controle dos representados.

A título de referência, quando o sindicato dos metalúrgicos do ABC, em 1979, fez oposição ao regime político e ao modelo de reajustes salariais, tínhamos uma resistência política e externa, mesmo sem pretender a revisão da estrutura sindical, combatida inicialmente, mas depois acalentada pelos líderes que se seguiram. Agora, os movimentos trabalhistas nos trazem uma reflexão voltada para a reestruturação do próprio sindicato e sua organização.

Formalmente, o movimento paredista dos motoristas de transporte público após a celebração da convenção coletiva de trabalho foi considerado abusivo com efeitos na perda do salário dos dias parados para os trabalhadores que aderiram ao movimento (caso não repusessem as horas, o que parece condição impossível pela sistemática de cumprimento de horário de trabalho do setor).

Entretanto, a solução do processo judicial não encerra a continuidade do conflito e obriga o judiciário a imposição de multas para o retorno ao trabalho que, de novo, traz verdadeira contradição e ofensa à liberdade ao trabalho e ao direito de greve. Efetivamente, não se pode negar a existência de um movimento coletivo de trabalhadores, mesmo contra a vontade daqueles que dirigem a entidade sindical e que têm a obrigação formal de representá-los e defender os interesses do grupo.

Este paradoxo não existiria no modelo de liberdade sindical em que as minorias teriam oportunidade de formar seus próprios sindicatos e teriam voz no processo de negociação coletiva. Neste caso, a conciliação não deixaria rastro de dúvidas quanto à sua legitimidade. Ao contrário, nossa organização sindical se considera única e se pretende representante ideológica da "categoria" que ao sindicato se vincula em razão de padrão legal e por uma obrigação de custeio.

O sindicato não pode ser apenas beneficiário de contribuições sindicais. Este fato parece que o desqualifica, fragilizando suas reivindicações. Como representante de todos, na falta de outra entidade, a ele deve ser atribuída responsabilidade pelos atos praticados por todos trabalhadores.

O sindicato personifica a vontade dos trabalhadores que o constituíram e quando o sindicato se manifesta está falando em nome de toda a "categoria".

A dissidência interna deve ser objeto de reflexão para que se adote com urgência no país a Convenção n. 87 da OIT, com o reconhecimento da pluralidade sindical, dando oportunidade à criação de sindicatos livres, independentes e autônomos.

E, por fim, quanto ao poder público, o que se pode esperar? Qual o nível de responsabilidade diante do conflito?

O poder público, aqui considerado o município, não tem poder de interferência direta no conflito. A solução depende mais de negociação entre empregadores e trabalhadores do que de uma imposição pelo poder executivo.

O Judiciário Trabalhista, provocado pelo Ministério Público do Trabalho, sempre terá oportunidade de se manifestar sobre o conflito, declarando sua legalidade ou não, podendo fixar outro reajuste salarial, diverso do negociado, e impor multa ao sindicato de trabalhadores. Após a decisão do Tribunal, manda a lei que os trabalhadores retornem ao trabalho e, a continuidade da greve permitirá aos empregadores a dispensa por justa causa.

Como se trata de concessão de serviço público, no caso dos motoristas, o município tem toda responsabilidade pelos acontecimentos porque, ao tratar do contrato de concessão, omite-se quanto às condições de trabalho que as empresas poderão dispensar aos empregados contratados. O poder público, para satisfazer a obrigação de que seja oferecido transporte público em boas condições e a preços populares, deixa às empresas uma margem reduzida de negociação e aos sindicatos uma difícil missão.

Portanto, mais do que um simples conflito de minoria insatisfeita, estes fatos atingem a essência do sindicalismo brasileiro e, se não revista a organização sindical, a insuficiência da representação fará com que as negociações coletivas se sujeitem a constantes explosões de dissidentes insatisfeitos, gerando insegurança jurídica para todos.

Participação nos Lucros ou Resultados — Casuística e jurisprudência

8 de agosto de 2014

O direito dos trabalhadores à Participação nos Lucros ou Resultados das empresas, trazido no art. 7º, inciso XI, da Constituição Federal em 1988, parece ter tomado rumos que exigem reflexão quanto à sua natureza obrigacional e a forma pela qual tem sido imposto seja por negociações coletivas seja pela própria Justiça do Trabalho.

O contrato de participação nos lucros ou resultados estabelece uma relação jurídica atípica entre trabalhadores e empregados cujo objeto e conteúdo não se confundem com o contrato individual de trabalho. Suas normas são condicionadas à realização de fatores que serão determinantes segundo o envolvimento do grupo e não se inserem no campo da expectativa do direito. Se não atingido o objeto acordado, o contrato se resolve sem obrigações de ambas as partes.

Todavia, parece ter havido confusão de interpretação na forma de negociação.

A legislação incluiu o sindicato da "categoria" como integrante da comissão de trabalhadores ou o levou como negociador na forma de acordo coletivo ou convenção coletiva, nestes dois últimos casos, em respeito à própria Constituição Federal que considera a participação sindical obrigatória nos modelos jurídicos apontados.

Apesar disso, manteve a Lei n. 10.101/2000 a incompetência da Justiça do Trabalho para apreciar conflitos envolvendo pagamento de PLR, remetendo a solução à mediação ou arbitragem.

Portanto, formalmente, a lei se manteve equilibrada e tratou do assunto sem incluí-lo em direitos de natureza trabalhista *stricto sensu*. Assim, o conteúdo da negociação tem natureza objetiva e estritamente contratual, estabelecendo-se entre trabalhadores e empregador, compromisso de negócio, sem prejuízo, por óbvio, das obrigações contratuais assumidas quando da admissão do empregado.

Pudemos observar ao longo dos 20 anos, desde a edição da primeira Medida Provisória que tentou regulamentar o tema (MP n. 794/94), que empregadores, sindicatos e o judiciário trabalhista envolvem-se nem sempre de forma adequada.

Assim, há situações de empregadores que transferiram obrigações trabalhistas para o modelo PLR com a finalidade de reduzir custos de encargos fiscais e trabalhistas.

Os sindicatos inseriram em convenções coletivas de trabalho norma obrigacional de pagamento de valor previamente definido, ou obrigação de que as empresas do setor, em prazo definido, implantassem um plano de PLR sem observar o porte da empresa.

Vale a reprodução de como o sindicato divulga as "conquistas" obtidas a título de pagamento de PLR. Neste caso, tratou-se de um conflito de greve dos trabalhadores da Toyota na cidade de Sorocaba, em São Paulo.

Em resumo, para o sindicato, o valor a ser pago pela empresa é fruto exclusivamente de conquista política cujos resultados se misturam com reajuste salarial, aumento real e vale compra. Trata-se de um discurso que compromete a integração dos trabalhadores no negócio e que não avança em termos de comprometimento no relacionamento futuro, nem para os trabalhadores nem para a empresa. Politicamente, o sindicato se apoderou e faz discurso de efeitos duvidosos para o futuro.

O Tribunal Superior do Trabalho vem decidindo pela impossibilidade jurídica de pretensão de PLR mediante dissídio coletivo, sinalizando para o aspecto negocial fora do âmbito do conflito trabalhista (TST RODC 99687/2003-900-04-00.5, SDC, rel. Min. Carlos Alberto Reis de Paula, *DJ* 1º.06.2007).

Entretanto, decisões regionais em ações individuais como em conflitos coletivos, adotam interpretação da PLR como um direito de ordem pública que deve receber o mesmo tratamento de verbas como férias, horas extras etc. Admitem a solução de impasses com instauração de dissídios coletivos, impondo valores a serem pagos pelo empregador, sem qualquer comprometimento de empregados e empregadores na valorização desse instrumento jurídico de importância ímpar.

O Tribunal Superior do Trabalho, por meio da Súmula n. 451 (ex-OJ n. 390, da SDI-1), caminhou no sentido de considerar que o instrumento jurídico que define os Planos de Participação em Resultados, celebrados no âmbito de comissão de trabalhadores ou por negociação sindical não podem excluir trabalhadores dispensados ou que venham a pedir demissão da empresa antes do vencimento do período de apuração, da participação, sob pena de ferir o princípio da isonomia. A presunção é de que o ex-empregado teria contribuído para os resultados positivos da empresa.

A percepção que nos passa o TST é de que se trata de promessa de bônus e, data vênia, não se ajusta juridicamente ao instituto previsto na Lei n. 10.101/2000. Fosse bônus, este sim pela natureza contratual trabalhista, seria devido proporcionalmente ao tempo de serviço porque ou o empregado tenha contribuído ou porque a empresa atingiu performance com a qual se comprometeu à distribuição.

Outra jurisprudência que se firmou no Tribunal Superior do Trabalho é casuística e se refere ao célebre acordo entre a Volkswagen do Brasil e o Sindicato dos Metalúrgicos do ABC. Refiro-me à OJ Transitória SDI-I e número 73, Súmula n. 14 do Tribunal Regional do Trabalho da 2ª Região em que se reconhece a possibilidade de parcelamento de pagamento de PLR e, ainda, atribui ao valor pago natureza indenizatória ("[...] não retira a natureza indenizatória da referida verba (art. 7º, XI, da CF), devendo prevalecer a diretriz constitucional que prestigia a autonomia privada coletiva (art. 7º, XXVI, da CF").

É no mínimo curioso atribuir natureza jurídica indenizatória ao valor distribuído a título de PLR porque de indenização não se trata, já que não corresponde a reparação de prejuízo. A Constituição Federal refere-se ao caráter não remuneratório da parcela. Outro aspecto admitido pela citada jurisprudência é que por acordo coletivo, em homenagem à autonomia privada coletiva, se possa estabelecer natureza jurídica de valores distribuídos aos empregados.

Enfim, temos muito ainda a refletir sobre os encaminhamentos jurídicos que estão se apresentando na implantação de planos de participação nos lucros ou resultados das empresas.

Aviso prévio proporcional ao tempo de serviço possui controvérsias

29 de agosto de 2014

Quando o empregador dispensa o empregado sem justa causa e não lhe dá a oportunidade de cumprir o período de aviso prévio fica obrigado ao pagamento de uma indenização correspondente ao prazo do aviso. Aplica-se a mesma obrigação de indenização do prazo respectivo quando o empregado, demissionário, não atende à obrigação de cumprir o trabalho do respectivo período (art. 487, §§ 1º e 2º da CLT).

Na primeira hipótese (dispensa pelo empregador), o tempo do aviso prévio é tempo de serviço e se incorpora ao contrato, produzindo todos os efeitos jurídicos, especialmente trabalhistas (art. 489, CLT), inclusive com anotação de baixa na CTPS (Orientação Jurisprudencial 82, SDI-I). Já na segunda hipótese, a recusa do empregado interrompe o curso laboral na própria informação ou constatação de que não trabalhará no aviso prévio.

A Lei n. 12.506/2011, que tratou do aviso prévio proporcional ao tempo de serviço, assegurou aos empregados o acréscimo de três dias por ano de serviço prestado na mesma empresa. Existem algumas controvérsias sobre as hipóteses de aplicação da lei: (i) trata-se de direito e obrigação recíprocos; (ii) tratou a lei da valorização do pagamento do período de aviso prévio de 30 dias; ou (iii) deve ser considerado como extensão de período de aviso a cumprir pelo empregado.

A primeira discussão foi rapidamente resolvida porque a Constituição Federal assegura aos empregados e somente a estes o direito ao aviso prévio proporcional ao tempo de serviço (art. 7º, XXI). Não seria razoável que o empregador se beneficiasse da mesma proporcionalidade porque se trata de direito exclusivo do trabalhador decorrente do direito adquirido a cada período de 12 meses de trabalho e que deve servir de estímulo à permanência no emprego. O entendimento de que se trataria de obrigação recíproca, levaria ao fato de que o empregado demissionário estaria vinculado ao cumprimento de prazo estendido na forma da lei, transformando-se em refém do próprio direito.

A segunda questão, de que se tratou de um aumento na remuneração do período de aviso prévio, parece ser a mais relevante. Mantido o período de 30 dias, o acréscimo de três dias deveria servir para onerar o empregador na dispensa sem justa causa do empregado. Efetivamente, faltou clareza na Lei n. 12.506/11, que se refere no *caput* à concessão de aviso prévio na proporção de 30 dias e, no parágrafo único, ao acréscimo de três dias por ano de serviço, limitado a 60 dias. Para nós, houve a preservação de período de 30 dias, valorizado com três dias por ano de serviço para fins indenizatórios, sem a obrigação de seu cumprimento e sem os efeitos jurídicos de projeção além de 30 dias.

A terceira hipótese, de que o período de proporcionalidade de aviso teria sido acrescido de tempo e que os efeitos jurídicos se projetariam para além dos 30 dias parece não adequada para empregadores e empregados, embora o Ministério do Trabalho e Emprego venha adotando essa orientação, seguida pelos sindicatos por ocasião das homologações dos termos de rescisão de contrato de trabalho. São três as situações decorrentes:

a. Do lado dos empregadores, se projetado o tempo de serviço com o acréscimo dos três dias, diversos questionamentos de litigiosidade clara poderiam ocorrer: acréscimo de férias proporcionais e 13º salário proporcional; FGTS do período; tempo de serviço para fins de aplicação de trintídio da data base e pagamento de indenização adicional, gravidez durante o período estendido[(1)], além de outros;

b. Para o empregado, quando dispensado injustamente, poderia o empregador exigir o cumprimento de todo o período de aviso prévio de 30 dias acrescidos dos três dias por ano de serviço; ou

c. Quando demissionário e recusando-se a cumprir o período de aviso prévio, por aplicação da equivalência de obrigações prevista no art. 487, § 2º, levaria à possibilidade de que o empregador cobrasse do empregado indenização além dos 30 dias previstos no art. 487 da CLT.

Vale notar que, anteriormente à Lei n. 12.506/2011, que estabeleceu o pagamento dos 30 dias com acréscimo, alguns sindicatos já haviam negociado semelhante condição no período de aviso prévio legal e afirmavam, com todas as letras, que o acréscimo de dias não tinha natureza jurídica salarial e que não se acrescentava ao tempo de serviço dos empregados. A Súmula n. 367 do TST apenas inclui no tempo de serviço se a norma coletiva silencia a respeito dos efeitos no tempo de serviço[(2)].

---

(1) Art. 391-A – A confirmação do estado de gravidez advindo no curso do contrato de trabalho, ainda que durante o prazo do aviso prévio trabalhado ou indenizado, garante à empregada gestante a estabilidade provisória prevista na alínea b do inciso II do art. 10 do Ato das Disposições Constitucionais Transitórias. *(Artigo incluído pela Lei n. 12.812/2013* – DOU *17.05.2013)*

(2) Súmula n. 367. Aviso prévio de 60 dias. Elastecimento por norma coletiva. Projeção. Reflexos nas parcelas trabalhistas. (*DeJT* 03.12.2008)

Portanto, não se altera o período de 30 dias de aviso prévio da CLT, mas a quantificação monetária de seu pagamento. Talvez seja a linha de interpretação e de condução mais adequada, sem imediatismos.

O prazo de aviso prévio de 60 dias, concedido por meio de norma coletiva que silencia sobre alcance de seus efeitos jurídicos, computa-se integralmente como tempo de serviço, nos termos do § 1º do art. 487 da CLT, repercutindo nas verbas rescisórias.

Trabalho temporário e sua falsa compreensão como terceirização

19 de setembro de 2014

Historicamente, o fornecimento de mão de obra para atender a necessidade de satisfazer demandas de trabalho nas empresas tangenciou prática de atos ilícitos punidos pela legislação penal como crime de *marchandage*. Assim, qualquer cessão de mão de obra que não atenda as disposições legais sobre o assunto, pode constituir um delito penal.

Entre nós, o modelo jurídico da Lei n. 6.019/1974 é o que regulamenta o fornecimento de mão de obra para execução de trabalho de natureza temporária. Todavia, há muito tempo tem sido mal compreendido. Atualmente, em razão da expectativa do julgamento do STF do despacho publicado em 6 de junho de 2014, relativo ao ARE 713.211, por meio do qual o Plenário Virtual do Supremo Tribunal Federal, por maioria, reconheceu a existência de repercussão geral quanto ao tema da terceirização de serviços para a consecução da atividade-fim da empresa, constata-se mais ainda a confusão que alguns fazem em tratá-lo como terceirização de serviços.

A Lei n. 6.019/1974 disciplina a forma pela qual se permite a execução de trabalho de natureza temporária, estabelecendo uma relação atípica em que o tomador da mão de obra e trabalhador não estejam vinculados diretamente às obrigações trabalhistas existentes entre empregado e empregador desde a forma de contratação até o término da relação.

Também de natureza temporária deve ser considerado trabalho que, na forma da lei, decorra de acréscimo extraordinário de serviços ou que tenha por finalidade a substituição de empregado permanente. Por aí já se vê que não se trata de terceirização de serviços, em que uma empresa que detenha especialização em determinados serviços absorve em relação à contratante, o compromisso de executá-los com empregados próprios.

No modelo jurídico da Lei n. 6.019/1974, a empresa fornecedora de mão de obra não detém expertise na execução de serviços nem se compromete a executá-los. Sua obrigação está adstrita à seleção de trabalhadores no mercado de trabalho e à cessão de mão de obra ao tomador dos serviços, estabelecendo-se uma relação triangular entre fornecedor de mão de obra, tomador de serviços e trabalhador inserido nesta relação, sem vínculo de emprego, mas com algumas garantias asseguradas pela lei. Trata-se de prestação de serviços na seleção de mão de obra e de cessão para o tomador que dela poderá dispor diretamente para atender à situação emergencial do trabalho temporário.

O trabalhador, nesta relação jurídica, não possui vínculo de emprego com o fornecedor de mão de obra nem com o tomador. Tem seus direitos assegurados pela Lei n. 6.019/1974, repita-se, e o tempo de permanência está vinculado ao término da condição que gerou a permissão de contratar: (i) eliminação do acréscimo extraordinário de serviço ou (ii) retorno do empregado efetivo afastado do cargo. O trabalhador, neste caso, não se apresenta com a pessoalidade no momento da contratação pelo tomador, pois é selecionado pela fornecedora de mão de obra, nem tem as características da subordinação porque nem ele, trabalhador, nem o tomador, assumem compromisso de preservação da relação. Em palavras outras, tanto trabalhador como tomador podem decidir pelo término do contrato, bastando para isto que cada um informe o fornecedor de mão de obra.

O prazo de permanência do trabalhador na execução do trabalho se vincula à sua própria execução, podendo demorar uma semana, duas, um mês, dois meses e até três meses em relação ao mesmo trabalhador (desnecessário tratar das hipóteses de prorrogação neste momento). Portanto o prazo não é do contrato, mas do trabalho.

Na terceirização, contrariamente, a empresa contratada tem especialização em determinada área de atuação e tem gestão direta sobre os serviços prestados, fazendo-o por meio de seus próprios empregados, devidamente treinados para a finalidade da contratação. Os trabalhadores que prestam serviços terceirizados são empregados da prestadora e se confundem com a obrigação do próprio empregador, a ele se vinculando diretamente e especialmente. Neste sentido, é impróprio referir-se a terceirização de mão de obra, expressão que revela o desconhecimento básico do modelo jurídico de que se está tratando.

Nem o trabalho temporário nem a terceirização merecem a expressão venda de mão de obra, situação que, na sua ocorrência, revelaria crime de *marchandage*. Portanto, há necessidade de que se dê conteúdo jurídico adequado para os modelos de contratação a fim de que não se confundam a terceirização de serviços com o modelo da Lei n. 6.019/1974.

Preocupação moderna, assédio moral exige análise caso a caso

10 de outubro de 2014

Não são raras as demonstrações recentes de que as relações de trabalho se transformaram tanto pela competitividade entre as empresas quanto pela sobrevivência da atividade empresarial em situações de conflito. A disputa de mercado gerou nas empresas um compromisso de atingimento de metas pelos empregados, além de novas formas de inserção dos trabalhadores na atividade empresarial, quer pela distribuição de resultados quer pelo reconhecimento mediante promoção funcional.

De outro lado, a Constituição Federal de 1988 retomou a consciência do exercício da cidadania, elevando o princípio da dignidade humana como bem jurídico a ser protegido, conforme art. 170. De consequência, após já andados quase 30 anos das novas propostas constitucionais, as pessoas passaram a exigir mais respeito em todos os atos e relações comuns da vida. Tanto é assim que pesquisas frequentes demonstram que os trabalhadores valorizam as empresas que mais se preocupam com a qualidade de vida interna e externa, com o respeito e com a promoção de negócios gerados pela empresa, ou seja, quanto mais oportunidades aos trabalhadores melhor a empresa.

Não se pode esquecer, de outro lado, que o conceito de emprego mudou. A empresa é um local onde se recebe um salário por conta da prestação de serviços, mas também é o local de realização pessoal e profissional em que o empregado está apto a assumir parcerias de resultados cuja relação jurídica transcende sua condição de empregado, atuando ao lado do empregador em verdadeira sinergia de negócio em que o emprego surge como uma ponte para outras oportunidades de negócio.

A figura do assédio moral tem trazido preocupação nas empresas, quer pela sua indefinição quanto às características que apresenta e, especialmente em razão do crescente volume de ações trabalhistas ajuizadas, em que se pretende indenização sob o fundamento de que o autor fora vítima de assédio moral praticado pelo empregador ou por seus gestores durante o contrato de trabalho.

Sabe-se que a figura do assédio moral, tal como se discute nas relações de trabalho, é descoberta recente e decorre do modelo econômico em especial. Todavia, o assédio moral se encontra nas relações humanas em geral, não sendo exclusividade das relações de trabalho. Há notícias de prática de assédio moral entre crianças e adolescentes, com consequências desastrosas às vezes.

Na relação de trabalho, o comportamento capaz de gerar a identificação da prática de assédio moral não se resolve num único ato isolado e muitas vezes ele é confundido com ofensa moral.

Por isto se diz que o assédio moral decorre de atos constantes e *repetidos* ao longo do tempo e que sejam capazes de desestabilizar emocionalmente o assediado, provocando abalo psíquico gerador de depressão, refletindo em sua saúde física. É importante que os atos praticados sejam com a intenção de atingir o emocional do assediado.

O ato ilícito é representado por atitudes e condutas omissivas ou comissivas do empregador com abuso do poder diretivo ou disciplinar. Também por ser praticado por gestores da empresa que na qualidade de prepostos do empregador, acabam por responsabilizá-lo em razão da degradação do ambiente de trabalho. Todo ato de assédio moral, para sua identificação, necessita de frequência, regularidade, prolongação e tem como finalidade desestabilizar a vítima em sua auto-estima.

Para as empresas, a fim de se prevenirem de prática de assédio moral no ambiente de trabalho e de se protegerem contra eventual indenização de reparação deste tipo de admoestação, resta a necessidade essencial de fazer uma boa pesquisa de clima ambiental, primeiro, internamente, que possa dar aos empregados a possibilidade de se manifestar quanto à gestão e ambiente de trabalho e, depois, externamente, para entender o empregado na sua vida pessoal, sua família e eventuais problemas que possam afetar seu comportamento no ambiente de trabalho.

Por todos os aspectos que o problema possa se apresentar, trata-se de tarefa extremamente difícil a conceituação do que seja assédio moral. Não há padronização porque cada pessoa reage diferentemente à provocação. Deste modo, pretender enquadrar juridicamente o conceito parece inadequado, cabendo a análise da sua tipificação caso a caso, pelo seu conteúdo e resultado.

Contrato de trabalho e cláusula de não concorrência: Forma de proteção coletiva

31 de outubro de 2014

O contrato de trabalho estabelece entre empregado e empregador uma relação obrigacional de conteúdo especial caracterizado pela fidúcia, inerente ao comprometimento e cumplicidade das partes. Este envolvimento na atividade empresarial comporta, de um lado, os interesses do empregador na preservação do negócio e, de outro lado, pelos trabalhadores, a preservação da empresa como geradora de recursos e de empregos.

A compatibilização de interesses da sociedade empresarial com os interesses dos empregados, sem ofender a garantia do direito à liberdade ao trabalho, não é tarefa fácil porque implica revisão de conceitos e de questionamento quanto à finalidade da cláusula.

Para sua observância durante o contrato de trabalho, a proteção contra o ato de concorrência foi inserida como de caráter disciplinar, considerado fato grave imputado ao empregado (art. 482, "*c*", da CLT).

Todavia, após a rescisão contratual, quando o empregado adquire liberdade para recolocação no mercado, parecem surgir três campos de preocupações: (i) do lado empresarial e (ii) do lado do empregado retirante e (iii) do lado dos trabalhadores que permanecem na empresa.

Para as empresas, parece normal que queiram guardar com reservas as informações transferidas ao empregado retirante em especial se ele foi capaz de absorver conhecimentos técnicos e estratégicos e que, nas mãos da concorrência, poderiam comprometer a continuidade do negócio ou que lhe afetaria de modo sério, ainda que temporariamente. A empresa estaria então legitimada a negociar com o empregado retirante condições para que seu patrimônio comercial ou industrial não sofresse riscos.

Se o contrato contiver previsão da condição de restrição possível, basta que o empregador a acione. Todavia, se o contrato for omisso quanto ao exercício da obrigação de não concorrência, a negociação pós contrato será mais difícil e dependerá da vontade do empregado. Há casos em que, em razão das circunstâncias da atividade profissional do empregado retirante, a fixação de cláusula de não concorrência poderia apresentar uma restrição profissional incompatível e ofender a liberdade ao trabalho e poderia ser imputada de nula.

Para o empregado retirante, a confidencialidade de informações e o respeito à transmissão de conhecimentos do seu antigo empregador constitui obrigação natural de comprometimento ético e de boa fé. Portanto, mesmo sem cláusula de não concorrência, poderíamos dizer que há uma limitação ética e concorrencial natural que acompanha a vida profissional do empregado, cabendo-lhe, com exclusividade, a avaliação de quanto sua renúncia à permanência na mesma atividade ou setor impactará seu futuro profissional.

Para os empregados que permanecem na empresa, há uma expectativa de continuidade dos contratos de trabalho e de que o empregador mantenha sua condição de atuação no mercado, com capacidade de continuar gerando empregos. Deste modo, caso o empregado retirante viesse a desempenhar suas atividades na concorrência, poderia comprometer a atividade do antigo empregador e, assim, colocaria em risco a permanência dos empregos. Neste ponto, a cláusula de não concorrência carrega na sua estipulação o interesse do grupo de trabalhadores que permanece na empresa e, portanto, sua negociação transcende das obrigações individuais negociadas entre empregado e empregador, passando a projetar-se por um campo de proteção mais amplo e com interesses diretos na preservação das condições de emprego.

Hodiernamente, a forma de transmissão de dados pelas redes sociais e a velocidade com que as informações se expandem, têm sido objeto de preocupação das empresas e, no momento da contratação, inserem cláusulas de compromisso de fidelidade ou de não concorrência (esta relegada a evento futuro e incerto de rescisão do contrato de trabalho).

Para alguns a previsão pós-contrato vincularia a renúncia do direito ao trabalho e, para outros, a restrição de mercado de trabalho não limita a atividade profissional em outros setores econômicos. As duas vertentes consideram que o único bem a ser protegido é o ex-empregado, uma pela renúncia à liberdade de trabalho e outra pela restrição da liberdade ao trabalho.

Assim sendo, parece que a cláusula da não concorrência poderia ser inserida no contexto da proteção mais ampla, considerando que não se protege exclusivamente o empregado retirante ou o patrimônio cultural e industrial da empresa, mas sim, a proteção objetivada leva em conta os empregados e os postos de trabalho, considerando que a concorrência poderia comprometer a continuidade dos negócios do ex-empregador.

Talvez, por esta razão, a pactuação de não concorrência poderia vir a ser objeto de negociação coletiva, ampliando o campo de aplicação para empregados em qualquer nível hierárquico e funcional, de forma que a empresa e seus empregados não fossem submetidos a riscos em caso de mudança de empregador, no mesmo segmento econômico.

Importante que a análise da cláusula de não concorrência seja ampliada e que se encontre nela uma valorização do conhecimento que o contrato de trabalho possa gerar com a transferência de elementos de informação técnica e cultural que o empregado acumulou durante a prestação de serviços.

Limites do exercício do direito de greve e do poder de julgar

21 de novembro de 2014

A greve como busca de solução de impasses em negociações coletivas tem como resultado imediato, segundo o setor ou empresa em que ocorre, um desconforto para todos que se utilizariam dos serviços, temporariamente paralisados. Há sempre aqueles menos informados que consideram qualquer forma de greve um abuso. Há também outros que reconhecem o exercício do direito, mas se colocam em posição contrária ao direito para que a Justiça do Trabalho julgue a greve e condene os grevistas a não se sabe exatamente o que.

De fato, somente os envolvidos diretamente, trabalhadores e empresa, é que podem dimensionar os interesses e direitos pretendidos. Porém, os conflitos de greve usualmente terminam nos tribunais, julgados de modo imparcial e com decisão distante das necessidades e da realidade própria das razões que envolveram o impasse.

Este ano de 2014 tivemos manifestações atípicas, se considerarmos o modelo da organização sindical brasileira. Foram vários os movimentos paredistas que se caracterizaram pelo rompimento com a nossa atual e antiga estrutura sindical, manifestando insatisfação com o negociado

O questionamento que se coloca é qual o limite de liberdade dos grupos, isto é, se estão no exercício de um legítimo direito ou se é manifestação de comportamento abusivo. Mas este é um assunto já discutido nesta coluna.

Para uma análise dos limites do direito de greve e do poder de julgar, a primeira observação inegável é de que o direito de greve representa um dos pilares do Estado democrático de direito e está assegurado aos trabalhadores pela Constituição Federal, no art. 9º, cabendo aos próprios trabalhadores, de modo livre e independente, dele se utilizarem para defender seus interesses. Resolvido o problema da condição legal, vem outro que diz respeito à forma pela qual os trabalhadores podem exercer esse direito.

A Lei n. 7.783/1989, que regulamentou o exercício do direito de greve, criou obrigações de natureza formal (negociação prévia, edital, assembleia, votação de acordo com o quórum dos estatutos, comunicação prévia), cujo descumprimento não serve para impedir que o movimento seja deflagrado.

O que se idealiza é que a greve nas atividades não essenciais deva ser resolvida pela negociação direta entre as partes, sem a mediação ou julgamento da Justiça do Trabalho, para que se atenda o exercício da liberdade constitucional de paralisação como forma de pressão dos trabalhadores.

Porém, outra situação se observa quando a greve é deflagrada nos serviços ou atividades essenciais (art. 10) em que se permite a greve por respeito ao direito constitucional, mas há restrições quanto a prazo de informação do início da paralisação, além do compromisso de que, de comum acordo, patrões e empregados, "garantam, durante a greve, a prestação de serviços indispensáveis ao atendimento das necessidades inadiáveis da comunidade".

Se tomarmos a letra da lei, a greve nos transportes coletivos, exemplificativamente, obrigaria o entendimento entre as partes para que o mínimo da prestação de serviços seja mantido para a comunidade. Por esta razão, consideramos que quando Tribunal determina que parte da frota circule nos momentos de pico está se sobrepondo àquilo que deveria ter sido ajustado pelas partes atraindo para si o controle do movimento paredista e sua preservação precária.

De outro lado, a greve deve ser o último recurso a ser utilizado pelos trabalhadores, merecendo sempre a condição de privilegiar as negociações coletivas para evitar o conflito extremo. O que se constata, entretanto, é absoluta ausência de preparação das empresas e de trabalhadores para enfrentar o movimento. Os empregadores, em geral, ficam reféns de ameaças e de paralisações desnecessárias e, muitas vezes, infundadas. Os trabalhadores se recolhem ao poder judiciário e abandonam a construção de relacionamentos por meio de negociações maduras e consequentes.

Importante que se diga, também, que a solução do conflito, a rigor, não precisaria vir da intervenção do judiciário. Porém, se provocado, o Tribunal julgará o movimento, tal como ocorreu no passado recente, em casos em que não havia qualquer traço de pacificação de conflito. O julgamento de greve pelo judiciário cria um antagonismo de percepção: (i) não prestigia o judiciário porque a sentença normativa não satisfaz e o conflito poderá se manter mesmo após o "julgamento"; (ii) não protege a população que depositava na Justiça a solução do incômodo da ausência de transportes, para ficar no exemplo de setor.

A decisão judicial, seguida de ausência de retorno ao trabalho, permite ao empregador (art. 14 da Lei de Greve) dispensar por justa causa os empregados, com o fundamento na presunção de continuidade do movimento e na abusividade do direito de greve. Mas, de outro lado, a decisão de despedir não poderá estabelecer distinções entre os ausentes (mesmo aqueles que não aderiram à greve) porque todos estarão no mesmo nível de comportamento e a exclusão de uns pode revelar ato de discriminação em relação aos despedidos.

Em resumo, o Judiciário quando decide leva em conta uma suposta organização sindical representativa e resolve o processo, mas não resolve o conflito localizado que somente encontrará paz por meio de negociação de interesses das próprias partes envolvidas.

O eSocial e as mudanças do fundamento jurídico nas relações de trabalho

12 de dezembro de 2014

O Direito do Trabalho, ao longo de sua histórica formação, sedimentou-se como um ramo autônomo da ciência jurídica com princípios próprios e um arcabouço de leis que regulamentam o conteúdo tão especial das relações de trabalho, qual seja aquela em que se envolvem os direitos humanos e os direitos fundamentais do trabalhador sob o vínculo do emprego na sua dimensão individual e coletiva. Todavia, há uma tendência para a burocratização do conteúdo das relações trabalhistas que poderá colocar fim às teses jurídicas.

Na sua dimensão individual, as normas trabalhistas, de natureza imperativa e de ordem pública, apresentam forte restrição para sua flexibilização, admitida legalmente em raras oportunidades, sem transferida com segurança jurídica para as negociações coletivas. No âmbito individual, o Estado procurou encharcar os contratos de trabalho de normas gerais supostamente protecionistas.

O protecionismo da legislação trabalhista consolidou-se como forma de assegurar que a desigualdade econômica, que provoca enorme desvantagem para o trabalhador empregado, não servisse como instrumento de maior exploração da força de trabalho. Desta forma, a proteção básica da lei ao empregado é o mínimo que se poderia considerar como garantia de respeito à condição de cidadão e de ser humano. Formou-se assim um grande guarda-chuva sob o qual todos se abrigariam e estariam protegidos até a morte.

A fiscalização do cumprimento das normas protetivas é feita pelo Ministério do Trabalho e Emprego, por meio de auditores fiscais que garimpam nas empresas visitadas todos os documentos administrativos necessários e obrigatórios.

Neste campo de atuação, os detalhes são importantes: cartão de ponto, intervalos intrajornada e interjornadas; descansos semanais, vale transporte, comunicação de férias anuais com 30 dias de antecedência, concessão de férias e pagamento com 48 horas de antecedência ao seu início, ambiente de trabalho seguro, exemplificativamente. Enfim, deveria a fiscalização cuidar do conforto do empregado no seu ambiente de trabalho e o respeito de seus direitos, vis à vis o seu empregador. Mas a fiscalização trabalhista ignora a evolução de novos modelos de relações de trabalho e de prestação de serviços, ficando impedida até pela sua finalidade e mister, de interpretar fatos em detrimento da lei. Por esta razão, causam espanto as autuações com presunção de existência de vínculo de emprego de forma absolutamente verticalizada.

Está em processo de implantação de caráter obrigatório nas empresas uma simplificação de informações trabalhistas e fiscais o eSocial. Trata-se de projeto do governo federal que vai coletar as informações trabalhistas, previdenciárias, tributárias e fiscais relativas à contratação e utilização de mão de obra onerosa, com ou sem vínculo empregatício e, também, de outras informações previdenciárias e fiscais previstas na Lei n. 8.212, de 1991. A proposta é de simplificação das obrigações do empregador e com provável redução de custos.

A partir da implantação do eSocial, todas as informações trabalhistas e fiscais estarão expostas de maneira clara e transparente de modo a permitir que a fiscalização não tenha mais que se deslocar para a garimpagem de cumprimento de obrigações legais administrativas. As empresas disponibilizarão à receita e à fiscalização seus procedimentos administrativos.

Portanto, a partir das informações alimentadas no sistema pelas empresas, os temas trabalhistas mais discutidos partirão de elementos de base claros e reconhecidos, razão pela qual, os modelos de contratos de trabalho ou de prestação de serviços em qualquer modalidade, inclusive a utilização de mão obra para execução de trabalho temporário merecerão clareza no descritivo para não deixar dúvidas quanto à legalidade do contrato. As questões relativas a jornada de trabalho e forma de remuneração, por exemplo, sofrerão um estreitamento na argumentação porque a declaração da empresa servirá como base de orientação para as discussões em eventual demanda trabalhista.

Não temos a menor dúvida de que o eSocial poderá servir, em razão da clareza de informações, à redução de conflitos trabalhistas. Todavia, os dados levados ao sistema devem passar necessariamente por um entrosamento do jurídico com recursos humanos, sob pena de um anular o outro, pois nem todas as orientações para alimentação do sistema serão compatíveis com o conteúdo jurídico das relações de trabalho.

Seguindo desta forma, a defesa em processos trabalhistas será resumida ao preenchimento de planilhas cujos dados poderão ser perfeitamente confrontadas pelo magistrado que terá acesso ao eSocial quanto às declarações efetuadas pela empresa para o caso concreto.

Com certeza, a atuação do advogado em processos trabalhistas será muito limitada. Vamos aguardar os efeitos do eSocial, com previsão para implantação a partir de janeiro de 2016.

2015

O que podemos esperar de 2015 no Direito do Trabalho

2 de janeiro de 2015

O ano de 2014 não foi de grandes avanços para o Direito do Trabalho. Tivemos fatos significativos que trouxeram reflexões de cunho relevante: os movimentos de grupos de trabalhadores de oposição nos sindicatos e a discussão em torno da terceirização. Chamou também a atenção o silêncio dos dirigentes sindicais no escândalo da Petrobras, revelando forte vinculação dos sindicatos, especialmente aqueles representados pela CUT e ao partido do governo federal. Este comportamento contraria princípio fundamental do exercício da liberdade sindical da Convenção n. 87 da OIT e que privilegia a independência política dos sindicatos em relação ao Estado.

O sentimento de repúdio dos trabalhadores às falcatruas denunciadas não foi estampado pela direção sindical, confirmando que o corpo (trabalhadores) se separou da cabeça (diretoria do sindicato).

Diante do quadro político de continuísmo do governo federal e de sindicatos apegados a modelo histórico de puro oportunismo e inseridos na máquina administrativa o que podemos ter de expectativas para 2015?

No campo dos direitos individuais, não se pode esperar mais do que já está disposto na lei, base de proteção quase inflexível e blindada pelo muro do protecionismo estatal.

Soarão ainda forte em 2015 as expectativas quanto à decisão do Supremo Tribunal Federal sobre a terceirização. Também terá destaque a votação do Projeto de Lei n. 4.330, que pretende regulamentar a terceirização. Se aprovado, não eliminará os atuais temas em discussão porque a licitude ou precarização de direitos trabalhistas não serão resolvidos por lei e menos ainda a natureza da atividade que fica na inútil discussão de atividade fim ou atividade meio.

Ainda quanto à terceirização, está mais do que evidente que aqueles que a ela se opõem, lutam contra um fato intransponível e irreversível, fruto da realidade de mercado de trabalho e da economia.

Entendemos que, para evitar a rotineira discussão em torno de exclusão de direitos trabalhistas, somente a reforma sindical, com pluralidade, sem contribuição sindical compulsória e sem organização de trabalhadores em categorias poderá enfrentar a celeuma da terceirização de modo equilibrado. O modelo sindical, ao contrário do que se pretende, confina os trabalhadores em categorias e traz em si mesmo a separação entre eles, impedindo que a negociação coletiva seja mais ampla por falta de representatividade dos empregados das empresas prestadoras de serviços.

No campo dos direitos coletivos há também muitas expectativas de revisão da estrutura sindical atual para que se inicie um processo de reconhecimento da diversidade ideológica dos trabalhadores que hoje são obrigados à representação sindical sob uma única base política e ideológica. Não há mais espaço para o monopólio da ideologia sindical que se afasta dos representados. As negociações coletivas serão mais produtivas e integrativas quando os trabalhadores estiverem mais identificados no processo de negociação com a representação política dos sindicatos.

Enfim, o ano de 2015 enfrentará a crise econômica já anunciada e os atores sociais deverão estar preparados para os ajustes necessários nos locais de trabalho, sempre privilegiando o respeito à diversidade ideológica das classes e sem preservação de privilégios históricos representada essencialmente pela unicidade sindical.

Efeitos sociais e trabalhistas das Medidas Provisórias ns. 664 e 665 e da Lei n. 13.063/14

16 de janeiro de 2015

O governo federal surpreendeu a todos com as Medidas Provisórias ns. 664 e 665, de 30 de dezembro de 2014. As duas objetivaram a redução de custo da Previdência Social com ônus para os segurados. A primeira alterou a Lei n. 8.213/1991 quanto à pensão por morte e afastamentos por motivo de doença; a Lei n. 10.876/2004 quanto à competência médica de Perito Médico do INSS; e a Lei n. 8.212/1990 no capítulo que se refere ao servidor público. A Lei n. 13.063, da mesma data, introduziu os efeitos da idade no afastamento por invalidez dos segurados.

Quanto à Medida Provisória n. 664, para os contratos de trabalho em vigor, alterou-se o período de afastamento a cargo do empregador em caso de doença ou acidente do trabalho.

Assim, em 90 dias da publicação da MP, passará vigorar a regra de ampliação do período de interrupção do contrato de trabalho de 15 dias para 30 dias, com salários pagos pelo empregador.

Trata-se de medida que onera as empresas com o acréscimo de mais 15 dias sob sua responsabilidade em caso de afastamento por doença ou acidente, conforme disposto no novo § 3º do art. 60 da Lei n. 8.213/1991 — "durante os primeiros trinta dias consecutivos ao do afastamento da atividade por motivo de doença ou de acidente de trabalho ou de qualquer natureza, caberá à empresa pagar ao segurado empregado o seu salário integral".

Esta alteração tem relevância direta para os cofres da Previdência Social porque, supostamente, sendo maior o período de espera para que o segurado se habilite para o benefício do auxílio-doença menor será o número de benefícios gerados porque dá ao segurado empregado a oportunidade de se recuperar antes de onerar os cofres da previdência social cujo benefício, calculado de acordo com o salário de benefício previdenciário, produz inevitável redução de ganho.

A alteração do período de espera poderá ser vista positivamente pois permitirá ao empregado a integral recuperação da saúde e da capacidade laboral.

De outro lado o incentivo à recuperação da saúde do trabalhador, com interrupção do contrato de emprego por um prazo maior (que corre por conta do empregador por mais quinze dias e lhe produz um encargo econômico inicial) possui contrapartida na aquisição da estabilidade prevista no art. 118 da Lei n. 8.213/91.

Este novo prazo poderá impedir que os empregados, em caso de acidente de trabalho e dependendo do evento que gerou o afastamento, se afastem caso obtenham alta dentro de 30 dias, hipótese em que não se aplicaria a garantia de emprego de 12 meses. Há, portanto, alteração no requisito de obtenção dessa garantia de emprego. Da mesma forma, as normas coletivas que vinculam a garantia de emprego proporcional ao tempo de afastamento previdenciário terão um prazo maior para incidência.

Destaque-se a importância do serviço médico da empresa ou em convênio ao qual se atribui a responsabilidade de exame médico e do abono das faltas. A perícia médica do INSS somente deverá ser provocada após 30 dias de afastamento do empregado, pois, enquanto isso, a recuperação da capacidade laboral do empregado estará a cargo do serviço médico da empresa.

A Medida Provisória n. 665 trouxe alterações substanciais para a concessão de seguro desemprego, impondo período de carência de 18 meses de trabalho anteriormente à primeira solicitação do benefício, 12 meses para a segunda solicitação e 06 meses à data da dispensa para as demais solicitações, alterando, portanto o art. 3º da Lei n. 7.998/1990. A vigência para a alteração está prevista em 60 dias da publicação em 30 de dezembro de 2014. Além do período de carência, houve também alteração quanto ao período de gozo do benefício.

O seguro desemprego é um benefício da Previdência Social que se caracteriza pelo reconhecimento explícito do Estado de que há uma deficiência na sua gestão e que o trabalhador não tem acesso ao trabalho em razão de um problema econômico estrutural ou conjuntural.

A vigência das novas condições está prevista para a primeira solicitação em março de 2015, mas a plenitude de sua aplicação será atingida somente após 36 meses, observadas as condições de habilitação do trabalhador de acordo com os prazos previstos para as solicitações seguintes. Para a primeira fase, somente se habilitarão os empregados despedidos que preencherem, a partir da vigência em 60 dias, os 18 meses de vínculo de emprego.

Finalmente, a Lei n. 13.063, de 30 de dezembro de 2014, isentou o aposentado por invalidez e o pensionista inválido beneficiários do Regime Geral da Previdência Social (RGPS) de se submeterem a exame médico-pericial após completarem 60 anos de idade.

Há inegável vantagem social na lei que traz efeitos diretos sobre a suspensão dos contratos de trabalho em casos de afastamento por aposentadoria por invalidez.

Neste sentido, quando o art. 475 da Consolidação das Leis do Trabalho remetia à suspensão do contrato de trabalho na aposentadoria por invalidez durante o prazo fixado pelas leis de previdência social para a efetivação do benefício, deixava as empresas sem qualquer solução prática.

Ou seja, o empregado/segurado estava aposentado por invalidez, todavia, em razão da expectativa de retorno à atividade normal ou outra para a qual fosse reabilitado, o contrato não se desfazia, permanecendo a empresa aguardando notícia do INSS quanto ao retorno do empregado. Outrora, a lei trabalhista limitava a suspensão do contrato à idade de 55 anos, permitindo, então, que o empregador rescindisse o contrato de trabalho.

Agora, com a nova disposição da Lei n. 13.063, quando o aposentado por invalidez atingir a idade de 60 anos, isento que está de se apresentar para exames médicos periódicos que o habilitariam ou não ao retorno à atividade profissional, efetivado estará o benefício, podendo o contrato de trabalho ser rescindido. Portanto, o efeito jurídico de que a aposentadoria por invalidez suspende o contrato de trabalho se encerra quando o empregado afastado completar os 60 anos de idade data em que o benefício previdenciário se efetiva como definitivo, encerrando-se, portanto os efeitos da Súmula n. 440 do TST, segundo a qual "assegura-se o direito à manutenção de plano de saúde ou de assistência médica oferecido pela empresa ao empregado, não obstante suspenso o contrato de trabalho em virtude de auxílio doença acidentário ou de aposentadoria por invalidez".

Nova lei traz insegurança a vínculo empregatício de corretor de imóveis

6 de fevereiro de 2015

É curioso que a lei contraponha duas situações antagônicas quando pretende, de fato, criar modelo contratual com segurança jurídica. As afirmações em lei de que a relação jurídica de trabalho objeto de regulamentação não gera vínculo de emprego tem sido repetida de forma insistente pelo legislador. Todavia, há um fio condutor de proteção individual que, de modo injustificável porque fere a autonomia da vontade, atrai a imposição da condição de empregado, mesmo contra disposição legal, contratualmente ajustada entre as partes.

É o caso da recente Lei n. 13.097, publicada em 19 de janeiro de 2015, que cuidou da reforma de diversas leis dentre elas a Lei n. 6.530, de 12 de maio de 1978, relativa aos corretores de imóveis. A novidade está no art. 139, sobre o conteúdo jurídico da relação de trabalho que se estabelece entre o profissional e a imobiliária, com alteração de relevância que deve produzir efeitos na análise dos conflitos trabalhistas. O exercício da profissão de corretor de imóveis, ganhou §§ 2º a 4º no art. 6º, da Lei n. 6.530/78, que passou a vigorar com a seguinte redação:

> "§ 2º O corretor de imóveis pode associar-se a uma ou mais imobiliárias, mantendo sua autonomia profissional, sem qualquer outro vínculo, inclusive empregatício e previdenciário, mediante contrato de associação específico, registrado no Sindicato dos Corretores de Imóveis ou, onde não houver sindicato instalado, registrado nas delegacias da Federação Nacional de Corretores de Imóveis.
>
> § 3º Pelo contrato de que trata o § 2º deste artigo, o corretor de imóveis associado e a imobiliária coordenam, entre si, o desempenho de funções correlatas à intermediação imobiliária e ajustam critérios para a partilha dos resultados da atividade de corretagem, mediante obrigatória assistência da entidade sindical.
>
> § 4º O contrato de associação não implica troca de serviços, pagamentos ou remunerações entre a imobiliária e o corretor de imóveis associado, desde que não configurados os elementos

caracterizadores do vínculo empregatício previstos no art. 3º da Consolidação das Leis do Trabalho — CLT, aprovada pelo Decreto-Lei n. 5.452, de 1º de maio de 1943." (NR).

De início, dois aspectos se destacam na redação do § 2º: (i) a declaração de ausência de vínculo de emprego declarado por lei, condicionado à exigência de contrato de associação com uma ou mais imobiliárias; e, (ii) que a exclusividade de associação a imobiliária não configura restrição à liberdade de contratar. Neste sentido, a lei homenageia a boa fé nas relações contratuais e o princípio da autonomia da vontade, remetendo o intérprete às regras do direito civil.

A atual previsão legal de exclusão de vínculo de emprego não é novidade porque já prevista em outros diplomas legais, exemplificativamente, Lei n. 4.886/1965, art. 1º, Lei n. 11.196/2005, art. 129, Lei n. 11.442/2007, art. 5º.

Prosseguindo no texto da nova lei, o § 4º, trouxe elementos que não poderão existir no contrato de associação. Assim, a troca de serviços, pagamentos ou remunerações entre imobiliária e corretor associado não podem estar presentes, terminando por relativizar a autonomia da vontade ao condicionar a validade do contrato desde que não configurado o vínculo de emprego na forma do art. 3º, da CLT.

Efetivamente, é um tropeço do legislador porque a afirmação é desnecessária, pois se afasta da segurança jurídica como finalidade da lei. De outro lado, acentua-se inócua a advertência porque, considerando a definição de contrato individual de trabalho do art. 441 da CLT, onde houver relação de emprego a norma trabalhista deverá ser observada.

De modo inconveniente, a lei inseriu a dúvida no contrato de associação, sugerindo a possibilidade de que o corretor de imóveis discuta a condição de empregado, permanecendo a manifestação da vontade sujeita a eventual confirmação perante o judiciário trabalhista.

Então, retomando o contrato de associação, para que a condição prevista na lei seja efetivamente alcançada é requisito legal que entre o corretor associado e a imobiliária haja coordenação de funções envolvidas na intermediação, com partilha de resultados mediante obrigatória assistência da entidade sindical que, por força do disposto no § 2º, já terá recebido o contrato de associação para registro.

Com certeza o sindicato ou federação somente terão como competência a recepção do contrato de associação. A partilha de resultados diz respeito às partes envolvidas no negócio, exclusivamente. Aliás, tratando-se de relação de natureza essencialmente civil, a participação sindical é extravagante, mesmo obsoleta.

Merece destaque que a relação jurídica é de associação cujo conteúdo essencial é de coordenação recíproca de funções, sem que haja remuneração pela imobiliária ou que ao corretor sejam atribuídas atividades inerentes à gestão da imobiliária e que não estejam previstas no contrato de associação.

O destaque fica para a reflexão em torno dos limites da coordenação de funções no contrato de associação. Os defensores da subordinação estrutural não terão dúvidas de que a atividade do corretor de imóveis se insere na atividade econômica da imobiliária. Como de hábito, excluirão a figura jurídica do contrato de associação, talvez não pela manifestação de vontade do corretor no momento da elaboração do ajuste, mas pela rejeição de outros modelos de relação de trabalho que não o vínculo de emprego.

Embora o legislador insista em privilegiar a boa fé das relações contratuais, é fundamental que os aspectos formais exigidos por lei e estabelecidos no contrato de associação mantenham correspondência com a realidade dos fatos a fim de que a relação contratual não se contamine com a presunção de fraude à legislação trabalhista.

Garantia de emprego nos contratos para trabalho temporário da Lei n. 6.019/1974

27 de fevereiro de 2015

O Tribunal Superior do Trabalho, com a redação das Súmulas 244 e 378, ao assegurar à empregada gestante e ao acidentado no trabalho a garantia de emprego, mesmo que o contrato de trabalho seja por prazo determinado, gerou interpretações de que os trabalhadores contratados para execução de trabalho de natureza temporária, nos termos da Lei n. 6.019/1974, também estariam cobertos pela proteção.

Entretanto, não parece acertada essa interpretação porque cuida de situações jurídicas diversas e incompatíveis.

Se para os contratos de trabalho a termo já existe controvérsia quanto à orientação da Súmula, mais ainda se observa a inadequação de extensão da jurisprudência sumulada quando a relação jurídica se passa nos termos da Lei n. 6.019/1974 porque (i) não se trata de contrato de emprego; (ii) a relação jurídica decorrente desta lei tem por conteúdo o próprio trabalho temporário e, (iii) portanto, a duração do trabalho não caracteriza o contrato a termo.

Pelo primeiro aspecto, se a súmula teve como objetivo a proteção de emprego, a extensão à relação jurídica de trabalho temporário parece-nos inadequada porque, conforme já tivemos oportunidade de dizer alhures, cujo requisito legal é a continuidade da prestação de serviços, já que o trabalho temporário uma vez executado rompe com a manutenção do trabalho, esgotando-se o próprio vínculo jurídico.

Para que houvesse a contaminação da hipótese prevista pela súmula, a condição jurídica da Lei n. 6.019/1974 deveria ser afastada e, neste caso, não estaríamos mais tratando de trabalho temporário mas de vínculo de emprego direto com o tomador e, portanto, seria o caso de relação de emprego, cuja natureza de continuidade permitiria a preservação do emprego.

Pelo segundo aspecto, considerando as duas únicas condições em que a Lei n. 6.019/1974 admite a contratação de mão de obra temporária, acréscimo extraordinário de serviço ou substituição de pessoal permanente, não se pode aplicar o teor da súmula porque não é de emprego que se trata, mas de trabalho específico e definido pelas razões legais que justificam a contratação.

Depois, também, não se pode falar que o contrato de trabalho temporário seja assemelhado ao contrato a termo porque as razões que autorizam tais modelos contratuais são absolutamente diversas. Assim, o contrato de trabalho a termo, além de cuidar de prestação de serviços por empregado, tem suas condições de validade no art. 443, § 2º da CLT e diz respeito à natureza dos serviços, à atividade empresarial transitória e ao contrato de experiência. Portanto, o prazo é para a realização do contrato ao qual se vincula o empregado.

No contrato de trabalho temporário, o prazo não é para a conclusão do contrato, mas do trabalho de natureza temporária cuja execução e término não podem ser determinados antecipadamente. Por esta razão, a Lei n. 6.019/1974 se refere a que não poderá haver permanência superior a três meses em relação ao mesmo trabalhador inserido na relação jurídica de trabalho temporário (art. 10). Há, atualmente, flexibilização do prazo, que poderá se exceder até mais seis meses, justificadamente e de forma exclusiva na hipótese de substituição de pessoal permanente.

Assim, além destes três aspectos: ausência de relação de emprego, os requisitos restritivos do trabalho temporário e a ausência de determinação de prazo de contrato, existem outras questões jurídicas de relevância que impediriam a aplicação do teor das súmulas.

Deste modo, a relação triangular que se estabelece entre tomador de mão de obra, fornecedor de mão de obra e trabalhador, não oportuniza contrato de trabalho a termo em razão do caráter efêmero do trabalho a ser realizado. Se aplicada a garantia de emprego na relação de trabalho temporário o vínculo jurídico de adequação seria com quem? Com o fornecedor de mão de obra ou com a empresa tomadora?

A fornecedora de mão de obra mantém com o trabalhador temporário condição jurídica de natureza eventual e de curta duração, sem identificação necessária de continuidade de trabalho, razão pela qual não celebra com o trabalhador, contrato de emprego. O seu reconhecimento como responsável pela preservação do trabalho afronta os princípios obrigacionais do próprio contrato temporário porque, se transmudado em contrato a termo, com certeza não teria mais o fornecedor como manter o mesmo objeto da contratação temporária. Além disso, as alterações na relação jurídica implicariam outras formas de reparação por parte do trabalhador que, por decisão judicial, teria migrado para a condição de empregado.

A tomadora de mão de obra não mantém com o trabalhador relação jurídica formal de emprego, pois que ausente a pessoalidade na forma de contratação e, ainda, nem mesmo passou o trabalhador pelo processo de seleção usual, adotado para interessados em emprego direto. De outro lado, a excepcionalidade do trabalho quer pelo acréscimo, quer pela substituição, não gera vínculo direto com o tomador e, uma vez cessada a circunstância que permitiu a utilização do modelo de trabalho temporário, cessa o conteúdo fundamental de sua existência, qual seja o trabalho a ser realizado. Neste sentido, o vínculo de emprego somente se permitiria se descumprido o modelo jurídico do trabalho temporário e, portanto, da Lei n. 6.019/1974 não se estaria mais tratando.

A jurisprudência trabalhista tem sido oscilante:

> CONTRATO DE TRABALHO TEMPORÁRIO X CONTRATO POR PRAZO DETERMINADO. GARANTIA DE EMPREGO DA GESTANTE. TST, Súmula n. 244, III. O contrato de trabalho temporário tem por finalidade suprir necessidade transitória da empresa relativa ao acréscimo extraordinário de serviço ou à necessidade de substituição temporária de pessoal permanente (Lei n. 6.019/74). Não se confunde, portanto, com o contrato de prazo determinado, voltado para a experiência, serviços específicos ou atividade empresarial transitória (CLT, art. 445). A atual redação da Súmula n. 244, III, do TST prevê a garantia de emprego para o contrato de prazo determinado, sendo inaplicável para o contrato de trabalho temporário. RELATOR: RAFAEL EDSON PUGLIESE RIBEIRO; REVISOR: VALDIR FLORINDO. ACÓRDÃO N.: 20140937107. PROCESSO N.: 00026824620135020371 TURMA: 6ª. DATA DE PUBLICAÇÃO: 29.10.2014.

> ACIDENTE DO TRABALHO. ESTABILIDADE. TRABALHO TEMPORÁRIO. LEI N. 6.019/74. Sendo o empregado vítima de acidente de trabalho, impossível o desamparo baseado apenas no tipo de contratação feita pelo empregador. A proteção do trabalhador possui natureza constitucional, sendo certo que, em face de lesão pelo trabalho, não se pode afastar a garantia de emprego somente em razão da índole do contrato de trabalho. O labor temporário, previsto na Lei n. 6.019/74, é espécie de contrato por tempo determinado, razão pela qual se assegura o direito à estabilidade acidentária do art. 118 da Lei n. 8.213/91 ao trabalhador temporário. Aplicação da Súmula n. 378, III, do C. TST. Recurso não provido. RELATORA: SONIA MARIA PRINCE FRANZINI. REVISOR: MARCELO FREIRE GONÇALVES. ACÓRDÃO: 20140334003. PROCESSO N.: 00008340220135020443 A28. TURMA: 12ª. DATA DE PUBLICAÇÃO: 06.05.2014.

Portanto, igualmente tem controvertido entendimento doutrinário e jurisprudencial, ora excluindo o reconhecimento da garantia de emprego por meio de análise criteriosa dos modelos jurídicos e atribuindo conteúdo próprio a cada um a fim de aplicação do direito vindicado, ora, reconhecendo a garantia de emprego, considerando equiparado o contrato de trabalho de natureza temporária (Lei n. 6.019/1974) ao contrato a termo da CLT, muitas vezes sem atribuir a responsabilidade pelo vínculo a nenhuma empresa.

De qualquer maneira, caminhamos para a reflexão quanto à adequação da proteção de acordo com o conteúdo da relação jurídica.

Limites dos sindicatos na imposição de contribuições à categoria

20 de março de 2015

A publicação da Súmula Vinculante n. 40 do Supremo Tribunal Federal, embora reflita jurisprudência já uniformizada na Súmula n. 666, traz significados para as entidades sindicais em nível político e jurídico.

O sistema de custeio dos sindicatos brasileiros sempre coloca em dúvida a sua autonomia e independência porque a contribuição sindical compulsória serviu de forma utilitária durante o regime em que o Estado controlava os sindicatos e os atos dos dirigentes sindicais. Esta contribuição obrigatória é ainda hoje o vínculo jurídico de representação das entidades sindicais. Ou seja, somente aquelas entidades possuidoras de código sindical oferecido pelo Ministério do Trabalho, cuja finalidade é de habilitar-se como credor de contribuições sindicais, é que, formalmente, representam determinada categoria profissional ou econômica.

Os sindicatos também se sustentam de contribuições assistenciais e confederativas cujos descontos dos salários dos empregados gerou discussão quase interminável, objeto de Súmula do STF, Orientação Jurisprudencial do Tribunal Superior do Trabalho e Precedente Normativo do TST.

A edição da Súmula Vinculante, relativa à contribuição confederativa às entidades sindicais, previsto na Constituição Federal, art. 8º, inciso IV, está, de alguma forma, sinalizando para a delimitação da ação dos sindicatos, reduto blindado pela legislação que mantém uma estrutura sindical absolutamente anacrônica e incompatível com democracia e exercício da liberdade sindical.

A orientação do STF pode se ampliar para entendimentos iguais sobre a contribuição assistencial, cuja forma de fixação tem origem em assembleia dos interessados (aqui vale também para os sindicatos patronais) por ocasião das negociações coletivas da data base.

Ao contrário do que alguns pregam, no sentido de que a contribuição assistencial deveria ser obrigatória a todos os integrantes da categoria, sócios e não sócios, a Súmula

Vinculante, embora se refira a outra modalidade de custeio da entidade sindical, tem sua origem na aprovação pela assembleia da categoria da pauta de reivindicação por ocasião da data base, aprovada por associados à entidade sindical. Em palavras outras, essa origem comum pode definir os rumos de seu tratamento jurisprudencial.

Sempre é bom lembrar que a contribuição confederativa, objeto da Súmula Vinculante, surgiu com a Constituição Federal de 1988. Naquele momento histórico, a proposta era da criação da contribuição confederativa com a finalidade de eliminar a contribuição sindical compulsória, permitindo que o sindicalismo brasileiro adquirisse autonomia e independência em relação ao Estado.

Todavia, os sindicalistas presentes na Assembleia Constituinte, de forma oportunista, acrescentaram ao texto em votação a preservação da contribuição prevista em lei. Ou seja, numa penada criaram uma contribuição que seria espontânea e mantiveram a outra, de caráter obrigatório.

A aprovação da contribuição confederativa, por força da Constituição Federal, está condicionada à realização de assembleia dos interessados, sócios do sindicato. A interpretação de que a aprovação se estenderia a todos os integrantes da categoria, obrigando ao pagamento sócios e não sócios empresta os mesmos argumentos da contribuição sindical compulsória, paga por filiados e não filiados ao sindicato e que não exclui dos benefícios de conquista sindical os não associados.

Porém, a edição da Súmula Vinculante n. 40 pelo STF encerra a discussão quanto à obrigatoriedade de contribuição indistintamente a todos e, ainda, reafirma que vínculo associativo é que gera a capacidade de fixação da contribuição confederativa porquanto excluídos os não sócios da entidade sindical.

No mesmo sentido deverá ser o entendimento definitivo quanto à contribuição assistencial pela sua origem e forma de autorização, atualmente objeto de Precedente Normativo n. 119 do TST.

O argumento dos dirigentes sindicais para justificar a cobrança é que os benefícios das negociações coletivas e conquistas da categoria se aplicam a todos, sócios e não sócios não tem fundamento legal porque o vínculo jurídico de representação está fundado no pagamento da contribuição compulsória e que atribui ao sindicato a representação jurídica da "categoria", expressão que de forma abstrata identifica sócios e não sócios, estabelecendo verdadeira confusão de entendimento aos menos esclarecidos sobre as relações sindicais.

Somente com sindicatos autônomos e independentes quanto ao custeio é que se poderia cogitar de limitações dos benefícios conquistados em negociações coletivas. Neste caso, a Súmula contribui para que o vínculo jurídico de representação caminhe pela adesão voluntária de trabalhadores aos sindicatos.

Reserva de vagas para trabalhadores deficientes precisa de revisão legal

1º de maio de 2015

Não se nega que desde a vigência da Lei n. 8.213/1991, impondo às empresas, por meio do art. 93, a obrigatoriedade de cumprimento de cotas de trabalhadores deficientes, houve um avanço cultural e social. As empresas, compelidas pela lei, cuidaram da acessibilidade no local de trabalho, além de promover, sistematicamente, a contratação de trabalhadores deficientes para o exercício das mais diversas funções.

Entretanto, a velocidade imposta pelo preenchimento de cotas e a baixa oferta de mão de obra geraram dificuldade natural para as empresas, expostas que foram a autuações do Ministério do Trabalho e Emprego, além das exigências paralelas que faz o Ministério Público do Trabalho.

Para o Ministério do Trabalho as autuações são provenientes de ausência de cumprimento da cota após convocação pela fiscalização para comparecimentos sistemáticos em audiências perante aquele órgão cujos resultados são previsíveis. Não há, na grande maioria dos casos, a menor condição de satisfação da obrigação legal.

O cumprimento da exigência do preenchimento de cotas induz tanto à fiscalização do Ministério do Trabalho e Emprego como na autuação do Ministério Público do Trabalho. Enquanto o órgão fiscalizatório (Ministério do Trabalho) impõe multa administrativa pelo descumprimento da cota, o Ministério Público do Trabalho atua no sentido de defender a efetivação do o direito ao emprego assegurado aos trabalhadores deficientes.

Perante o Ministério Público do Trabalho, a instauração de procedimento investigatório para que a empresa forneça documentos e dê satisfações das razões pelas quais não atende ao cumprimento da cota de trabalhadores deficientes pode culminar em dois resultados: (i) com a celebração de um TAC (Termo de Ajuste e Conduta) pelo qual o representante da empresa assume que, em determinado período, cumprirá a obrigação legal, com multa extremamente elevada em caso de inadimplemento do ajustado e, como título extrajudicial, autoriza o *Parquet* a executar diretamente a empresa; ou (ii) ação civil pública que além de exigir o cumprimento da lei de cotas pode impor às empresas indenização por dano moral coletivo.

Entretanto, entre a obrigação legal das empresas e a determinação da autoridade há um verdadeiro vazio, um vácuo a ser preenchido pelo próprio Estado que se omite diante da constatação de que se trata de obrigação quase impossível e da qual nem ele próprio tem condições de atender. Quais condições oferecem as autoridades públicas para a contratação? Dispõe o MTE ou o MPT de trabalhadores deficientes habilitados para o mercado de trabalho? O que faz o Estado para proporcionar aos trabalhadores deficientes a possibilidade de inserção no mercado de trabalho? Ou, ainda, de quais trabalhadores deficientes trata a lei? Qualificados total ou parcial profissionalmente?

A Lei n. 8.213/1991, no art. 92 traz a referência ao modelo de trabalhador deficiente afirmando que "Concluído o processo de habilitação ou reabilitação social e profissional, a Previdência Social emitirá certificado individual, indicando as atividades que poderão ser exercidas pelo beneficiário, nada impedindo que este exerça outra atividade para a qual se capacitar". E, ainda, o art. 93 refere-se a "[...] beneficiários reabilitados ou pessoas portadoras de deficiência, habilitadas". Deste modo, se a lei transfere para a Previdência Social a liberação de contratação de trabalhadores beneficiários habilitados ou reabilitados, não caberia aos empregadores obrigação de contratar de forma indiscriminada pessoas deficientes. A responsabilidade de criação de banco de trabalhadores com deficiência está com a Previdência Social com a indicação dos beneficiários habilitados para o trabalho.

Neste sentido, em decisão recente, os ministros da 2ª Turma do Tribunal Superior do Trabalho, no Processo RR-505-97.2012.5.19.0007, em voto da lavra do ministro José Roberto Freire Pimenta parecem ter dado o tom que deve ser seguido quando se trata de preenchimento de cota de deficientes e anulou auto de infração, afirmando que a reserva de vagas deve destinar-se a "[...] trabalhadores reabilitados ou portadores de deficiência que possuam alguma habilidade para o trabalho, ou seja, cuja deficiência permita o exercício de uma atividade laboral".

Trata-se, no nosso sentir de, uma interpretação que pode pacificar a relação entre os órgãos de fiscalização, aqui incluído o Ministério Público do Trabalho na forma de exigir das empresas o cumprimento de cotas de trabalhadores deficientes cuja reserva estaria destinada especialmente para aquele que apresentasse alguma habilidade profissional.

Há uma constatação das dificuldades do atendimento da obrigação legal de preenchimento de cotas e temos dúvidas quanto à solução do problema pelo apenamento pecuniário a que se submetem as empresas, agravando muitas vezes as condições de investimento de capital na busca de solução desse problema.

A previsão da Lei n. 8.213/1991, no seu art. 93, de que as empresas estão obrigadas ao cumprimento de cotas com "[...] beneficiários reabilitados ou pessoas portadoras de deficiência, habilitadas" parece já estar merecendo uma revisão criteriosa do legislador a fim de que, ajustando-se à realidade e à experiência de 24 anos de vigência, atenda às condições do mercado de trabalho.

Lei n. 10.101/2000 impõe limites à negociação para participação no PLR

22 de maio de 2015

As negociações em torno da distribuição de participação nos lucros ou resultados das empresas cresceram nos últimos tempos, impulsionadas pela necessidade de integração dos trabalhadores nas atividades empresariais, objetivando melhores resultados e também a preservação de empregados cujo talento profissional é essencial para o desenvolvimento da empresa.

Trata-se de uma oportunidade de ganhos recíprocos que a prática das negociações tem levado a descontrole, muitas vezes abusivos.

A Justiça do Trabalho vem temperando em suas decisões quando questionada quanto à natureza jurídica do teor dos valores pagos e condições estabelecidas para que os trabalhadores sejam beneficiados.

Em decisão recente, o Tribunal Superior do Trabalho, em voto da lavra da Ministra Dora Maria da Costa, TST-RO-50000-25.2011.5.17.0000, SDC, 11 de maio de 2015, acolhendo recurso ordinário em ação anulatória do Ministério Público do Trabalho, descaracterizou o enquadramento dos critérios negociados como situação jurídica tipificada como capaz de atender o disposto no art. 2º, § 1º, inciso II, da Lei n. 10.101/2000.

O dispositivo legal em apreço assinala que:

> Dos instrumentos decorrentes da negociação deverão constar regras claras e objetivas quanto à fixação dos direitos substantivos da participação e das regras adjetivas, inclusive mecanismos de aferição das informações pertinentes ao cumprimento do acordado, periodicidade da distribuição, período de vigência e prazos para revisão do acordo, podendo ser considerados, entre outros, os seguintes critérios e condições:
>
> I – índices de produtividade, qualidade ou lucratividade da empresa;
>
> II – programas de metas, resultados e prazos, pactuados previamente.

No caso, a cláusula fixava as metas por meio de acordo coletivo de trabalho e transferia para o setor de atividade econômica resultados que poderiam beneficiar os empregados da empresa acordante, deixando, portanto, de atender ao programa de metas de que trata a lei vinculado diretamente aos resultados da empresa para a qual trabalha o empregado.

Considerou a ministra que os termos propostos de distribuição dos lucros baseados em número de operações comerciais de todo o setor econômico "não constitui parâmetro claro e objetivo a definir a conjuntura da empresa acordante quanto aos seus índices de produtividade, qualidade ou lucratividade". Dessa forma, entendeu que as condições estipuladas atribuíam valores que se atingidos poderiam ser considerados prêmio e não participação nos lucros.

A decisão é importante em quatro aspectos:

Primeiro, a inserção de critérios de participação nos lucros ou resultados em instrumento coletivo que cuida de outros direitos trabalhistas no sentido estrito é contrário ao que dispõe a Lei n. 10.101/2000, ou seja, o instrumento coletivo deve ser específico sobre o tema. Em palavras outras, o acordo coletivo que objetiva a implantação de um sistema de PLR não pode trazer questões que digam respeito ao contrato de trabalho porque são institutos jurídicos que não se confundem e que possuem natureza obrigacional distinta.

Segundo, que os critérios estipulados para a participação dos trabalhadores não podem ser vinculados a fatores que de impossibilidade de controle dos próprios interessados, razão pela qual a lei se refere a regras claras e objetivas.

Terceiro, a decisão serve como orientação a seguir nas negociações que envolvam distribuição de lucros ou resultados a fim de que os programas atentem às condições legais.

Quarto, a participação dos sindicatos como porta-voz dos interesses dos trabalhadores tende a estabelecer um conflito político desnecessário e que afasta a percepção da importância do instituto como forma de integração de trabalhadores no negócio desenvolvido e do qual poderá obter importantes ganhos.

Em matéria de negociações coletivas sobre PLR, ainda estamos no aprendizado e a Lei n. 10.101/2000 trouxe enormes vantagens para as relações trabalhistas, merecendo que a reflexão se faça quanto ao aperfeiçoamento do modelo para que os debates sejam feitos mais internamente nas empresas a fim de permitir uma efetiva integração entre os trabalhadores e empregadores em busca de resultados sólidos e de estabilidade econômica.

Crises econômicas e oportunidades de crescimento nas relações trabalhistas

12 de junho de 2015

Os momentos de crise econômica usualmente acirram as disputas trabalhistas por razões perfeitamente compreensíveis: do lado dos empregadores, a incerteza do crescimento e a necessidade de contenção de despesas para preservar a competitividade; do lado dos trabalhadores, a incerteza na manutenção dos empregos e o terreno pouco fértil para adoção de novas melhorias nas relações de trabalho. E os dois lados estão ameaçados pelas medidas econômicas para combater a crise do Estado.

Neste cenário, em lugar de preparar o futuro, todos buscam a solução imediatista com destaque para a intransigência. A questão que se coloca de imediato é de saber se nos momentos de crescimento e de pujança as negociações souberam se preparar de modo claro e maduro para o futuro a fim de enfrentar eventuais crises. A resposta é de simples constatação: não houve preparação.

Fora do período de crise não há notícias de negociações coletivas preventivas e eventuais dificuldades poderiam ser amparadas por meio de negociação coletiva, observando as hipóteses legais inseridas por medidas provisórias no ordenamento jurídico no final do governo FHC: suspensão do contrato de trabalho e contrato de trabalho a tempo parcial (MP 2.164-41, de 24.08.2001, *DOU* 27.08.2001).

No atual período da crise instalada, com grande imprevisibilidade de término, os instrumentos legais já se mostraram insuficientes de parte a parte.

Os trabalhadores atribuem os riscos da atividade econômica aos empresários, deixando de considerar que as dificuldades não são pontuais, relativamente a um negócio ou outro, mas são gerais e setoriais e que impedem a utilização do argumento de risco econômico exclusivo.

As empresas, de seu lado, precisam manter o mesmo ritmo de produção, descapitalizando-se do investimento em formação profissional e técnica por meio de planos de demissão voluntária ou não.

A visita aos sítios dos Tribunais Trabalhistas demonstra uma fragilidade perversa das relações coletivas de trabalho: a incapacidade de se conciliar de forma autônoma, buscando a melhor solução nos locais de trabalho e preparando-se para o futuro. A Justiça do Trabalho atua na mediação de conflitos coletivos de trabalho e até submetem os desentendimentos (que não são jurídicos em sua maioria) a julgamento, aumentando a separação dos que deveriam estar interessados na solução adequada do conflito.

Toda decisão judicial em dissídio coletivo resolve o processo mas não o conflito.

Os momentos de crise poderiam representar um avanço nas relações trabalhistas, com soluções harmônicas e com previsibilidade de vigência mais duradoura.

No final da II Guerra Mundial as negociações tripartites entre Estados, representantes de empregadores e de trabalhadores, estimularam significativo avanço nas conquistas trabalhistas na Europa, dando às empresas oportunidade de crescimento equilibrado e aos trabalhadores nível de participação no desenvolvimento econômico com responsabilidade.

Não estamos em final de guerra, mas é flagrante a necessidade de transformação das relações trabalhistas e sua forma de representação e modelo de negociação coletiva. Ou, dito de outra forma, o paradigma histórico precisa ser alterado porque não atende mais às necessidades sociais e econômicas da sociedade.

Dentro desse processo de transformação constante das relações trabalhistas e da necessidade de maior integração dos trabalhadores, chama a atenção, a proposta do governo francês para a representação dos trabalhadores (*projet de loi relatif ao dialogue social e à l'emploi*) que inclui a criação de comissões regionais paritárias para empresas com menos de 11 empregados e reduz o número de temas objeto de entendimentos entre empresa e empregados, de 17 para 03: orientação estratégica da empresa e suas consequências; situação econômica da empresa e política social. Em relação à obrigação de negociar, também há sensível alteração encaminhada na proposta, com a negociação em 3 blocos: (i) remuneração, tempo de trabalho e participação e (ii) resultado e qualidade de vida, com negociação todos os anos e (iii) gestão de empregos e de evolução profissional. Estas medidas são acompanhadas de outras que procuram ampliar a forma de proteção social dos trabalhadores de baixa renda.

É fato que nosso país tem peculiaridades que sempre são invocadas para justificar o modelo trabalhista em que nos encontramos. Todavia, vale a reflexão de que a revisão de comportamento é necessária a fim de que a superação das dificuldades de hoje possa construir um futuro de convivência harmônica.

Medida Provisória n. 680 está distante de conceitos jurídicos fundamentais

31 de julho de 2015

A Medida Provisória n. 680, que pretende criar o Programa de Proteção ao Emprego (PPE), malgrado o caráter desnecessário da sua proposta e projeções hipotéticas de proteção de emprego e da economia do país, traz em seu bojo dois artigos relativos ao aporte do Fundo de Assistência ao Trabalhador (FAT) às empresas que não podem ser ignorados pelo legislador: o primeiro é o art. 7º que se refere à alteração do art. 22 da Lei n. 8.212, de 24 de julho de 1991, que trata do custeio da previdência social; e, o segundo é o art. 8º, que altera a redação do art. 15, da Lei n. 8.036, de 11 de maio de 1990, relativa ao Fundo de Garantia do Tempo de Serviço (FGTS).

Lembremos antes que o Programa de Proteção ao Emprego sugere que os empregados da empresa que se dispuser à sua adesão, após negociação com o sindicato da categoria preponderante, poderão ter o repasse de 50% do valor da redução salarial limitada a 65% do valor máximo da parcela do seguro-desemprego. Claro está que se tudo fosse verdade e o programa viesse a funcionar, a forma de repasse aos empregados seria por meio de compensação ao empregador que pagaria diretamente ao empregado o valor prometido pelo FAT. Assim está nos arts. 3º e 4º da Medida Provisória.

A redução de ganho com redução de jornada criou um valor de transferência do FAT cuja natureza jurídica é de cunho eminentemente social, não salarial portanto, e que, por esta razão, deveria ficar excluída da base de contribuição previdenciária e dos recolhimentos ao FGTS. O socorro do governo aos trabalhadores, repita-se, é um benefício de natureza social, desvinculado da remuneração.

Todavia, a Medida Provisória n. 680, distanciou-se de conceitos jurídicos previdenciário e trabalhista fundamentais. Como se disse a MP alterou as Leis ns. 8.212/1991, que trata do custeio da previdência social, e a Lei n. 8.036/1990, que se refere ao FGTS. A MP trouxe estas alterações dando nova redação a três dispositivos, com a precípua finalidade de manter a capacidade arrecadadora do Estado: alterou o conceito de salário de contribuição para a previdência social e, ampliando sua base de incidência, atribuiu ao benefício do FAT caráter remuneratório com incidência previdenciária e, em seguida, inovou na base remuneratória para determinar que também o benefício servirá para fins de recolhimento de FGTS.

Pelo primeiro aspecto, a alteração da legislação previdenciária, ao inserir a incidência de 20% a cargo das empresas sobre o valor da compensação pecuniária a ser paga no âmbito PPE criou obrigação estranha à base do fato gerador que sustenta o sistema de contribuição previdenciária, gerando obrigação fiscal sobre valor que está, de modo inconteste, desvinculado da natureza salarial porque não de se trata de retribuição feita pelo empregador e menos ainda não de pagamento por contraprestação de serviço.

Neste sentido, a Lei n. 8.212, de 24 de julho de 1991, ao tratar do salário-de-contribuição no art. 28, I, e no § 8º, antes da nova redação não considerava benefício de caráter social como integrante do salário de contribuição. A inclusão da letra *"d"* ao § 8º, do artigo citado, obriga também o empregador a recolher sobre a importância recebida pelo empregado como aporte do FAT a contribuição previdenciária devida pelo empregado. Afinal, conforme diz a Medida Provisória, o valor da compensação pecuniária passou a integrar o salário de contribuição.

Neste sentido, aliás, o § 9º, alínea *"a"*, do art. 28, da lei de custeio citada, ao se referir a parcelas que não integram o salário-de-contribuição foi taxativo ao afirmar que os benefícios da previdência social estariam excluídos. A compensação pecuniária criada pelo PPE é de forma flagrante um benefício de natureza jurídica social que, em outras legislações, se chamaria desemprego parcial.

Completando o círculo, já que a "ajuda" do FAT foi inserida no conceito alterado de salário de contribuição, passou também a ser objeto de recolhimento de FGTS, razão pela qual o art. 8º da Medida Provisória, deu nova redação ao art. 15 da Lei n. 8036/90 que trata do FGTS para impor a obrigação de recolhimento sobre a compensação pecuniária do PPE.

Ora, se o FGTS deve incidir sobre valores de natureza jurídica remuneratória, recebidos pelos empregados a título de contraprestação de serviços, a compensação pecuniária não poderia ser considerada parte da base de recolhimentos ao FGTS porque acabou criando novo encargo tributário.

O FAT, de modo geral, é constituído pelas contribuições do PIS/Pasep que tem como fonte de recursos 0,65% sobre o faturamento bruto das empresas; 1% sobre a folha de salários das entidades sem fins lucrativos; e 1,65% sobre a importação de bens e serviços. Deste modo, considerando que os valores do FAT são oriundos de imposto, num passo de mágica, não podem se transformar, de acordo com o Programa proposto, em base de contribuição fiscal à previdência social e que adquiram natureza remuneratória para o FGTS.

Talvez o meio utilizado de Medida Provisória seja inadequado tanto para a incidência de contribuição previdenciária como para o recolhimento de 8% do Fundo de Garantia do Tempo de Serviço. Por vias indiretas a Medida Provisória está criando uma obrigação fiscal previdenciária e descaracterizando o conceito de salário para o recolhimento do FGTS com aparente violação dos arts. 150 e 151 da Constituição Federal.

Proteção da relação jurídica de trabalho doméstico tem de superar dificuldades

21 de agosto de 2015

A proteção do regime jurídico de trabalho doméstico recebeu nos últimos anos atenção especial em nível internacional (Convenção n. 189 da OIT, sobre o trabalho decente para as trabalhadoras e os trabalhadores domésticos, em 2011) do legislador nacional com a Emenda Constitucional n. 72 e com a Lei Complementar n. 150.

Poderíamos afirmar que se trata de proteção tardia porque deixou à margem de proteção e garantias mínimas uma classe de trabalhadores que pela natureza dos serviços não recebia do legislador a merecida valorização.

A Lei Complementar 150 evidencia a evolução na forma de proteção social que tem sido a característica histórica do direito do trabalho e da legislação trabalhista.

Constata-se na evolução da legislação trabalhista um deslocamento na afirmação de que a nova relação inaugurada pela transformação dos meios de produção merecia atenção especial a fim de que a desigualdade econômica do contrato não se sobrepusesse contra o trabalhador, visivelmente mais débil diante de uma relação contratual de direito civil que, embora reconhecesse as liberdades públicas, não atendia às necessidades prementes de uma proteção mínima. Ser cidadão e ser trabalhador, condições essenciais para a vida em sociedade não caminhavam juntos.

O trabalho humano subordinado ou o conteúdo do trabalho que se confunde com o próprio prestador levou à identificação de que havia uma situação especialíssima e o Estado não poderia mais dar de ombros.

O campo de proteção trabalhista ampliou-se, saindo da proteção individual do trabalhador com garantia de seus direitos diante do empregador, para atingir a proteção social e coletiva, na tentativa de atribuir força política à organização de trabalhadores em sindicatos e, deste modo, equilibrar as negociações.

A necessidade de garantia de direitos individuais fez ampliar o rol de garantias que o Estado assegurava aos empregados pela necessidade de homogeneizar o tratamento que todas as empresas deveriam dispensar aos seus empregados.

O foco econômico relevante nesta fase foi de estabelecer garantias individuais que não importassem concorrências de mercado entre empresas, supondo que haveria igual tratamento, ou seja, todos os empregados participariam de um patamar mínimo de proteção.

A evolução das relações coletivas fez nascer outro segmento de proteção complementar, capaz de se ajustar a cada setor econômico por meio das negociações coletivas, com relevante impulso no desenvolvimento e aperfeiçoamento da proteção social, sempre preservando as garantias individuais já incorporadas na lei como direito fundamental e patrimônio dos contratos individuais de trabalho.

Portanto, a proteção trabalhista pautou-se, inicialmente, pelos aspectos econômicos para garantir vantagens aos trabalhadores inseridos na relação contratual de produção econômica.

A CLT, rompendo com a atividade econômica de empregadores do art. 2º, traz no § 1º, do mesmo artigo, advertência de que não se excluiria do trabalhador a condição de empregado desde que reunidas respectivas condições, ainda que o tomador de serviços estivesse representado por entidade sem fins lucrativos. Está aqui sinalizando que a atividade econômica do tomador não poderia ser considerada como fator de exclusão de direitos trabalhistas.

Todavia, mais adiante, no art. 7º, alínea "a", a Constituição Federal, por razões de ordem econômica quanto ao tomador de serviços, excluiu os benefícios e garantias nela previstos dos trabalhadores domésticos.

Parece que o texto supõe que a relação jurídica de trabalho de conteúdo doméstico revela uma inadequação da possibilidade de existência de conflito de interesses em razão (i) da ausência de objeto lucrativo ou atividade econômica do empregado, ou seja, o conteúdo do trabalho entregue pelo empregado não se insere no âmbito de uma exploração econômica do empregador; (ii) da intimidade própria da relação doméstica que coloca o empregado no interior da família e com ela troca igualmente sentimentos de solidariedade e união, nutridos por um laço contratual que superaria qualquer desentendimento; (iii) uma terceira razão, talvez se possa acrescentar, a baixa escolaridade e qualificação profissional dos trabalhadores, sendo o trabalho a ser executado praticamente uma extensão das tarefas rotineiras de sua própria casa.

Entretanto, a evolução dos direitos humanos e dos direitos fundamentais, impulsionados pela ordem internacional fez com que o Estado desse início à alteração na forma de proteção da relação jurídica do trabalho de conteúdo doméstico.

Primeiro, com a Lei n. 5.859/1972, depois com a Constituição Federal de 1988, mais recentemente com a Emenda Constitucional 72 que derrubou a barreira que impedia a propugnada igualdade do art. 7º aos trabalhadores domésticos.

Agora, a partir de junho de 2015, a Lei Complementar n. 150 completa a proteção ao trabalhador submetido à relação jurídica de trabalho doméstico, com destaques relevantes e que merecem reflexão:

1. A primeira reflexão sugerida parece ser de transformação do conteúdo e conceito. Não se trata mais de trabalho de favor, mas de contrato puro e simples com deveres e obrigações recíprocos.

2. Há uma constatação de que na medida em que a obrigação do empregador aumenta, percebe-se a exigência de maior rigor na qualificação profissional.

3. A Lei Complementar n. 150 impõe de modo inquestionável que à relação de trabalho doméstico seja dado igual tratamento que se dá a trabalhador inserido em atividade econômica produtiva em que os lucros auferidos podem fazer face aos custos de mão de obra.

4. A atividade econômica ou não do empregador deixou de ser um diferencial para que o trabalhador se qualifique para ter os direitos assegurados.

Contudo, é certo que a lei impõe a superação de dificuldades em sua execução que são próprias da relação peculiar com a presença de uma cultura secular de prestação de serviços de favor recíprocos, considerando, de um lado, que aquele que executa o trabalho poderia não valorizá-lo por se tratar atividade de extensão de sua própria casa e porque era desenvolvido nos limites do lar ou da pessoa. De outro lado, quem recebe os serviços avalia mal os benefícios e, também, não valoriza o que recebe, considerando o profissional à margem do sistema produtivo.

Enfim, a Lei Complementar resgata valores humanos que devem ser respeitados no padrão de contrato de trabalho na esperança de que as dificuldades operacionais sejam absorvidas com o tempo.

Os limites da definição de enquadramento sindical por decisão judicial

11 de setembro de 2015

O exercício do direito à liberdade sindical na formação de sindicatos ou associações profissionais está assegurado pela Constituição Federal de 1988, no art. 8º, que, por força do que dispõe em seu inciso I, impôs, diante da vedação de intervenção do Estado nas questões sindicais, a extinção da Comissão de Enquadramento Sindical, criada no âmbito do Ministério do Trabalho e Emprego e que tinha como objetivo decidir sobre a formação de novos sindicatos e preservar a herdada unicidade sindical.

Naquele tempo, o que se discutia e o que se decidia era a legitimidade de trabalhadores formarem sindicatos de sua livre escolha, às vezes por desmembramento de alguns em razão da extensão inadequada de categorias representadas e outras vezes para acomodar os interesses políticos de dirigentes sindicais.

Ocorre, todavia, que os novos sindicatos, formados a partir da Constituição Federal, encontram uma enorme barreira para seu reconhecimento, e não raro as disputas são decididas pelo Judiciário Trabalhista que, ao final e ao cabo, por meio de sentença faz o papel da extinta comissão de enquadramento sindical. Em lugar de carta sindical agora as entidades sindicais têm uma decisão judicial que, no limite, engessará a estrutura sindical e criará um bloqueio para que os trabalhadores exerçam o direito à liberdade sindical.

A reflexão sugerida nesse tipo de ação nos remete à identificação do bem jurídico que se pretende ver protegido: a) o exercício da liberdade sindical; b) a representatividade de trabalhadores; c) o direito de atuar na base territorial; d) o direito de obstar que haja mais de uma representação sindical; ou e) o direito à contribuição sindical.

Para qualquer uma das situações indicadas levará o julgador ao controle do exercício do direito à liberdade sindical, e a decisão que julgar em favor de um agrupamento ou outro implicará a negação da sua própria decisão, porque não poderia negar a garantia constitucional.

Se fosse para reconhecer a preservação de sindicatos sem legitimidade, mas que chegaram ao modelo herdado em primeiro lugar, a decisão estaria sufocando a iniciativa de criação de novos sindicatos e, de novo, estaria negando o direito à liberdade sindical.

Então, o que se preserva como direito? A garantia da unicidade sindical não poderá ser maior do que o direito à liberdade sindical. A disputa judicial pelo reconhecimento da representatividade traz um conservadorismo de intervenção do Estado nas questões sindicais. Se admitirmos que uma entidade sindical, expressão máxima de organização livre dos trabalhadores, pleiteie em juízo a intervenção do Judiciário para impedir que seja assegurado o mesmo direito a outro grupo, não estaríamos agindo contrariamente à garantia constitucional?

O Tribunal Superior do Trabalho, em decisão recente, considerou o critério da especificidade como definidor para o enquadramento sindical, sustentando-se nos arts. 570 e 571, ambos da CLT, afirmando "que cabível o desmembramento autorizado por lei, quando as atividades similares e conexas, antes concentradas na categoria econômica mais abrangente, adquirem condições de representatividade por meio de sindicato representativo de categoria específica" (E-ED-RR 880-42.2010.5.02.0072, relator Ministro: Alexandre de Souza Agra Belmonte, data de julgamento: 26.02.2015, Subseção I Especializada em Dissídios Individuais, data de publicação: *DEJT* 20.03.2015).

Bem se vê que a sustentação da decisão está lastreada em disposição legal que interfere diretamente na organização sindical e nega o princípio da liberdade sindical, atuando na mesma sistemática da extinta comissão de enquadramento sindical.

Em outro caso, noticiado em 1º de janeiro de 2013, pelo sítio do Tribunal Superior do Trabalho, em acórdão da lavra do ministro Mauricio Godinho Delgado, (processo TST-RR-126600-88.2010.5.16.0020), a 3ª Turma da corte manteve decisão do Tribunal Regional do Trabalho da 16ª Região em que o conflito de representação foi definido com base no princípio da agregação em lugar da especificidade, identificando, como representativo o sindicato com categoria profissional mais larga e abrangente, além de mais antigo.

Nos dois casos, os fundamentos trazidos para dirimir a controvérsia de representação são de aplicação de normas de ordem puramente administrativa que esbarram no princípio maior do direito à liberdade sindical e que não se poderia negar a grupos independentes e legitimamente constituído.

Veto a arbitragem para conflitos trabalhistas é desprestígio à boa-fé

2 de outubro de 2015

A arbitragem para solução de conflitos trabalhistas ocupou lugar de importância na Constituição Federal, no art. 114, § 1º, ao facultar às partes, diante de impasse em negociações coletivas, a eleição de árbitro. Todavia, esta possibilidade está destinada exclusivamente aos conflitos de natureza coletiva, não se aplicando para as disputas individuais entre empregado e empregador e, na verdade, a prática de arbitragem nestas situações não evoluiu e não se pratica.

O assunto da arbitragem retornou à pauta quando da aprovação da Lei n. 13.129, de 26 de maio de 2015, que alterou a Lei n. 9.307, de 23 de setembro de 1996 e que inseriu no § 4º, do art. 4º, a possibilidade de arbitragem por meio de cláusula compromissória para empregados que viessem a ocupar cargo ou função de administrador ou de diretor estatuário. A razão está na natureza dos direitos eventualmente discutidos que não se colocariam na natureza indisponível de que gozam os direitos trabalhistas.

Antes desta proposta de reforma a jurisprudência trabalhista andou muito tímida e raros foram os casos em que se admitiu a arbitragem em dissídios individuais porque a maioria dos casos não refletia efetivamente um processo de arbitragem e pesquisa entre os Ministros do Tribunal Superior do Trabalho publicado neste veículo em 14 de setembro de 2013 reflete o entendimento da Alta Corte Trabalhista.

A lei aprovada foi submetida à sanção presidencial e recebeu o veto no § 4º do art. 4º. O texto da lei é dúbio e confunde relação de trabalho com relação de emprego e o veto acabou por embarcar, talvez por falta de informação, na vala comum do vínculo de emprego e no protecionismo natural e mais fácil.

O texto submetido à reforma da lei e que alterava o § 4º do art. 4º, da Lei n. 9.307, de 23 de setembro de 1996, dizia o seguinte: "Desde que o empregado ocupe ou venha a ocupar cargo ou função de administrador ou de diretor estatutário, nos contratos individuais de trabalho poderá ser pactuada cláusula compromissória, que só terá eficácia se o empregado tomar a iniciativa de instituir a arbitragem ou se concordar expressamente com a sua instituição".

A impropriedade do texto é de referir-se a funções que sabidamente não apresentam características de vínculo de emprego, administrador ou diretor estatutário, referindo-se à situação de empregado, incompatível com a condição hierárquica do cargo. Em palavras outras, ou o legislador trata de empregado ou de cargo desvinculado dessa condição. Assim, a hipótese vetada dizia respeito ao empregado que passa a ocupar cargo de função hierárquica elevada como diretor estatutário eleito ou administrador e, portanto, teria seu contrato de trabalho suspenso e a arbitragem poderia ser limitada ao período de estatutário ou administrador.

O veto presidencial trouxe as seguintes razões: "O dispositivo autorizaria a previsão de cláusula de compromisso em contrato individual de trabalho. Para tal, realizaria, ainda, restrições de sua eficácia nas relações envolvendo determinados empregados, a depender de sua ocupação. Dessa forma, acabaria por realizar uma distinção indesejada entre empregados, além de recorrer a termo não definido tecnicamente na legislação trabalhista. Com isso, colocaria em risco a generalidade de trabalhadores que poderiam se ver submetidos ao processo arbitral".

Ora, a arbitragem não é opção destinada a empregados nem a lei trata de distinção entre empregados. Não há e nunca houve impedimento legal para que executivos em nível de gestão administrativa em cargos estatutários ou de administrador fixem em seus contratos cláusula compromissória de arbitragem. Claro está que o veto coloca a Justiça do Trabalho como único órgão capaz de decidir conflitos trabalhistas, ignorando a autonomia da vontade e a intelectualidade do diretor ou administrador.

De fato, constata-se a referência a cargos especiais que os empregados possam ocupar por nomeação ou eleição, com relação jurídica própria e excludente da condição de vínculo celetista. A cláusula compromissória para instituir a arbitragem como forma de solução poderia ser negociada no momento da nomeação ou eleição, em razão das condições especialíssimas a que estes contratos se submetem. Os direitos e eventuais discussões do período em que esteve submetido à relação de emprego continuariam protegidos.

Parece que se perdeu uma oportunidade de homenagear a boa-fé nas relações jurídicas e de avançar na solução extrajudicial de conflitos de natureza trabalhista.

Crise econômica reanima debate sobre flexibilização nas relações de trabalho

23 de outubro de 2015

O momento econômico atual no Brasil nos obriga à retomada de tema que diz respeito à necessidade de adaptação das relações trabalhistas com o objetivo de que todos superem as dificuldades supostamente passageiras de uma agonia nacional. Estamos tratando da flexibilização da legislação trabalhista e dos contratos de trabalho que habitualmente desafia os operadores do direito e os atores sociais.

De início, convém observar o respeito às garantias sociais e às conquistas trazidas ao longo dos anos para a melhoria da condição social dos trabalhadores, vinculada ao ideal do art. 7º da Constituição Federal.

Também convém advertir que desregulamentação e flexibilização caminham separadas e com significados diversos. A desregulamentação é uma ideia de tendência nitidamente liberal com a omissão do Estado, a fim de que as relações de trabalho e respectivas condições sejam objeto da livre negociação, de acordo com as leis de mercado. Já a flexibilização preserva a garantia de normas de ordem pública, deixando para negociações coletivas a possibilidade de complementação ou de adequação das condições de trabalho justificada sua necessidade e os efeitos benéficos de sua imposição pela sociedade globalizada.

A flexibilização corresponde ao ajuste da legislação trabalhista com finalidade social e econômica, permitindo que empresas se adaptem na produção, no emprego e nas condições de trabalho.

Como forma de proteção social, vários aspectos levam às reflexões de sua admissibilidade no aspecto jurídico trabalhista. Assim, quanto à iniciativa estatal ou particular de flexibilizar; à proteção social perseguida; ao modo de adoção nos contratos de trabalho e as restrições legais decorrentes do princípio da inderrogabilidade das normas trabalhistas e, após desvendados tais aspectos, caberia, ainda, a indagação quanto ao modelo jurídico do instrumento e atores sociais participantes, a fim de que os atos praticados sejam eficazes, com segurança jurídica e não armadilhas, surpreendendo o empregador no futuro.

Quanto à iniciativa, embora a Constituição Federal tenha reconhecido que garantias mínimas possam ser objeto de revisão mediante negociação coletiva (redução salarial, jornada de trabalho), a realidade vem demonstrando que a necessidade de intervenção sindical para rever a garantia de base inibe as manifestações autônomas.

Ainda persistem resistências de uma visão mais ampla que afeta as empresas, com baixa produtividade e com baixa expectativa de crescimento. Os instrumentos jurídicos de preservação da empresa e dos empregos, previstos para situações mais críticas e supostamente transitórias, parecem não atender na atualidade às condições econômicas precárias.

Refiro-me aos instrumentos jurídicos oriundos da crise de 1998 em que o Estado estimulara a negociação coletiva para flexibilizar a lei trabalhista no próprio local de trabalho (Lei n. 9.601/1998 e na possibilidade de adoção do contrato de trabalho a tempo parcial e da suspensão temporária do contrato de trabalho). Há, hoje, outra necessidade em razão da ausência de perspectiva de controle da situação econômica das empresas.

O período de crise econômica brasileira tem estimulado saídas para a preservação de emprego, naquilo que é possível, desafiando os sindicatos a uma transformação, especialmente com abandono da representação de categorias para acolher os trabalhadores nos locais de trabalho, flexibilizando os contratos naquilo que for possível para atender os interesses locais e mais adaptados à realidade.

O protecionismo do passado cede lugar a negociações nos locais de trabalho, onde trabalhadores ajustam seus interesses, reconhecendo que a função social da empresa não se faz isoladamente.

O judiciário trabalhista também se vê desafiado com dispensas de trabalhadores inseridas na classificação de coletivas, sempre com o objetivo de buscar uma adequação de proteção social, exigindo bom senso em que nem sempre a nulidade de dispensas poderá trazer o resultado mais aconselhável para a manutenção do funcionamento das empresas.

O reconhecimento de acordos coletivos derrogatórios de normas coletivas inseridas em convenções coletivas de trabalho ou mesmo de leis trabalhistas quando submetidas à transação nos locais de trabalho, atribuindo responsabilidades necessárias aos negociadores é de fundamental importância para uma flexibilização segura.

Enfim, a forma de proteção social deve ser entendida como aquela que produza no corpo social vantagens para a comunidade, trabalhadores e empregador, descabida a análise nos aspectos individuais. O princípio protetor se desloca do aspecto individual para atender o grupo social, dando à flexibilização natureza coletiva em efeitos sociais.

Da mesma forma, o equilíbrio social pode se tornar eficaz com manifestações de representações de grupos de trabalhadores efetivamente legitimados.

Em época de crise a experiência vivida não poderá ser desprezada e caberá às empresas a reorganização do trabalho a partir do local de trabalho, fortalecendo negociações coletivas internas no sentido de integrar os trabalhadores, por meio de adaptação, sem deixar de preservar o mínimo de proteção legal, transformando a relação trabalhista mais participativa.

Redução de salário e aumento de PLR têm relação impossível

13 de novembro de 2015

Desde as tentativas de regulamentação da Participação dos Trabalhadores nos Lucros e Resultados das empresas, em 1994, até sua versão final pela Lei n. 10.101/2000, constata-se frequentemente que há uma confusão entre direitos contratuais trabalhistas e a negociação de PLR com introdução de pontes de comunicação entre os dois que comprometem sensivelmente a finalidade da PLR e banaliza o instituto.

Recentemente, a 7ª Turma do Tribunal Superior do Trabalho (RR-1322-04.2010.5.01.0050) em voto da lavra do ministro Douglas Alencar Rodrigues, anulou cláusula normativa que reduzia em 12% o salário de empregado em troca de aumento na base de cálculo de Participação nos Lucros e Resultados e de gratificação especial no final do ano. O entendimento regional que já havia anulado a cláusula foi em razão da ausência de vinculação do PLR à redução salarial ajustada, além de impor ao empregado ocorrência de evento incerto como o lucro e, deste modo, incompatível com a perda remuneratória ajustada.

O tema sempre nos remete ao mau uso dos institutos trabalhistas e à insegurança jurídica que uma negociação pode levar às partes negociadoras. No caso, trata-se de negociação coletiva dos idos de 2002 e que agora tem reconhecida a nulidade de redução salarial em ação trabalhista proposta por empregado dispensado.

Se de um lado, temos o permissivo constitucional do art. 7º, VI, para redução de salário por meio de negociação coletiva, de outro lado, o conteúdo que justifica este de entendimento pela jurisprudência leva em consideração a necessidade de compensação de vantagens no nível da relação coletiva dos contratos de trabalho. Portanto, a jurisprudência orienta entendimento de que à redução salarial concorra uma vantagem objetivamente considerada.

O que não se poderia admitir, caso a cláusula fosse válida pelo que propõe, é que se traga à discussão jurídica ofensa ao art. 468 da CLT ou de condições de proteção individual, com invocação de princípios de proteção de natureza individual. No Direito Coletivo a proteção não se faz pelo indivíduo, mas pelo grupo e quando o sindicato negocia por norma coletiva válida está defendendo os interesses de grupos cuja decisão tenha sido colhida em manifestação de assembleia, fazendo prevalecer a autonomia privada coletiva.

Então na primeira parte da reflexão, não se admite que negociações coletivas de trabalho que reduzam vantagens de grupos de trabalhadores não aportem uma compensação direta de mesmo nível.

De outro lado, o instituto da PLR contém princípios e condições peculiares que não se confundem com aqueles decorrentes do contrato de trabalho. Trata-se de um negócio jurídico e não de contrato de trabalho e qualquer vinculação de um com outro revela-se imprópria e incompatível.

De fato, quando o empregado celebra com o empregador um contrato individual de trabalho, os dois assumem obrigações e deveres recíprocos vinculados à sua execução e compensação econômica, e sujeitos a uma base de proteção legal mínima, na qual se inclui o princípio previsto no art. 468 da CLT.

O instituto da PLR é desvinculado do contrato de trabalho e não pode comprometer direitos individuais de empregados ao seu recebimento, nem pode ser instrumento de compensação de redução de salário. A PLR é fruto de negócio jurídico que caminha ao lado dos contratos de trabalho, mas que com eles não se confunde, guardando condições próprias e vinculadas a resultado futuro e incerto.

Finalmente, o acórdão da 7ª Turma do TST chama a atenção também ao renovar as limitações do poder de negociação dos sindicatos, afirmando que "as normas coletivas não produzem efeitos jurídicos válidos quando contrárias à lei, não sendo lícito aos sindicatos, por meio da negociação coletiva, com o objetivo de alcançar vantagens para as categorias que representam ou mesmo para si próprios, renunciar a direitos individuais dos trabalhadores, sejam ou não associados. Definitivamente, na visão tradicional da doutrina, não receberam os sindicatos um verdadeiro 'cheque em branco' para transacionar todos os direitos dos trabalhadores."

Neste último aspecto, a decisão do julgado, quanto à impossibilidade de renúncia individual por meio de negociação coletiva, merece nova reflexão a fim de que não seja desprestigiada a manifestação da autonomia privada coletiva por meio de entidades sindicais efetivamente legítimas, representativas e com credibilidade. De qualquer forma, devem ser discutidos e negociados PLR e contratos de trabalho de modo independentes.

PPE amplia prazo da crise e traz mais dificuldades para as empresas

4 de dezembro de 2015

A Presidente Dilma sancionou no último dia 19 de novembro a Lei n. 13.189, que institui o Programa de Proteção ao Emprego (PPE), uma reedição da Medida Provisória n. 680. Em linhas gerais, a lei repete a proposta inicial, mas recebeu na casa legislativa alguns retoques que sinalizam previsão de crise mais longa do que a anunciada inicialmente e, além disso, traz restrições para as empresas e desestimulam qualquer iniciativa para sua implantação.

O documento jurídico que vai tratar do assunto é o acordo coletivo de trabalho específico negociado no âmbito da empresa por meio do sindicato representativo da categoria da atividade econômica preponderante da empresa (art. 5º). Chama atenção a forma de representação sem apego à categoria a que pertençam os trabalhadores, revelando que quando se tratar de local de trabalho, prevalecerá outra legitimidade representativa. Exemplificativamente, motoristas, telefonistas, secretárias serão todos representados pelo sindicato dos comerciários se a atividade empresarial for de comércio.

O prazo da crise, que na Medida Provisória n. 680, publicada em 6 de julho de 2015, era de 12 meses, com adesão até dezembro de 2015, passou a contemplar no art. 2º, § 1º, prazo de até dezembro de 2016 e, além disso, se antes a previsão da crise era de 12 meses, prazo que definia a redução de salário e jornada, agora o prazo previsto é de 24 meses, com preferência para as empresas que observarem a cota de pessoas com deficiência (art. 2º, § 2º).

Neste sentido, se na época da publicação da Medida Provisória n. 680 dizíamos que o tempo de crise era imprevisível e estava sendo tratada com prazo definido, agora parece que houve um choque de realidade para esclarecer e adequar com mais transparência, que não sairemos da crise em tão pouco tempo. Seguindo a proposta da lei, se o prazo de adesão é até dezembro de 2016 e o prazo máximo é de dois anos, algumas empresas podem chegar até 2018 enfrentando redução de salário e de jornada.

A crítica que já fizemos quanto ao período de garantia de emprego da Medida Provisória e que funcionava como uma ameaça para as empresas, com a Lei n. 13.189, fica ainda mais grave.

Retomemos o que tínhamos na Medida Provisória: nos termos do art. 5º, as empresas estavam obrigadas a assegurar para os empregados atingidos garantia de emprego equivalente a 1/3 do período de redução de salário e de jornada: "As empresas que aderirem ao PPE ficam proibidas de dispensar arbitrariamente ou sem justa causa os empregados que tiverem sua jornada de trabalho temporariamente reduzida enquanto vigorar a adesão ao PPE e, após o seu término, durante o prazo equivalente a um terço do período de adesão".

A redação atual trouxe a novidade de compromisso ainda maior, obrigando as empresas a uma avaliação mais elaborada da conveniência de aderir ao PPE. Assim o período escolhido para a adesão ao programa deverá ter a consistência de que a levará à saída da crise. Assim, o § 1º, do art. 5º, estabelece que o acordo coletivo deverá conter dentre outros aspectos, que o período de garantia no emprego deve ser equivalente, no mínimo, ao período de redução de jornada acrescido de um terço. Estamos diante, portanto, de garantia mínima que amplia o prazo original da Medida Provisória.

De outro lado, no art. 6º, a Lei n. 13.189 proíbe a empresa que aderir ao PPE de "dispensar arbitrariamente ou sem justa causa os empregados que tiverem sua jornada de trabalho temporariamente reduzida enquanto vigorar a adesão ao PPE e, após o seu término, durante o prazo equivalente a um terço do período de adesão".

Há aparente conflito entre os dois dispositivos: de um lado, um que impõe condição à negociação o prazo mínimo de garantia de emprego equivalente ao período de redução acrescido de 1/3 e, de outro lado, um dispositivo que de modo expresso proíbe a empresa de dispensar trabalhadores durante o período de adesão ao PPE mais um terço do período de adesão.

Ora, no primeiro aspecto é exigência mínima da negociação coletiva que a garantia de emprego poderia sugerir uma extensão além do período de redução de salário e jornada por igual tempo acrescido de um terço e, no segundo caso, do art. 6º, fica assegurada a garantida de emprego, pela lei, enquanto houver adesão ao programa pela empresa que, ainda que se recupere ou não suporte as condições econômicas, não poderá dispensar trabalhadores enquanto vigorar o prazo de previsão de adesão mais um terço posterior.

São duas obrigações distintas às quais as empresas que fizerem a adesão deverão estar atentas: a condição legal para negociação coletiva válida dentro do modelo proposto e a garantia da lei. Claro está que em qualquer situação, a possibilidade de a empresa denunciar o PPE, de acordo com o disposto no art. 7º, não a desobrigará da manutenção da garantia de emprego integral mais um terço. Trata-se de dúvida da forma de adoção da garantia de emprego trazida pelo texto.

Há, entretanto, novidades como a inserção de comissão paritária, sem fazer referência a participação sindical, para fiscalização do cumprimento do acordo coletivo, bem como acordo coletivo múltiplo de trabalho, por meio de sindicato representativo da categoria econômica preponderante e que poderia contemplar várias empresas.

A indefinição da situação econômica do país, aliada à instabilidade política talvez criem dificuldade para que as empresas sejam motivadas ao programa que, repetindo o que dissemos anteriormente, traz meios de negociações dispensáveis porque a legislação trabalhista já contemplava formas de flexibilização para momentos críticos e caberia às negociações coletivas a adequação de acordo com as necessidades da empresa e dos trabalhadores.

2016

Cumprimento de cotas de trabalhador deficiente admite flexibilização

8 de janeiro de 2016

Este *Consultor Jurídico* trouxe, em 23 de dezembro de 2015, notícia veiculada pelo jornalista Sergio Rodas sob o título *Petrolífera não precisa cumprir cota de deficiente em plataforma em alto mar* baseando-se em acórdão da 10ª Turma do Tribunal Regional do Trabalho da 1ª Região (RJ), proferido em Ação Civil Pública movida pelo Ministério Público do Trabalho contra a empresa Ensco do Brasil Petróleo e Gás. Na primeira instância, a ação já havia sido julgada improcedente em sentença proferida pela juíza Ana Celina Laks Weissbluth, da 2ª Vara da Justiça do Trabalho de Macaé.

Este tipo de ação demonstra de um lado que o Ministério Público do Trabalho exerce seu compromisso com a sociedade de fazer cumprir a lei e, de outro lado, revela que as perseguições do *parquet* merecem reflexão quanto à oportunidade de exercê-la, das conveniências e adequações à realidade.

A decisão regional, da lavra do desembargador Marcelo Antero de Carvalho, trouxe como critério de flexibilização da Lei n. 8.213/1991 o Princípio da Razoabilidade porquanto alguns setores de atividade e local de trabalho eram absolutamente incompatíveis para o cumprimento de cotas, considerando o número total de empregados da empresa. Neste sentido a manifestação é expressa e vale a reprodução do texto para reflexão: "A lei de cotas, embora não tenha estabelecido exceções, deve ser aplicada com razoabilidade para que empregadores não sejam excessivamente punidos por não conseguirem cumprir o percentual da totalidade de seu quadro efetivo".

Nunca é demais lembrar que o princípio da razoabilidade deve atuar na presunção de que os fatos estejam dentro da normalidade e impõe ao intérprete a aplicação da norma ao caso individualmente considerado, com exclusão da norma geral. Em palavras outras, a regra geral de viabiliza e se torna eficaz não pela sua própria razão que motivou sua criação, mas sim por um princípio que assegure uma razão contrária igualmente justificadora de sua especificidade. Não se nega a regra, mas respeita-se a peculiaridade do caso.

Já tivemos oportunidade também de escrever nesta coluna que a lei de cotas está a merecer revisão (*Reserva de vagas para trabalhadores deficientes precisa de revisão legal*), assinalando que o Tribunal Superior do Trabalho também sinaliza para a inoportunidade da exigência legal de forma indiscriminada, em especial quando a empresa demonstra que desenvolve iniciativas no sentido da inclusão social.

Pensamos que foi um grande avanço no ano de 2015 a forma pela qual a jurisprudência trabalhista se manifestou quanto à apreciação de multas e de ações civis públicas que exigem de forma indiscriminada o cumprimento de cotas de trabalhadores.

Vale a pena insistir que não negamos a necessidade de inclusão social, mas talvez a imposição legal precise de melhor adequação à realidade, cabendo à fiscalização observar os movimentos sociais que facilitam a formação de mão de obra e os esforços envidados para a geração de oportunidades de emprego.

Para o ano de 2016, a com a crise econômica e desemprego em crescimento, é inquestionável a necessidade de revisão da exigência porque a busca pelo emprego vai concorrer com a inclusão de deficientes.

Exercício do direito disciplinar do empregador tem limites

29 de janeiro de 2016

Em matéria de controle do exercício dos poderes disciplinar e diretivo do empregador, o operador do direito não encontra respostas fáceis e isentas de riscos. Os limites entre disciplina, controle de patrimônio e respeito à dignidade da pessoa humana muitas vezes decorrem de interpretações tomadas em tese e com suposições de violação da honra do trabalhador ou ofensa à dignidade da pessoa humana, expressão que vai se banalizando pelos pleitos em reclamações trabalhistas e, em alguns casos, pelas decisões da Justiça do Trabalho com projeção de sentimento, muitas vezes, distante da realidade da prática trabalhista. Há limites para o empregador no exercício de poderes na direção do contrato de trabalho pelo empregado?

Não se pretende aqui afirmar que não existam abusos de poder e submissão de empregados a condições humilhantes e degradantes em razão do exercício da força contratual e da precariedade de condições econômicas a que se submetem boa parte dos trabalhadores, premidos pela necessidade de emprego e salário.

Um dos pressupostos do cumprimento do contrato de trabalho é a confiança recíproca entre as partes e uma vez ausente prevalece a fragilidade no conteúdo jurídico que pode comprometer a continuidade do contrato de trabalho. Deste modo, o exercício da relação trabalhista é feito de freios e contrapesos de ambos os lados, empregado e empregador, em linha de comprometimento constante onde deveria prevalecer a boa-fé contratual. Quando se trata de contrato de emprego, é mais acentuada a boa fé em razão da finalidade social do próprio contrato e seus efeitos para o futuro da sociedade.

Todavia, o dia a dia dos contratos de trabalho revela peculiaridades de comprometimento e confiança que se renovam a cada fim de jornada. Assim, do lado dos empregados, a entrega da força de trabalho com promessa de pagamento pode ser considerada um elemento de confiança inquestionável. Para os empregadores, a confiança depositada na capacidade que o empregado tem de representar a empresa ou de nela contribuir para o resultado do objeto social e que envolve a participação interna no ambiente de trabalho e as relações externas que o empregado pode representar.

Em recente decisão, a 3ª Turma do Tribunal Superior do Trabalho, em voto da lavra do Ministro Alexandre Agra Belmonte (Processo TST-RR-1144-67.2010.5.03.0028), reformou decisão de primeira e segunda instâncias, para reconhecer a violação da intimidade do empregado submetido a revista com contato físico e que expunha o empregado diante dos demais colegas de trabalho. Diz o acórdão que "o empregado era revistado por seguranças armados que apalpavam todas as partes do seu corpo, chegando próximo às partes íntimas, podendo levantar a blusa e a bainha da calça e, inclusive, apalpar as nádegas para vistoriar o bolso traseiro. Ficou registrado, ainda, que o empregado, enquanto estava sendo revistado, poderia ser visto por outros colegas que ainda estavam sendo submetidos ao processo de seleção para a revista".

A decisão assevera a colisão direitos do empregador, quanto à preservação do patrimônio, e do empregado, quanto à preservação de sua intimidade física e imagem, porque o trabalhador era apalpado em suas partes íntimas, atingindo assim a dignidade da pessoa humana agravada a ofensa porque sem "indícios ponderáveis de que teria sido lesado o patrimônio da empresa ou decaiu da fidúcia do empregador". Quanto à preservação da intimidade física é um direito assegurado constitucionalmente e nem mesmo indícios de desvios de conduta justificariam a invasão de privacidade física. Todavia, não nos parece que mero controle patrimonial possa ser caracterizado como presunção de quebra de fidúcia relativamente ao empregado revistado.

Embora a decisão trate de conflito de direitos, efetivamente se trata de uma análise dos limites do cumprimento do contrato de trabalho em que a fidúcia é elemento essencial de sua subsistência.

Todavia, que não se conclua a partir da decisão que qualquer revista implique desconfiança ou indício de que o empregado esteja sendo colocado sob suspeita de ato de improbidade. Há limites para o empregador no exercício de seus poderes, mas a desconfiança na probidade não poderia servir como justificativa para a violação da intimidade do empregado. Se for assim, o contrato de trabalho não se sustenta e a rescisão deve ser imediata.

Planejamento trabalhista e alteração por flexibilização de direitos contratuais

19 de fevereiro de 2016

A mídia tem noticiado a possibilidade de alteração de contratos de trabalho de executivos para adequação à crise das empresas e, pelo que se lê, parece que aos trabalhadores de alto escalão se aplica outra legislação trabalhista. Este assunto merece um tom de reflexão.

Um dos princípios de aplicação da legislação trabalhista brasileira é de "proibição de distinção entre trabalho manual, técnico e intelectual ou entre os profissionais respectivos" (Constituição Federal, art. 7º, XXXII e parágrafo único do art. 3º da CLT). Com esta previsão nosso sistema jurídico trabalhista rejeita a distinção que alguns países fazem entre os chamados colarinhos brancos e colarinhos azuis.

Se forem considerados o sistema hierarquizado das empresas e a superação de crise econômica, a previsão constitucional desafia uma dificuldade natural para que empregadores criem modelos seguros de planejamento trabalhista cujo objetivo é de redução de custos ou, muitas vezes, para retenção de talentos ou de equipes.

Um dos instrumentos para tentativa de superação de crises das empresas tem previsão na Constituição Federal e implica negociação coletiva para redução de salários (art. 7º, VI) e, em geral, tem atingido setores específicos da economia, nem sempre se aplicando a todos os trabalhadores das empresas.

A crise atual tem atingido o nível de desemprego em todas as empresas e compromete de forma direta os salários diferenciados de executivos que, embora protegidos pela expertise das funções exercidas e outras garantias contratuais, não são menos vulneráveis do que o chão de fábrica. Todos sofrem com a perda de emprego e do salário na proporção de suas dívidas e compromissos sociais.

Compatibilizar os interesses recíprocos neste nível de relação de emprego implica correr riscos para as empresas, pois a proteção legal vale para todos e, por mais intelectual e dono de sua vontade que o trabalhador possa parecer, aplica-se, na relação de emprego, o disposto nos arts. 9º (da Consolidação das Leis do Trabalho), em torno da nulidade de atos praticados pelo empregador, e 468 que condiciona a validade da alteração à manifestação da vontade do trabalhador e condições sempre vantajosas e benéficas.

Neste sentido decidiu o Tribunal Regional do Trabalho da 2ª Região, processo TRT/SP N. 0001871-83.2013.5.02.0081, 11ª Turma, relatora WILMA GOMES DA SILVA HERNANDES, que não se pode falar no princípio da relativização do princípio de proteção. ("Embora o obreiro ocupasse alto cargo na estrutura empresarial, tal fato não permite afastar a aplicação dos princípios e regras trabalhistas inerentes ao trabalho subordinado, tampouco desvirtuar a relação empregatícia e seus requisitos, como se verifica dos termos do art. 9º, CLT. A mera ocupação de cargo elevado na estrutura empresarial não afasta a aplicação do princípio protetor, tampouco permite sua relativização").

Deste modo, quando se trata de planejamento trabalhista que se antecipa ao contrato de trabalho, é possível que a empresa consiga estabelecer formas de contratação e benefícios atrativos que causem menor impacto no custo contratual. Exemplificativamente, projetos de integração do trabalhador na atividade empresarial, mediante aproximação de parceria no trabalho e em resultados podem reduzir o conflito natural do contrato de trabalho. Um dos instrumentos mais eficazes neste modelo é o da participação dos trabalhadores nos resultados das empresas da Lei n. 10.101/2000 que, se elaborado com sabedoria, pode transformar o ambiente da empresa e contribuir para melhores resultados.

Todavia, quando se trata de modificar as condições contratuais vigentes a fim flexibilizar ou reduzir salários e benefícios, é essencial a valorização do exercício da boa fé contratual de ambas as partes. Ainda que manifestado expressamente pelo empregado o desejo de permanência no emprego com redução de ganho ou flexibilização das condições contratadas, não se pode ignorar possível risco de questionamento judicial para reparação futura, observada a prescrição quanto ao pactuado (Súmula n. 294, TST).

O conteúdo das alterações produzidas deve trazer compensações de natureza econômica a fim de que os interesses sejam ajustados e o exercício da autonomia da vontade não possa ser colocado em dúvida no futuro.

Portanto, quando se tratar de relação de emprego, a alteração de conteúdo do pactuado em contratos de profissionais de altos salários ou executivos, transfere às empresas a missão da escolha entre o risco de contingência e a preservação do profissional, lembrando sempre que vivemos um modelo de legislação que faz uma blindagem de proteção dos direitos assegurados quer contratualmente quer pela lei. As chances de êxito de questionamentos perante a Justiça do Trabalho não são muitas porque a lei não dá ao Juiz outra opção que sua aplicação.

Decisão estimula reflexões sobre enquadramento sindical

11 de março de 2016

A questão do enquadramento sindical passa nos dias atuais por inegável período de questionamentos em razão de desmembramento de antigos sindicatos ou de outros que são criados em situação de eventual conflito com o modelo herdado e que ainda não conseguiu romper com o monopólio de representação.

Não são poucas as decisões da Justiça do Trabalho que trazem reflexões sobre a estrutura sindical no confronto com novos sindicatos, sempre questionando o critério de categoria profissional como forma de representação de trabalhadores.

O Tribunal Regional do Trabalho da 2ª Região (SP) exibiu decisão da 5ª Turma, em voto da lavra do Desembargador José Ruffolo (processo 0000472-20.2013.5.02.0016 — Acórdão 20154725506) em reclamação trabalhista movida por empregada do comércio, em que decidiu, de forma resumida, que, na hipótese de desmembramento de sindicatos, deve prevalecer o critério de representação de qualidade de conquistas sociais em acordos ou convenções coletivas.

Sempre entendemos que discussões sobre questões como esta do enquadramento sindical por categoria não deveriam ser decididas pela Justiça do Trabalho. De outro lado, também entendemos que a divisão em categorias (junto com a famigerada contribuição sindical) é uma herança que dificulta o exercício da liberdade sindical. Todavia, não se pode negar que o modelo legal vigente permite que trabalhadores decidam pelo desmembramento de sindicatos, unindo-se em torno daquele que pareceria ter mais afinidade profissional com seus próprios interesses. A possibilidade de desmembramento de sindicatos revela que uma entidade representativa deve ter limite no campo de representação, não podendo ser tão ampla que comprometa a representatividade.

No caso julgado, assim diz o acórdão em comento que: "A criação de outro sindicato profissional que, ao invés de promover acordos e convenções coletivas que melhorem as condições de vida dos trabalhadores (art. 7º, *caput*, da Constituição Federal), somente lhes retira direitos outrora alcançados, não satisfaz o requisito da melhor representatividade (art. 519 da CLT), além de ferir de morte o princípio da vedação de retrocesso em matéria de garantias sociais".

O fundamento trazido, muito embora admita o exercício pleno da liberdade sindical pelos trabalhadores, atribui às conquistas decorrentes de negociação coletiva fator preponderante para a legitimidade do sindicato. Desta forma, a decisão regional cassou a representação e fixou outro enquadramento sindical sob o fundamento de que as negociações coletivas não podem trazer retrocesso em matéria de garantias sociais. Isto bem revela que há efetivamente no Judiciário uma revolução em matéria de proteção social quando se trata de sindicatos de trabalhadores.

Assim, em primeiro plano, a possibilidade de pretender em juízo, em reclamação trabalhista, o enquadramento a sindicato profissional diverso daquele a que se submeteu o contrato de trabalho cria a oportunidade de se afirmar que é irrelevante o critério de categoria profissional e a norma aplicada é da entidade sindical mais representativa, cuja base de sustentação estaria vinculada às conquistas obtidas em negociações coletivas.

Desta feita, a seguir este caminho, abandonaremos a noção de categoria profissional para tratar de representação sindical sustentada por conquistas sociais que carregam em si conceitos difusos. Uma norma coletiva pode atender a uma proteção social coletiva que, se analisada do ponto vista individual, pode ter uma avaliação de desproteção. Este é o dilema entre a proteção social coletiva e a individual. Aquela, quando negociada, não permite questionamentos egoístas de reparação em ações trabalhistas individuais.

Depois, em segundo plano, a decisão nos coloca a reflexão quanto à forma de participação dos trabalhadores nas lutas de conquistas sindicais. Sempre aprendemos que quanto maior a livre adesão de trabalhadores aos sindicatos, maior o seu poder de negociação e, contrário senso, frágil o sindicato, tímidas também serão os avanços normativos. A reflexão que fica é talvez da necessidade de adequação dessa interpretação de desconstrução do modelo sindical sem efetiva participação dos interessados na defesa de seus direitos, que é substituída pela intervenção estatal por meio do Judiciário.

Cláusula de não concorrência em contratos de trabalho deve ser regulamentada

1º de abril de 2016

Esta revista eletrônica Consultor Jurídico noticiou o caso de indenização decorrente de prejuízos profissionais a executivo que havia se comprometido com o ex-empregador a não trabalhar em empresa concorrente pelo prazo de dois anos após a extinção do contrato de trabalho. A 2ª Turma, em voto da ministra Delaíde Miranda Arantes, considerou imprescindível que a cláusula estipulasse, além dos requisitos habituais de limitação territorial e vigência, a vantagem que assegurasse ao empregado, durante o período de afastamento do mercado de trabalho específico, uma indenização que pudesse prover seu sustento (RR 2529-21.2011.5.02.0003).

É sabido que entre nós não há regulamentação trabalhista na espécie e os princípios que envolvem a discussão circulam entre a peculiaridade do próprio contrato de trabalho, a proteção do direito à liberdade ao trabalho e a proteção patrimonial ou de negócios do empregador. Não se discute quanto à validade de previsão de cláusula de não concorrência no momento da admissão do empregado ou durante o contrato, ainda que não estipule os limites restritivos do exercício da liberdade ao trabalho, condições estas que poderiam ser negociadas ao final do contrato.

Acrescentamos que este é um dos efeitos do contrato de trabalho que tem a peculiaridade de vincular a pessoa do empregado, qualquer que seja o nível funcional, durante a o exercício do contrato e no período posterior em que, em tese, teria cessada a atividade e responsabilidade vis à vis seu ex-empregador. A fidúcia, própria do contrato de emprego e demais obrigações contratuais, pressupõe a boa-fé, nela compreendida a confidencialidade e sigilo quanto às informações recebidas.

Desta forma, embora o contrato de trabalho apresente conteúdo especialíssimo decorrente da troca de informações e de conhecimentos, não tem o contrato efeitos diretos na impossibilidade de que o trabalhador seja contratado pelo concorrente, a menos que esta condição esteja expressamente prevista para regulamentar de forma objetiva o comportamento do empregado no período pós-contratual.

A notícia da decisão, ainda sem acórdão publicado, nos leva à reflexão de que a previsão contratual precisa se tornar efetiva após a rescisão contratual, isto é, a responsabilidade pelo seu cumprimento e implementação exige manifestação expressa do ex-empregador, sob pena de se expor à obrigação de indenização.

A justificativa da obrigação de indenizar tem seu fundamento na restrição do trabalhador ao exercício de liberdade para o trabalho, art. 5º, inciso XIII, da Constituição Federal e, de fato, a condição contratual estabelece um compromisso para o período pós contratual em que a liberdade para o trabalho sofre restrições e tem como finalidade desatualizar o ex-empregado dos projetos encetados pela empresa de tal modo que esteja protegida contra a concorrência que eventualmente poderia ocorrer imediatamente no período posterior à rescisão contratual.

Cláusulas dessa natureza não se justificam para proteger o empregador durante a execução do contrato, porque se trata de situação prevista pela Consolidação das Leis do Trabalho, art. 482, "*c*", que imputa de falta grave o ato de empregado concorrente com o empregador. Neste caso, a punição com a perda de emprego decorre de uma quebra de fidúcia que rompe o compromisso de solidariedade de todo o grupo de empregados da empresa.

A previsão de não concorrência em contratos de trabalho impõe obrigações recíprocas para as partes e deve ser regulamentada a fim de que possa gerar efeitos tanto para o empregador quanto para o empregado em caso de descumprimento. Visto está que a ausência de regulamentação poderá impor dever de indenização pelo ex-empregador. A menos que, ao final do contrato, o empregador renuncie expressamente à exigência de seu cumprimento.

Crise econômica e revisão do modelo de negociação coletiva

22 de abril de 2016

A crise econômica tende a produzir atuação mais responsável na busca de resultados para a reconstrução de relações trabalhistas seguras. O nível de desempregados, estimado em 10 milhões de trabalhadores (quase a população de Portugal) é preocupante. Não há oferta de empregos, e as empresas estão descrentes de quando viverão a possibilidade de retomar o crescimento.

Em artigo anterior, publicado nesta coluna, tivemos a oportunidade de destacar que o Programa de Proteção ao Emprego (Medida Provisória n. 665 de dezembro de 2014) não tinha condições de resolver a crise porque dela tratava como se fosse terminar em poucos meses.

O programa não deslanchou, a crise não foi embora e desemprego aumentou.

Neste momento, é inegável que, do ponto de vista das relações trabalhistas e na garantia do direito constitucional ao trabalho, estamos no fundo do poço (a menos que tenha ainda um alçapão). Para enfrentar o desemprego, os trabalhadores têm criado microempresas individuais e situações de informalidade que no futuro desembocarão em ações trabalhistas na Justiça do Trabalho. Ou seja, a crise de hoje terá sua reparação discutida daqui a alguns anos.

Portanto, algo deve ser feito para a reconstrução de relações trabalhistas seguras e possíveis, devolvendo a esperança no futuro. A urgência não pode esperar a decisão política.

Deste modo, o Direito do Trabalho tem demonstrado capacidade de se reinventar e de trazer soluções para os momentos mais críticos das relações trabalhistas. As grandes crises sempre serviram para avançar na construção do futuro.

A reflexão trabalhista nos leva à constatação de que se deve reinventar o modelo sindical de negociação coletiva e que os sindicatos poderiam se democratizar permitindo, de modo coerente com o que prega, que prevaleça o princípio da liberdade sindical, sem as restrições de categoria profissional.

Ou seja, o problema que se coloca hoje não pode ser confinado em categorias profissionais, mas eles dizem respeito a grupos de trabalhadores de diversos setores de atividade e que têm o mesmo ponto em comum: desemprego ou ameaça de desemprego. Em nosso sentir, tratar dessa questão em níveis de categorias profissionais leva ao segmentarismo injustificável dentro da empresa que fica estilhaçada no tratamento com seus empregados e não consegue pelos aspectos formais resolver o problema de todos.

Constata-se, ao longo dos anos, de um lado que as negociações coletivas estão sempre em busca de reparação de passado e poucas estabelecem relações trabalhistas para o futuro. E, de outro lado, constata-se também que tem havido uma tendência a negociações por empresa, colocando em dúvida o modelo de representação sindical porque o sindicato da categoria preponderante nem sempre é o que representa o universo de trabalhadores da empresa.

Atualmente, o ajuizamento de dissídios coletivos perante os tribunais trabalhistas fundados em dispensa coletiva de trabalhadores tem colocado nos ombros do Judiciário decisões que não são jurídicas. Não há ainda conceito claro do que se deve considerar dispensa coletiva, gerando decisões que se afastam da realidade econômica vivida, impondo ao empregador a proibição de dispensas e, como se trata de exercício do poder normativo, não resolve problema maior que é o de como proceder no futuro.

O Tribunal Superior do Trabalho, no ato 168, de 4 de abril, instituiu procedimento sobre os pedidos de mediação e conciliação pré-processual de conflitos coletivos no âmbito daquela corte, inaugurando de forma oportuna iniciativa para a colaboração na solução de impasses de natureza coletiva e poderá produzir bons resultados.

Os sindicatos e empresas devem se alinhar para a construção do futuro do emprego revendo os modelos de contratos a fim de que a agilidade de adaptação do Direito do Trabalho possa atender à realidade sem criar situações de marginalização, evitando os conflitos judiciais trabalhistas que pouco podem servir para acomodação de interesses.

Conflitos trabalhistas estão em alta, mas soluções, em baixa

13 de maio de 2016

O jornal *O Estado de S. Paulo*, em sua edição de 10 de maio, na reportagem dos jornalistas Daniel Weterman e Felipe Neris, traz notícia da expectativa de crescimento de reclamações trabalhistas para este ano de 13% em relação ao ano de 2015 (2,66 milhões de ações recebidas) em razão da crise de econômica que desencadeou desemprego jamais visto neste País (11,1 milhões de desempregados). A reportagem termina com uma frase atribuída ao presidente do Tribunal Superior do Trabalho, ministro Ives Gandra da Silva Martins Filho, no sentido de que "o melhor caminho é a negociação e não bater às portas da Justiça", recomendando os acordos extrajudiciais.

A mensagem revela, de um lado, que o jurisdicionado vai enfrentar um Judiciário Trabalhista castigado pelo acúmulo de processos e com poucas condições materiais de atender à recomendada celeridade processual. De outro lado, a sugestão de que seja homenageada a negociação em lugar de ajuizamento de ações merece toda atenção no momento atual, mas encontra barreiras históricas e culturais que devem ser vencidas.

A Justiça do Trabalho goza de prestígio carismático entre os trabalhadores. A proposta de solução extrajudicial não deve ser descartada. Todavia, há pelo lado dos reclamantes/trabalhadores, o sentimento popular muito honesto e sincero de que a única protetora de direitos trabalhistas é a Justiça do Trabalho e, portanto, somente aos olhos do Juiz o acordo pode se transformar em reparação de prejuízo. Ao contrário, quando o acordo é extrajudicial, a experiência demonstra, com algumas ressalvas, que fica certa frustração no seu resultado, um sentimento de perda, e que a judicialização do conflito poderia obter resultado supostamente mais justo.

É uma questão cultural que se apresenta fundamentada na proteção da aplicação legislação trabalhista com forte insegurança e restrição no exercício da autonomia da vontade de cujo exercício os trabalhadores ainda não podem se apropriar porque a alegada hipossuficiência considera o empregado incapaz de assumir responsabilidades contratuais. Em palavras outras, a tutela de direitos trabalhistas pelo Estado e a indisponibilidade de direitos trazem dificuldades na obtenção da segurança necessária para acordos extrajudiciais na relação entre empregado e empregador.

O Tribunal Superior do Trabalho tem, em reiteradas ocasiões, negado a possibilidade de arbitragem para a solução de conflitos de natureza individual. O Ministro Alberto Luiz Bresciani de Fontan Pereira, na relatoria do processo TST-RR-89000-85.2008.5.02.0022, exclui a solução extrajudicial por ausência de respaldo igualitário entre as partes. Ele afirma que:

> "Na esfera do Direito Individual do Trabalho, contudo, outro será o ambiente: aqui, os partícipes da relação de emprego, empregados e empregadores, em regra, não dispõem de igual poder para a manifestação da própria vontade, exsurgindo a hipossuficiência do trabalhador (bastante destacada quando se divisam em conjunção a globalização e tempo de crise). [...] Esta constatação medra já nos esboços do que viria a ser o Direito do Trabalho e deu gestação aos princípios que orientam o ramo jurídico. O soerguer de desigualdade favorável ao trabalhador compõe a essência dos princípios protetivo e da irrenunciabilidade, aqui se inserindo a indisponibilidade que gravará a maioria dos direitos — inscritos, quase sempre, em normas de ordem pública — que amparam a classe trabalhadora."

Portanto, a tônica da proteção vigora no âmbito da Justiça do Trabalho onde a tutela jurisdicional se destina a interesses individuais e que, portanto, arrasta a aplicação da indisponibilidade de direitos trabalhistas, conteúdo limitador do exercício da autonomia da vontade durante ou após a extinção o contrato de trabalho.

Desta feita, o reconhecimento da validade e eficácia da solução extrajudicial de conflitos trabalhistas individuais esbarra no enfrentamento de disposições consideradas de ordem pública e não em direitos essencialmente patrimoniais. Admitir a transação extrajudicial de direitos indisponíveis seria o mesmo que dar o aval para o descumprimento de obrigações trabalhistas, desprezando todo o arcabouço legal de proteção à dignidade do trabalhador.

Neste sentido, o TST uniformizou jurisprudência na Súmula n. 310 e atribuiu ao Termo de Rescisão do Contrato de Trabalho valor probatório relativo, qualidade esta que também.

Trabalhador temporário não deve ter enquadramento sindical

3 de junho de 2016

Com tanta transformação no mundo e nas relações de trabalho, falar ainda de enquadramento sindical é sempre um retorno ao passado, mas que pode servir para reflexão. Quando se trata, então, de enquadramento sindical do trabalhador inserido no regime jurídico de trabalho temporário da Lei n. 6.019/74, nota-se verdadeira incompreensão de sua condição jurídica, pois se coloca a dúvida quanto à suposta categoria profissional passível de integrar-se a sindicato dentro da atual estrutura sindical. Aliás, as expressões enquadramento sindical e categoria profissional ou econômica servem apenas para buscar recolhimento de contribuição sindical.

A propósito, compreensível, com ressalvas terminológicas, publicação de decisão do Excelso Pretório, veiculada no sítio do TST, de 24 de maio de 2016, sob título de Mantida contribuição de trabalhadores temporários para sindicato dos tomadores de serviço (Processo TST-RR-119-43.2012.5.09.0008).

A perplexidade do título nos fez pesquisar sobre o processo. A constatação foi a seguinte reproduzida na ementa: "O conceito de categoria profissional, consoante o art. 511, § 2º, da CLT, é definido pela similitude de condições de vida oriunda da profissão ou trabalho em comum, em situação de emprego na mesma atividade econômica ou em atividades econômicas similares ou conexas".

E prossegue afirmando: "É no cerne da empresa tomadora de serviços, em que os trabalhadores temporários executam seus afazeres e se sujeitam às mesmas condições de trabalho, que se encontram presentes os requisitos de similitude de condições de vida oriunda da profissão ou trabalho em comum, em situação de emprego na mesma atividade econômica ou em atividades econômicas similares ou conexas".

E ainda que, "além disso, o art. 12, '*a*', da Lei n. 6.019/1974 dispõe que é assegurado ao trabalhador temporário remuneração equivalente à percebida pelos empregados de mesma categoria da empresa tomadora inclusive benefícios previstos em normas coletivas".

Arremata a ementa assim: “Nessa senda, os trabalhadores temporários deverão ter o mesmo o enquadramento sindical dos empregados do tomador de serviços, tendo em vista a identidade do trabalho que desenvolvem, as necessidades que possuem e as exigências que lhes são comuns, porquanto laboram lado a lado com os empregados da tomadora, inclusive em funções ligadas à sua atividade fim, além de legalmente lhes ser assegurado remuneração equivalente à percebida pelos empregados da mesma categoria da empresa tomadora”.

Primeira observação que se faz é que não nos parece que se possa chamar de empregado o trabalhador inserido no trabalho temporário (não há pessoalidade na contratação pelo tomador nem subordinação típica de vínculo de emprego e, por conseguinte, falta anotação na CTPS na condição de empregado). Desta feita, não deve pertencer a categoria alguma por falta de elemento jurídico da condição fundamental que é a de ser empregado de qualquer uma das partes, tanto fornecedora de mão de obra quanto da tomadora de mão de obra.

A execução de trabalho temporário, fundamento jurídico que permite a cessão de mão de obra e o trabalhador nele inserido, não é capaz de gerar vínculo de emprego e não pertence a nenhuma categoria (para utilizar o termo em que se baseia a vetusta organização sindical) porque não são trabalhadores que se unem de forma contínua, mas o caráter efêmero e transitório é sua característica, isto é, não há similitude de interesses. A extensão de direitos por isonomia que faz a Lei n. 6019/74 corresponde a garantias mínimas ao trabalhador quando a empresa tomadora tem necessidade de atender a uma das condições de trabalho temporário (acréscimo extraordinário de serviço ou substituição de pessoal permanente). O art. 12 da citada lei não faz enquadramento sindical, apenas amplia a proteção ao trabalhador que, temporariamente, se beneficia das condições atribuídas à categoria profissional da empresa tomadora.

Outro absurdo dessa ação, pelo o que se pode apreender, é que o sindicato denominado Sindicato dos Empregados em Empresas de Prestação de Serviços a Terceiros, Colocação e Administração de Mão de Obra, Trabalho Temporário, Leitura de Medidores e de Entrega de Avisos no Estado do Paraná (Sineepre) pretendia que fosse reconhecida sua legitimidade para representar os "empregados da reclamada, empresa fornecedora de mão de obra, que prestam serviço de natureza temporária" [*sic*].

Mais absurdo, ainda, admitir que alguma empresa possa ter 'empregados" e submetê-los a trabalhos de natureza temporária é o reconhecimento público do crime de marchandage.

Então, empresa fornecedora de mão de obra não tem e não pode ter empregados para inserir em tomadores para execução de trabalho temporário. Há lei e condições próprias para cessão de mão de obra.

De outro lado, ainda, não pode a extensão de direitos por isonomia, prevista no art. 12, da Lei n. 6019/74, implicar a obrigação de vinculação à categoria profissional das tomadoras para os fins de recolhimento de contribuição sindical, pois tais trabalhadores não reúnem a condição de empregados integrantes da categoria profissional. Tal extensão diz respeito a direitos básicos da norma coletiva, excluindo-se, por exemplo, participação nos lucros ou resultados. Aliás, nesse sentido, o enquadramento sindical dos trabalhadores é reservado aos que estiverem em condição de emprego na mesma atividade econômica. Não é o caso no trabalho de natureza temporária!

E, finalmente, processos dessa natureza, em que sindicatos pretendem arrebanhar trabalhadores para fins de cobrança de contribuição sindical, deveriam ser rejeitados pelo Judiciário trabalhista porque, com todo respeito, definir enquadramento sindical não pode ser tarefa do Poder Judiciário. A decisão acomoda o sindicalismo já acostumado no tempo a um paternalismo e protecionismo que precisa ser transformado. Quem sabe o Poder Judiciário possa ser a salvação de grandes mudanças sindicais quando passar a negar decisões de enquadramento sindical e de benefícios em torno de contribuição sindical!

Acordo coletivo prevalece sobre interesses políticos de sindicato

24 de junho de 2016

Desde a Constituição Federal de 1988 os sindicatos adquiriram o monopólio das negociações coletivas cujo requisito de validade impõe a participação obrigatória dos sindicatos (art. 8º VI). A consequência gerada é de uma imposição política das entidades sindicais que nem sempre apresentam nível de sindicalização suficiente para justificar a legitimidade de representação. Ou seja, há risco de imposição da vontade da cúpula em detrimento dos interesses dos próprios trabalhadores nos locais de trabalho, diretamente envolvidos. A justificativa da atuação sindical sempre se baseou na hipossuficiência dos trabalhadores e na garantia da lei, além da presunção de que os empregadores poderiam, pelo poder econômico, oprimir os empregados a aceitarem condições trabalhistas adversas aos seus interesses ou que pudessem renunciar a direitos indisponíveis.

Os tempos mudaram e o ambiente de trabalho se transformou.

Parece que a jurisprudência trabalhista começa a dar eficácia à legítima vontade dos trabalhadores nos locais de trabalho em detrimento de recusa política de participação sindical. Não se está a negar a importância da representação sindical, expressão máxima do exercício da liberdade sindical no Estado Democrático de Direito. Mas o monopólio de representação por categoria precisa ser revisto.

O aspecto nodal da questão está no art. 617 da CLT que estabelece a permissão para que os empregados possam decidir pela celebração de acordo coletivo de trabalho com os respectivos empregadores, dando ciência por escrito ao sindicato da categoria profissional que tem prazo de oito dias para assumir a negociação. Caso contrário, na negativa, poderão prosseguir a negociação diretamente. Em palavras outras, a cúpula sindical não pode se opor aos interesses dos trabalhadores.

Em relação à categoria econômica, é sem consequência prática o dispositivo em apreço. Todavia, quando se refere aos trabalhadores a referência ao art. 617 assume extrema relevância, especialmente pela previsão da Constituição Federal, art. 8º, inciso VI, que trata da participação obrigatória do sindicato sempre que se tratar de negociação coletiva.

O Tribunal Superior do Trabalho, apreciando situação envolvendo negociação direta entre empregados e a empresa reconheceu que houve recepção do art. 617 pelo dispositivo constitucional assim dispondo:

> "Acordo direto entre empregados e a empresa. Recepção do art. 617 da CLT pelo art. 8º, VI, da CF. Recusa de participação do sindicato da categoria profissional na negociação coletiva. Necessidade de prova cabal.
>
> O art. 8º, VI, da CF estabelece ser obrigatória a participação dos sindicatos nas negociações coletivas de trabalho. Já o art. 617, *caput*, da CLT, dispõe que os empregados que decidirem celebrar acordo coletivo de trabalho com as respectivas empresas darão ciência de sua resolução, por escrito, ao sindicato representativo da categoria profissional, que terá o prazo de oito dias para assumir a direção dos entendimentos entre os interessados. Caso não sejam tomadas as medidas negociais por parte do sindicato representativo da categoria, o § 1º do art. 617 da CLT autoriza a formalização de acordo diretamente entre as partes interessadas. Nesse sentido, reputa-se válido acordo firmado diretamente entre o empregador e empregados, sem a intermediação do sindicato da categoria profissional, desde que demonstradas a livre manifestação de vontade dos empregados em assembleia e a efetiva recusa da entidade sindical em consultar a coletividade interessada. O art. 617 da CLT, portanto, foi recepcionado pela Constituição Federal, mas em caráter excepcional, pois é imprescindível que o sindicato seja instado a participar da negociação coletiva. Somente a demonstração da inequívoca resistência da cúpula sindical em consultar as bases autoriza os próprios interessados, regularmente convocados, a firmarem diretamente o pacto coletivo com a empresa, na forma da lei. No caso concreto, em negociação direta entre o empregador e comissão de empregados acordou-se a fixação de jornada de trabalho em turnos ininterruptos de revezamento de doze horas. O TRT, todavia, com fundamento no art. 8º, VI, da CF, considerou inválido o referido acordo, deixando, porém, de apreciar os requisitos previstos no art. 617 da CLT. Assim, a SBDI-I, por unanimidade, conheceu dos embargos, no tópico, por divergência jurisprudencial, e, no mérito, por maioria, deu-lhes provimento parcial para, diante da recepção do art. 617 da CLT pela Constituição da República de 1988, determinar o retorno dos autos ao TRT de origem a fim de que aprecie o atendimento ou não dos requisitos exigidos no art. 617 da CLT para a validade do acordo coletivo de trabalho firmado sem assistência sindical, máxime no tocante à comprovação cabal ou não de recusa do sindicato da categoria profissional em participar da negociação coletiva. Vencidos os Ministros Luiz Philippe Vieira de Mello Filho, relator Augusto César Leite de Carvalho, José Roberto Freire Pimenta e Hugo Carlos Scheuermann. TST-E-ED-RR-1134676-43.2003.5.04.0900, SBDI-I, rel. Luiz Philippe Vieira de Mello Filho, red. p/ acórdão Min. João Oreste Dalazen, 19.5.2016."

Essa orientação da SBDI-I traz, no nosso sentir, de modo sintomático, o reconhecimento de que a autonomia da vontade privada coletiva é soberana, ainda que contra os interesses políticos da cúpula sindical. Os acordos nos locais de trabalho devem ser privilegiados para que adquiram maior autonomia e legitimidade com representação dos trabalhadores considerados em seu conjunto e não mais por categorias dentro da empresa, cuja tendência é o fracionamento de interesses e dificuldade no consenso de resultado final.

Trabalho temporário e de prazo determinado têm diferenças relevantes

12 de agosto de 2016

O modelo jurídico do trabalho temporário trazido pela Lei n. 6.019/1974 é considerado atípico, de caráter eventual e precário comparativamente à condição de empregado contratado pelo regime da Consolidação das Leis do Trabalho. Por extensão, dado que não há vínculo de emprego e observado que não poderia ficar à margem da proteção trabalhista, a lei em referência, no art. 12, assegurou direitos assemelhados à relação de emprego sem, contudo, transformar o fundamento jurídico que dá origem à relação de trabalho temporário: a natureza própria do trabalho a ser executado.

Também não se trata de terceirização a relação jurídica que a lei estabelece porque a empresa fornecedora de mão de obra não é especializada na prestação de serviços nem tem gestão direta sobre os trabalhadores encaminhados para a execução de serviços temporários. Desta feita, o aspecto mais importante na relação contratual é o que dispõe o art. 2º da lei: acréscimo extraordinário de serviços ou substituição de pessoal permanente. Vale dizer que não há trabalho de natureza temporária fora destas hipóteses.

De outro lado, para a execução de trabalho temporário não há prazo definido em contrato ou não poderia haver porque o tempo do trabalho não poderia ser previsto de forma antecipada, exceto no caso de substituição de pessoal permanente, devidamente circunstanciado o fato (afastamento por motivo de férias, licença gestante). O prazo de três meses que a lei traz como limitação (art. 10) não é do contrato mas do tempo em que o trabalho deve ser realizado *"vis à vis"* o mesmo trabalhador. Ou seja, se for utilizada a mesma mão de obra para a execução do trabalho temporário que exceda o período de três meses, certo é dar tratamento de empregado, evitando-se o mal uso da lei.

O que se vê, na prática, são contratos em total desconformidade com o próprio conteúdo jurídico estabelecido pela lei, fixando, em geral, os prazos na execução de trabalho temporário. As decisões judiciais, por seu turno, não se pautam no conteúdo jurídico da lei e o trabalho de natureza temporária passa a figurar como lugar comum dos contratos de emprego. A partir desta constatação observamos que de modo frequente o contrato recebe tratamento de contrato de prazo determinado.

Decisão da 13ª Turma do Tribunal Regional do Trabalho da 2ª Região (Processo 0002211-74.2014.5.02.0442 – Acórdão 20160209344, relator Desembargador Paulo José Ribeiro Mota) considerou estável, por acidente do trabalho, o trabalhador inserido na relação de trabalho temporário por aplicação do teor da Súmula n. 378, item III, do Tribunal Superior do Trabalho, que se refere a que "o empregado submetido a contrato de trabalho por tempo determinado goza de garantia provisória de emprego, decorrente de acidente de trabalho, prevista no art. 118 da Lei n. 8.213/91".

Observe-se que os julgados precedentes do item III da Súmula referem-se à garantia de emprego no contrato de prazo determinado e, por assim dizer, não abrange o trabalho temporário. A título de ilustração a seguinte ementa em caso de precedente da Súmula, citado em voto da lavra do ministro Carlos Alberto Reis de Paula (RR 71000-56.2008.5.04.0030, 8ª T, *DEJT* 16.09.2011/J-31.08.2011):

> "RECURSO DE REVISTA. CONTRATO DE EXPERIÊNCIA. ESTABILIDADE PROVISÓRIA. ACIDENTE DO TRABALHO. GARANTIA ORIUNDA DIRETAMENTE DA CONSTITUIÇÃO (ART. 7º, XXII, CF), AFASTANDO A RESTRIÇÃO INFRACONSTITUCIONAL (ART. 472, § 2º, DA CLT). Nas situações de afastamento por acidente de trabalho ou doença profissional, a causa do afastamento integra a essência sociojurídica de tal situação trabalhista, já que se trata de suspensão provocada por malefício sofrido pelo trabalhador em decorrência do ambiente e processo laborativos, portanto em decorrência de fatores situados fundamentalmente sob ônus e risco empresariais. Em tal quadro, a garantia de emprego de um ano que protege trabalhadores acidentados ou com doença profissional, após seu retorno da respectiva licença acidentária (art. 118, Lei n. 8.213/91), incide em favor do empregado, ainda que admitido por pacto empregatício a termo, em qualquer de suas modalidades, inclusive contrato de experiência. Afinal, a Constituição determina o cumprimento de regras jurídicas que restrinjam os riscos do ambiente laborativo, fazendo prevalecer o art. 118 da Lei Previdenciária em detrimento da limitação tradicionalmente feita pelo art. 472, § 2º, da CLT. Recurso de revista conhecido e provido." (Processo: RR – 119400-38.2007.5.04.0030, relator Ministro: Mauricio Godinho Delgado, 6ª Turma, Data de Publicação: *DEJT* 1º.10.2010 — grifos apostos)

No caso, da leitura do acórdão regional constata-se que a empresa fornecedora de mão de obra submeteu o trabalhador à prestação de serviço temporário em período previamente definido, o que enseja outra modalidade de contrato.

No caso do trabalho temporário, quando corretamente aplicado e conforme dito anteriormente, não se trata de contrato de prazo fixo, razão pela qual, a hipótese jurídica não se ajustaria às condições de validade de contrato de trabalho, na forma do art. 443 da CLT, porque estaria ausente o vínculo de emprego e o prazo definido. Portanto, quando se trata de prazo previamente ajustado fica, no nosso entender, desqualificado o trabalho como temporário e a Lei n. 6.019/1974 não tem acolhida, valendo o item III da Súmula n. 378, do TST.

Novos modelos jurídicos nas relações de trabalho

2 de setembro de 2016

Chamou atenção a notícia do site do TST sobre as declarações do ministro Gilmar Mendes, do Supremo Tribunal Federal, no Seminário Comemorativo dos 75 anos da Justiça do Trabalho e 70 Anos do TST, no sentido de que (i) a Consolidação das Leis do Trabalho (CLT) "cumpriu um papel importante num país de grandes assimetrias, mas tem de ser atualizada"; (ii) citando o exemplo alemão, "temos que proteger as relações de emprego e o empregado, mas, ao fazê-lo, não podemos comprometer a possibilidade de abertura de novos empregos". [...] "Não podemos suprimir a empregabilidade. Esse é o grande desafio". E, (iii) para o ministro, as mudanças não podem ocorrer em detrimento de direitos claramente assegurados. "Não se trata de defender a relativização de direitos, mas dizer que só um modelo serve para as relações de trabalho é demasiado. Vivemos num mundo globalizado, e, com o enrijecimento, fábricas desaparecem aqui e aparecem na China, fazendo com que milhares de empregos desapareçam".

As considerações feitas são de relevância porque demonstram que há um cuidado especial do momento de transição pelo qual passa o país. A afirmação adverte, de um lado, quanto à necessidade de cuidar da proteção do emprego, espinha dorsal da legislação trabalhista e que historicamente se coloca na garantia de direitos fundamentais do trabalhador, empregado. De outro lado, assinala que a preservação da proteção do trabalhador contratado sob o vínculo de emprego não poderá comprometer a abertura de novos empregos, o que nos parece um estímulo a que se compatibilizem os extremos com razoabilidade: novas formas de relações de trabalho com garantia de aplicação da legislação trabalhista.

Todavia, a afirmação de que um único modelo de relações de trabalho não atende ao atual quadro de desenvolvimento do país nos remete à reflexão da necessidade de outras modalidades de relações de trabalho sem o viés único trabalhista/emprego.

Nesse sentido, temos na legislação diversos exemplos que permitem a contratação de prestação de serviços de forma que o vínculo de emprego estaria afastado.

Todavia, o vínculo de emprego é a condição máxima de proteção dispensada ao trabalhador. Há quase um consenso de que ser empregado é atributo de pessoa com segurança e proteção, com privilégios legais e o respeito à garantia de direitos mínimos e de manutenção de meios de subsistência.

Contudo, há grande resistência na flexibilização de modelos de relação de trabalho.

Em 2005, quando o Projeto de Lei n. 6.272, convertido na Lei n. 11.457, de 16 de março de 2007, discutia a criação da Super Receita, foi inserido pelo Parlamento a Emenda 3, que sugeria a exclusividade da competência do Poder Judiciário para descaracterizar a prestação de serviços contratada por meio de pessoa jurídica com o objetivo de reconhecer o vínculo de emprego (art. 6º, § 4º: "No exercício das atribuições da autoridade fiscal de que trata esta Lei, a desconsideração da pessoa, ato ou negócio jurídico que implique reconhecimento de relação de trabalho, com ou sem vínculo empregatício, deverá sempre ser precedida de decisão judicial"). A emenda passou pelo Congresso, mas foi vetada pelo presidente da República com justificativa de natureza fiscal, que se mostrou confusa quanto às questões de relação de trabalho e relação de emprego.

No sentido da possibilidade de outras formas de relação de trabalho sem vínculo de emprego, a Lei n. 11.196/2005, chamada lei do bem, dispõe no art. 129 quanto à possibilidade de prestação de serviços intelectuais por meio de pessoa jurídica, nelas incluídas a cultural, artística ou científica, ainda que pessoalmente.

Também a Lei n. 11.142, de 5 de janeiro de 2007, que dispõe sobre o transporte rodoviário de cargas por conta de terceiros refere-se à ausência de vínculo de emprego nas relações decorrentes do contrato de transporte (art. 5º).

Também encontramos situações de trabalhadores que não reúnem as condições para o vínculo de emprego e que possuem, por extensão legal, direitos trabalhistas. É o caso, por exemplo, dos avulsos e dos trabalhadores inseridos na execução de trabalho temporário. A Lei n. 12.690, de 19 de julho de 2012, que tratou do funcionamento de Cooperativas de Trabalho, no art. 7º, dispôs que a cooperativa de trabalho deve garantir aos sócios piso salarial, duração de trabalho normal de 8 horas e 44 horas semanais, repouso semanal remunerado, repouso anual remunerado, retirada para o trabalho noturno superior à do diurno, adicional para atividades insalubres ou perigosas.

Nos exemplos citados há ampliação da base de proteção social e a afirmação de que os direitos trabalhistas não são exclusivos de quem se coloca sob o vínculo de emprego não mais se justifica.

Constata-se dessa forma que a fala do ministro (*"dizer que só um modelo serve para as relações de trabalho é demasiado"*) já encontra ressonância na legislação que poderá ser ampliada tornando mais adequada a formulação de relações de trabalho sem abandono da proteção de empregos.

Temor em relação ao negociado sobre o legislado não tem fundamento

23 de setembro de 2016

Tema da mais alta relevância na atualidade é o da reforma trabalhista em especial quando a proposta é de que o negociado prevaleça sobre o legislado. É uma discussão antiga e sem unanimidade quanto à sua aceitação.

De um lado, alguns, entre eles os próprios sindicatos, se apegam à necessidade de que a lei assegure direitos e garantias mínimas aos trabalhadores e, de outro lado, as manifestações revelam descrédito nas entidades sindicais considerando-as incapazes de capitanear uma efetiva negociação coletiva porque são frágeis no quesito legitimidade de representação dos trabalhadores.

Aliás, neste sentido o professor Pedro Paulo Manus escreveu nesta coluna, em 9 de setembro de 2016, artigo denominado "Controle do conteúdo das normas coletivas autônomas pelo Judiciário Trabalhista", afirmando, com propriedade, quanto à organização sindical "que nosso modelo, da unicidade sindical, dá ao sindicato a representação de toda a categoria, independentemente do número de pessoas associadas. Assim, temos com muita frequência um sindicato com apenas uma centena de sócios, mas com a representação de alguns milhares de pessoas".

Há, todavia, um aspecto que chama nossa a atenção e que diz respeito ao conteúdo das negociações coletivas em geral, que foram se acomodando à intervenção do Estado nas relações individuais de trabalho, deixando os trabalhadores com pouca margem de negociação e criatividade já que a lei, abundante e protecionista atenderia aos parâmetros desejáveis a serem observados nos contratos individuais de trabalho. Os sindicatos cada um a seu modo e a seu tempo, dando continuidade à herança do modelo da unicidade sindical, seguiram com negociações coletivas para manter data-base e introduzir outras vantagens sindicais (contribuição assistencial) e trabalhistas.

É inegável que as reivindicações sindicais e negociações coletivas sempre contribuíram para a evolução de direitos trabalhistas e para atender a melhoria da condição social dos trabalhadores conforme disposto no art. 7º, *caput*, da Constituição Federal.

Assim, normas coletivas setoriais, tais como a redução da jornada de trabalho, abono de férias, o banco de horas, aviso prévio proporcional ao tempo de serviço foram incorporados à Constituição Federal em 1988 e depois à legislação, transformando-se em benefício de todos os trabalhadores, sem restrição.

Em outros casos, as negociações serviram para ajustes do disposto na lei, inadequada para servir a todos a um só tempo, às condições especiais dos trabalhadores. Exemplificativamente, o direito às férias proporcionais no pedido de demissão com menos de 12 meses de contrato de trabalho ou a comunicação de pagamento da parcela do 13º salário por ocasião da concessão de férias anuais remuneradas previstos em algumas normas coletivas. Portanto, constata-se que entre o normativo e o legal há uma via de duas mãos e que podem se completar, ajustando os interesses e as peculiaridades de cada local de trabalho ou setor da economia.

Ainda na análise do conteúdo das negociações coletivas constata-se em alguns casos a transcrição da lei ipsis litteris, como a cláusula que faz referência a que a duração diária normal de trabalho será de 8 horas e não superior a 44 horas semanais ou ainda que o pagamento das férias será efetuado dois dias antes do respectivo início nos termos do art. 145 da CLT quando então deverá ser pago o abono de que trata o inciso XVII, do art. 7º, da Constituição Federal.

A transposição da lei para a norma coletiva tem efeitos jurídicos reguladores e normativos que não devem ser desprezados porque migra para garantias normativas dos trabalhadores (categoria profissional, para ficar no nosso modelo) e adquire vida própria no âmbito mais restrito de sua aplicação de proteção do grupo. Essa transferência da lei para o campo jurídico de natureza obrigacional próprio do resultado dos acordos ou convenções coletivas de trabalho divide de modo claro o critério da busca da efetividade do direito do trabalho por cumprimento da obrigação legal, de natureza individual, tutelar, a cargo do Ministério do Trabalho e Emprego e a proteção dos trabalhadores por norma coletiva, cuja inobservância gera multa por descumprimento de convenção ou acordo coletivo de trabalho.

Neste sentido, o Tribunal Superior do Trabalho já uniformizou jurisprudência na Súmula n. 384, II, reconhecendo que há duas esferas de obrigação patronal: a lei e a norma coletiva ("II – É aplicável multa prevista em instrumento normativo (sentença normativa, convenção ou acordo coletivo) em caso de descumprimento de obrigação prevista em lei, mesmo que a norma coletiva seja mera repetição de texto legal"), sendo compatível que a transcrição de obrigação de lei se converta em vínculo de natureza obrigacional, negociado entre as partes e forma de comprometimento pelo empregador representado pelo sindicato patronal do respeito às disposições legais.

Na análise, portanto, do conteúdo das negociações coletivas constata-se que os sindicatos se apropriam do legislado para inclusão nas negociações, demonstrando a preservação da proteção legal no âmbito da categoria profissional. Também, se considerarmos o atual teor da Súmula n. 277, do TST ("As cláusulas normativas dos acordos coletivos ou convenções coletivas integram os contratos individuais de trabalho e somente poderão ser modificadas ou suprimidas mediante negociação coletiva de trabalho"), em torno da ultratividade das normas coletivas, as condições negociadas ainda que sejam representadas por repetição de dispositivo de lei, têm efeitos jurídicos no âmbito da obrigação que gera para as empresas que integram a categoria econômica.

Não se justificaria pois, no nosso entendimento, o temor do negociado sobre o legislado, merecendo apenas mais atenção das entidades sindicais no conteúdo das condições negociadas e de valorização jurídica dos seus efeitos obrigacionais.

A jurisprudência, a reforma trabalhista e o fim da unicidade sindical

7 de outubro de 2016

As recentes manifestações do Tribunal Superior do Trabalho em relação aos efeitos da negociação coletiva e à representação sindical no Brasil e que procuram justificar a prevalência do legislado em detrimento do negociado, opondo-se ao que o Supremo Tribunal Federal tem decidido, nos remete, necessariamente, à reflexão de que nosso modelo sindical está nos estertores de uma fase porque é incapaz de dar às normas coletivas conteúdo jurídico eficaz e válido.

Se as normas coletivas negociadas devem ser revistas pelo judiciário porque os sindicatos são frágeis e pouco representativos, devemos rever com urgência a limitação legal imposta para a liberdade sindical que, na forma como está, contraria o exercício das liberdades civis, direito básico de aperfeiçoamento democrático de uma sociedade plúrima com instituições eficientes e responsáveis.

Que reação teríamos se outros sindicatos fossem formados concorrendo com os atuais reconhecidos pelo Ministério do Trabalho e Emprego?

A liberdade sindical é um direito individual, garantido constitucionalmente, assegurada aos que desejam manifestá-la coletivamente por meio de associação profissional ou sindical, princípio este consagrado no art. 8º da Constituição Federal e como direito individual está atrelada ao exercício democrático de direitos civis e políticos, substrato de uma sociedade que reconhece aos cidadãos a livre manifestação da diversidade cultural e ideológica.

Ao trilhar a garantia da liberdade sindical o constituinte de 1988 a protegeu contra o autoritarismo: impediu a intervenção do Estado; proibiu lei que estabelecesse condições para formação de sindicatos; e, no nível individual, deu à liberdade de associação sindical o direito de não se filiar e direito de se filiar. Mas não impediu que outros sindicatos fossem formados pelos trabalhadores, estabelecendo critério de representação por base territorial, sem dizer expressamente, mas que pressupõe a legitimidade na atuação sindical.

Todavia, na prática, manteve o vínculo jurídico de representação na unicidade sindical, fundamentada na contribuição sindical obrigatória para manter a estrutura confederativa. Paradoxalmente, aponta para liberdade sindical e se fundamenta na possível habilitação de recebimento de contribuição sindical como vínculo jurídico de representatividade.

A realidade vem demonstrando, contudo, que esta estrutura monolítica do sindicalismo brasileiro não se sustenta e a jurisprudência mais recente vem confirmando que a organização sindical necessita de ressonância e legitimidade para que suas negociações adquiram valor jurídico. O rompimento dessa estrutura passa pela revisão da forma de custeio sindical e, neste aspecto, prevalece a confusão entre a necessidade de sustentação econômica de muitos sindicatos e que não teriam como se sustentar sem a contribuição sindical (com raras exceções) com os efeitos das negociações coletivas.

Trata-se de argumento frágil e contraditório porque não é isto que se busca na representação sindical que deveria ser sustentada com aporte econômico dos trabalhadores interessados e não de modo compulsório com benefício de assistencialismo exclusivo aos sócios. A adesão espontânea plúrima, sem identificação de categorias, poderia servir como modelo de fortalecimentos das decisões manifestadas pela autonomia da vontade privada coletiva. Aliás, neste aspecto, os acordos coletivos celebrados, portanto, em nível de empresa com os empregados não se apegam a categorias e os efeitos atingem todos os trabalhadores de forma indiscriminada.

De fato, os sindicatos se dizem representativos porque têm este reconhecimento com a outorga do código sindical, espécie de alvará para exigir pagamento de contribuição sindical dos integrantes da categoria e habilitar-se para o recebimentos dos valores vertidos aos cofres do sindicato. Este elo jurídico parece chegou no seu limite de tolerância porque é contra a vontade política dos representados que talvez preferissem organizações mais legítimas. Convém observar que a Constituição Federal não impede, repita-se, em respeito à liberdade de associação profissional, que outras entidades sindicais, na mesma base territorial, representando a mesma categoria, constituam-se de modo legítimo.

Portanto, não há impedimento legal para a formação de sindicatos que espelhem a diversidade ideológica dos trabalhadores. Ao contrário, a Constituição Federal, art. 8º, II, assegura a formação de associação profissional sem restrições quanto ao exercício do direito individual da liberdade sindical.

A Lei n. 11.648/2010, que dispôs sobre o reconhecimento das centrais sindicais, deu a elas representatividade dos trabalhadores por meio dos sindicatos e que lhes atribui 10% da parte da cota sindical da Conta Emprego e Salário, revela o paradoxo do nosso sindicalismo e a justificativa de que o modelo da unicidade já teria terminado.

Primeiro, as centrais sindicais entraram de modo oportunista e político na preservação de contribuição compulsória para sua sustentação e, depois, foi imposto aos trabalhadores a cotização de fins ideológicos, sem consulta se é assim que desejam, ficando tudo a critério a cúpula sindical.

Uma verdadeira apropriação econômica para sustentação de ideologias, sem que o contribuinte tenha tido a oportunidade de escolher. Seria o mesmo que exigir recolhimento de contribuição para manutenção de partido político ou de uma seita religiosa sem que as pessoas pudessem escolher. Certamente há algo de errado nisto! E os paradoxos do modelo não terminam.

A Lei n. 11.648 está admitindo o pluralismo ideológico de cúpula pelas Centrais. A base que sustenta essa corrente ideológica, portanto os trabalhadores, custeia sem ter opção de escolha. Desta forma, levando o modelo para o nível de negociações coletivas pelas Centrais, se pudesse faze-lo, viveríamos o pluralismo sindical deformado na base, onde os trabalhadores mais intensamente sentem a necessária adequação de seus interesses e deverão respeitar a unicidade.

Então, já que se comenta tanto em reforma trabalhista e que as negociações coletivas levadas a efeito pelas atuais entidade sindicais não são juridicamente válidas pelo reconhecimento explícito de sua fragilidade, talvez tenha chegado a hora de privilegiar o direito à liberdade sindical, mediante formação de outras entidades sindicais que, mesmo sem a contribuição sindical, poderiam, por absoluta legitimidade de representação desde sua criação, atuar em negociações coletivas, fazendo prevalecer princípios básicos, inseridos nas Convenções ns. 87 e 98 da Organização Internacional do Trabalho.

Finalmente e em resumo, consideramos que a unicidade sindical de que trata a Constituição Federal não impede a criação de mais de um sindicato na mesma base territorial; a autonomia negocial e inserção na estrutura sindical das Centrais Sindicais autoriza a pluralidade sindical na base; o desvio de contribuição sindical às Centrais Sindicais se trata de apropriação ilegal para manutenção de eventual ideologia sindical sem relação direta com os contribuintes; a legitimidade sindical não se faz pela contribuição sindical mas pela adesão voluntária de trabalhadores aos sindicatos.

Cabe aos trabalhadores a busca de uma relação verdadeira com a entidade sindical que o representa com a formação de outras entidades sindicais; os empregadores terão de conviver com o pluralismo sindical e identificar nos locais de trabalho os verdadeiros interlocutores para as negociações coletivas.

Manifestação da vontade nas negociações coletivas passa por transformação

28 de outubro de 2016

O exercício da liberdade individual de expressar a autonomia da vontade sempre encontrou limites nas relações contratuais entre empregado e empregador. O resultado usual é de insegurança jurídica e um pisar em ovos quando se se trata de alterar condições contratuais. Em palavras outras, o *jus variandi* do empregador se encolhe e se acomoda na incerteza do futuro.

Para dar equilíbrio nas relações trabalhistas, os trabalhadores podem ser representados por sindicatos os quais, dada a força de coesão da classe, teriam, supostamente, a função de equilibrar negociações e, deste modo, evoluir na conquista de novas e melhores condições de trabalho para o grupo, banhando de segurança jurídica as partes e o conteúdo do quanto negociado. As manifestações críticas sobre reforma trabalhista de que se cogita confundem as duas situações: autonomia privada individual e autonomia privada coletiva.

Quando se trata de relações individuais, já na celebração do contrato, o art. 444 da CLT restringe a liberdade e impede que sejam estipuladas condições contrárias às disposições de proteção do trabalho. De outro lado, o art. 9º do mesmo diploma legal imputa de nulo os atos que procuram desvirtuar, fraudar ou impedir os direitos assegurados pela legislação.

No cumprimento do contrato individual de trabalho, é certo que alguns trabalhadores não teriam condições de recusar alterações contratuais por ignorância, por necessidade do emprego ou por pressão do empregador. Por este motivo, o art. 468 da CLT aplica-se como garantia de inalterabilidade contratual, ainda que mediante consentimento do empregado, sempre que da alteração decorrer prejuízo ao empregado, observada a prescrição do ato praticado pelo empregador e que impediria o empregado de buscar reparação perante a Justiça do Trabalho (Súmula n. 294, do TST).

Ocorre, porém que, quando se trata de relações coletivas de trabalho, a manifestação da vontade dos trabalhadores se faz por meio da assembleia o que se costuma chamar de autonomia da vontade privada coletiva. Deste modo, é por decisão do conjunto de interessados que a vontade coletiva se realiza e o sindicato recebe autorização para prosseguir com as negociações. A presunção é de que se o sindicato negocia a mando de uma assembleia deve prevalecer aquilo que fora decidido e aprovado.

Portanto, são dois níveis de manifestação da vontade cujas regras de interpretação devem ser diferentes. Assim, quando se tratar de relações individuais de trabalho, a regra aplicável é a da relação individual e limitada à proteção legal ou contratual, quando for o caso.

De outro lado, quando a norma em questionamento for de natureza coletiva, fruto de acordo ou convenção coletiva, ao intérprete não resta outra opção que a aplicação das regras e princípios do direito coletivo, em que não se pode falar em prejuízo do trabalhador e que, portanto, não se aplicaria o disposto nos arts. 9º e 468 da CLT.

A manifestação da vontade coletiva deve ser respeitada pelo deslocamento que produz no sistema de proteção, saindo do espaço individualista para o coletivo, ou seja, a proteção social deixa de ter um caráter individual e passa ao grupo, coletivamente beneficiado pelas vantagens negociadas.

É esta dinâmica que é capaz de trazer novas conquistas para as relações trabalhistas e o caráter maduro e representativo dos sindicatos não deveria colocar em dúvida o conteúdo das negociações. O que se vê, porém, é uma discussão interminável porque cada lado aborda o tema de modo diferente.

Assim, há aqueles que estão imbuídos da proteção do trabalhador, adotam a hipossuficiência do empregado para justificar a aplicação da lei em detrimento do que foi negociado, aplicando as regras de proteção da relação individual e seus princípios. Há, de outro lado, aqueles que reconhecem nas negociações coletivas e respectivas normas, validade e eficácia jurídica porque fruto de manifestação da vontade coletiva aplicando-se regras de interpretação diversas.

Esta foi a direção do entendimento do ministro Luís Roberto Barroso no STF ao adotar no julgamento do Recurso Extraordinário 590.415 decisão em que, contrariando orientação do TST (OJ n. 270) considerou válida a cláusula de quitação ampla e irrestrita de todas as parcelas decorrentes do contrato de emprego, desde que conste de Acordo Coletivo de Trabalho.

A decisão traz a prevalência do negociado e decidido por meio de assembleia dos interessados e que estes, depois de se manifestarem no âmbito coletivo da empresa, não poderiam individualmente, ajuizar ação para postular a reparação de eventuais prejuízos de natureza individual. A mesma tese foi adotada pelo ministro Teori Zavascki no Recurso Extraordinário 895.759 que considerou a manifestação válida da entidade sindical nas negociações coletivas objeto que questionamento.

Também não parece reprovável a decisão do ministro Gilmar Mendes de suspender os efeitos da Súmula n. 277 do TST, quanto à ultratividade de normas coletivas de trabalho, porque assim fazendo estimula o processo de negociação coletiva e de aquisição de responsabilidade dos sindicatos tanto dos trabalhadores como dos empregadores.

Portanto, a autonomia individual da vontade não está desprezada, permanecendo intactas as garantias asseguradas aos trabalhadores nas relações de trabalho. O que passa por transformação é a forma pela qual estão sendo encaminhadas as decisões quanto à intepretação da manifestação da vontade nas negociações coletivas e seus efeitos obrigacionais nas relações de trabalho com razoável limitação de que o trabalhador venha a postular o prejuízo individual decorrente de norma coletiva.

Obrigação recíproca do direito de imagem nas relações de trabalho

18 de novembro de 2016

A proteção do direito de imagem não se coloca exclusivamente nas relações contratuais de emprego, mas pode atingir qualquer situação de exposição da pessoa e que se identifique como capaz de atingir de forma prejudicial sua intimidade. No âmbito trabalhista, de forma habitual, o direito de imagem é utilizado no sentido de acolher violações potenciais que o empregador possa praticar *vis à vis* à pessoa do empregado. Todavia, o trabalho ou, dito de outra forma, a integração do trabalhador na empresa traz, necessariamente, comprometimento recíproco de respeito à imagem que um pode transmitir ao outro.

Quando se trata de direitos da personalidade, direitos privados, inatos na consideração jusnaturalista, eles se confundem com a própria pessoa à qual se vincula de modo natural e integra a intimidade de sua existência. São direitos da pessoa e que não permitem sua disponibilidade para terceiros. Os direitos da personalidade são inatos às pessoas como atributos físicos e morais de caráter individual, contrariamente aos positivistas que restringem tais direitos àqueles reconhecidos pelo ordenamento jurídico.

O direito de imagem é uma espécie do gênero direitos da personalidade e, em razão da evolução da tecnologia e do respeito à intimidade da pessoa, ocupa interesse especial na sociedade e, especificamente, no contrato de trabalho em razão das peculiaridades próprias que envolvem empregado e empregador e que identificam deveres e obrigações recíprocos.

Todavia, o direito à imagem se destaca dos demais direitos da personalidade, pois o sujeito titular poderá, observadas certas condições, dispor sobre ela, permitindo que extraia proveito econômico do uso de sua imagem, mediante contratos de imagem, firmados com os interessados.

A Constituição Federal de 1988 elevou os direitos da personalidade ao seu grau máximo, entre eles o direito à imagem obrigando o empregador a envidar esforços para a democratização do ambiente de trabalho a fim de que o empregado possa lá encontrar uma forma de realização pessoal e profissional. O emprego deve servir como forma de crescimento intelectual e de formação técnica de tal modo que o lugar de trabalho o exercício da cidadania.

O contrato de trabalho contamina a imagem do empregado identificado com a empresa para a qual presta serviços e, em algumas situações, a imagem do empregado (imagem atributo), referência de mercado em determinado setor, é agregada ao nome empresa empregadora qualificando-a no setor de atividade econômica.

Não se está aqui a tratar de situações em que a reprodução de imagens é negociada ou autorizada. A reflexão diz respeito ao valor da relação de emprego e do comprometimento recíproco que a imagem produz no âmbito pessoal e a sua relevância social e econômica.

Em palavras outras, o contrato de trabalho caminha por vias duplas, ou seja, cria obrigações e deveres recíprocos, sendo que a empresa também pode emprestar ao empregado uma qualificação de natureza profissional que o identifique, por meio da imagem da marca, a uma referência de sucesso. Neste sentido, muito embora a proteção constitucional seja dirigida especialmente à pessoa natural cabe, no sentido inverso, a reparação por dano moral relativo à imagem da pessoa jurídica na condição de empregadora na hipótese de o empregado praticar qualquer ato que atinja a imagem da empregadora de forma a lhe causar ofensa à imagem construída ao longo dos anos.

Isto significa dizer que a integração do empregado com os propósitos e objetivos empresariais se vinculam numa relação de interdependência. Esta é a dinâmica das novas condições de trabalho em que os valores éticos da empresa são transferidos para o empregado cuja aderência à marca do empregador o qualifica de forma diferenciada na sociedade.

A conduta das partes é um compromisso que afeta todos os movimentos do empregado e do empregador: antes da celebração do contrato, durante a execução e após o término do contrato de trabalho. A proteção à imagem está associada ao dever de boa-fé nas relações trabalhistas.

Destas considerações, fundamentado na Constituição Federal e no Código Civil, decorre a possibilidade de se reconhecer também a extensão do direito da imagem às pessoas jurídicas e sua reparação, conforme já consolidado em jurisprudência do Supremo Tribunal Federal na Súmula n. 227, no sentido de que se aplicam "às pessoas jurídicas, no que couber, a proteção dos direitos da personalidade".

Deste modo, não é sem razão que se firmam no contrato de trabalho obrigações de fidelidade e confidencialidade quanto às informações obtidas pelo empregado no cumprimento do contrato de trabalho que, efetivamente, durante seu exercício, carrega sempre a troca do dever de fidúcia incomum aos demais contratos de natureza civil. A confidencialidade e a fidelidade permitem que o empregador estabeleça normas de conduta, fiscalize as mensagens eletrônicas recebidas por meio da utilização de instrumentos de trabalho fornecidos pela empresa, instale câmeras de controle e exija, enfim, que o empregado mantenha de modo sigiloso todo conhecimento adquirido no local de trabalho.

No caso do direito da imagem, a Consolidação das Leis do Trabalho não trouxe nada expresso quanto a sua proteção, exceto quando trata nos arts. 482 e 483 dos fatos imputados como lesivos à honra do trabalhador e do empregador.

A jurisprudência trabalhista tem demonstrado ser mais comum o empregado pleitear reparação por violação ao seu direito de imagem, todavia, não se pode descartar que o vínculo de emprego esteja restrito ao horário de expediente (TST – AI-RR 97/2002-920-20-40 – 20ª R. – 1ª T. – Rel. Min. João Oreste Dalazen – *DJU* 26.05.2006).

Portanto, o compromisso contratual de fidelidade, confidencialidade, respeito e de agregação dos atributos da empresa paira sobre a relação jurídica e assim, o mal uso de redes sociais com divulgação de fotos ou comentários em relação ao empregador ou superiores hierárquicos poderá ser objeto de penalização do empregado com justa causa por ato lesivo à honra e à boa fama do empregador ou de superior hierárquico.

Atividade fim não é pressuposto de terceirização ilícita

9 de dezembro de 2016

Tradicionalmente o vínculo de emprego não está relacionado ao exercício pelo contratado de atividade fim do empregador. Os pressupostos de reconhecimento da situação jurídica de empregado sempre foram condicionados à presença dos elementos do art. 3º da CLT, em especial a subordinação jurídica.

Com a introdução da gestão das empresas por meio da terceirização de serviços, em razão de abusos que foram praticados, os debates se centralizaram no objeto do contrato da prestação de serviços, ou seja, se o seu conteúdo e prática têm por objetivo exclusivo a substituição de mão de obra direta, caso em que estaria caracterizado a ilegalidade do contrato e fraude decorrente do abuso do tomador.

De forma repetitiva, o tom das discussões segue as linhas já traçadas pela Súmula n. 331 do TST, com referência expressa à atividade meio e, com destaque para que, mesmo assim, não poderá estar presente a subordinação do trabalhador ao tomador de serviços, caso em que se formaria o vínculo direto entre o empregado da prestadora de serviços e a tomadora: caso típico de terceirização ilícita. Entre os precedentes da Súmula n. 331 ilustra o entendimento da época o acórdão da lavra do Ministro Vantuil Abdala no RR 24086-98.1991.5.09.5555 (Ac. 2ªT 806/1992 – DJ 08.05.1992) em que acentua a presença da subordinação como elemento essencial para descaracterização da terceirização, assinalando na ementa que:

> "O que veda o Verbete 256/TST é a contratação do trabalhador e não do serviço por interposta pessoa, pelo que, para que se reconheça o vínculo laboral entre o obreiro e a empresa contratante há que se perquirir da existência da subordinação direta daquele a esta e de pessoalidade na prestação de serviços sob a ótica da empresa contratante."

Portanto, o que define a terceirização de serviços ilícita é a subordinação com pessoalidade e não a natureza dos serviços porque estaria neste caso evidenciado um desvio de finalidade da natureza do contrato que, em lugar de prestação de serviços especializados, estaria vendendo mão de obra.

O confronto de jurisprudência e doutrina e, ainda, considerando que o País tem apego à lei para depois descumprir, atualmente se discutem dois Projetos de Lei (PLC n. 30/2015) e o PL n. 4.302/1998 do Poder Executivo. De comum, os dois projetos tratam da possível terceirização em atividades meio dos tomadores coibindo a prestação de serviços em atividade fim. Nenhum dos dois projetos conseguiria estabelecer em lei o que é atividade meio e o que é atividade fim. Deste modo, tudo permanece como sempre ficou.

Parece, entretanto, que não se trata de reconhecer o vínculo de emprego pelo fato de que os serviços executados participam direta ou indiretamente da atividade fim, mas sim da presença da subordinação jurídica do prestador de serviços em relação ao tomador de serviços. Dito em palavras outras, ausente a subordinação estará ausente o vínculo de emprego, independentemente da natureza dos serviços prestados, atividade fim ou atividade meio do tomador porque não nos parece que se possa estabelecer um corte que crie uma divisão por meio dos conteúdos da prestação de serviços.

De fato, os modelos jurídicos de prestação de serviços por pessoas jurídicas estão disponibilizados em algumas leis, por exemplo, a Lei Complementar n. 128/2008, que trata do microempreendedor individual; a Lei n. 11.196/2005, chamada "Lei do Bem"; a Lei n. 11.442/2010, que dispõe sobre o transporte rodoviário de cargas; Lei n. 4.886/1965, do representante comercial autônomo. Nestes casos, citados apenas para ilustrar, os serviços prestados têm um estreitamento com a atividade fim do tomador, mas não se caracterizariam em tese como prestação de serviços protegida pela CLT.

Portanto, a aprovação de lei que regulamente a prática de contratação de serviços terceirizados, ainda que estabeleça restrições quanto à atividade fim, não eliminará questionamentos de conteúdo contratual e que envolvam supostamente a subordinação eventualmente presente em cada caso.

Reconhecemos, de outro lado, que há um exagero no trato do tema e não parece que a terceirização esteja franqueando qualquer tipo de modalidade de relação de trabalho. Ainda mais em tempos de crise e de reforma da previdência social em que a necessidade arrecadadora do Estado se mostra flagrante na condição de sobrevivência do modelo de custeio baseado essencialmente no trabalho assalariado.

Embora paire sobre o tema a reserva do monopólio sindical, a questão fundamental para reflexão em modelos de terceirização, é evitar que se confunda a possibilidade de gestão do negócio por meio de empresas especializadas com a fraude para, sob o manto de licitude, afastar-se do óbvio vínculo de emprego.

Mais do mesmo e a cortesia com chapéu alheio das MPs

30 de dezembro de 2016

O governo anunciou, no último dia 22, as Medidas Provisórias ns. 761 e 763, com efeitos trabalhistas, e o envio de projeto de lei para introduzir o debate sobre a reforma trabalhista.

Sobre as medidas provisórias, as sugestões estão muito aquém de representar um efetivo estímulo para as empresas; quanto ao ainda não revelado projeto de lei, dizem que as centrais sindicais estariam de acordo, fato este que seria inusitado, e, se verdade for, o oportunismo e a conveniência para que não seja alterado o modelo sindical devem ter prevalecido.

A Medida Provisória n. 761 representa uma repaginação da Lei n. 13.189 de 19 de dezembro de 2015. O que traz de mais "relevante" é a alteração do nome do Programa de Proteção ao Emprego (PPE) para Programa Seguro Emprego (PSE), além de prorrogar o programa para dezembro de 2018. De resto, segue na mesma toada do desnecessário e do pouco eficaz da antiga Medida Provisória n. 680 do governo Dilma, transformada na lei que agora se altera.

Para fazer justiça, a MP n. 761 traz inclusão de condições de adesão, com preferência, de empresas que cumpram a quota de deficientes, conforme critérios a serem definidos pelo Poder Executivo Federal, art. 2º, § 2º: "Tem prioridade de adesão a empresa que demonstre observar a cota de pessoas com deficiência, as microempresas e empresas de pequeno porte, observados os critérios definidos pelo Poder Executivo Federal".

Além disso, em caso de adesão ao contrato coletivo de trabalho específico, incluiu a possibilidade de que os sistemas prisional e de medidas socioeducativas (art. 6º, inciso II), como exceção ao modelo de contratação durante a vigência do programa.

Trata-se de inclusão politicamente correta e que permitirá ao Ministério do Trabalho e Ministério Público do Trabalho, na forma em que for regulamentado pelo Poder Executivo Federal, de prosseguirem nas investigações relativas ao cumprimento de quota de deficientes em empresas que não terão condições de abrir novos postos de trabalho e estabelecendo uma obrigação quase impossível durante o período de crise. Devemos aguardar os critérios a serem definidos.

A medida provisória mantém a obrigação de garantia de emprego proporcional equivalente ao terço do período de vigência do programa. Já tivemos oportunidade de fazer a crítica ao modelo implantado pelo governo anterior porque a superação da crise independe de medidas como essa, e a garantia de emprego, caso a economia não seja capaz de se recuperar, vai onerar certamente a empresa com tal condição e, caso dispense empregados, incidirá na penalidade prevista no art. 8º verbis: "Fica excluída do PSE e impedida de aderir ao Programa novamente a empresa que: I – descumprir os termos do acordo coletivo de trabalho específico relativo à redução temporária da jornada de trabalho ou qualquer outro dispositivo desta Lei ou de sua regulamentação".

Se assim for, implicará devolução ao FAT dos valores recebidos a título de compensação conforme disposto no art. 8º em seu § 1º: "A empresa que descumprir o acordo coletivo ou as normas relativas ao PSE fica obrigada a restituir ao FAT os recursos recebidos, devidamente corrigidos, e a pagar multa administrativa correspondente a cem por cento desse valor, calculada em dobro no caso de fraude [...] revertida ao FAT".

Portanto, a recuperação econômica não está sob controle de empresas, mas de efetividade de medidas econômicas que tragam credibilidade na retomada de desenvolvimento no Brasil. Desse modo, a empresa que aderir terá que se programar quanto às condições de preservação da folha de pagamento pelo período do acordo coletivo de trabalho específico mais um terço. Se não tiver condições de fazê-lo deverá partir para outra forma de enfrentamento da crise.

Com a Medida Provisória n. 763, que se refere à possibilidade de o trabalhador movimentar contas inativas, segundo calendário ainda a ser expedido pelo agente operador do FGTS, o governo faz cortesia com chapéu alheio: libera depósitos inativos que pertencem aos próprios trabalhadores e que foram retidos indevidamente.

As motivações históricas de que o FGTS serviria para formar uma poupança para os empregados dela usufruírem na aposentadoria há muito desapareceram. Não há razões para a apropriação pela CEF por meio da retenção de depósitos do FGTS quando o empregado pede demissão ou quando é despedido por justa causa. Trata-se de direito do trabalhador assegurado pela Carta Magna, art. 7º, inciso III. Na verdade, o FGTS jamais serviu com o modelo de manutenção de emprego.

Dessa feita, ao permitir que os trabalhadores acessem a conta inativa do FGTS, o governo federal nada mais faz do que devolver valores que foram indevidamente apropriados dos próprios titulares do direito. Por isso, não se trata de um belo presente de Natal, mas de um exercício mágico de dar ao trabalhador o que lhe pertence.

Percebe-se que efetivamente o Estado não tem dado sua contribuição para que as empresas sejam incentivadas ao crescimento seguro e, quanto ao PL, vamos aguardar o texto, que deverá surpreender a todos no próximo ano.

2017

Decisão do TRT-2 mostra relevante atuação na efetividade do Direito

20 de janeiro de 2017

O *site* do Tribunal Regional do Trabalho da 2ª Região (SP) publicou notícia de acórdão da 8ª Turma, da relatoria do desembargador Adalberto Martins (Processo 0000558-98.2015.5.02.0087, Acórdão 20160819614) que anulou auto de infração lavrado pelo Ministério do Trabalho a empresa em razão do descumprimento da cota de trabalhadores deficientes, considerando que a multa se torna incabível quando a empresa se mostra diligente no sentido de oportunizar a inclusão social determinada pelo art. 93 da Lei n. 8.213/1991.

A ementa do acórdão resume o julgado da seguinte forma: "Ação anulatória de auto de infração. Art. 93 da Lei n. 8.213/91. Se a empresa autora demonstrar, sobejamente, que atuou de forma diligente para o estrito cumprimento da lei (art. 93 da Lei n. 8.213/91), ainda que não tenha logrado êxito na contratação de trabalhadores com deficiência dentro do limite legal mínimo, restará comprovada sua conduta dentro do possível, diante das limitações fáticas. Verificadas essas circunstâncias, como no caso concreto, impõe-se a nulidade do auto de infração".

A decisão nos coloca diante das dimensões da eficácia da norma, ou seja, sua real observância no contexto dos fatos e a possibilidade de produção de efeitos jurídicos. Não se trata de deixar de reconhecer a validade da norma aplicada, mas de sua adequação diante da percepção de uma realidade incontestável.

Diz-se que algo é eficaz quando atende à sua finalidade ou que produz o efeito desejado.

Assim um medicamento adquire eficácia se resultar na cura da doença contra a qual foi prescrito. Ou ainda, um sistema de formação profissional é considerado eficaz se as competências pretendidas são atingidas pelos aprendizes e, em seguida, se elas são colocadas em prática, ou seja, se a formação permite àqueles que a seguiram a inserção profissional e se as competências produzem impacto operacionais para as empresas ou para o desenvolvimento pessoal dos indivíduos.

Para o Ministério do Trabalho, a efetividade da norma trabalhista comunga de sua eficácia imediata sempre que corresponder à sua integral aplicação e, quando inobservada, atua de forma a exigir compulsoriamente o cumprimento, tal como ocorre com os autos de infração e, no caso, o não atendimento do número de trabalhadores deficientes nos termos da Lei n. 8.213/1991.

Todavia, a decisão em comento baseou-se na efetividade da norma sem abandonar a eficácia no sentido de sua adequação às condições de fato apresentadas, dentro do limite do possível, considerando sua observância e produção de efeitos jurídicos. Não se trata de dar ao direito caráter unívoco para ser considerado válido, mas de admitir a combinação de três aspectos: legalidade, legitimidade e efetividade, sendo que esta última deve ser considerada no plano realista, sociológico e empírico.

Interpretou o acórdão regional as condições legais do art. 93, da Lei n. 8.213/1991, consoante afirma, "com proporcionalidade e razoabilidade, de acordo com as circunstâncias de cada caso concreto, mormente quando se considera que a empresa autora assumiu uma responsabilidade social cujos resultados positivos, ainda que parciais, foram sobejamente comprovados nos autos. Assim, no caso sub judice, o Poder Judiciário deve se pronunciar de forma mais isenta possível, de acordo com as provas dos autos, a despeito de concepções particulares de justiça, por mais respeitáveis que sejam".

Em artigos publicados nesta coluna, em duas ocasiões, observamos que a jurisprudência trabalhista vem demonstrando a necessidade de uma revisão para adequação da Lei n. 8.213/1991 e sobre a evolução de flexibilização da jurisprudência, com base em decisão do TST e do TRT da 1ª Região, respectivamente.

Assim, no modo como se encontra disposto, trata-se de tema que merece sempre a análise de equilíbrio da efetividade da norma entre a sua imposição e forma pela qual se apresenta a conduta dos destinatários, permitindo a estes o questionamento, sem que implique desconsideração da eficácia jurídica da norma em apreço.

Inconsistências do Projeto de Lei da reforma trabalhista

10 de fevereiro de 2017

Em meio à crise econômica e pressão política, o governo encaminhou o Projeto de Lei n. 6.787/2016 que altera a CLT e a Lei n. 6.019/1974, dispondo sobre eleições de representantes dos trabalhadores no local de trabalho, negociações coletivas e sobre o trabalho temporário.

Comentários em torno de projetos de lei não apresentam outro interesse que o de contribuir na reflexão e fazer uma avaliação crítica sobre possíveis efeitos da proposta. No caso da reforma trabalhista, sustenta-se o projeto na finalidade precípua de enfrentar a crise econômica e o desemprego, por meio de alteração da lei ou de introdução de novos modelos de relação de trabalho. E, preparado no afogadilho para dar uma resposta política, o projeto de lei, parece quase tudo, menos um instrumento para fomentar a contratação de trabalhadores.

A proposta do governo se refere a multa por ausência de registro de empregados, contrato de trabalho a tempo parcial, eleição de representante de trabalhadores no local de trabalho, conteúdo de convenção e acordo coletivo e efeitos de normas convencionadas, contagem de prazos processuais e trabalho temporário.

1. A multa será aplicada ao empregador que não efetuar o registro do contrato de trabalho na CTPS do empregado. O valor sugerido é de R$ 6 mil reais por empregado, em dobro em caso de reincidência e de R$ 1 mil para empresas de pequeno porte.

Se o indicado ilícito é o mesmo para qualquer tipo de empregador, parece-nos que não se justifica a dosagem em função do tipo de empresa. Aliás, neste sentido, a CLT já dispõe sobre o assunto de forma criteriosa (art. 47). Também a multa pela ausência de registro já tem sido inserida em normas coletivas de trabalho em benefício do empregado prejudicado.

Parece tratar-se de viés arrecadatório, especialmente porque em 29 de dezembro de 2016, por meio da Medida Provisória n. 765, o governo criou a gratificação para a fiscalização como forma de incentivar as autuações.

2. Nas sugestões do contrato de trabalho a tempo parcial, não há motivação para contratação de empregados nem é possível falar em contrato especial.

O contrato a tempo parcial surgiu como uma forma de preservar empregos de trabalhadores com contratos em curso que, após negociação coletiva, fariam a opção pela redução de jornada e salário (Medida Provisória n. 2.164/2001) todavia, sem contrapartida do Estado que permanecia arrecadando sobre os salários pagos. Neste momento, o Projeto de Lei desfigura ainda mais o contrato a tempo parcial, permitindo que o trabalhador seja submetido a horas suplementares, compensadas ou não. Foi preservada a atuação sindical para os contratos vigentes.

De novo, não há contrapartida do governo que cobra os encargos e, com isso, desmotiva a contratação de empregados. A título exemplificativo, no ano de 2000, quando a França adotou regime de 35 horas, incentivou as empresas com redução de encargos sociais.

3. A eleição de representante de trabalhadores no local de trabalho (PL, art. 523-A), para cumprimento do disposto no art. 11, da Constituição Federal, traz uma novidade para os sindicatos e um paradoxo que deve ser sanado.

Pela sugestão do PL o trabalhador será eleito e não estará vinculado, necessariamente, a sindicato. Portanto, trata-se de um representante de pessoal com funções relevantes: (i) a garantia de participação na mesa de negociação do acordo coletivo de trabalho; e (ii) o dever de atuar na conciliação de conflitos trabalhistas no âmbito da empresa, inclusive quanto ao pagamento de verbas trabalhistas, no curso do contrato de trabalho, ou de verbas rescisórias.

Entretanto, o PL obriga a empresa a arquivar a ata de eleição no sindicato representativo da categoria. Não parece que deva ser mantida a obrigação porque, de um lado, não se trata de delegado sindical e, de outro, poderá ser eleito empregado que integre outra categoria que não seja a preponderante da empresa (mantido o modelo de organização sindical por categoria).

4. Sobre o tema de que o acordado deva prevalecer sobre o legislado, assunto tão esperado e debatido nos encontros jurídicos e trabalhistas, afirma o PL (art. 611-A) que a convenção ou o acordo coletivo "tem força de lei", relacionando as hipóteses em que se aplicaria a afirmação. O PL ignorou que a Constituição Federal, art. 7º,

XXVI, já manifestou o reconhecimento das convenções e acordos coletivos, tornando-se desnecessária a afirmação em lei ordinária.

Neste mesmo sentido, referindo-se ao reconhecimento da manifestação da autonomia privada coletiva, cuja decisão de assembleia dos interessados sempre foi a tônica da segurança jurídica, o PL (art. 611, § 1º) remete a validade do ato jurídico às condições do art. 104 do Código Civil (agente capaz, objeto lícito, possível, determinado ou determinável e forma prescrita ou não defesa em lei). A julgar pela capacidade do agente, os sindicatos, por força da Constituição Federal, estão legitimados a comandar, com exclusividade as negociações coletivas e, portanto, não poderá haver questionamento neste sentido.

De outro lado, a Justiça do Trabalho, segundo dispõe o PL, atuará "pelo princípio da intervenção mínima na autonomia da vontade coletiva", permitindo, portanto, questionamentos quanto à validade jurídica do negociado e, se for hipótese de flexibilização de redução de salário e compensação de jornada, a vantagem compensatória da redução necessariamente deverá ser explicitada.

5. Quanto ao trabalho temporário, melhor seria que o PL não tivesse tratado do assunto porque, querendo ampliar a possibilidade de ganhos em situações de crise, o PL confundiu trabalho temporário com contrato a prazo e desconsiderou a natureza jurídica do trabalho temporário que justifica o modelo da Lei n. 6.019/74.

Assim, o que define a natureza jurídica do trabalho temporário são as circunstâncias que o admite: acréscimo extraordinário de serviço e substituição de pessoal permanente. A duração do contrato não pode ser pré-definida porque deverá durar enquanto os serviços executados justificarem sua contratação, limitada hoje a 03 meses relativamente ao mesmo trabalhador e não empregado como diz o PL (art. 10). Portanto, não se pode dizer que se aplicariam ao trabalho temporário as mesmas disposições relativas ao contrato a prazo (PL art. 12) pois de contrato a prazo não se trata.

O PL (art. 10, § 1º) revela elaboração descuidada do tema porque se refere a prazo de contrato e sua prorrogação, registro na CTPS (art. 11), sendo a cereja do bolo a referência à possibilidade de contratação direta de trabalho temporário pelo empregador (art. 19), hipótese, esta última, que traz duas impropriedades: uma, porque o trabalho temporário não seria objeto de contratação mas de ocorrência anormal ou sazonal na atividade empresarial e que demanda reforço de mão de obra; outra, afirmar que a contratação de trabalhador para a execução de trabalho temporário possa se dar diretamente, atraindo a pessoalidade própria do vínculo de emprego.

Enfim, vale a iniciativa mas a reforma trabalhista proposta deve merecer maiores reflexões e não deveria se deixar levar pela pressão política com pouco resultado efetivo para fomentar contratação de trabalhadores pelas empresas.

Subordinação e outras modalidades jurídicas de prestação de serviços

3 de março de 2017

O *site* do Tribunal Regional do Trabalho da 2ª Região trouxe a notícia de que a 2ª Turma, em acórdão da desembargadora Rosa Maria Villa, mantendo a decisão de primeira instância (1ª Vara do Trabalho do Guarujá), não reconheceu o vínculo de emprego quando os serviços prestados são a título de colaboração e para auxiliar o contratado, e não o contratante (Processo TRT/SP 1000296-37.2016.5.02.0301). A ementa assim se expressa:

> "RELAÇÃO DE EMPREGO. PRESTAÇÃO DE SERVIÇOS EM IMÓVEL DE VERANEIO. CASEIRO. CÉLULA FAMILIAR. Não se revela o vínculo empregatício em face do companheiro da trabalhadora contratada como caseiro ainda que, de forma eventual, tenha prestado serviços na propriedade. As peculiaridades das atividades de um caseiro que, via de regra, é acompanhado por seus familiares no momento em que passa a residir no imóvel que lhe é disponibilizado, torna plausível a distribuição dos serviços contratuais entre os membros da família, a título de colaboração e auxílio em favor do contratado e não do contratante, até porque, não se desenvolvem sob as vistas do empregador."

Não se está aqui a criticar as decisões de primeira e segunda instâncias que analisaram as provas e se convenceram da melhor interpretação ao caso.

Todavia, não se pode negar que a ementa faz emergir reflexões quanto ao enquadramento fático jurídico de relações de trabalho em vínculo de emprego, partindo primeiro da natureza do trabalho eventual e, depois, do beneficiário final dos serviços prestados.

Assim, nos termos do disposto pelo art. 3º da CLT, o empregado é aquele que presta serviços de "natureza não eventual, a empregador e mediante salário". A expressão eventual deve ser entendida por duas vertentes: (i) serviço efêmero, de curta duração, ainda que vinculado à atividade do tomador, ou (ii) um trabalho, que, mesmo repetitivo, não esteja inserido na atividade preponderante do tomador de serviços. Tanto num caso como no outro o conteúdo da prestação de serviços se dispersa e se satisfaz no momento mesmo de sua realização. Não há expectativa de continuidade para o futuro.

Em ambos os casos, o trabalhador que presta serviços eventuais apresenta-se juridicamente como autônomo, atuando como gestor de sua própria atividade, assumindo os riscos próprios de sua opção profissional. Desse modo, não se pode falar em contrato de trabalho de forma eventual porque a eventualidade é a natureza jurídica dos serviços, e não do contrato que se celebra.

O outro aspecto de reflexão que nos traz o acórdão em comento diz respeito à finalidade dos serviços prestados e que são destinados, no caso, à colaboração daquele que foi contratado para o mister a que se obrigou no contrato de trabalho, considerando-se, no limite, que houve o engajamento da célula familiar por meio de anotações do contrato na figura de um só integrante. Algo parecido com o contrato de equipe.

Claro está que na atividade econômica os princípios invocados seriam outros, e a colaboração indireta na prestação de serviços poderia ser configurada como ajuste tácito (art. 442 CLT) suficiente a evidenciar vínculo de emprego com o beneficiário final dos serviços prestados.

Todavia, no trabalho doméstico, o acórdão traz nova reflexão pela qual se poderia admitir algo semelhante ao contrato de equipe (célula familiar) pelo qual o líder responderia pelo resultado, e os demais integrantes a ele estariam vinculados. No caso de trabalho doméstico, os serviços prestados a título de colaboração apenas, cuja finalidade é auxiliar o responsável pelo cumprimento da obrigação, rompe com a tradição de responsabilidade do beneficiário final da prestação de serviços.

Quando se depara com a tipologia do trabalho em equipe, Mauricio Godinho Delgado (*Curso de Direito do Trabalho*. São Paulo: LTr, 2004. p. 518) acentua que se trata de "conjunto de contratos individuais entre cada empregado e o empregador comum, embora seja inquestionável que os objetos de tais contratos vincular-se-iam em conexão orgânica, sendo que a própria prestação de trabalho somente ganharia sentido se efetuada em harmônica integração".

Bem se vê que se afastam da relação de trabalho doméstico as derivações que proíbem a terceirização de serviços, tais como o conteúdo da atividade desenvolvida pelo terceiro colaborador, o beneficiário final dos serviços e ainda qualquer possível contaminação do chamado fenômeno subordinativo de inserção do trabalhador, segundo Mauricio Godinho Delgado, "na dinâmica do tomador de seus serviços, independentemente de o obreiro receber (ou não) ordens diretas desse tomador" (Curso de Direito do Trabalho, São Paulo: LTr, 2015).

Em momentos de crise de desemprego, talvez os fundamentos do acórdão regional possam despertar para reflexão em torno da subordinação e outras modalidades jurídicas.

O que muda com o projeto de lei sobre trabalho temporário e terceirização

24 de março de 2017

Dentre as notícias trabalhistas que estão tomando conta das preocupações de todos está a recente aprovação do Projeto de Lei n. 4.302, de 1998, do Poder Executivo. Este projeto se caracteriza pelo tratamento, em um só texto, de trabalho temporário e da prestação de serviços a terceiros.

O projeto, na sua origem, preserva os conceitos da natureza jurídica de trabalho temporário na forma da Lei n. 6.019/1974 e estende o prazo de três para seis meses relativamente à possibilidade de permanência de um mesmo trabalhador na execução de trabalho de natureza temporária. Portanto, mantém a previsão anterior de que o prazo do contrato está vinculado ao tempo de execução do trabalho e não, como equivocadamente se pratica, de inserir na contratação de trabalhadores o prazo da execução do trabalho.

A ampliação do prazo já se pratica perante o Ministério do Trabalho, por meio de justificativa da empresa fornecedora de mão de obra. Dadas as condições em que ocorre a necessidade da contratação de fornecimento de mão de obra temporária, seria dispensável a previsão legal de que o trabalho temporário poderá ocorrer em atividade fim e atividade meio.

Entretanto, como o tema pode sugerir interpretações contrárias ao modelo jurídico especialíssimo e excepcional, melhor esclarecer do que deixar livre o solto, ainda mais em momento de avanços conceituais em torno da subordinação.

O trabalhador inserido nesta relação jurídica de trabalho não mantém condição jurídica de empregado, mas recebe direitos trabalhistas semelhantes àqueles atribuídos ao trabalhador com vínculo de emprego. Por esta razão não se confunde com contrato a termo e não há reconhecimento de garantia provisória de emprego, conforme decidiu o Tribunal Superior do Trabalho (RR-1163-28c.2014.5.09.0655).

O outro aspecto do projeto de lei aprovado faz referência às empresas prestadoras de serviços, regulamentando a forma pela qual poderia ocorrer a prestação de serviços especializados. Neste sentido, não se distingue entre a atividade fim e atividade meio que, no nosso sentir podem conviver desde que não seja utilizada a prestação de serviços como forma de exclusão de direitos e desde que não submeta o empregado da empresa prestadora de serviços à condição de subordinado pessoalmente ao tomador. Não se trata, com a aprovação do projeto de lei, de transformar os atuais empregados em pessoas jurídicas.

Terceirização pressupõe especialização nos serviços e autonomia na sua execução. A diferença fundamental entre o regime jurídico do trabalho temporário e a prestação de serviços é que no primeiro caso há cessão de mão de obra e, no segundo, o objeto é a prestação de serviços especializados a cargo e responsabilidade da empresa prestadora.

Todavia, em épocas de crise, falar em legalização da terceirização como necessária a fim de alavancar o desenvolvimento econômico tende ao aguçamento de radicalizações dos prós e contras.

A terceirização sempre envolve três aspectos relevantes: (i) o risco da relação jurídica; (ii) o conteúdo da relação jurídica; e, (iii) os direitos atribuídos aos empregados da empresa prestadora de serviços.

A questão da relação jurídica quanto ao risco está resolvida porque a tomadora de serviços será sempre responsável subsidiária pelos direitos não satisfeitos pela prestadora, mantendo a orientação da jurisprudência do TST.

O conteúdo da relação jurídica parece também já ter sido resolvido pela Súmula n. 331 do TST, impedindo que a terceirização sirva como forma de *marchandage,* ou seja, não poderá o trabalhador vinculado formalmente à empresa prestadora de serviços permanecer subordinado às ordens do tomador de serviços.

Finalmente, quanto aos direitos a serem atribuídos aos empregados de empresa prestadora de serviços terceirizados, não podem ser inferiores àqueles que já são reconhecidos pela lei acrescidos daqueles direitos decorrentes de negociações coletivas.

O que preocupa os sindicatos, organizados no modelo de categorias profissionais, ao que parece, é, de um lado, o deslocamento de trabalhadores para categorias diversas da preponderante e com isto ter prejudicado a receita sindical e, de outro lado, a mudança de negociações coletivas previstas na Reforma Trabalhista encaminhado em final de 2016 e que ainda está em andamento e que sugere negociações no âmbito das empresas com representante eleito pelos trabalhadores, deslocando as reivindicações e controvér para o ambiente da empresa e, desta forma, beneficiando todos os trabalhadores, sem distinção de categorias, com fortalecimento dos grupos nos locais de trabalho.

Enfim, na essência, o projeto de lei aprovado não traz grandes alterações porque preserva a proteção da relação de emprego e os desvios fraudulentos e ilícitos, quando constatados, serão coibidos.

Extinguir contribuição sindical não pode levar a revogação de representação

7 de abril de 2017

Nesta semana, dia 2 de abril, o jornal O Estado de São Paulo, trouxe entrevista do presidente do Tribunal Superior do Trabalho, ministro Ives Gandra Martins Filho, em que, a propósito de críticas que faz ao modelo de custeio dos sindicatos por meio de contribuição sindical obrigatória, sugere que unicidade da atual estrutura sindical se transforme em modelo plúrimo de representação, de tal forma que os sindicatos atuariam em nome de seus associados exclusivamente e seria mantido de forma espontânea pelos que se identificassem com a ideologia praticada.

Trata-se de tema recorrente sempre que se discute a organização sindical brasileira que, ao longo do tempo (e já faz muito tempo), se acomodou na representação formal e por categoria profissional ou econômica, sustentados pela contribuição compulsória do dia de trabalho quando se trata de entidade de trabalhadores e, quando patronal, percentual do capital social.

Além de ser a razão que sustenta economicamente os sindicatos, atualmente, a contribuição sindical ainda é o fundamento jurídico da representação formal de sindicatos porque se trata de condição de reconhecimento da capacidade de exercer de modo monopolizado o controle de categorias sindicais, profissional ou econômica. Estamos aqui diante de uma condição legal de validade jurídica dos termos negociados e que independe da força de representação de quem, supostamente, fala em nome dos representados.

Não se pretende negar a importância dos sindicatos e da aplicação do disposto no art. 8º, inciso VI, da Constituição Federal, que torna obrigatória a participação de sindicatos em negociações coletivas, equilíbrio de força e busca de melhoria das condições sociais dos trabalhadores, na forma preceituada no art. 7º da Carta Maior.

Convém destacar que o sindicato é fruto do exercício da liberdade sindical de cada um de seus integrantes e que, entre nós, a credibilidade na legitimidade está reservada a poucos. Neste sentido, o teor da Súmula n. 14 do TRT da 2ª Região, após OJ transitória n. 73, da SDI-1, reconhece a autonomia privada coletiva, contra disposição de lei, no caso pagamento de PLR mensal, negociado com Sindicato dos Metalúrgicos do ABC.

A proposta da extinção da contribuição sindical não poderá implicar a revogação da representação dos atuais sindicatos. Ao contrário, pode haver surpresa e tudo ficar como está: organização por categoria, contribuição espontânea, base territorial e, quiçá, unicidade sindical como a conhecemos hoje. A mudança pressupõe a possibilidade de organização sindical responsável e plúrima, sem a necessária vinculação ao fatiamento por categoria, em especial profissional, assegurando-se a todos o exercício pleno da liberdade sindical.

De outro lado, com a pluralidade sindical, a Justiça do Trabalho se livraria de julgar (a nosso ver indevidamente) o reconhecimento de representação sindical porquanto haveria campo aberto para se estabelecer sem depender exclusivamente de contribuição sindical para o reconhecimento da personalidade sindical.

O conteúdo e validade de solução de conflito de natureza coletiva, nele incluído o trabalhista, está atrelado à legitimidade da representação e a discussão, embora recorrente, nos remete a reflexões de validade de negociações coletivas de trabalho por meio de comissões de trabalhadores que se legitimariam pela força de adesão que possuem e não mais em decorrência de vínculo jurídico de custeio obrigatório.

O controle de unicidade sindical, a cargo do Ministério do Trabalho, confirmado pelo STF na Súmula n. 677, que ainda se faz e que se justifica apenas para liberação de custeio compulsório, não parece adquirir eficácia proibitiva contra negociações coletivas espontâneas cujo conteúdo normativo se qualifica independentemente da intervenção do sindicato ao qual se destina a contribuição. Resta saber se a Justiça do Trabalho, crítica do modelo de organização sindical, atribuiria os efeitos gerais e abstratos ao conteúdo do negociado contra o legislado.

O 1º de maio com a crise econômica e a reforma trabalhista

28 de abril de 2017

A nossa legislação trabalhista teria se desmoronado? Pelos comentários dos que apelam para a reforma trabalhista, o que até hoje se praticou não serve mais para dar suporte legal às novas relações de trabalho. Aqueles que não desejam a mudança invocam a preocupação de desproteção da classe trabalhadora. Mas qual seria, de fato, a ameaça aos direitos trabalhistas fundamentais? A legislação atual de fato protege a classe trabalhadora?

A realidade nos mostra dois aspectos relevantes e que merecem reflexões: de um lado da crise, o descumprimento das leis trabalhistas parece ser uma questão de sobrevivência de algumas empresas que, para competir no mercado, se socorrem de modalidades alternativas de relação de trabalho ou mesmo se esquivam de obrigações trabalhistas gerando relações informais e inseguras que se transformaram em terreno fértil para a burla e o consequente crescimento de ações judiciais. De outro lado, há situações de fato ainda não tratadas pela lei e que a prática leva a interpretações que desconhecem a transformação do conteúdo das novas tecnologias e os impactos que geram nas relações de trabalho, causando enorme insegurança jurídica que avoluma o número de processos na Justiça do Trabalho. O Judiciário trabalhista passou a ser refém do desajuste econômico e sente o reflexo de uma legislação que já não atende aos seus próprios objetivos constitucionais de melhoria da condição social. As soluções judiciais de conflitos estão longe de suas causas.

Tidos como representantes dos trabalhadores, os sindicatos profissionais, em sua maioria, cumprem há algum tempo papel de coadjuvante do Estado na defesa de interesses de poucos e não se apresentam identificados com os representados. São frequentes os desentendimentos entre trabalhadores e a cúpula sindical, exigindo retomada de negociações de interesse do grupo.

A crise econômica e a reforma trabalhista proposta repetem a história do Direito do Trabalho e sua evolução. Algumas constatações dispensam comentários, e outras se repetem ao longo da história e dão causa a alguma forma de evolução da sociedade.

Dispensam palavras, por exemplo, as repetições rotineiras de que o país está mergulhado numa crise econômica cuja superação ainda é um mistério e que a reforma poderia fragilizar ainda mais os sindicatos, porquanto sugere a eliminação compulsória da contribuição sindical. Da mesma forma, pelo aspecto positivo, a negociação coletiva adquire status de norma válida.

No campo dos direitos sociais, em especial o Direito do Trabalho e a Previdência Social, a peculiaridade foi, ao longo da história, de legislar ou criar programas de defesa durante a crise, de tal forma que as dificuldades fossem ultrapassadas e que encontrasse um ponto de partida em boas condições para a construção de um futuro com bases sólidas e justas. Em épocas de bonança, os aspectos sociais não encontram guarida em reformas ou melhorias.

Assim foi com a legislação trabalhista do período da Revolução Industrial, na sua origem de caráter protecionista com fixação de garantias mínimas aos supostamente mais débeis do ponto de vista econômico e contratual. O Estado foi impulsionado a intervir, de um lado para evitar explorações desumanas e, de outro, também para estabelecer controle de concorrência entre as empresas. O Direito Civil deixou de ser a base da relação contratual. Em palavras outras, o respeito à dignidade interessava ao Estado e à sociedade, e a uniformização de tratamento nas relações de trabalho impunha às empresas um ponto de partida de igualdade na presunção de que todos cumpririam as mesmas obrigações legais.

Depois, com a Primeira Guerra Mundial, constatou-se flagrante e injustificável desigualdade de tratamento em questões trabalhistas e que comprometia as condições de vida dos trabalhadores. O Tratado de Versalhes, além de se referir a um pacto de observância de direitos mínimos trabalhistas, criou a Organização Internacional do Trabalho com o objetivo de fixar normas de caráter internacional a que todos os países deveriam se submeter.

Durante a Segunda Guerra Mundial, foi engendrado o Relatório Beveridge, comprometendo o Estado a assegurar aos seus nacionais a proteção em seguridade social, como saúde e benefícios desde o nascimento até a morte. Além disso, o período imediato do pós-guerra marcou o avanço de trabalhadores por meio de sindicatos representativos, com presença no local de trabalho e, de forma programática, a participação dos trabalhadores nas empresas.

No Brasil, não tivemos esses impulsos, mas recebemos suas influências, como, na Constituição de 1946, a referência à participação dos trabalhadores nos lucros das empresas e o descanso semanal remunerado.

Portanto, parece que a evolução de direitos sociais ou pelo menos sua regulação se vincula à constatação de grave problema social. A nossa crise, neste primeiro quadrimestre de 2017, atinge em torno de 13 milhões de desempregados, que não teriam atualmente acesso a qualquer tipo de vínculo de emprego, permanecendo excluído formalmente do mercado de trabalho.

Não há direitos fundamentais quando um dos maiores, que é a garantia de emprego, não está assegurado pelo Estado, e a sociedade é incapaz de buscar uma forma de colocação no emprego. No PL, não se está excluindo direitos, e, na nossa avaliação, traz oportunidades de inclusão no mercado de trabalho por outras formas de contratação.

A proposta de reforma em andamento não poderia pretender agradar a unanimidade dos interesses de todos. O projeto de lei substitutivo traz novos aspectos da relação de trabalho, alguns com garantias duvidosas e com possíveis críticas fundamentadas. Entretanto, não se pode negar o desejo de todos, alimentado há tempos, de que um dia a legislação trabalhista passasse por uma reforma e que tornasse o emprego mais acessível. Esta que aí está pode não ser a ideal, mas tende a se firmar, e todos deverão aprender com o novo que a crise nos traz.

De qualquer forma, o dia 1º de maio deve ser sempre festejado como um dia de luta e de conquistas mundialmente relevantes.

Limites das negociações coletivas e a terceirização trabalhista

19 de maio de 2017

O *site* do Tribunal Superior do Trabalho trouxe notícia de decisão da Seção Especializada em Dissídios Coletivos (SDC) que, por maioria de votos, anulou cláusulas de convenção coletiva que proibiam a terceirização nas atividades de portaria, garagem e serviços gerais nos condomínios residenciais e comerciais do Distrito Federal.

Tratou-se de convenção coletiva de trabalho firmada em 2011/2013 entre o Sindicato dos Trabalhadores em Condomínios Residenciais, Comerciais, Rurais, Mistos, Verticais e Horizontais de Habitações em Áreas Isoladas do Distrito Federal (Seicon-DF) e o Sindicato dos Condomínios Residenciais e Comerciais do Distrito Federal (Sindicondomínio). A relatoria foi a Ministra Dora Maria da Costa, processo RO-3434-13.2011.5.10.000.

A impugnação foi de autoria do Sindicato das Empresas de Asseio, Conservação, Trabalho Temporário e Serviços Terceirizáveis do Distrito Federal (Seac).

Cláusulas semelhantes estão disseminadas em várias convenções coletivas de trabalho e que proíbem contratação de empresas terceirizadas para prestação de serviços em atividade-fim. A título de exemplo, o Sindicato dos Comerciários de São Paulo celebrou convenção coletiva de trabalho para o biênio 2015/2016 com o Sindicato do Comércio Varejista de Gêneros alimentícios do Estado de São Paulo (Sincovaga), em cuja cláusula 50ª diz, textualmente, o seguinte:

Atendendo à orientação da Súmula n. 331 do Tribunal Superior do Trabalho, as empresas da categoria econômica só poderão terceirizar atividade-meio, vedada, expressamente, para qualquer atividade-fim, a utilização de mão de obra terceirizada.

O pressuposto jurídico da validade da convenção coletiva de trabalho é a negociação a partir da manifestação da vontade privada coletiva, extraída a partir da assembleia dos interessados, trabalhadores e empregadores, quando se tratar de produção de efeitos no âmbito das respectivas atividades econômica e profissional. Todavia, o conteúdo das negociações não pode atingir os interesses e peculiaridades existentes em cada local de trabalho.

No caso, foram estabelecidas condições normativas que interferem, de um lado, na gestão das empresas de todo o setor e que não caberia a inserção no âmbito de convenção coletiva de trabalho, porque padroniza comportamento que nem sempre atende às necessidades de todas as empresas integrantes do setor de atividade econômica. De outro lado, como acentua a ministra relatora Dora Maria Costa, cláusulas dessa natureza "apresentam ingerência evidente na esfera de atuação" do sindicato autor além de revelar restrição de mercado, "podendo até interferir na própria sobrevivência das empresas prestadoras de serviços".

E, acentuando algo mais desprovido de eficácia jurídica, trata-se de negociação que atinge direitos de terceiros, não participantes da negociação, afrontando o princípio da "livre concorrência e o exercício de qualquer atividade econômica" (art. 170, da CF).

Uma evidência é clara nessas discussões: o modelo de organização sindical por meio de categoria profissional ou econômica não serve para a solução em conjunto dos interesses, tanto profissionais como econômicos, porque deixam de atender às necessidades nos próprios locais de trabalho. Neste passo, mantido esse modelo sindical, cabe especialmente às entidades sindicais patronais a avaliação dos efeitos jurídicos que produzem as cláusulas que convenciona.

Nos dias atuais, face a aprovação da Lei n. 13.429/17, essa disposição, que pretende definir atividade-fim ou que venha a proibir a terceirização de serviços no âmbito da categoria econômica, não poderia ser objeto de previsão restritiva na gestão empresarial. Somente por meio de acordo coletivo celebrado no âmbito da empresa é que poderia ser cogitada a validade de norma dessa natureza.

Possíveis efeitos da contribuição sindical facultativa

9 de junho de 2017

Não se pode negar o mérito que o projeto de reforma da legislação trabalhista trouxe para a sociedade em geral. As reações manifestadas servem para reflexões, e não se conhece outro momento em que as questões trabalhistas foram objeto de tantos encontros e estudos. O importante é sair do imobilismo histórico. Um dos temas de destaque é a contribuição sindical que todos sentiam perenizada. Há uma tentativa de que ela possa se despojar de suas nefastas características pelas quais foi criada, transformando-se em contribuição de caráter facultativo e com efeitos previsíveis na estrutura sindical e nas negociações coletivas.

Atualmente, no modelo de obrigatoriedade da contribuição sindical, os sindicatos se organizam da forma tradicional, por categoria, observando critério revogado do extinto Quadro de Atividades e Profissões. Ou seja, segue a rotina por inércia e conveniência, e o Ministério do Trabalho e Emprego faz o controle da unicidade sindical, função confirmada pela Súmula n. 677 do STF nos seguintes termos: "Até que lei venha a dispor a respeito, cabe ao Ministério do Trabalho proceder ao registro das entidades sindicais e zelar pela observância do princípio da unicidade".

São dois, na atualidade os elementos que atraem a unicidade sindical: a informação ao Ministério do Trabalho para controle da unicidade, e, o segundo elemento, o fato de ser sindicato vinculado ao direito à contribuição sindical dos representados e, por essa razão, adquire a personalidade sindical.

Caso ocorra a passagem da obrigatoriedade para o caráter facultativo da contribuição sindical, haverá uma desconstrução da herança do passado, e os trabalhadores terão direito à recusa de desconto no salário, fazendo opção livre pela entidade sindical, segundo a ideologia adotada pelos dirigentes sindicais.

A recusa no pagamento da contribuição sindical atende ao exercício do direito à liberdade sindical e, no mesmo sentido, essa oposição deve admitir que os trabalhadores, ao se manifestarem contrários ao custeio, possam se unir em outra entidade sindical que considerem mais representativa dos seus interesses.

Os efeitos da extinção da contribuição sindical obrigatória poderiam contaminar (i) o controle da unicidade; (ii) a estrutura sindical; (iii) negociações coletivas; e (iv) litigiosidade em enquadramento sindical.

> (i) A perda da relação jurídica de custeio tiraria dos sindicatos atuais o monopólio de representação e, consequentemente, seria dispensável o controle de unicidade sindical pelo Ministério do Trabalho que, igualmente, ficaria dispensado de informar código sindical para recolhimento das contribuições sindicais.
>
> (ii) A estrutura sindical caracterizada pela unicidade perderia terreno competitivo com o reconhecimento de novas entidades mais consistentes e vinculadas aos interesses ideológicos do grupo, saindo da dificuldade atual, cuja característica é o de uma cúpula sindical decidindo ou negociando pela categoria.

A pluralidade de representação poderia ser adotada como forma autêntica de expressão das diferentes correntes ideológicas.

> (iii) No campo das negociações coletivas, considerando a legitimidade de representação do grupo, as assembleias dos interessados tenderiam a ser mais consistentes com participação e envolvimento e poderiam adquirir maior legitimidade com efetividade da personalidade sindical ou negocial.
>
> (iv) O enquadramento sindical seria dispensável e desapareceriam discussões perante o Judiciário Trabalhista relativamente à representatividade de categoria.

Entretanto, ainda estamos em processo de discussão no Legislativo, com muita resistência de alguns setores da sociedade contra a aprovação da reforma. De qualquer modo, ainda que não aprovada, ela deixa reflexões e importantes questionamentos sobre o modelo de proteção trabalhista atual.

Mudanças na gratuidade de Justiça e nos honorários de sucumbência

14 de julho de 2017

Dois temas que envolvem, em especial, o acesso à Justiça do Trabalho foram determinantes para a sua história, sem considerar as demais peculiaridades do processo trabalhista: a gratuidade da Justiça e os honorários de sucumbência.

Com a entrada em vigência do Código de Processo Civil de 2015, aplicado de forma subsidiária e suplementar na Justiça do Trabalho, o Tribunal Superior do Trabalho se viu na necessidade de alterar suas súmulas e orientações jurisprudenciais.

Entre as orientações jurisprudenciais que careciam de reforma estava a OJ n. 304 da SDI-1. A sua redação original, que data de 2003, se referia a que "atendidos os requisitos da Lei n. 5.584/70 (art. 14, § 2º), para a concessão da assistência judiciária, basta a simples afirmação do declarante ou de seu advogado, na petição inicial, para se considerar configurada a sua situação econômica (art. 4º, § 1º, da Lei n. 7.510/86, que deu nova redação à Lei n. 1.060/50)".

Até o momento, uma declaração simples da impossibilidade de arcar com os custos do processo bastava para que fosse concedida a assistência judiciária, também conhecida como Justiça gratuita.

O instituto da Justiça gratuita é regulado na CLT no § 3º, do art. 790, no qual se lê que: "É facultado aos juízes, órgãos julgadores e presidentes dos tribunais do trabalho de qualquer instância conceder, a requerimento ou de ofício, o benefício da justiça gratuita, inclusive quanto a traslados e instrumentos, àqueles que perceberem salário igual ou inferior ao dobro do mínimo legal, ou declararem, sob as penas da lei, que não estão em condições de pagar as custas do processo sem prejuízo do sustento próprio ou de sua família".

O legislador propositalmente não colocou nenhum critério além da apresentação de requerimento para a concessão da Justiça gratuita, permitindo maior acesso à Justiça do Trabalho.

Contudo, o novo Código de Processo Civil instituiu em seu art. 105 novas regras para a procuração e limitação aos seus poderes, dispondo que: "A procuração geral para o foro, outorgada por instrumento público ou particular assinado pela parte, habilita o advogado a praticar todos os atos do processo, exceto receber citação, confessar, reconhecer a procedência do pedido, transigir, desistir, renunciar ao direito sobre o qual se funda a ação, receber, dar quitação, firmar compromisso e assinar declaração de hipossuficiência econômica, que devem constar de cláusula específica".

Assim, o pedido do benefício da Justiça gratuita deverá constar expressamente na procuração outorgada com cláusula que lhe permita declarar a hipossuficiência econômica.

Nesse sentido, para se adequar à disposição do CPC, a OJ 304 foi convertida na Súmula n. 463, com o seguinte conteúdo:

ASSISTÊNCIA JUDICIÁRIA GRATUITA. COMPROVAÇÃO

I – A partir de 26.06.2017, para a concessão da assistência judiciária gratuita à pessoa natural, basta a declaração de hipossuficiência econômica firmada pela parte ou por seu advogado, desde que munido de procuração com poderes específicos para esse fim (art. 105 do CPC de 2015);

II – No caso de pessoa jurídica, não basta a mera declaração: é necessária a demonstração cabal de impossibilidade de a parte arcar com as despesas do processo.

Desta feita, o processo trabalhista se ajusta às disposições do CPC. Em tese, esse procedimento evita declarações de procuradores quanto à hipossuficiência de partes que teriam plenas condições de pagar as custas processuais, sem seu conhecimento e consentimento, e as consequências de apresentar declarações falsas ao Judiciário.

Ainda que não seja esse o motivo da edição da nova súmula, é preciso levar em conta o contexto econômico e legislativo em que ela foi editada.

A concessão de Justiça gratuita representa uma limitação para a capacidade arrecadatória da Justiça do Trabalho, que deixa de recolher elevadas cifras por causa do instituto. De acordo com o relatório geral da Justiça do Trabalho, a Justiça do Trabalho como um todo custou R$ 17.562.413.919,13 no ano de 2015[(3)]. No mesmo relatório, consta que o recolhimento de custas processuais foi de apenas R$ 324.078.350.

Essa diferença entre os gastos com a Justiça e os valores por ela arrecadados para seu próprio custeio ocorre simultaneamente a um movimento legislativo em favor da estipulação de critérios mais rígidos para a concessão do benefício da Justiça gratuita.

(3) TRIBUNAL SUPERIOR DO TRABALHO. *Relatório Geral da Justiça do Trabalho:* Relatório Analítico 2016. Brasília. Coordenadoria de Estatística e Pesquisa do TST. 2016. p. 37.

A recente aprovação da reforma trabalhista pelo Senado Federal, sancionada pelo presidente da República, também oferece óbices à concessão de Justiça gratuita, não sendo mais ela desvinculada de quaisquer condições. Nesse sentido, o novo texto sobre o assunto:

> Art. 790 (...).
>
> § 3º É facultado aos juízes, órgãos julgadores e presidentes dos tribunais do trabalho de qualquer instância conceder, a requerimento ou de ofício, o benefício da justiça gratuita, inclusive quanto a traslados e instrumentos, àqueles que perceberem salário igual ou inferior a 40% (quarenta por cento) do limite máximo dos benefícios do Regime Geral de Previdência Social.
>
> § 4º O benefício da justiça gratuita será concedido à parte que comprovar insuficiência de recursos para o pagamento das custas do processo.

Desse modo, a Justiça do Trabalho continuará acessível sem custos.

O outro aspecto controvertido diz respeito aos honorários de sucumbência da nova lei que introduziu o art. 791-A na CLT e parágrafos, dispondo da seguinte forma:

Ao advogado, ainda que atue em causa própria, serão devidos honorários de sucumbência, fixados entre o mínimo de 5% (cinco por cento) e o máximo de 15% (quinze por cento) sobre o valor que resultar da liquidação da sentença, do proveito econômico obtido ou, não sendo possível mensurá-lo, sobre o valor atualizado da causa.

> § 1º Os honorários são devidos também nas ações em face da Fazenda Pública e nas ações em que a parte estiver assistida ou substituída pelo Sindicato de sua categoria.
>
> § 3º Na hipótese de procedência parcial, o juízo arbitrará honorários de sucumbência recíproca, vedada a compensação entre os honorários.
>
> § 4º O beneficiário da justiça gratuita não sofrerá condenação em honorários de sucumbência, desde que não tenha obtido em juízo, ainda que em outra lide, créditos capazes de suportar a despesa.

Cuida-se de previsão que, para alguns, poderá inibir o acesso à Justiça porque a gratuidade no processo trabalhista sempre foi determinante ao estímulo na busca de reparação de direitos inadimplidos durante o contrato de trabalho. Para outros, entretanto, poderá ter efeito contrário dado que as ações serão ajuizadas com mais cuidado e responsabilidade, e os pedidos, face a possibilidade de sucumbência recíproca em caso de procedência parcial da ação, serão melhor direcionados e fundamentados.

Em termos práticos, de um lado a nova Súmula n. 463 não vai representar nenhum efetivo impedimento ao benefício da Justiça gratuita, mas possui forte fator simbólico, ao reconhecer que sua concessão precisa de critérios definidos e não deve ser feita de maneira indiscriminada. De outro lado, os honorários de sucumbência poderão servir para valorizar a atuação da Justiça do Trabalho, as ações trabalhistas e as próprias pretensões.

Mudanças na lei impõem novas dimensões nas relações de trabalho

4 de agosto de 2017

Por mais que seja criticada a reforma trabalhista produzida pela Lei n. 13.467 de 13 de julho de 2017, os ajustes na reconstrução dos relacionamentos parecem inevitáveis tanto no âmbito das relações individuais de trabalho como nas relações coletivas. É comum em momentos de transição que o novo seja rejeitado porque incomoda a zona de conforto de quem sempre achou que tudo se resolvia no modelo estatal de proteção. A partir da vigência das novas disposições o comprometimento e a responsabilidade contratuais ocuparão lugar de destaque nas relações trabalhistas.

Pode-se dizer, de plano, que, assim como na vida, nem tudo é bom e nem tudo é ruim. Mas, é inegável que a reforma recebeu a atenção da sociedade e todos discutem seus eventuais efeitos. Alguns diriam que a sociedade não teve oportunidade de debater o tema, mas não se nega que as centrais sindicais estiveram acompanhando todas as discussões. Nunca se discutiu tanto sobre a reforma, suas incertezas, avanços, retrocessos e possíveis efeitos no combate ao desemprego.

A pretensão de reforma da legislação trabalhista sempre acompanhou a CLT ao longo de sua existência, sempre com comissões de juristas notáveis. É certo que tudo se mistura com o momento político em que o País vive e os interesses se cruzam no sentido da desqualificação da reforma.

O Direito do Trabalho não foi concebido para ser fechado no seu campo de atuação. Não foi concebido para ser imutável. Nas palavras de Evaristo de Moraes Filho e Antonio Carlos Flores de Moraes "Caminhando rente à vida, sentindo a própria realidade concreta, altera-se permanentemente a legislação do trabalho, procurando acudir aos mínimos pormenores das relações da estrutura econômica. O dinamismo é sua essência, como um organismo em desenvolvimento que cresce incessantemente" (*Introdução ao Direito do Trabalho*. 11. ed. São Paulo: LTr, 2014. p. 59).

Não fosse assim, não teríamos negociações coletivas pelas quais os grupos vão de aperfeiçoando às suas peculiaridades e necessidades próprias. O Direito do Trabalho prima pela verdade dos fatos, sempre privilegiando dois princípios: o protetor e o da primazia da realidade, restringindo abusos e práticas ilícitas.

A legislação trabalhista reflete a evolução das condições sociais e a transformação inquestionável dos novos modelos de entregar o trabalho e, se adapta, criando normas de proteção a fim de que abusos não sejam praticados a ponto de alcançar o equilíbrio social.

Fala-se muito em modernização das relações de trabalho com a reforma. Todavia, não se modernizam as relações trabalhistas por lei. Na verdade, a ordem é inversa pois existe um impulso de modernização do trabalho que a lei não acompanha, especialmente nos dias atuais em que a evolução dos meios informatizados e telemáticos ocorre com velocidade incontrolável.

O modelo de proteção trabalhista foi construído para trabalho sob o vínculo de subordinação, supondo que se trata de forma de garantia de continuidade no emprego e, por consequência, modo de efetiva subsistência do trabalhador e de sua família. Assim foi com a antiga estabilidade decenal, atualmente excluída do universo trabalhista.

O emprego adquiriu características outras, tanto pelo lado dos novos ingressantes no mercado de trabalho quanto pela própria modernização da prestação de serviços: o trabalho na atualidade envolve a participação de trabalhadores em resultados mais imediatos e o emprego com carteira assinada pode ser o passaporte para integração dos trabalhadores nos negócios empresariais, celebrando com ele relações contratuais de participação em resultados, sem comprometer o vínculo de emprego. O empregador não deveria ser mais simples pagador de salários nem o empregado deveria se mover como mero cumpridor de jornada, sem percepção do negócio que representa a atividade empresarial em que está inserido.

Talvez estejamos caminhando para relações de trabalho e de emprego que reproduzam maior segurança jurídica e maior responsabilidade contratual. No campo das relações coletivas, os sindicatos e as empresas terão uma missão de construir novos relacionamentos. As empresas terão o desafio de aprender com a representação dos trabalhadores e os sindicatos com esta representação desvinculada da condição sindical, com atuação autônoma e capaz de apaziguar os conflitos trabalhistas.

Ainda no campo das relações coletivas, com a extinção da contribuição sindical obrigatória, os sindicatos terão que se alinhar e quem sabe abandonar o confinamento em categorias para pensar no conjunto de trabalhadores mais identificados na representação. Muitos são os debates e reflexões feitos sobre as novas dimensões do Direito do Trabalho e somente a prática é que poderá conduzir à avaliação final da sua efetiva contribuição.

Contribuição facultativa e possível pluralidade sindical na reforma trabalhista

1º de setembro de 2017

Quando anunciado o projeto de lei da reforma trabalhista, houve manifestação de todos os lados, ora de apoio, ora de rejeição total. Depois de sancionada a Lei n. 13.467/17, ainda se ouvia o clamor dos indignados, mas a lei está posta e com alterações profundas no modelo trabalhista de relação de emprego, relações coletivas de trabalho e processo trabalhista transformando o eixo do Direito do Trabalho de estrutura exclusivamente protecionista para maior concentração na responsabilidade contratual e no princípio da boa-fé.

Na relação de Direito Sindical, o art. 545 da CLT, em sua nova redação trouxe a extinção da contribuição sindical compulsória, fonte de sustentação econômica da estrutura sindical, patronal e profissional ("Os empregadores ficam obrigados a descontar da folha de pagamento dos seus empregados, **desde que por eles devidamente autorizados,** as contribuições devidas ao sindicato, quando por este notificados" g.n.). Os arts. 578, 579 e 582 da CLT anunciam a partir de novembro, quando vigente a lei, o caráter facultativo das contribuições sindicais patronal e profissional.

A contribuição sindical sempre foi o elemento essencial de identificação da representação sindical, e ter a chamada "carta sindical" outorgada pelo Ministro do Trabalho era, antes de tudo, aquisição de garantias econômicas em função da categoria representada. Agora, desde 1988, nada disso prevalece, e a revogação do controle do Estado em questões sindicais foi fundamental. As disputas ocorridas entre diferentes agrupamentos sempre demonstram que a capacidade jurídica de estar em juízo ou de celebrar convenções e acordos coletivos esteve vinculada à contribuição sindical: o importante não era a legitimidade, mas o caráter oficial da representação acumulado com o direito à cobrança da contribuição sindical.

Novos tempos virão, e a reconstrução jurídica é desafiadora para todos.

O efeito mais próximo e previsível da ausência de obrigatoriedade é de que a contribuição sindical perderia o vínculo jurídico que legitima a organização sindical em sua personalidade sindical que passaria a fundamentar-se na capacidade de adesão do grupo de interessados. Assim sendo, poderia fragilizar o interesse do controle administrativo da unicidade sindical pelo Ministério do Trabalho. Em palavras outras, o exercício do direito à liberdade sindical na formação de associação profissional ou sindical (art. 8º da CF) adquiriria força natural e espontânea e a entidade estaria legitimada pelo número de associados, e não mais por efeito de ato administrativo do poder executivo. O poder de negociar não passaria pela condição de que a entidade sindical que tem capacidade negocial é aquela para quem o Ministério do Trabalho reconhece o direito de cobrança de custeio forçado.

O Judiciário trabalhista também deixaria de decidir sobre representatividade e enquadramento sindical porque, nesse cenário, não haverá mais interesse de agir em ações dessa natureza e, portanto, a adesão espontânea e livre dos interessados é que passaria a definir a capacidade negocial. Dirão alguns que estamos agredindo a garantia da unicidade sindical da Constituição Federal. Entretanto, o que está em conta não é o aspecto formal de representação, mas a efetividade de grupos reconhecidos de forma legítima. Ademais, a participação obrigatória de sindicatos em negociação coletiva parece não impor o modelo de sindicato, bastando sua capacidade negocial vinculada diretamente aos interessados aderentes.

De outro lado, é inegável que o caráter facultativo da contribuição sindical produz rompimento enorme com o modelo anterior em que os sindicatos possuíam a receita certa. A aplicação da nova lei trouxe preocupação aos sindicatos que devem enfrentar dificuldades naturais para sustentação de sua estrutura de assistência aos associados (e não a todos que contribuíam para o sindicato) e manter sua condição sindical.

Necessariamente, os sindicatos atuais serão compelidos ao movimento de aproximação com a categoria por meio da valorização da representação e da representatividade, saindo do imobilismo beneficiado pelo modelo intervencionista e protetor do Estado. Entretanto, a contribuição sindical facultativa pode levar à criação de novos sindicatos inclusive com outras formas e campo de atuação, e não exclusivamente em categoria como praticado atualmente.

Trabalho intermitente: Novo conceito de vínculo de emprego

22 de setembro de 2017

A Lei n. 13.467/2017 tem sido objeto de análise em todos os impactos que poderá produzir nas relações trabalhistas, individuais e coletivas e no processo do trabalho. Dentre as inovações, destaca-se a regulamentação o modelo do trabalho intermitente no art. 452-A, inserindo-o, com todas peculiaridades que apresenta, na condição de trabalho sob vínculo de emprego, trazendo uma ampliação desse conceito e quebrando o exercício dos poderes disciplinar e diretivo do empregador. A análise detida da lei pode surpreender e trazer novos enfrentamentos na discussão da relação de emprego.

Quanto ao contrato de trabalho intermitente, dizem alguns que as empresas terão maior facilidade e flexibilidade na contratação de trabalhadores nesta modalidade e, outros dirão que o trabalho intermitente tenderá a reduzir o número de 14 milhões de desempregados. De fato, a lei incorporou a prática de trabalhos em "bicos" para dar a ela proteção trabalhista.

Da forma como está, o contrato de trabalho intermitente é um contrato sem garantias e sem obrigações. Pela ausência de garantias ao trabalhador contratado, a lei permitirá o deslocamento de trabalhadores da estatística de desempregado para emprego intermitente, sem qualquer certeza de salário no mês porquanto condicionado à convocação pelo empregador. É o emprego sem compromisso de prover renda.

Observe-se, também, que o contrato de trabalho intermitente se caracterizaria pela natureza do trabalho a ser executado e não porque os trabalhadores inseridos na relação de trabalho representem um grupo de trabalhadores intermitentes. É um trabalho que gera uma expectativa de ocorrência frequente mas não rotineira, muito embora ocorra nas atividades habituais do empregador.

Deste modo, configurar-se-á no modelo da lei o trabalho que puder se submeter aos aspectos formais da lei: natureza de trabalho a ser prestado e convocação pelo empregador ("Art. 452-A, § 1º O empregador convocará, por qualquer meio de comunicação eficaz, para a prestação de serviços, informando qual será a jornada, com, pelo menos, três dias corridos de antecedência").

A contratação de empregado para prestação de serviços de conteúdo intermitente também rompe com o paradigma de obrigações contratuais no âmbito do Direito do Trabalho.

Em se tratando de contrato de trabalho, é usual que gere entre as partes obrigações e deveres recíprocos: do lado do empregador de dar trabalho e salário e, do outro lado, do empregado, de entregar um tempo para cumprir o trabalho e fazer jus ao salário. Portanto, o contrato de trabalho tem, dentre suas características, a obrigatoriedade de o empregador prover trabalho ao empregado contratado durante o período em que permanece à sua disposição.

No trabalho intermitente desaparecem as obrigações de prover o trabalho pelo empregador e, para o empregado, de permanecer à disposição.

De verdade, o conceito de tempo à disposição desaparece como condição contratual obrigatória. A manifestação da vontade do empregado de que atenderá à convocação do empregador é que faz do compromisso contratual seu caráter obrigatório (Art. 452-A, § 2º Recebida a convocação, o empregado terá o prazo de um dia útil para responder ao chamado, presumindo-se, no silêncio, a recusa).

É um contrato de trabalho condicionado ao interesse do empregado exclusivamente. O empregado é dono do seu tempo e pode recusar a convocação do empregador ("Art. 452-A, § 5º O período de inatividade não será considerado tempo à disposição do empregador, podendo o trabalhador prestar serviços a outros contratantes").

É um contrato de emprego sem salário. É um contrato que não gera obrigação ao empregador de prover trabalho. É um contrato em que o empregado pode recusar o trabalho oferecido sem gerar ato de insubordinação ou ato de indisciplina, conforme expressamente disposto no § 3º, do art. 452-A ("A recusa da oferta não descaracteriza a subordinação para fins do contrato de trabalho intermitente").

A subordinação neste tipo de contrato somente ocorrerá se o empregado aceitar a convocação. A recusa é ato de exercício de liberdade do empregado.

De novo a lei nos coloca diante de um rompimento de paradigma. O trabalho ocasional sempre levou como argumento de exclusão de vínculo de emprego, além da ausência do seu caráter habitual, a possibilidade de recusa pelo prestador de serviços. Todavia, a nova lei inaugura a inclusão da ausência de habitualidade e da manifestação contrária pelo prestador de serviços como elementos incapazes de excluir o vínculo de emprego.

A subordinação jurídica sempre foi o aspecto mais relevante de sobrevivência do Direito do Trabalho na afirmação da proteção na relação de emprego e da relação de emprego. A subordinação permite ao empregador o exercício dos poderes disciplinar e diretivo, comandos típicos e decorrentes do próprio contrato de trabalho e valerá na relação de trabalho intermitente de forma condicionada à aceitação da convocatória do empregador.

Há muito ainda que se estudar nesta relação de emprego *sui generis* em que há nítida inversão de controle do contrato e de sua vigência pelo empregado. Caberá às empresas a avaliação da conveniência de manter trabalhadores nesta condição e, quando se trata de organização empresarial, a possibilidade de recusa pelo empregado de executar o trabalho parece incompatível com a dinâmica das empresas. Talvez este tipo de contrato, tão praticado em outros países, não atinja o desejo de redução na estatística dos desempregados.

Reforma trabalhista traz flexibilização responsável da CLT

13 de outubro de 2017

As relações trabalhistas possuem dinâmica própria que, ao mesmo tempo em que se adaptam às necessidades do mercado, criam oportunidades de novos empregos e novas situações de qualificação profissional. A legislação aplicável nem sempre está adequada às transformações dos modelos de prestação de serviços e de trabalho que, em razão da evolução dos meios de comunicação e de apropriação do trabalho, adotam na atualidade diferentes matizes.

Desde a origem da proteção trabalhista os fatos sempre impulsionaram a legislação para atender situações novas ou para acomodação de interesses de acordo com o trabalho a ser prestado. Uma das expressões utilizadas para adaptação da legislação é a flexibilização dos direitos. Desde sempre a flexibilização da legislação trabalhista nas relações de trabalho encontrou resistência por parte dos Tribunais Trabalhistas que formaram uma jurisprudência de blindagem na proteção, primeiro na relação individual e, depois, na relação coletiva de trabalho, restringindo a autonomia individual da manifestação da vontade e a autonomia privada da manifestação coletiva. A questão que se coloca é de saber até que ponto a Reforma Trabalhista teria avançado na transformação desse paradigma.

O tratamento dispensado pela legislação consolidada para a proteção de direitos dos trabalhadores submetidos à condição de empregado é a dos arts. 9º, 444 e 468 da CLT, e que exprimem uma liberdade contratual contida sob pena de nulidade, elevada que está a legislação trabalhista e a proteção do trabalho ao nível de interesse e ordem públicos.

Do ponto de vista da ordem estabelecida pela CLT, nós temos no Capítulo de Introdução, dos arts. 1º ao 12, as normas de caráter geral e, dentre elas, o citado art. 9º, dispondo sobre a nulidade dos atos praticados com o objetivo de fraudar, desvirtuar ou impedir a aplicação das normas celetistas. Trata-se de norma de caráter geral que se sobrepõe a todo ordenamento jurídico trabalhista.

Depois, no art. 444, o legislador atribuiu às partes a plena liberdade de estipulação do contrato, com restrição a que não sejam estabelecidas contrariamente aos direitos garantidos tanto pelas normas trabalhistas como aquelas que forem ajustadas por meio de negociações coletivas em convenções ou acordos coletivos.

Na relação individual, o art. 468 da CLT, pela imposição à intangibilidade do contrato de trabalho e a capacidade relativa do empregado quanto à manifestação da vontade, serviu para os empregadores como a espada de Dâmocles sempre que se tratasse de alteração contratual com respaldo no art. 9º do Estatuto Obreiro imputando de nulo todos os atos praticados e que tenham efeito no descumprimento das normas de proteção previstas na CLT.

E o que virá com a reforma trabalhista?

A Lei n. 13.467/2017 manteve os três pilares da proteção das garantias mínimas nas relações de trabalho, com algumas considerações que levam às garantias contratuais a possibilidade de se transformarem e, por conseguinte, de sofrerem alterações, cabendo ao intérprete a busca da separação entre o contrato e a garantia da lei em sentido estrito.

Assim, a regra do art. 8º da CLT recebeu parágrafos essenciais para a alteração na intepretação prevista no *caput*: (i) restringe o direito comum como fonte subsidiária do direito do trabalho, excluindo a incompatibilidade com os seus princípios fundamentais; (ii) fixa parâmetros para a jurisprudência do TST e TRTs; e, (iii) impõe a observância do disposto pelo art. 104 do Código Civil, privilegiando a autonomia da vontade coletiva.

No art. 444 a Lei da Reforma manteve o *caput* e esclarece a capacidade de negociação individual com eficácia plena nas hipóteses previstas no art. 611-A, para os empregados portadores de diploma de nível superior e que percebam salário mensal igual ou superior a duas vezes o limite máximo dos benefícios do Regime Geral de Previdência Social. Abandona-se desta forma o critério generalizado da hipossuficiência trabalhista. A essência desta disposição não pode ser a eliminação de direitos garantidos, mas de permitir a flexibilização e adequação das condições contratuais segundo os interesses das partes contratantes.

No âmbito coletivo a Lei n. 13.467/2017 traz nova redação ao art. 620, dispondo que "as condições estabelecidas em acordo coletivo de trabalho sempre prevalecerão sobre as estipuladas em convenção coletiva de trabalho". Trata-se de um avanço para que as negociações nos locais de trabalho sejam incentivadas e adaptadas aos interesses no ambiente de trabalho com a garantia de que não se aplicará o critério da condição mais benéfica quando o assunto se referir a norma coletiva, porquanto haverá motivos para que seja observada a teoria do conglobamento e sua aplicação será inconteste.

A reforma trabalhista ainda introduz importante mudança no Capítulo III (Da Alteração) do art. 468 da CLT, inserindo o parágrafo segundo para afirmar, de modo a contrariar a jurisprudência da Súmula n. 372 do TST ("I – percebida a gratificação de função por dez ou mais anos pelo empregado, se o empregador, sem justo motivo revertê-lo a seu cargo efetivo, não poderá retirar-lhe a gratificação tendo em vista o princípio da estabilidade financeira"), que gratificações pagas a empregados, independentemente do tempo em que dela tenha se beneficiado o trabalhador, não se incorporarão mais aos contratos de trabalho.

No campo das normas que cuidam dos intervalos para repouso ou alimentação constatou-se a criação de jurisprudência incompatível com a representação sindical e desprezo da autonomia privada coletiva. Assim, foram rejeitadas as negociações coletivas sobre intervalos e jornadas de trabalho, empobrecendo a participação sindical, conforme Súmula n. 85, do TST. Deverão ser privilegiadas as negociações diretas entre empregado e empregador que poderão convencionar intervalos mais consentâneos com o tipo e local de trabalho. E o mais importante, sem a perseguição do Ministério do Trabalho.

Bem se vê que a nova lei que entrará em vigor em 11 de novembro de 2017 está longe de suprimir direitos trabalhistas. Ao contrário, cria mais chances de adaptações aos contratos de trabalho de modo a permitir que o ambiente de trabalho goze de equilíbrio sem surpresas e contingências trabalhistas.

Reforma trabalhista vai desonerar encargos trabalhistas

3 de novembro de 2017

A Lei n. 13.467/17 entrará em vigor em 11/11 e, após tantas análises de renomados juristas, advogados, manifestações de resistência da magistratura e opiniões gerais divulgadas, as empresas se preocupam com o fato de como ficará quanto à efetiva possibilidade de alteração segura no custo da folha de pagamento; o que fazer a partir da vigência da lei; e, em que medida a reforma se propõe a um futuro mais seguro nas relações trabalhistas.

Primeiro, especificamente quanto à remuneração, com a alteração legal do art. 457 da CLT, haverá efeitos diretos nos contratos de trabalho. A nova redação do § 1º merece uma primeira reflexão. O citado dispositivo, em sua redação original, foi dividido em dois parágrafos: um para afirmar que somente têm natureza salarial, além do salário, as gratificações legais e as comissões pagas pelo empregador(" Integram o salário a importância fixa estipulada, as gratificações legais e as comissões pagas pelo empregador") e, a outra parte, no § 2º, para excluir da base de incidência previdenciária e de reflexos trabalhistas, os valores pagos a título de ajuda de custo, auxílio alimentação, diária para viagem, prêmios e abonos("As importâncias, ainda que habituais, pagas a título de ajuda de custo, auxílio--alimentação, vedado seu pagamento em dinheiro, diárias para viagem, prêmios e abonos não integram a remuneração do empregado, não se incorporam ao contrato de trabalho e não constituem base de incidência de qualquer encargo trabalhista e previdenciário").

A previsão de que as gratificações ajustadas comporiam a natureza salarial para os devidos efeitos jurídicos desapareceu, sendo substituída exclusivamente pelas gratificações legais, entendidas, no nosso sentir, como tais a gratificação de função, o 13º salário, chamado também de gratificação natalina, e outras previstas em leis especiais em razão de acúmulo de função, tal como ocorre, por exemplo, com os radialistas. As gratificações previstas em normas coletivas, como exemplo a vinculada à função de caixa, deverão seguir, por força do negociado, a natureza salarial com os respectivos reflexos enquanto o trabalhador estiver no exercício da função de caixa.

Assim fazendo, referindo-se expressamente às gratificações legais, a reforma trabalhista caminha para a reafirmação de sua característica principal de valorização das relações contratuais, eliminando a habitualidade como fator capaz de gerar direito adquirido submetidas que ficam à negociação entre empregado e empregador. A Súmula n. 152 do TST, que trata da natureza obrigatória da gratificação por liberalidade deixará de ser aplicada.

Deste modo, todas as verbas contratuais intituladas como vantagem de natureza contratual e não asseguradas por lei deverão sofrer novo tratamento jurídico em razão das novas dimensões trazidas pela Lei n. 13.467/17 ao Direito do Trabalho.

Outra não menos relevante foi a nova redação do § 4º do art. 457, referindo-se aos prêmios pagos pelo empregador como "liberalidades em forma de bens, serviços ou valor em dinheiro [...] em razão de desempenho superior ao ordinariamente esperado no exercício de suas atividades". A nova lei alterou profundamente a antiga disposição do § 1º, conforme já referido, e que incluía como salário "não só a importância fixa estipulada, como também as comissões, percentagens, gratificações ajustadas, diárias para viagens e abonos pagos pelo empregador".

A nova redação do § 2º excluiu do conceito de salário a remuneração de verbas que sempre trouxeram questionamentos ao judiciário quanto à sua natureza jurídica. A partir da vigência da nova lei estão excluídas de qualquer incidência de encargo trabalhista e previdenciários vantagens oferecidas pelo empregador, "ainda que habituais, pagas a título de ajuda de custo, auxílio-alimentação, vedado seu pagamento em dinheiro, diárias para viagem, prêmios e abonos não integram a remuneração do empregado, não se incorporam ao contrato de trabalho...".

Foi excluída, portanto, a limitação de 50% do salário para as diárias para viagem, passando a gozar de presunção de boa-fé contratual, no sentido de que os pagamentos serão fruto de fato gerador consistente e, não se afastaria a aplicação do art. 9º da CLT por questionamento em caso de fraude. Ainda relevante foi a inclusão **de prêmios de forma destacada, fato este que na vigente CLT se confunde, inadequadamente, com gratificações.**

Os prêmios, a partir da nova lei, poderão ser estipulados pelo empregador e não estarão mais contaminados da natureza salarial porque, segundo a redação do § 4º, são liberalidades concedidas pelo empregador e poderão estar revestidos em bens, serviços ou valor em dinheiro sempre considerando o critério de "desempenho superior ao ordinariamente esperado no exercício de suas atividades".

O temor de incidência previdenciária, advirta-se, foi eliminado com a alteração da Lei n. 8.212/91, que trata do custeio da previdência social que, expressamente, alterou o art. 28, § 9º, e excluiu do salário de contribuição as diárias para viagem ("*h*"),os prêmios e abonos ("z"). Nesta linha, não serão mais considerados como base de contribuição previdenciária para fins de benefícios, que ficam limitados aos conceitos de salário na forma do disposto pela lei previdenciária.

Muito ainda se haverá de discutir a partir da vigência da Lei n. 13.467/17 e o que se espera é a sua aplicação sem saudosismo e com responsabilidade. A nova lei gera oportunidade de transformação das relações de trabalho, motivando os empregados à integração no trabalho e na empresa com possível redução da litigiosidade. Qualquer ajuste da nova lei aos contratos vigentes vai merecer análise rápida e aprofundada sob pena de se prorrogar a vigência da CLT de 1943.

MP n. 808/2017, representação e negociação no local de trabalho

24 de novembro de 2017

O modelo sindical de organização dos trabalhadores, fracionado por categorias profissionais, está longe de se impor como forma de efetividade da representação dos trabalhadores nas empresas, observado o disposto na Convenção Internacional n. 135 da OIT, ratificada pelo Brasil. Por esta razão é que a representação sindical nos locais de trabalho é dissociada dos interesses dos trabalhadores, embora o histórico monopólio de representação de categorias possa sugerir aos sindicatos, chamados de categoria preponderante, um direito que, analisado do ponto de vista da proteção dos interesses dos trabalhadores, não possuem.

As novas disposições da Lei n. 13.467/2017, sobre a participação dos trabalhadores nos locais de trabalho, se afastaram da representação formal e reconheceram o direito à comissão de trabalhadores desvinculada de vínculos sindicais e que tal comissão tivesse o olhar para os interesses do local de trabalho e para o conjunto de trabalhadores, independentemente de categorias profissionais. A legitimidade adquirida é interna e não externa.

É importante sempre separar quais são os interesses dos trabalhadores que estão a ser defendidos porque, quando coletivos, por força da Constituição Federal, é de exclusiva participação do sindicato, independentemente de legitimidade ou representatividade. Trata-se do cumprimento de um direito formal de representação, legítimo ou não. O sindicato, convém lembrar, não é titular de direitos, mas porta-voz da manifestação da autonomia privada coletiva dos trabalhadores, verdadeiros titulares do direito. Neste aspecto, ao longo dos tempos, não pareceu importante considerar a legitimidade dos representantes, bastando o simples reconhecimento formal da lei. Paradoxalmente, quando os Tribunais decidiram pela ausência de representatividade anularam cláusulas normativas (Súmula n. 85, TST) ou validaram outras, mesmo contra a lei (OJ-SDI1T-73. VOLKSWAGEN DO BRASIL LTDA. PARTICIPAÇÃO NOS LUCROS E RESULTADOS. PAGAMENTO MENSAL EM DECORRÊNCIA DE NORMA COLETIVA. NATUREZA INDENIZATÓRIA; Súmula n. 14 do TRT/SP).

Mas, de fato e de direito, quando se tratar de interesses coletivos de categoria, os sindicatos possuem o privilégio de se impor, inclusive contra a vontade dos interessados. É ele, sindicato, que manda e que, em tese, purifica as negociações porque, sem sua presença, supostamente (e sempre por presunção) os trabalhadores teriam sido ludibriados pelo empregador.

Neste sentido, respeitando, portanto, a vontade coletiva manifestada pelos trabalhadores em assembleia, é que a Lei da Reforma (a primeira), no art. 8º, inseriu o § 3º, e assim permanece, para que "no exame de convenção ou acordo coletivo de trabalho a Justiça do Trabalho analisará exclusivamente a conformidade dos elementos essenciais do negócio jurídico, respeitado o disposto no art. 104 da Lei n. 10.406, de 10 de janeiro de 2002 (Código Civil)[(4)] e balizará sua atuação pelo princípio da intervenção mínima na autonomia da vontade coletiva".

Efetivamente, a prevalência de validade de negociação coletiva não está no aspecto formalmas na capacidade de manifestação do agente (trabalhadores em assembleia). No caso do direito coletivo do trabalho, a capacidade se consuma pela decisão de assembleia dos interessados posto que, sem a autonomia da vontade coletiva, nula será qualquer negociação. A representação sindical formal se sujeita, necessariamente, à vontade coletiva dos titulares do direito.

No local de trabalho é perfeitamente possível que as categorias lá inseridas e reunidas cada uma com os sindicatos de representação decidam cada qual estabelecer um processo de negociação com o empregador, discutindo isoladamente os respectivos interesses. Trata-se de situação usual em que algumas empresas cumprem negociações coletivas com mais de um sindicato.

Todavia, quando se trata dos interesses de todos os trabalhadores da empresa, cujo vínculo jurídico de união se faz pelo pertencimento à condição de vínculo empregado x empregador e o próprio ambiente de trabalho, parece que nenhum sindicato teria a capacidade de representação legítima do conjunto dos trabalhadores.

Deste modo, a representação dos trabalhadores nas empresas veio quebrar a hegemonia sindical ou pelo menos romper com a noção de categoria porque no local de trabalho a representação se faz para todos, indistintamente.

A Medida Provisória n. 808 acrescentou o art. 510-E, para dispor que "a comissão de representantes dos empregados não substituirá a função do sindicato de defender os direitos e os interesses coletivos ou individuais da categoria, inclusive em questões judiciais

---

(4) Art. 104. A validade do negócio jurídico requer:

I – agente capaz;

II – objeto lícito, possível, determinado ou determinável;

III – forma prescrita ou não defesa em lei.

ou administrativas, hipótese em que será obrigatória a participação dos sindicatos em negociações coletivas de trabalho, nos termos do incisos III e VI do *caput* do art. 8º da Constituição."

E, mais adiante, a nova redação do art. 611-A manteve a prevalência do negociado sobre o legislado desde que o sindicato tenha sido o condutor da negociação de direito coletivo.

Vale lembrar que a legislação trabalhista contempla negociações coletivas sem participação de sindicato, como na lei de greve (art. 4º, § 2º, Lei n. 7.783/89), na recusa do sindicato de participar em negociações (art. 617 da CLT) ou na comissão para fiscalizar a cobrança e distribuição da gorjeta (art. 457, § 10, da CLT).

De tudo isto, pouco se altera no que a legislação já dispunha e os problemas sindicais da legitimidade e representatividade permanecem os mesmos.

De fato, os interesses da categoria devem ser resolvidos no âmbito da categoria, respeitando o modelo sindical fracionado. Todavia, no ambiente de trabalho em que estão presentes diversas categorias, os interesses coletivos seriam capitaneados por qual sindicato? Valerá apenas o cumprimento do aspecto formal do art. 104 do Código Civil ou a legitimidade que identifica a capacidade do agente titular de direito em assembleia será mais relevante?

A representação dos trabalhadores nas empresas não poderia ter sido desprezada em negociações coletivas porque une interesses comuns e pode negociar pelo futuro do emprego de forma mais integrativa e menos predadora e imediatista.

Na crise pós-reforma trabalhista, negociações coletivas merecem atenção

15 de dezembro de 2017

É inegável que a reforma trabalhista da Lei n. 13.467/17 trouxe gigantesco impacto para os sindicatos, acostumados que estavam com a contribuição sindical compulsória e que, agora, devem remar contra a maré na busca da preservação de receita. As notícias da mídia e as revelações de dirigentes sindicais causam espanto, no mínimo. Os aspectos jurídicos das negociações coletivas e seus efeitos parecem não importar mais.

Diante da situação de incerteza, para preservar receitas, os sindicatos poderiam adotar dois comportamentos: (i) de forma autêntica e legítima convencer os trabalhadores de que o sindicato é corpo e alma de seus próprios interesses e que a contribuição fortaleceria a busca por novas conquistas trabalhistas; ou (ii) de modo autoritário e ilegítimo, sob o manto da negociação coletiva, transferir aos patrões, sem fundamento jurídico e legitimidade, a obrigação de descontar a contribuição sindical de trabalhadores associados ou não, agora realocada no instrumento normativo, com nomes diversos, sendo mais comum o de taxa negocial.

O primeiro comportamento exigiria que se despertasse nos trabalhadores, de forma mais avolumada, o gosto pela representação sindical, o que parece não ser tarefa fácil porque a unicidade sindical somada ao intervencionismo enorme do Estado no conteúdo dos contratos de trabalho afastou, estrategicamente, os trabalhadores dos sindicatos. O discurso de que a Reforma Trabalhista é uma forma de suprimir direitos dos trabalhadores tem sido usado e propagado com pânico geral para atrair os menos informados. Todavia, logo se esvaziará porque os trabalhadores perceberão que os direitos sociais continuam como antes e que, de fato, eles ganharam o livre arbítrio de manifestar a liberdade de contribuir ou não aos respectivos sindicatos.

No segundo comportamento, o da negociação coletiva, os sindicatos laborais contam com dois aspectos relevantes: a fragilidade de muitos sindicatos patronais e uma voz de alguns segmentos da magistratura trabalhista que lutam pela preservação do antigo modelo que, não se compreende bem, a quem teria beneficiado se tantas mazelas causou.

Por meio da negociação coletiva os sindicatos pretendem o retorno da burocratização, por exemplo, da homologação do Termo de Rescisão do Contrato de Trabalho perante o Sindicato, ou a transferência para o empregador de obrigação ilegítima do desconto da contribuição sindical dos salários de seus empregados.

Este comportamento de sindicatos laborais impõe aos sindicatos patronais muita consistência e seriedade em relação aos seus representados e deverão adotar posição de responsabilidade ímpar sob pena de criar para o setor econômico enorme contingência trabalhista.Emprestar, o setor econômico, a sua mão para tirar do salário do empregado, à revelia deste, a contribuição sindical e com esta mesma mão entregá-la ao sindicato não é mais tarefa legalmente imposta às empresas.

A jurisprudência já não permitia que sindicatos de empregados assim dispusessem.

Esta situação caótica e de insegurança permite que os sindicatos mais representativos se imponham com obrigações juridicamente inconsistentes como na notícia publicada pelo *site Rede Brasil Atual*:

> "Defendo o direito de quem não quer ser sócio que assuma isso. A reforma trabalhista estabelece novas regras, entre elas que os acordos podem ser individuais. Qualquer um pode negociar direto com a fábrica o seu sábado, domingo, PLR, reajuste. Agora, não é justo quem não paga por essa estrutura do sindicato, que é de vocês, dizer que não quer ser sócio, mas quer usufruir do acordo e da PLR negociadas por este sindicato", argumentou o presidente da entidade, Wagner Santana, o Wagnão.

De um lado está certo o dirigente sindical ao afirmar que os benefícios conquistados em negociações coletivas deveriam atingir apenas os associados, o que não se admitiria no modelo da unicidade. Todavia, se equivoca ao pretender a contribuição de quem não mantém vínculo jurídico com o grupo representado pelo sindicato. E, mais ainda, está fora do âmbito jurídico de norma decorrente de conflito coletivo de trabalho as negociações de PLR.

Conforme já tivemos oportunidade de afirmar, as negociações de PLR compõem o ramo do direito individual plúrimo e não coletivo, abstrato. No caso, apenas para citar, trata-se de PLR no âmbito da empresa Volkswagen e que, do que se depreende, beneficiará todos os empregados em todas as funções e profissões, com sindicatos próprios tais como secretárias, motoristas, engenheiros, contabilistas, ainda que não sejam metalúrgicos e que, certamente, não estariam obrigados à contribuição de que fala o presidente da entidade.

E, mais adiante, na mesma notícia, afirma Wagner Santana que sindicalizados estão obrigando não sócios a pagarem taxa ao sindicato:

> "Os companheiros compreenderam e votaram, por ampla maioria, para que aqueles que não são associados ao sindicato paguem uma taxa pelas conquistas alcançadas. Não seria justo o trabalhador sindicalizado pagar por uma estrutura que garante a negociação, a luta, e aqueles não associados serem beneficiados sem contribuir com nada."

Com isto, não restam dúvidas de que muito ainda há que se evoluir em termos sindicais para se compreender que a escolha do sistema sindical por categoria impede juridicamente imposições por ausência de vínculo associativo, sem falar da ilegalidade da transferência de obrigações a terceiros descompromissados da associação.

Ora, a jurisprudência trabalhista já teve oportunidade de se uniformizar contra a imposição de contribuição assistencial para não sócios do sindicato no Precedente Normativo n. 119 para afirmar que "a Constituição da República, em seus arts. 5º, XX e 8º, V, assegura o direito de livre associação e sindicalização. É ofensiva a essa modalidade de liberdade cláusula constante de acordo, convenção coletiva ou sentença normativa estabelecendo contribuição em favor de entidade sindical a título de taxa para custeio do sistema confederativo, assistencial, revigoramento ou fortalecimento sindical e outras da mesma espécie, obrigando trabalhadores não sindicalizados. Sendo nulas as estipulações que inobservem tal restrição, tornam-se passíveis de devolução os valores irregularmente descontados."

Na mesma linha o Supremo Tribunal Federal aprovou a Súmula Vinculante n. 40 para dizer, quanto à contribuição confederativa que "A contribuição confederativa de que trata o art. 8º, IV, da Constituição Federal, só é exigível dos filiados ao sindicato respectivo".

O fundamento essencial dessa orientação jurisprudencial é de que a imposição de pagamento a não associados de contribuições para custeio de entidade sindical fere o princípio da liberdade sindical, além de violar a regra de proteção ao salário.

Portanto, a regra do art. 513 da Consolidação das Leis do Trabalho que permite às entidades sindicais impor contribuições tem eficácia apenas e tão somente em relação aos seus associados.

Para as empresas, o atual cenário da aplicação da legislação trabalhista, no âmbito individual, merece avaliação acurada e muita cautela para observar o texto da lei e verificar o que seria pertinente em suas operações. No âmbito das relações coletivas, negociar de forma participativa, observando sempre que, a partir da contribuição sindical facultativa, o atual modelo de organização e representação sindical se transforma e os debates no local de trabalho terão mais ressonância do que os das negociações em âmbitos territoriais mais largos.

Portanto, as negociações coletivas não podem servir de instrumento de ilegalidades e arbitrariedades. Merecem construir algo com bom senso e com olhar para o futuro.

2018

2018 será um ano de reconstrução do Direito do Trabalho

5 de janeiro de 2018

O ano de 2017 foi marcado por uma mudança substancial da legislação trabalhista e não se pode ignorar que seus efeitos se farão para o futuro das relações de trabalho. As alterações legislativas, em geral, não produzem efeitos imediatos. No caso da Reforma Trabalhista, foi inaugurado um processo de transformação cuja implementação depende de todos, empregadores, empregados, sindicatos, juristas e magistrados.

Há evidência de que a proposta da Reforma é de saída do modelo tradicional de proteção do Estado para privilegiar a relação contratual e a boa-fé.

A partir da Reforma Trabalhista e com a possibilidade de contratação de pessoa jurídica ou de trabalhador autônomo para o exercício de atividade fim do tomador, a evidência de fraude não poderá mais ser analisada pelo viés do tomador, detentor de capital, aspecto que a legislação trabalhista deixou intacto porque é do modelo capitalista de relação de trabalho que a assumpção do risco da atividade econômica pressupõe a submissão do prestador de serviços. Conforme afirma Alain Supiot (*Et si l'on refondait le droit du travail.* Le Monde Diplomatique, 763, 64e. année. Octobre 2017. p. 22-23) a revolução produzida pelos meios informatizados deslocou o centro de gravidade do poder econômico, situado menos na propriedade material dos meios de produção que na propriedade intelectual dos sistemas de informação. O exercício do poder econômico está concentrado nos objetivos a serem atingidos e não estritamente nas ordens de sua execução.

Todavia, a Reforma impõe que a comprovação de vínculo de emprego não se faça mais pela presunção de que a capacidade econômica do tomador pressuponha a incapacidade intelectual e mental do prestador de serviços.

Neste sentido, a 4ª Câmara do Tribunal Regional do Trabalho da 15ª Região, negou o vínculo de emprego sob o fundamento de que a relação contratual foi permeada pela autonomia da vontade e que o fato de as partes terem celebrado cinco contratos de prestação de serviço autônomo não afastou a prevalência de que a boa-fé, como princípio de direito não pode ser desprezado (Processo 0162800-63.2009.5.15.0083).

No caso, tratou-se de trabalhadora que postulou a descaracterização de vínculo de emprego muito embora tenha reconhecido em juízo que mantinha inscrição como autônoma na prefeitura e na Previdência Social e que, portanto, era pessoa conhecedora de seus atos e compromissos e que, segundo o Desembargador Dagoberto Nishina Azevedo a condição cultural a autora revelou que se trata de "pessoa inserida na minoria da população de nível intelectual privilegiado e, ao contratar, obviamente tinha plena ciência do tipo de vínculo a que estava se submetendo".

Este é um exemplo clássico de litígio trabalhista que sempre fora acolhido no modelo protecionista da CLT em que a presunção de vínculo de emprego se impunha, ainda contra elementos jurídicos fundamentais para a validade e eficácia do ato. As decisões ignoravam a condição intelectual do trabalhador e a boa-fé na celebração do contrato, gerando grave insegurança jurídica, especialmente para o tomador se serviços.

Não se está aqui a dizer que o vínculo trabalhista de emprego é exclusividade de trabalhadores de trabalho manual ou que se deva fazer a diferença com o trabalho intelectual, condição esta que é vedada pela Constituição Federal. O que o acórdão revela é que o contrato de emprego deve ser definido no momento de sua celebração e que a pretensão de sua descaracterização deve levar em conta a fraude e a má-fé da parte contratante e a incapacidade de oposição do contratado, caso contrário o ato jurídico se consuma e se torna efetivo.

Dirão alguns que a presença da subordinação e da pessoalidade seria motivo suficiente a comprovar a fraude e mandar aplicar a legislação trabalhista. Entretanto, as relações trabalhistas evoluíram para outros modelos em que a pessoalidade não implica subordinação, caso, por exemplo, do exercício de atividade intelectual (Lei n. 11.196/05), do cooperado, do corretor de seguros. E, acrescente-se que na Lei n. 13.467/17, o trabalho intermitente é a prova mais absoluta de que a pessoalidade e vínculo de emprego não geram necessariamente a subordinação pois o trabalhador pode recusar a convocação do empregador.

O tempo de 2018 é de revisão de pensamentos e de adequação aos novos modelos de produção de trabalho sem, contudo, gerar um empobrecimento intelectual nas relações trabalhistas.

A responsabilidade do empregador além da relação de emprego

2 de fevereiro de 2018

Recente divulgação no *site* do TRT-2 (SP) de acórdão da 8ª Turma (Processo 10009605020175020037) da lavra da juíza Liane Martins Casarin, que reconhece o direito de a empregada reduzir sua jornada de trabalho pela metade sem redução de salário para cuidar de seu filho autista, chamou a atenção pelos fundamentos trazidos na sentença de primeira instância e no voto, trazendo rompimento dos limites da responsabilidade do empregador na proteção do trabalhador na relação de emprego.

A decisão leva ao fato de que as dimensões que o Direito do Trabalho impõe são imprevisíveis e transformadoras da vida em sociedade. O apego histórico de que a relação empregado/empregador se trataria de simples contrato em que empregado presta serviços e empregador paga salário há muito tempo caiu em desuso ou pelo menos não deveria ser praticada. As empresas, em busca de maior competitividade e produtividade, transformaram a forma de gestão, e o local de trabalho passou a incorporar também o exercício da cidadania, permitindo ao trabalhador o cumprimento do trabalho com liberdade e realização pessoal e profissional. Ser trabalhador e ser cidadão são condições que caminham juntas com o propósito de que se atinja o respeito à dignidade da pessoa humana.

A extensão da forma de proteção na relação de emprego foi ao longo dos anos ampliando a base de garantias sociais, e a seguridade social teve um papel fundamental para acolher cada vez mais contingências e trabalhadores excluídos, provocando a libertação do empregado do paternalismo do empregador.

A relação de emprego não se restringe ao momento do contrato de trabalho, no instante de sua celebração, porque diversas ocorrências podem ocasionar a mudança de seu percurso inicial e, podemos dizer, é implícito ao contrato possível alteração e transformação, quer em razão de mudanças na condição do empregador, quer nas condições de trabalho do empregado com promoções, alterações de jornada, de localidade e tantas outras situações que mantêm íntegro o vínculo de compromisso inicial. Por isso é recorrente quando se cuida de falar de mudanças contratuais a limitação às condições objetivas de salário, jornada etc.

Todavia, o contrato de emprego tem uma natureza que difere dos demais contratos, que é a responsabilidade social da empresa em relação às condições de vida pessoal do trabalhador, incorporadas ao contrato quando de sua celebração. Portanto, as obrigações não são apenas aquelas que estão às vistas e expressas no contrato. Há também um dever secundário de acolhimento do trabalhador em sua universalidade, sem exclusão de eventuais dificuldades oriundas de sua vida pessoal e familiar e que são fundamentais para a integração na vida em sociedade.

No caso, a juíza de primeira instância Sandra Miguel Abou Assali Bertelli (37ª Vara da Justiça do Trabalho de São Paulo) traz a seguinte afirmação, reproduzida no acórdão regional: "Portanto, amparo jurídico há, de forma suficiente, a permitir o acolhimento da pretensão deduzida pela trabalhqdora [*sic*], assim como, ao revés do quanto afirmado na defesa, há comprovação cabal de que o transtorno autista de que é portador do filho da reclamante inspira cuidados especiais e acompanhamento permanente de sua mãe que desafiam a aplicação de todo o arcabouço constitucional, legislativo e fontes internacionais mencionadas a amparar o tratamento adequado à inserção da criança na família e na sociedade".

O acórdão regional seguiu na mesma linha e rompeu os limites contratuais obrigacionais, avançando na obrigação de proteção social mais ampla, introduzindo interpretação do fato e da necessidade de inclusão em sociedade por meio de assistência materna do filho autista, dando assim efetividade à norma da Lei n. 12.764/2012, que institui a Política Nacional de Proteção dos Direitos da Pessoa com Transtorno do Espectro Autista e que assegura, no art. 3º, inciso I, o direito "a vida digna, a integridade física e moral, o livre desenvolvimento da personalidade, a segurança e o lazer".

Diz a juíza relatora: "Mesmo não havendo na legislação, previsão expressa que permita à reclamante reduzir sua jornada sem redução salarial, é preciso avançar no sentido da plena inclusão, é preciso romper velhos paradigmas de uma sociedade que ainda não viveu a inclusão. É uma mudança de comportamento que, hoje, perpassa por uma atuação firme do Poder Judiciário. Portanto, todo artigo, alínea ou inciso de lei que puder conferir expressamente direitos a crianças e adolescentes com deficiência será muito benvinda pela comunidade jurídica nacional".

Portanto, é a obrigação de proteção do trabalhador ao inverso, coibindo a discriminação indireta, ou seja, proteção não pelo contrato de trabalho, mas pelo compromisso de atenção ao trabalhador na sua universalidade como ser humano e, no caso, permitindo à criança deficiente meios de adaptação à sociedade sem prejuízo da subsistência da trabalhadora.

Efeitos da contribuição sindical fixada em norma coletiva

23 de fevereiro de 2018

A Lei n. 13.467/17, ao dar à contribuição sindical caráter facultativo (art. 545), rompeu, de um lado, com a tradição histórica de sindicato custeado de forma compulsória por trabalhadores e empregadores, cujos efeitos do passado são discutíveis sobre os resultados dessa representação formal e, de outro lado, a nova disposição revisitou o direito à liberdade sindical do art. 8º da Constituição Federal.

O que se constata no modelo anterior é que a fragilização da representação sindical trouxe desqualificação do negociado e a atuação frequente da Justiça do Trabalho para atuar no mérito das negociações e, em alguns momentos até, reconhecendo a eficácia da negociação coletiva com função da representatividade sindical e da autonomia da vontade coletiva (emblemático a OJ Transitória n. 73 sobre PLR mensal negociado entre metalúrgicos de São Bernardo do Campo com a Volkswagen).

Nestes momentos que antecedem para trabalhadores a data da antiga contribuição sindical, os sindicatos profissionais têm anunciado a fixação de contribuições por meio de assembleia, por ocasião da data base, ou romarias a empresas para recolher dos trabalhadores a autorização de desconto a ser encaminhada pela entidade aos empregadores. E nesse aspecto é que pareceria duvidosa a obrigação transmitida aos empregadores de uma ou de outra forma para o desconto em folha.

Em matéria de negociação coletiva, as cláusulas são variadas e os sindicatos repetem mais do mesmo, concedendo prazo para oposição de trabalhadores em formulário do sindicato e em horário comercial. O nome da contribuição pode ser variado, sendo frequentemente utilizada a expressão "contribuição para fortalecimento sindical laboral", e é imposta aos empregados não sindicalizados, excluindo o associado. Trata-se de previsão que já foi resolvida pela jurisprudência e o STF já consolidou na Súmula Vinculante n. 40 a restrição de decisões de assembleias que decidem a imposição de contribuição de não associados à entidade sindical.

Ainda nesse caso, a previsão de prazo para os trabalhadores de exercer o direito de oposição, a partir da publicação da convenção, é inconsistente porque, na vigência da norma, outros empregados serão admitidos e não poderão exercer o direito de recusa porque já ultrapassado o prazo inicial. E, ainda, transfere ao empregador uma obrigação que viola o disposto no art. 5º, X, da Constituição Federal quanto à inviolabilidade da intimidade e a vida privada. Ora, se o ato de manifestação de adesão ao sindicato é livre, não poderia ser controlado pelo empregador a fim de efetuar os descontos previstos em norma coletiva e que têm como fundamento a opção de uma manifestação política. É um assunto *interna corporis* que deve ser tratado de acordo com a Convenção Internacional n. 98 da OIT.

Outra situação, noticiada na edição do último domingo (18/2) do jornal *O Estado de S. Paulo*, é a da peregrinação de dirigentes sindicais em empresas para, por meio de listas, permitir ao sindicato o encaminhamento de autorizações coletivas aos empregadores. Essa situação nos coloca diante da validade jurídica na imposição porque viola regra fundamental do exercício da liberdade sindical.

De fato, o exercício da liberdade sindical pressupõe manifestação livre diante de um modelo plúrimo porque a simples adesão ou não ao sindicato gerado na unicidade atende apenas parcialmente o direito à liberdade sindical.

Todavia, a análise crítica também pode ser encaminhada ao sindicato patronal quanto insere no bojo da norma coletiva a obrigação às empresas do setor econômico de recolher o que se denomina "contribuição para o fortalecimento sindical patronal". É assunto que diz respeito ao sindicato e seus representados e não deveria integrar a norma coletiva que regulamenta os contratos de trabalho dos trabalhadores pelo período definido na convenção ou acordo coletivo.

Parece, salvo melhor juízo, que tais cláusulas de contribuição aos sindicatos (profissionais e patronais) estão alocadas impropriamente em convenções coletivas, e o caráter obrigacional não é entre as partes, e sim das partes em relação aos seus representados, e somente nesta relação é que poderiam admitir eficácia jurídica.

Finalmente, o art. 545 da CLT, com sua nova redação, traz a obrigação para os empregadores de desconto em folha de pagamento "dos seus empregados, desde que por eles devidamente autorizados, as contribuições devidas ao sindicato". Ainda que previsto em norma coletiva, independentemente de sua inadequação jurídica, as empresas deveriam aguardar a manifestação expressa e individual dos trabalhadores ou, pelo menos, a ratificação individual de consentimento previsto no documento que o sindicato venha a encaminhar.

Portanto, o ato de manifestação autorizando o desconto deveria ser de modo a respeitar sua natureza pessoal, homenageando o livre exercício do direito à liberdade sindical entre trabalhadores ou empresas relativamente aos respectivos sindicatos.

Possíveis atos antissindicais na determinação de contribuição sindical

16 de março de 2018

Não têm sido poucas as notícias sobre as imposições de retenção, neste mês de março, da contribuição sindical, quer por (i) decisões judiciais que pretendem obrigar as empresas ao desconto nos salários dos seus empregados em atenção a ações ajuizadas por sindicatos com o propósito de manter obrigatório o recolhimento de contribuição sindical; ou (ii) por assembleias organizadas pelos sindicatos profissionais cujos participantes teriam aprovado os descontos no salário inclusive para não associados.

É tema que merece cautela sob pena de se perpetuarem as incoerências quando se trata de direito coletivo do trabalho.

Primeiro, pelo lado do exercício do direito à liberdade sindical. Parece, no nosso sentir, com todo respeito, que não está sendo observado o direito fundamental da liberdade sindical, assegurado pela Constituição Federal, em seu art. 8º, que, além de garantir o exercício livre do direito de fundar associações profissionais ou sindicais, estabeleceu a forma pela qual estaria protegido o exercício do direito.

Com efeito, no inciso I, do art. 8º, o constituinte, tomado pelo rompimento de vícios históricos em que os sindicatos foram órgãos de colaboração do Estado, asseverou com clareza que um dos princípios do exercício pleno do direito à liberdade sindical seria a não intervenção do Estado em questões sindicais e, desta forma, acolheu a base da Convenção n. 87 da OIT, que trata da liberdade sindical e do direito de sindicalização, cujos arts. 3.1. e 2 dispõe que "as organizações de trabalhadores e de empregadores terão o direito de elaborar seus estatutos e regulamentos administrativos, de eleger livremente seus representantes, de organizar a gestão e a atividade dos mesmos e de formular seu programa de ação. 2. As autoridades públicas deverão abster-se de qualquer intervenção que possa limitar esse direito ou entravar o seu exercício legal".

São corolários, pois, da não intervenção do Estado nos sindicatos a autonomia na organização, na administração, inclusive financeira, e eleição dos representantes retomadas pela Constituição Federal, porquanto o país já se comprometera na Convenção n. 98, da OIT, ratificada em 1952.

Convém destacar que o exercício de direito à liberdade sindical é de natureza individual cuja manifestação é exteriorizada de modo coletivo pelo interesse de formar ou, de modo individual, de não formar sindicatos e de não participar de sindicatos.

Qualquer ato do empregador ou do Estado que tenha por objetivo alterar as garantias desse direito fundamental pode ser considerado como antissindical porque obsta seu pleno exercício.

Nesse sentido, a Convenção n. 98 da OIT proíbe os atos de ingerência considerados como tais "medidas destinadas a provocar a criação de organizações de trabalhadores dominadas por um empregador ou uma organização de empregadores, ou a manter organizações de trabalhadores por outros meios financeiros, com o fim de colocar essas organizações sob o controle de um empregador ou de uma organização de empregadores" (art. 2.2.).

São considerados atos antissindicais ou práticas antissindicais aqueles que buscam prejudicar o trabalhador ao exercício livre da titularidade do direito sindical. Trata-se, portanto, da proteção ao exercício do direito à liberdade sindical, e, desta feita, considerando o caráter facultativo da contribuição sindical, não poderia o empregador servir de instrumento arrecadador do sindicato profissional e, por essa via, tomar conhecimento das opções políticas de seus empregados.

Caso assim o faça, o ato do empregador estaria sujeito a sofrer sanções inclusive por violação ao exercício da liberdade sindical.

Segundo, pelo aspecto tributário. Muito se diz que a contribuição sindical é de natureza fiscal e que somente poderia ser alterada ou suprimida por lei complementar, conforme o art. 149 da Constituição Federal.

Todavia, apenas para não esquecer, a Lei n. 11.648, de 31 de março de 2008, que criou as centrais sindicais, destinou 10% dos 20% que eram encaminhados ao MTE, para o custeio das centrais, remetendo, no art. 6º, ao Tribunal de Contas o controle dos recursos. Esse é um exemplo de que não se aplicaria a hipótese de lei complementar porque pôde, naquele momento, a lei ordinária alterar o conteúdo de rateio para entidade que não se encontra amparada na estrutura e organização sindical. Submetida a lei à sanção presidencial, o artigo recebeu veto (Mensagem 139, de 31 de março de 2008), com fundamento em que "a Constituição veda ao Poder Público a interferência e a intervenção na organização sindical, em face o princípio da autonomia sindical, o qual sustenta a garantia de autogestão às organizações associativas e sindicais".

Desse modo, juridicamente e em respeito ao exercício da liberdade sindical, o empregador não estaria obrigado a consultar seus empregados, cujo silêncio representa oposição à contribuição sindical. A maneira pela qual o empregador pergunta ou pesquisa junto aos seus trabalhadores poderá ensejar ato antissindical porquanto se trata de assunto de conteúdo político cujo interesse é exclusivo e restrito ao sindicato.

Não se trata de ser contra custeio sindical nem de negação da importância do papel dos sindicatos para as relações coletivas de trabalho. São reflexões que neste momento tormentoso da organização sindical merecem considerações, sob pena de se perder a coerência jurídica com o que se defendeu no passado e a conveniência política do presente.

Novas perspectivas nas relações coletivas de trabalho

13 de abril de 2018

Nunca é demais tratar dos temas e dos conteúdos transformadores que a reforma trabalhista trouxe com as Leis ns. 13.429 e 13.467, ambas de 2017. A segunda lei, ao contrário da primeira, que foi pontual na modalidade trabalho temporário e prestação de serviços, foi mais ampla e, necessariamente, obriga a todos que se dedicam ao Direito do Trabalho estudo repetitivo e reflexões dos seus efeitos para a construção de um novo paradigma de entendimentos e de ajustes de interesses.

No âmbito das relações coletivas, a reforma se pauta na mudança de princípio na interpretação de eventuais conflitos, devendo-se pautar nos requisitos essenciais do negócio jurídico e no respeito à autonomia da vontade coletiva. Com efeito, assim dispõe o art. 8º, § 3º:

"No exame de convenção coletiva ou acordo coletivo de trabalho, a Justiça do Trabalho analisará exclusivamente a conformidade dos elementos essenciais do negócio jurídico, respeitado o disposto no art. 104 da Lei n. 10.406, de 10 de janeiro de 2002 (Código Civil), e balizará sua atuação pelo princípio da intervenção mínima na autonomia da vontade coletiva".

No primeiro aspecto, ao contrário do que alguns comentam, não se trata de impedir a análise do negociado pelo magistrado, mas de respeitar os interesses manifestados pelo grupo em assembleia e que autorizaram o sindicato a negociar em seu nome condições normativas que se aplicariam ao grupo. Trata-se de prestigiar o Direito Coletivo do Trabalho, cujos princípios divergem da proteção existente na relação individual de trabalho e atendem à proteção social do grupo. Esse aspecto transformador do Direito Coletivo do Trabalho deve ser prestigiado com atribuição de responsabilidade ao sindicato que tem a representação da categoria (respeitando nosso modelo de organização sindical) ou grupo de trabalhadores.

Os exemplos trazidos pela doutrina para criticar o texto legal fazem caricatura lastreada na imagem de um sindicalismo fraco e cúmplice de ilegalidades. Assim, não seria crível que sindicatos profissionais e patronais ou empresas negociassem exclusões de direitos fundamentais como a exclusão de licença maternidade ou mesmo férias anuais. Aliás, o art. 611-B traz a proibição expressa de exclusão dos direitos ali relacionados nos incisos I a XXIX.

Depois, ao considerar o texto do § 3º que seja respeitado o art. 104 do Código Civil, está atendendo aos princípios do Direito Coletivo do Trabalho cuja representação dos trabalhadores por meio de sindicato exclui o critério de desigualdade econômica previsto na relação individual, este sim capaz de fazer crescer a proteção individual. A referência diz respeito às relações coletivas cujas condições de admissibilidade quanto à capacidade do agente, licitude do objeto e a forma do ato jurídico tratam da (i) representação sindical (ou representatividade em modelos de organização sindical plúrima), (ii) conteúdo de natureza trabalhista e de proteção social de natureza coletiva e o (iii) documento de celebração do ato, convenção coletiva ou acordo coletivo de trabalho.

A capacidade jurídica e fática do sindicato não se faz apenas pela representação formal, mas pela legitimidade adquirida e outorgada pelos representados por meio de assembleia destinada especificamente para o objeto da negociação. Portanto, em matéria de Direito Coletivo do Trabalho, não se admitiria a aventura da representação sem legitimidade, e esse aspecto impõe aos sindicatos maior responsabilidade perante os representados de forma imediata e segurança jurídica nas relações trabalhistas, o que excluiria discussões em nível de ações individuais que contestem o negociado.

Quanto ao objeto da negociação, há que se considerar que, assegurados os direitos fundamentais dos trabalhadores, não pareceria razoável imaginar conteúdos negociados para pretender a exclusão social. A liberdade em negociar poderá surpreender com adaptações e avanços em conquistas de direitos sociais, sempre preservando a base de garantias, conforme dispõe o art. 611-B, da CLT.

Finalmente, quanto à forma, em Direito Coletivo do Trabalho, conhecem-se duas modalidades: a Convenção Coletiva de Trabalho e o Acordo Coletivo de Trabalho, cada um limitado a seus efeitos e obrigações respectivas. Neste caso, as convenções coletivas tenderão, na nossa avaliação, a ser normas de caráter geral, e os acordos coletivos de trabalho poderão ganhar relevância com maior integração dos trabalhadores nos seus interesses coletivos e na empresa.

Outro aspecto relevante nas perspectivas do Direito Coletivo do Trabalho foi a adoção do critério facultativo da contribuição sindical e que poderá produzir uma transformação no modelo de organização sindical por categoria. Assim, a busca desenfreada que tivemos pós-Constituição Federal de 1988 no desmembramento de categorias, com nítido interesse econômico, poderá retroagir para a revisão na forma de organização de grupos e, quiçá, com abandono da estrutura por meio de categoria, facilitando a negociação pelo conjunto de trabalhadores na empresa, sem se falar em categoria preponderante, estabelecendo igualdade de tratamento entre os trabalhadores.

São aspectos relevantes do Direito Coletivo na sua perspectiva diante da reforma trabalhista, cuja reflexão merece a atenção, a fim de que não se pratique o novo com os vícios do passado.

Sem estar mais em vigor, MP da reforma trabalhista deixa legado

4 de maio de 2018

A reforma trabalhista da Lei n. 13.467/2017 sofreu no dia 14 de novembro do mesmo ano o impacto da Medida Provisória n. 808, que pretendia complementar o que faltava na lei ou desdizer o que estava dito. A medida recebeu 916 propostas de emendas.

Venceram-se os dias de sua eficácia e no dia 23 de abril deixou de existir para o mundo jurídico trabalhista, permanecendo apenas como uma lembrança histórica de efeitos limitados no tempo. Todavia, a MP deixou marcas e referências que poderão servir de parâmetros em negociações livres, quer coletivas quer no âmbito individual.

No campo da duração da jornada de trabalho desapareceu a restrição de que somente por convenção coletiva ou acordo coletivo estaria legitimado o horário de 12 horas de trabalho por 36 horas de descanso, retornando, desta feita, a possibilidade de acordo individual escrito entre empregado e empregador.

No caso de dano extrapatrimonial, a MP havia trazido uma alteração na lei que buscava complementação de dano por discriminação por etnia, idade e nacionalidade e, na hipótese de reparação, acenava para maior equilíbrio, segundo alguns, relativamente à indenização (reparação) que tinha na lei o salário contratual como base de cálculo do dano moral e que fora estabelecido pela MP no limite máximo dos benefícios da Previdência Social.

No que diz respeito ao trabalho da mulher gestante, a MP proibia o trabalho de atividades insalubres em quaisquer atividades, operações ou locais insalubres e obrigava o empregador à transferência da prestação de serviços para ambientes salubres, com a perda da remuneração adicional. Com ineficácia da MP retorna-se à possibilidade de trabalho em condições de insalubridade grau médio ou mínimo, exceto se o médico de confiança da gestante recomendar o afastamento.

De outro lado, ainda na atividade insalubre, revigorados os termos da lei, a empregada não deixará de receber o respectivo adicional e o empregador fará a compensação em folha de pagamento nas contribuições previdenciárias.

O trabalhador autônomo que recebera da MP tratamento minucioso de suas condições, agora está limitado às condições do art. 442-B, mantidas as previsões de contratação *com ou sem exclusividade*, cujas críticas pareceram despropositadas porque o trabalhador autônomo poderá, segundo o tipo de relacionamento, manter condição de exclusividade para a proteção de concorrência entre empresas, considerando. Especialmente, que a exclusividade não é condição de subordinação, mas sim interesse de negócio.

Talvez no trabalho intermitente a MP tenha complementado de forma mais amiudada o conteúdo do contrato e, a partir da ineficácia da MP, retorna-se à simplicidade da Lei n. 13.467/17. Entretanto, nada impede que as situações anteriormente previstas sejam praticadas pelas empresas tanto nos contratos de natureza individual como poderá servir de parâmetros para negociação coletiva.

No tratamento da remuneração, o fato mais importante foi o tratamento que a MP dispensara para prêmios, limitados ao pagamento em semestres anuais. A partir da extinção da vigência da MP retorna-se à possibilidade de prêmio, mediante pagamento mensal, com a peculiaridade própria da natureza da verba e sempre vinculada a *desempenho superior ao ordinariamente esperado no exercício de suas atividades*.

Nesse aspecto, valem as advertências de que os prêmios devem estar livres de condicionamentos específicos para manterem a natureza jurídica prevista em lei. No mesmo caminho da excludente salarial ficaram as diárias de viagem.

A representação de trabalhadores que havia sofrido restrição em suas competências e que fora excluída da capacidade de atuar em negociação coletiva retorna à competência da representação coletiva dos interesses dos trabalhadores em seus interesses individuais nos locais de trabalho.

No art. 911-A, a MP cuidava dos recolhimentos previdenciários, em especial para o trabalhador intermitente que no mês auferisse menos do que o salário-mínimo, permitindo o recolhimento complementar a fim de manter a condição de segurado da Previdência Social. Este aspecto poderá ser resolvido por decreto e incluir a normativa de recolhimento aos cofres da Previdência.

Finalmente, o que permanece para os empregadores e empregados da vigência da MP são as práticas adotadas sob sua égide e que poderão ser adequadas, sempre, às novas e revigoradas previsões da reforma trabalhista da Lei n. 13.467/17. As previsões da MP servirão para adequação de condições contratuais tanto nas relações individuais como coletivas.

As particularidades jurídicas da greve dos caminhoneiros

25 de maio de 2018

Quando se fala em greve, sempre se cogita que o conflito da reivindicação de pretensões dos trabalhadores decorre de resistência pelos empregadores, envolvendo pleitos de natureza trabalhista. A greve, embora originalmente tenha surgido no campo do confronto entre assalariados e patrões, há muito abandonou esse quadro de exclusividade, e a expressão tem sido utilizada para identificar paralisação de atividades profissionais ou de prestação de serviços nos mais variados seguimentos que tenham por objeto a defesa dos interesses da profissão.

No Direito brasileiro, o exercício do direito de greve está assegurado no art. 9º da Constituição Federal como um dos direitos fundamentais dos trabalhadores, os quais poderão, por meio da greve, defender os interesses que assim consideram devam ser defendidos.

A greve dos caminhoneiros tem particularidades jurídicas relevantes quanto ao seu enquadramento e forma de solução, além da questão fática relativa ao modo de organização e de união dos profissionais no âmbito nacional.

No caso da paralisação dos caminhoneiros, não se trata de greve de assalariados, hipótese em que se daria o enquadramento jurídico como greve típica. Ao contrário, cuida-se de massa de trabalhadores autônomos cuja motivação de reivindicação é a redução do preço de óleo diesel em razão de constantes reajustes, superando os índices de inflação e que comprometem o ganho dos profissionais que vendem transporte de carga.

Do ponto de vista jurídico, pode-se afirmar que se trata de uma greve profissional e política, porque os interesses estão voltados exclusivamente para redução de impostos e política de reajustes de preço de combustível. É, portanto, dirigida contra os poderes públicos para obtenção de reivindicações e que não são suscetíveis de negociação coletiva. É a chamada greve política e social, sustentada juridicamente no art. 9º da Constituição Federal.

Comparativamente ao modelo formal de organização sindical, o agrupamento de caminhoneiros revela que a reunião de trabalhadores por categoria fragmenta e impede o resultado de adesão ao movimento. Parece que o modelo de dependência de transporte rodoviário para escoamento de produtos e insumos, quase exclusivamente, facilita a organização e a imposição de reivindicações.

Não há uma organização que tenha motivado a paralisação, e, segundo o noticiário, a proposta de greve foi circulada em redes sociais e grupos de *WhatsApp* de motoristas caminhoneiros que conseguiram, neste episódio, por meio de comunicação de internet, uma assembleia virtual dos profissionais, independentemente do ramo de transporte (alimentos, combustível etc.), a união nacional de profissionais em torno da reivindicação. A representação classista da Confederação Nacional dos Transportadores Autônomos (CNTA) reúne a maioria dos sindicatos e, aos poucos, outros sindicatos de caminhoneiros juntaram-se aos protestos, como a Associação Brasileira de Caminhoneiros (Abcam) e a União Nacional dos Caminhoneiros do Brasil (Unicam).

Ao que tudo indica, não há prazo para terminar a paralisação e, se assim for, todos os demais setores da economia serão aos poucos afetados por falta de suprimentos de manutenção das atividades de rotina.

Trata-se de uma greve espontânea de insuportabilidade de custo em decorrência dos impostos atribuídos pelo governo aos motoristas caminhoneiros e que coloca em risco o nível de precariedade na condição de vida.

Os efeitos da greve dos caminhoneiros contaminam os diferentes setores de atividade econômica de modo indiscutível e afetam diretamente as obrigações trabalhistas internas, inclusive, em alguns casos, com a ausência de trabalho a ser executado, caso de frentistas de postos de gasolina, para ficar no exemplo mais imediato. Como se trata de situação excepcional, não poderá o empregado sofrer as consequências em seu salário, mas poderá o empregador exigir a reposição de horas no período de 45 dias, conforme disposição expressa do art. 61, § 3º, da CLT.

A finalidade do movimento é de cunho protecionista de um setor de atividade, e, portanto, ainda que se possa considerar a greve política, ela tem natureza econômica e profissional e, desse modo, conforma-se no enquadramento jurídico do art. 9º da Constituição Federal. Os efeitos da greve nos demais setores de atividade econômica deverão ser administrados por empresa de acordo com sua especificidade, quando possível.

Contribuição sindical facultativa e liberdade sindical

22 de junho de 2018

O Ministro Edson Fachin, do Supremo Tribunal Federal, na medida cautelar da Ação Direta de Inconstitucionalidade 5.794 MC/DF — ajuizada pela Confederação Nacional dos Trabalhadores em Transporte Aquaviário e Aéreo, na Pesca e nos Portos (Contimaf) e outras entidades sindicais laborais, mais a Confederação Nacional de Turismo e outras entidades patronais, inconformadas com a nova redação dos arts. 578 e 579 da CLT, que transformou a contribuição sindical em faculdade do empregado perante o empregador —, proferiu despacho em que assinala relevantes passagens históricas do nosso sindicalismo e, fundado na melhor doutrina sobre o tema, levou o tema a uma grande incerteza da prevalência do que fora aprovado pela Lei n. 13.467/17.

Sustenta-se após a evolução histórica que faz em que o modelo sindical está assentado em um "tripé: unicidade sindical, representatividade obrigatória e custeio das entidades sindicais por meio de um tributo, ou seja, a contribuição sindical", reconhecendo "que a mudança de um desses pilares pode ser desestabilizadora de todo o regime sindical, não sendo recomendável que ocorra de forma isolada", sob pena de impedir que os sindicatos busquem novas formas de organização, "mais eficazes para defender os direitos dos trabalhadores e resistir à ofensiva patronal" (*apud* Galvão, Andrea (Coord.). *Movimento sindical e negociação coletiva.* Texto para discussão n. 5. Cesit, Unicamp, 2017).

Da mesma forma que considera o modelo jurídico-constitucional em sua integralidade, aponta o ministro para o fato de que a unicidade sindical e a representação sindical compulsória por categoria "não atendem às melhores características de um modelo sindical".

Efetivamente, o modelo sindical livre, que atenda ao princípio da liberdade sindical, não pode conviver com a compulsoriedade de representação. A formação histórica do sindicalismo brasileiro revelou forte intervenção do Estado na representação classista com controle político e ideológico, favorecido pela instituição de contribuição compulsória, controlada pelo Estado e subtraída de trabalhadores e empregadores totalmente desvinculados, em sua maioria, da representação formal legal.

Com todo respeito ao encaminhamento do despacho, unicidade sindical e representatividade compulsória com custeio forçado não dizem respeito ao modelo de Estado Democrático de Direito em que o exercício de liberdade sindical deve conviver com as liberdades públicas. Nesse sentido, no período do regime militar, a legislação sindical era absolutamente a mesma e da qual a Constituição Federal de 1988 não conseguiu se libertar.

A proclamação parcial da liberdade de associação profissional ou sindical (art. 8º, *caput*, da CF), com o caráter compulsório de contribuição sindical, fez surgir novas entidades sindicais, criadas em gabinetes, sem vinculação de efetiva representação. Passou a ser um negócio que não condiz com a presunção do despacho de que sua alteração e adequação ao exercício da liberdade sindical, bem maior a ser protegido, choca-se com o direito a um regime sindical e que colocaria em dúvida a unicidade sindical e a representação obrigatória de toda a categoria.

O sindicato livre é condição do exercício das liberdades públicas e em nenhum momento proíbe ou coloca em risco a livre manifestação de formação e adesão sindical. A unicidade de representação se faz na forma de negociação, a teor da Convenção Internacional n. 98 da OIT, e não pelos aspectos formais limitadores de liberdade de opção política que, se levado aos aspectos históricos do sindicalismo brasileiro, talvez tenha sido a causa maior do dirigismo estatal e da insegurança jurídica que trazem as negociações coletivas.

Vale, ainda, destacar o princípio constitucional da não intervenção do Estado nas questões sindicais e, considerando que o Supremo Tribunal Federal exerce funções legislativas, enfrentaremos o risco de que tenhamos afronta à liberdade sindical individual com ofensa aos direitos fundamentais individuais.

Não é demais também lembrar que o despacho se equivoca ao se referir à contribuição sindical, cujo valor arrecadado, nos termos do disposto pelo art. 589, da CLT, teria 10% destinado à Conta Especial Emprego e Salário (FAT). *Data venia*, o percentual atribuído ao FAT é de 20% do apurado, sendo reduzido em 10% quando a entidade sindical laboral assim se manifesta. Em palavras outras, a arrecadação do Estado de 20% pode ser reduzida de 50%, a critério do sindicato profissional, determinando que 10% sejam destinados à central sindical de opção ideológica do sindicato, sem nenhuma interferência dos trabalhadores (Lei n. 11.648/2010). Ora, parece que não se sustenta a natureza jurídica de tributo porque lei ordinária já autorizou a alteração na forma de distribuição e por livre arbítrio e desejo político dos sindicatos profissionais.

Mantida a contribuição sindical, pode ser perdida a oportunidade de sindicatos fortes e representativos, responsáveis e criativos no sentido de se aproximar dos representados de forma a justificar sua finalidade.

Mantida a contribuição sindical, seguiremos com sindicatos fracos e Justiça do Trabalho forte, com a litigiosidade crescente em razão da falta de credibilidade na legitimidade sindical.na autonomia da vontade coletiva.

Banco de horas do trabalhador: Acordo individual ou coletivo

13 de julho de 2018

A reforma trabalhista, introduzida pela Lei n. 13.467/17, eliminou a dúvida de que empregados e empregadores poderiam celebrar acordo individual para compensação de jornada de trabalho por meio de banco de horas, excluindo assim o teor da Súmula n. 85 do TST, que restringia a hipótese apenas a acordos coletivos.

A jornada de trabalho tem natureza estritamente individual e deve compor o campo dos direitos individuais disponíveis, naquilo que ela estabelece como forma de preservação de duração máxima do horário de trabalho, respeitando o disposto no art. 7º, inciso XIII, da Constituição Federal. Não se trata, no nosso sentir, de direito indisponível a possibilidade de transigir com o empregador modelo de compensação de jornada de trabalho, limitado sempre (e não precisaria ser dito) o limite da duração normal, semanal ou mensal.

A transferência de negociação com o sindicato de trabalhadores é uma opção que o empregador poderá adotar de acordo com suas conveniências e interesses dos empregados aos quais o acordo coletivo de compensação de jornada de trabalho por meio de banco de horas seria aplicado.

Recentemente, o Tribunal Regional do Trabalho da 2ª Região, nos autos do Mandado de Segurança 1001203-71.2018.5.02.0000, indeferiu liminar para cassar tutela antecipatória em ato da desembargadora Maria Isabel Cueva Moraes, sob o fundamento do direito adquirido anteriormente à vigência da Lei n. 13.467/17, assim se manifestando quanto à aplicação do direito intertemporal:

"No processo em tela estamos diante de caso de Direito Intertemporal e inaplicabilidade da Lei n. 13.467/2017 ao caso em epígrafe. Com a entrada em vigor da Lei n. 13.467 de 13 de julho de 2017, foram acrescidos os parágrafos 5º e 6º ao art. 59 da CLT que autorizam a implantação do Banco de Horas por acordo individual, sem a participação do Sindicato. A atual redação do artigo mantém o texto originário quanto a possibilidade de pactuação por meio de acordo ou convenção coletiva de trabalho, porém prevê a possibilidade de que o mesmo o seja por acordo individual escrito, desde que a compensação ocorra no período máximo de seis meses. No entanto, a aplicação ao caso das alterações trazidas com a Lei n. 13.467/2017 configuraria nítida ofensa ao princípio da irretroatividade da Lei e, principalmente, à segurança jurídica.

Às relações jurídicas constituídas ou consumadas antes de 11 de novembro de 2017, não se aplicam as novas regras trazidas pela Lei n. 13.467/2017, em respeito ao direito adquirido, incorporado ao patrimônio jurídico dos trabalhadores (art. 5º, XXXVI da CFRB). Assim, as alterações legislativas promovidas pela Lei n. 13.467/17, em prejuízo dos empregados, não afetam os contratos de trabalho iniciados antes de seu advento.

Com efeito, o direito ao percebimento de eventuais horas extras prestadas, já tinha sido incorporado ao patrimônio jurídico dos empregados em momento anterior às alterações legislativas promovidas pela Lei n. 13.467/17, à luz dos princípios constitucionais da irretroatividade das leis e do direito adquirido (art. 5º, inciso XXXVI, do art. 5º, da CRFB), e do respeito à condição mais benéfica, aderida ao contrato de trabalho (art. 468 da CLT c/c Súmula n. 51, I, do C.TST)".

Assim, ficamos no impasse de aplicação da nova lei aos contratos de trabalho em curso com risco de arrastar contingência com a aplicação da tese do direito adquirido ao modelo anterior à reforma. Significa dizer, nesta tendência, que para os novos contratos a nova lei está valendo. São os tempos novos do Direito do Trabalho e uma missão relevante de todos que pretendem reconstruir novas relações com segurança jurídica.

O tempo do descanso como direito fundamental do trabalhador

3 de agosto de 2018

O direito ao descanso ou, dito de outra forma, a compatibilização de tempo de trabalho com ócio nem sempre foi bem compreendido na história das relações de trabalho ou em qualquer ramo de atividade. Ficar sem trabalhar desumaniza o homem que tem no trabalho e no tempo que a ele dedica uma forma de ganhar a vida ao encontro de possível felicidade. O tempo do homem teve direcionamento produtivo, e a ociosidade tem sido estigmatizada como tempo perdido. O trabalho se confunde com necessidade moral.

Os gregos consideravam que o trabalho de importância menor era destinado aos escravos, que funcionavam como o corpo e a mente prolongada do mestre. O tempo do escravo não lhe pertencia.

No documentário Quanto Tempo o Tempo Tem (2015), narrado por Fernanda Torres e dirigido por Adriana L. Dutra (e dedicado ao pai desta, José Ruy Dutra), o tempo é tratado de forma angustiante. Ao mesmo tempo chama a atenção para a passagem do ser humano no seu tempo de vida e sua finitude e a necessidade de revisão da forma pela qual se valoriza o tempo a ser utilizado com sabedoria. Confrontado com o mundo moderno, o homem pode perder a noção do gozo do tempo, vinculando-se a telas quase o tempo todo, sem quase fazer as pessoas olharem para seu companheiro de ônibus, de metrô ou de trabalho. Tudo se passa por vias indiretas como se não existisse vida além das informações frias, e algumas, desesperadas, se utilizam do mesmo instrumento para tentar despertar a solidariedade entre os humanos.

O tempo não é um produto que se engarrafa e se guarda para usar quando puder como pretendeu O vendedor de tempo, de Fernando Trias de Bes. O tempo é o que se tem de mais precioso aqui e agora e não permite revisão do que passou. Não se volta no tempo porque o que passou não mais existe, e o futuro ainda não chegou. Como diz o filósofo Francis Wolff, o tempo foi utilizado na origem como forma democrática convencional para que defesa e acusação tivessem o mesmo tempo de manifestação (ampulheta, por exemplo). O tempo é exigência política e social para inventar o tempo convencional.

No mundo capitalista do trabalho, o tempo foi apropriado como forma de valorizar a renúncia do tempo livre e subtraído daquele que teria o livre-arbítrio de sua utilização para impor critérios medidores de utilização do tempo. Na parte que se refere ao lazer, foi elevado à garantia social pelo Estado a todos os cidadãos. Nesse sentido, entre nós, o art. 6º da Constituição Federal, ao tratar do direito ao lazer como direito social fundamental, daqueles tidos na sua verticalidade e na expectativa que venha a se expandir na horizontalidade, como efetiva garantia social, inquestionável. Seu exercício independe de lei ou condições para seu reconhecimento.

Nas relações trabalhistas, o tempo é o que mede a força de trabalho disponibilizada para o exercício de uma atividade profissional. Tudo se mede em tempo e se valoriza pelo tempo: é o valor do tempo de trabalho que fixa o custo de produtos e serviços cuja mais-valia permitirá a compra de mais tempo, proporcionando diretamente que um maior número de pessoas possa utilizar sua força de trabalho. O desemprego, nesse sentido, é perda de tempo da sociedade porque o Estado é incapaz de proporcionar tempo de valor aos trabalhadores. O seguro-desemprego é benefício previdenciário ao revés, ou seja, inverte-se o padrão da incapacidade do trabalhador para o benefício, a sociedade é que está doente e por essa razão paga ao trabalhador desempregado involuntariamente o benefício de subsistência na expectativa de que a economia se equilibre e o tempo volte ao seu valor na força de trabalho.

Ainda no campo das relações de trabalho, o direito ao gozo de tempo de ausência de trabalho e, portanto, de aposentadoria é conquistado pela venda do tempo após longo período. A aposentadoria, portanto, é o tempo de descanso adquirido e que pressupõe continuidade da vida e respectiva qualidade. Claro, nem sempre se passa dessa forma porque o sistema de custeio fundado no custo de vida provável se vê atualmente em xeque porque o que se arrecada não sustenta a longevidade dos aposentados, quebrando o princípio de solidariedade entre as gerações.

No campo trabalhista, o direito ao descanso semanal de 24 horas, exemplificativamente, foi assegurado pela CF de 1937, no art. 137, *"d"*, e a CLT dispôs no mesmo sentido, acrescentando inclusive intervalo de 11 horas entre jornadas de trabalho. Tais direitos podem ser ditos fundamentais porque incondicionados e reconhecidos como tal.

Posteriormente, com o fim da Segunda Guerra Mundial e a queda do fascismo e do nazismo, empurrados pelas novas conquistas impostas pelos trabalhadores, o direito ao descanso semanal foi mantido como uma característica especial: deveria ser remunerado, princípio este absorvido pela Constituição Federal de 1946. Portanto, o que era um direito ao descanso passou à condição de valorização do tempo de descanso, abandonando a prática anterior de que somente se remunerava efetivamente o tempo de trabalho.

Somente três anos após a promulgação da Constituição Federal de 1946, a Lei n. 605/1949 regulamentou a forma pela qual o tempo de descanso seria remunerado e trouxe um aspecto razoável: a remuneração do descanso passou a compor o salário mensal de dias trabalhados e não trabalhados. Portanto, o descanso garantido de 24 horas teria uma compensação pelo tempo médio dispensado pelo trabalhador nos dias trabalhados.

Entretanto, a remuneração desse descanso ficou condicionada ao cumprimento da jornada da semana anterior, criando um paradoxo comparativamente ao direito fundamental ao lazer, este preservado e garantido a qualquer custo. O paradoxo é que o direito ao descanso semanal remunerado passou a ser um direito de conquista porque, se o trabalhador descumprir a duração do trabalho na semana, o direito ao remunerado do descanso semanal estará comprometido. Aqui, mesmo descumprida a duração do trabalho, o descanso semanal está assegurado sem o valor da remuneração respectiva.

O mesmo raciocínio é adequado para as férias anuais. Nesse caso, o direito fundamental ao lazer está condicionado ao trabalho de 12 meses, para mesmo empregador e, ainda, segundo escala de dias de folga de acordo com o número de faltas injustificadas ao serviço. De novo, para ter férias, o trabalhador deve conquistar, pois não se trata de direito incondicional. Trata-se de é um direito sujeito à perda por ato do empregado.

Por esses aspectos, não se pode ignorar a revolução dos meios de comunicação e a nova modalidade de utilização do tempo. Assim é que a evolução na forma de entrega de resultado de trabalho o desconsidera como fator preponderante porque o foco não é mais a venda de tempo, mas o serviço a ser executado e que pressupõe implicitamente sua adequação com o resultado, atribuindo ao prestador maior autonomia na utilização de seu tempo, personalíssimo e indisponível, até mesmo em relação ao Estado.

A intervenção mínima do Judiciário na autonomia da vontade coletiva

24 de agosto de 2018

A insegurança jurídica de normas de convenções coletivas ou acordos coletivos de trabalho sempre foi considerada elemento da dificuldade para os avanços nas negociações coletivas, as quais, na sua maioria, limitavam-se à repetição de direitos já assegurados por lei, com pouca margem de criatividade ou adaptação, quer por iniciativa de sindicato profissional, quer por sugestão patronal.

O modelo de organização sindical, burocratizado, monopolizado e de pouca aderência social, com raras exceções, criou sindicatos sem expressão de legitimidade. A partir da nova legislação, a revisão do hábito da comodidade e as novas perspectivas de negociações coletivas desafiarão sindicatos, empresas e Judiciário nos próximos anos.

A Lei n. 13.467/17, que alterou a CLT em diversos artigos e que foi chamada de reforma trabalhista, trouxe alterações relevantes no campo das relações individuais e coletivas de trabalho e que obrigam os intérpretes à moda antiga à reflexão para reconstruir o Direito do Trabalho nas novas diretrizes. As alterações trazidas foram de substancial relevância no âmbito coletivo quanto à contribuição sindical facultativa e quanto à afirmação de valor da autonomia da vontade coletiva para atribuir às negociações coletivas mais segurança jurídica, e aos sindicatos, maior responsabilidade negocial.

Dentro do contexto da reforma, no campo das relações coletivas, vale sempre comentar o teor do art. 8º, § 3º, da CLT, que assim dispõe: "No exame de convenção coletiva ou acordo coletivo de trabalho, a Justiça do Trabalho analisará exclusivamente a conformidade dos elementos essenciais do negócio jurídico, respeitado o disposto no art. 104 da Lei n. 10.406, de 10 de janeiro de 2002 (Código Civil), e balizará sua atuação pelo princípio da intervenção mínima na autonomia da vontade coletiva".

Os elementos fundamentais do disposto no citado parágrafo parecem não trazer novidades do ponto de vista do Direito (norma) porque os princípios e requisitos do negócio jurídico coletivo sempre foram objeto de análise em questões que envolvem normas de natureza coletiva trabalhista: representatividade sindical, assembleia, a forma e conteúdo do instrumento negocial, acordo coletivo ou convenção coletiva.

Entretanto, a referência ao art. 104 do Código Civil invoca diploma que sempre esteve à margem de aplicação do Direito do Trabalho, moldado este na proteção da relação individual. Contudo, é inegável que a validade do negócio jurídico, convenção ou acordo coletivo, não passou incólume da análise do Judiciário, cuja inobservância das partes era passível de nulidade do instrumento normativo.

Desse modo, o sindicato sempre foi o agente capaz na forma do art. 104 do Código Civil. Essa capacidade, em se tratando de direito coletivo, não é adquirida pelo monopólio da representação formal que é imposta pela Constituição Federal (art. 8º, VI), mas pela assembleia dos interessados que autoriza a materialização da vontade coletiva em acordo ou convenção coletiva. Pode-se dizer que o sindicato não age de forma autônoma, mas por meio dos representados e com eles se confunde na expressão dos seus interesses.

Ao tratar da intervenção mínima do Judiciário na autonomia da vontade coletiva, no nosso sentir, não se trata de impedir a prestação jurisdicional, mas de garantir que a autonomia da vontade seja a expressão dos interesses manifestados em assembleia, base fundamental e nuclear das relações coletivas do trabalho.

A intervenção mínima do Judiciário na autonomia da vontade coletiva poderá dar ensejo à interrupção do círculo vicioso em que a negociação coletiva seja revista pelo Judiciário trabalhista, que, considerando o sindicato frágil em sua composição associativa, desqualifica a norma coletiva.

Agora, deve valer a autonomia da vontade coletiva, e as entidades sindicais serão reconhecidas pela sua legitimidade por força da assembleia dos interessados.

Seguindo neste teor, a reforma incluiu o art. 477-B na CLT para afirmar que o plano de demissão voluntária ou incentivada previsto em acordo coletivo enseja a quitação plena e irrestrita dos direitos decorrentes da relação de emprego.

O *site* do Tribunal Regional do Trabalho de São Paulo traz notícia (17.8.2018) de que a 18ª Turma julgou improcedente ação civil pública, negando provimento ao recurso ordinário interposto pelo Ministério Público do Trabalho que pedia a condenação de empresa por supostas irregularidades decorrentes de demissão em massa de cerca de 1.400 trabalhadores no ano de 2016 (Processo 1001829-93.2017.5.02.0463).

Dentre os fundamentos do acórdão da lavra da Desembargadora Susete Mendes Barbosa de Azevedo, além de farta manifestação que relata a crise do setor econômico, assevera que "o fato de a proposta de implementação ter sido encaminhada através de negociação coletiva, já enfraquece a tese do Ministério Público de que houve assédio e coação, com utilização do instrumento para mascarar demissões discriminatórias".

Trata-se, portanto, de valorização no âmbito da empresa e seus empregados das negociações coletivas, lideradas pelo sindicato que efetivamente representou a vontade dos trabalhadores, aplicando-se todos os elementos do atual § 3º, do art. 8º da CLT, em especial os elementos do negócio jurídico que resultou no plano de demissão voluntária.

As reflexões que envolvem a reforma trabalhista não se esgotam, mas certamente o tema das relações coletivas vai merecer muito aprendizado e desprendimento da prática sindical de mais de 70 anos, com fortalecimento da boa-fé nas negociações coletivas.

Limites do MPT na mediação de negociação de contribuições sindicais

14 de setembro de 2018

Trata-se de tema recorrente dizer que a reforma trabalhista provocou uma revolução na adormecida organização sindical, alterando a natureza compulsória da contribuição legal, do art. 545 da CLT. Entretanto, as negociações coletivas tomaram caminhos diversos, e o custeio de sindicatos passou a funcionar como moeda de troca com contingências que devem ser consideradas, especialmente nas normas inseridas em convenções coletivas de trabalho. Também o Ministério Público do Trabalho tem sido procurado para mediar os interesses de custeio dos sindicatos.

A obrigação do pagamento de contribuição assistencial e confederativa tem entendimento pacificado no Tribunal Superior do Trabalho e no Supremo Tribunal Federal no sentido de que se vinculam ao recolhimento apenas os associados do sindicato (Precedente Normativo 119 do TST e Súmula Vinculante n. 40 do STF), porque, contrariamente, violaria o princípio da liberdade sindical quanto ao direito de se associar ou não a sindicato. Nesse sentido, confira-se notícia publicada na *ConJur* em 3 de março de 2017 sobre recurso extraordinário com repercussão geral sobre a matéria em que o STF considerou inconstitucional cláusula de acordo coletivo, convenção coletiva ou sentença normativa que impõe o desconto de salários a empregados associados ou não do sindicato.

Entretanto, a partir da vigência da reforma, as negociações coletivas criaram outras formas de custeio para sindicatos que poderiam ser classificadas como abuso do direito sindical, tanto pelos sindicatos profissionais como patronais, porque insistem no caráter obrigatório do desconto nos salários dos empregados, deixando as empresas às escuras entre a norma coletiva e sua garantia constitucional (art. 7º, XXVI) e a citada jurisprudência que homenageia o direito à liberdade de associação.

A denominação utilizada para dar destino à arrecadação e que serviria para justificar o desconto varia segundo o interesse (cláusula de fortalecimento sindical, cláusula de formação profissional, saúde e lazer, por exemplo) e os valores são calculados sobre os reajustes ou percentuais de salários. Além dessa cláusula que pretende substituir a contribuição compulsória, fica mantida, como de praxe, a contribuição assistencial. Para finalizar, as cláusulas pretendem que a obrigação de pagamento atinja associados e não associados do sindicato. Cláusulas dessa natureza poderiam ensejar a nulidade em ação própria pelo Ministério Público do Trabalho.

De plano verifica-se a insistência dos sindicatos em pactuar cláusula de contribuição obrigatória que já fora rejeitada pela jurisprudência do TST e do STF e que são incapazes de gerar efeitos jurídicos coercitivos. A suntuosidade com que são redigidas impressiona.

Não há dúvidas de que as negociações coletivas devem ser estimuladas a fim de que se busque o equilíbrio de interesses entre trabalhadores e empregadores. Todavia, o conteúdo de cláusulas que tratam do custeio de sindicatos é de flagrante abuso de direito sindical, pois desconsidera a efetiva manifestação da autonomia da vontade coletiva. As normas coletivas devem estar condicionadas a decisão assemblear, desqualificando-se a natureza obrigatória quando celebradas sem ouvir os interessados.

Neste sentido, o Ministério Público do Trabalho poderia exercer papel relevante de guardião da ordem e do exercício da liberdade sindical, enquanto direito individual que se materializa de forma coletiva. Quando se tratar de matéria de direito coletivo, chamado ao papel de mediador, o Ministério Público do Trabalho poderá atuar de forma pedagógica, fortalecendo e estimulando a conciliação, sem deixar de observar o interesse público em detrimento do interesse particular de entidades sindicais.

Assim, a adequação de interesses de sindicatos para suprir a ausência de contribuição sindical com sustentação pelo Ministério Público não serve para adquirir eficácia jurídica obrigatória pelo fato de que fora avalizada pelo parquet, cuja autoridade foi emprestada para formalmente revestir de compulsória verba cuja natureza facultativa já foi superada pela jurisprudência do Tribunal Superior do Trabalho e do Supremo Tribunal Federal.

Por isso, não poderia causar estranheza que o Ministério Público do Trabalho se recuse a pactuar a concordância, como mediador, de repasse à entidade sindical, de diferenças salariais que seriam pagas aos empregados, obtidas em reajuste da data base, criando no âmbito da categoria econômica dúvida e insegurança na validade do pactuado porquanto ofensivo à salvaguarda constitucional do direito à liberdade sindical.

PLR e a atuação limitada da Justiça do Trabalho em dissídio coletivo

5 de outubro de 2018

Desde a primeira medida provisória (794/94), que dispôs sobre a faculdade de os empregadores e empregados negociarem a participação nos lucros ou resultados das empresas, o modo de solução de eventual impasse foi atribuído à mediação ou arbitragem de ofertas finais no art. 4º, incisos I, II, repetidos durante anos até, finalmente, ser repetido na Lei n. 10.101/2000. São dois, portanto, os aspectos relevantes: o primeiro se refere ao caráter facultativo da implantação de plano de PLR pelos empregadores; o segundo é a exclusão da possibilidade de que a Justiça do Trabalho pudesse fixar por decisão normativa, substituindo-se ao entendimento das partes, valores a título de PLR ou ainda que a implantação de PLR poderia ser objeto de greve a ser decidida judicialmente.

O que se viu ao longo dos anos foi de apropriação pelos sindicatos obreiros de que PLR se confundia com direitos trabalhistas e passaram a inserir como pleito juntamente com as demais pretensões da categoria por ocasião de data-base.

Esse reconhecimento de que a reivindicação laboral se assemelhava a conflito de natureza trabalhista e, assim sendo, que se tratava de direito sujeito a interferência do Judiciário, levou a Justiça do Trabalho a considerar como parte do exercício de seu poder normativo e, apreciando a reivindicação, julgar em dissídios coletivos. Não foram poucas as sentenças normativas que, sem atender ao dispositivo legal, impuseram a empregadores pagamento de valores sem qualquer vinculação de uma efetiva participação dos trabalhadores e sem considerar a capacidade econômica das empresas.

Recentemente, o Tribunal Regional do Trabalho da 2ª Região noticiou que a Seção Especializada em Dissídios Coletivos, em acórdão da desembargadora relatora Ivani Contini Bramante, fundamentando-se no preâmbulo da Constituição Federal em torno da solução pacífica de controvérsias e em decisão do TST, de sua Seção Especializada em Dissídios Coletivos, RO 5902-33.2016.5.15.0000, publicada em 22.6.2018 (*DEJT*), acórdão da lavra da ministra Kátia Magalhães Arruda que reformou decisão do regional e excluiu obrigação de pagamento de PLR sob o fundamento de que o TRT teria extrapolado o exercício do poder normativo e que o sistema de arbitragem de ofertas finais se restringe a ofertas das partes não cabendo ao tribunal o encaminhamento de terceira proposta.

O texto grifado pela desembargadora relatora Ivani Contini Bramante, ao citar o acórdão da ministra Kátia, diz que "a jurisprudência desta Corte, com amparo no art. 4º, II e § 1º da Lei n. 10.101/2000, admite a atuação da Justiça do Trabalho, para decidir conflito que envolva participação nos lucros ou resultados, por meio do sistema da arbitragem de ofertas finais, quando as partes assim pactuarem. No caso em concreto, conforme consta expressamente na ata de audiência, as partes, de comum acordo, optaram pelo sistema da arbitragem de ofertas finais, elegendo a Justiça do Trabalho para dirimir o conflito referente à questão da participação nos lucros ou resultados. Porém, diante da expressa delimitação ajustada pelas partes interessadas, a atuação do Tribunal do Trabalho, no exercício do poder normativo, fica restrita ao sistema da arbitragem de ofertas finais, ou seja, escolher uma entre as propostas finais apresentadas pelo suscitante e pelo suscitado, na forma da lei".

Assevera ainda a relatora desembargadora com propriedade, seguindo a corte maior, que "somente em caráter excepcional, e desde que haja concordância entra as partes é que a Justiça do Trabalho pode arbitrar, mediante o sistema da aceitação de ofertas finais, o conflito coletivo a ela trazido".

A jurisprudência do SDC da 2ª Região, todavia, firmou o Precedente Normativo 35, segundo o qual, em matéria de PLR, quando reivindicado, determina prazo de 60 dias para empregados e empregadores implantarem o plano, com formação de comissão paritária, cujo desrespeito implica multa de 10% sobre o salário normativo, até o efetivo cumprimento, a favor da entidade sindical, com estabilidade aos membros da comissão eleitos pelos empregados.

As duas soluções, superior e regional, tendem a produzir efeitos com reflexões relevantes sobre a orientação inserida no citado precedente, em especial quanto à aplicação de PLR em caso de impasse de entendimentos entre trabalhadores e empregador. Não mais poderia ser adotada norma de imposição pelo Judiciário trabalhista.

A primeira reflexão é que a implantação de PLR tem caráter facultativo e não é matéria que se assemelha às reivindicações em dissídio coletivo, muito embora, nos casos analisados, a competência se definiu pela provocação do Judiciário pelas partes e, deste modo, se encaminhou dissídio para sua solução final pela SDC regional. Efetivamente, um plano de PLR é uma oportunidade de negócio jurídico que os empregados fazem com seu empregador, sem comprometer o contrato de trabalho.

A respeito do tema, já tivemos oportunidade de observar que "jamais um programa que se baseia na cooperação e na integração de interesses deveria ser imposto mediante sentença normativa da Justiça do Trabalho, incompetente para decidir sobre a fixação de condições de distribuição de participação nos lucros ou resultados e respectivos valores, porquanto foge ao campo do contrato de trabalho e seu conteúdo" (in: *Participação nos lucros ou resultados das empresas*. São Paulo: Ed. Dialética, 1998. p. 77).

A segunda reflexão é que a jurisprudência trabalhista vai se confirmando no sentido de que PLR não pode ser objeto de sentença normativa, com fixação de valores aleatórios e que se transformem em obrigações de caráter normativo. Desta feita, portanto, esse entendimento autoriza que não se negociem PLR juntamente com questões de ordem trabalhista, que usualmente são inseridas e perdidas no espaço de CCT, cláusulas que obrigam a pagamento de valores fixos sem qualquer forma de integração dos trabalhadores.

A terceira reflexão é que os tribunais trabalhistas poderão atuar como mediadores ou árbitros em estreito cumprimento do que dispõe o art. 4º, da Lei n. 10.101/2000, em especial quando, efetivamente, houver interesse de empresas e trabalhadores na negociação e implantação de PLR.

O impasse é a razão da busca da solução por arbitramento. A escolha do Judiciário é uma opção a ser decidida pelas partes, mas nunca a única forma de solucionar conflitos. A atuação do TRT da 2ª Região, neste caso, é renovadora.

A necessária adequação do pagamento de prêmios à sua natureza jurídica

26 de outubro de 2018

O *Dicionário Houaiss da Língua Portuguesa*, dentre as várias situações em que se poderia utilizar o vocábulo "prêmio", o define, por extensão do significado de retribuição em dinheiro por um serviço, como "quantia em dinheiro ou objeto de valor real dados a quem fez jus e distinção conferida a quem se destaca por méritos, feitos ou trabalhos, galardão, condecoração".

Já sobre gratificação, o dicionário traz significado de "pagamento adicional, não condicionado à obrigação contratual concedido a um funcionário como gratidão à sua colaboração ou como prêmios ao resultado do trabalho".

Trazidas as expressões para o universo jurídico trabalhista, constata-se que a referência legal a prêmio foi inaugurada pela Lei n. 13.467/2017. Anteriormente, prêmio se confundia com gratificação aos empregados em razão de assiduidade, produtividade, economia e outras modalidades, segundo a criatividade de cada empresa no sentido de produzir algum efeito no comportamento de seus empregados. Deste modo, na medida em que havia sido pactuado expressamente ou em decorrência da habitualidade de pagamento, comungava da natureza salarial e, portanto, gerava efeitos trabalhistas e para fim de encargos sociais. Não é demais lembrar o conceito de prêmio trazido por Amauri Mascaro do Nascimento, afirmando que "prêmios ou bonificações são salários vinculados a fatores de ordem pessoal do trabalhador, como a economia de tempo, de matéria prima, a assiduidade, a eficiência, o rendimento" (*O Salário no Direito do Trabalho*. São Paulo: LTr, 1975. p. 213).

Portanto, gratificação e prêmio podem ter o mesmo significado e, a depender do fato gerador do seu pagamento, poderão ou não ter natureza jurídica salarial. O elemento divisor a ser observado é o condicionamento pactuado para sua obtenção pelo empregado, caso em que ficaria atrelado à natureza salarial porque seria considerado como contraprestação de serviços.

A reforma trabalhista inovou ao trazer disposição expressa no sentido de que os prêmios, ainda que habituais, não integram a remuneração do empregado, não se incorporam ao contrato de trabalho e não constituem base de incidência de qualquer encargo trabalhista e previdenciário (art. 457, § 2º, da CLT). A primeira impressão dessa leitura é que os prêmios teriam sido definitivamente afastados da condição jurídica de salário.

Interpretações mais apressadas logo consideraram que as empresas poderiam rever sua folha de pagamento e excluir os prêmios, usualmente condicionados a metas ou performance previamente definidos, da base de salário de contribuição porque teria a lei assim determinado.

Entretanto, o § 4º, do mesmo artigo, esclareceu quando, efetivamente, o prêmio estaria desvinculado do salário e de obrigações fiscais, dispondo que os prêmios devem corresponder a "liberalidades concedidas pelo empregador em forma de bens, serviços ou valor em dinheiro a empregado ou a grupo de empregados, em razão de desempenho superior ao ordinariamente esperado no exercício de suas atividades".

A liberalidade de que trata a lei é aquela que decorre de ato discricionário do empregador. Porém, não é demais lembrar que a jurisprudência unificada do TST, na Súmula n. 152, desconsiderou a liberalidade declarada em recibo de pagamento, impondo o ajuste tácito. Desta feita, somente a liberalidade não basta. O elemento subjetivo e incerto, não programado e isento de expectativa pelo empregado, é que deve prevalecer a fim de que a excludente da natureza salarial se imponha.

Assim, a previsão legal não trata de prêmio condicionado a qualquer tipo de comportamento disciplinar ou técnico, mas de valor em dinheiro ou serviços de caráter aleatório, imprevisível, de que poderá o empregador se utilizar para distribuir a seus empregados. Neste caso, aplica-se a nova disposição legal e seriam excluídos os reflexos trabalhistas e previdenciários.

Todavia, compatibilizar os conceitos emitidos pelos dois parágrafos pode trazer certa dificuldade por aparente contradição. Primeiro porque o § 2º afirma que, ainda que habitual, não terá natureza jurídica salarial e, segundo, porque o § 4º restringe o conceito para hipótese específica de desempenho superior ao ordinariamente esperado no exercício de suas atividades.

No campo daquilo que seja ordinariamente esperado, poderiam ser considerados os resultados de obrigações de rotina contratados, tais como metas por comissões, exemplificativamente.

Para o desempenho superior ao ordinariamente esperado, poderiam ser atribuídos comportamentos de performance excepcional e visivelmente constatados, sem prévio conhecimento e comunicação aos empregados.

Portanto, comissões por metas têm indiscutível natureza salarial, e prêmio por superação de metas condiciona o empregado a comportamento de superação. O resultado terá efetiva natureza de contraprestação de serviços e, portanto, será contaminado pela natureza jurídica salarial. Nesse sentido, o TST (TST-E-RR445-46.2010.5.04.0029, SBDI-I, 22.9.2016), em voto do ministro Augusto César Leite de Carvalho, decidiu pela natureza jurídica salarial de prêmios ou bônus pelo alcance de metas ou objetivos globais da empresa:

"Prêmios ou bônus pelo cumprimento de metas. Natureza jurídica diversa das comissões. Horas extras. Inaplicabilidade da Súmula n. 340 do TST e da Orientação Jurisprudencial n. 397 da SBDI-I. Incidência da Súmula n. 264 do TST. A forma de remuneração disposta na Súmula n. 340 do TST e na Orientação Jurisprudencial n. 397 da SBDI-I é aplicável somente aos trabalhadores remunerados à base de comissões, tais como aquelas obtidas por vendas. Prêmios ou bônus pelo alcance de metas ou objetivos globais, de produção, por quilômetro rodado, entre outros, não possuem a mesma natureza de comissões, devendo o pagamento de tais valores repercutir no cálculo das horas extras na forma da Súmula n. 264 do TST. Sob esse fundamento, a SBDI-I, por unanimidade, conheceu do recurso de embargos, por divergência jurisprudencial e, no mérito, por maioria, deu-lhe provimento para determinar a incidência dos prêmios no cálculo das horas extras, nos termos da Súmula n. 264 do TST".

Desta forma, não se pode tomar a parte pelo todo, isto é, a afirmação genérica da lei não serve para enquadramento jurídico de qualquer modalidade de prêmio cuja natureza jurídica deverá ser avaliada em cada circunstância, observadas as condições de liberalidade e desempenho superior ao ordinariamente esperado.

Liberdade e autonomia no exercício do direito de petição pelo advogado

23 de novembro de 2018

Muito se tem falado que a Reforma Trabalhista trouxe para o processo do trabalho a necessidade de mais cuidado no momento de elaborar os pedidos porque o risco da sucumbência em honorários advocatícios teria exigido do advogado certo equilíbrio para pleitear reparação de prejuízos advindos do descumprimento de obrigações trabalhistas. Todavia, esta informação não deve impedir o livre direito de peticionar nem mesmo autoriza o Judiciário a obstaculizar o andamento *in limine* de ações por considerar inadequada ao seu estilo.

A petição inicial, como peça de inauguração da lide deve ser objetiva e simples a fim de que o magistrado possa dar a devida prestação jurisdicional. Em palavras outras, conforme disposto no art. 840, § 1º da CLT a reclamação deverá conter breve exposição dos fatos de que resulte o dissídio e o pedido, que deverá ser certo, determinado e com indicação de seu valor.

Em relação à contestação, no processo trabalhista, aplica-se a mesma regra da objetividade quanto aos fatos e o direito demandado, valendo ainda o disposto no art. 847 da CLT.

Quanto ao estilo da escrita e forma de articular os fatos, cabe exclusivamente ao profissional que deverá estar convencido da sua adequação e encaminhamento processual. Trata-se de compromisso do advogado na defesa dos interesses do seu cliente sendo certo que em determinadas ocasiões pode dar a impressão de que a extensão de volume traz a razão e ganho de causa.

Nos dias atuais, a tecnologia tem facilitado citações de jurisprudência muitas vezes desnecessárias neste momento da propositura da ação ou às vezes da apresentação da defesa, tornando a leitura cansativa tanto para a preparação de defesa quanto para o magistrado. Até porque o sistema recursal somente autoriza adoção vinculativa da jurisprudência uniformizada.

Entretanto, ao magistrado cabe receber a ação e decidir ao final de acordo com as condições apresentadas pelo autor ou réu. Pode pedir emendas e esclarecimentos ou juntada de documentos, nos termos do disposto pelo art. 139 do CPC.

Neste caso, refiro-me à sentença de indeferimento da inicial (RTOrd 0021012-77-2018.5.04.0204) que, considerada longa demais, "com 42 laudas", com "diversas citações desnecessárias", não atenda à determinação legal de "breve exposição dos fatos", com jurisprudência desnecessária e excessiva, determinando, ao final, que a parte ajuíze outra reclamação, com no máximo 10 laudas, com a mesma fonte e tamanho de fonte, cujo não atendimento implicaria nova extinção.

Ao juiz cabe a direção do processo (art. 139 CPC) e dentre as incumbências expressas está a de "determinar o suprimento de pressupostos processuais e o saneamento de outros vícios processuais" (art. 139, IX, CPC), permitindo à parte a prestação jurisdicional de mérito (art. 488, CPC).

Parece que exorbita a prestação jurisdicional com a determinação ameaçadora que limita o número de laudas para peticionar, padronizando e modelando a forma de sustentar os fatos cujo conhecimento é, no momento da elaboração da petição, de foro íntimo do profissional e seu cliente. Se há exageros, pode-se lamentar, mas não decidir de modo autoritário e professoral porquanto a advocacia deve ser exercida com liberdade (art. 7º, I, Lei n. 8.906/94) e, no momento da petição, quem tem a palavra é o advogado.

O processo trabalhista sempre primou pela sua simplicidade e celeridade e parece que o novo Código de Processo Civil contribui para que a prestação jurisdicional de mérito vá ao encontro do jurisdicionado de modo efetivo, assegurando o direito de petição, boa ou ruim aos olhos de outros, mas com liberdade no exercício da atividade profissional.

Isonomia em negociação coletiva: Prevalência do negociado sobre o legislado

14 de dezembro de 2018

O *site* do TST, publicou, no dia 9 de novembro, notícia com a seguinte chamada: *Cláusula coletiva que condiciona salário profissional ao tempo de experiência não tem caráter discriminatório*, referindo-se a decisão unânime em recurso ordinário de ação anulatória de norma coletiva ajuizada pelo Ministério Público do Trabalho (TST--RO-13-59.2017.5.08.0000).

O tema chama atenção por dois aspectos: primeiro pela aplicação do princípio de isonomia e, segundo, pelo reconhecimento da autonomia da vontade coletiva.

Com efeito, a convenção coletiva de trabalho, objeto da ação anulatória, foi celebrada entre a Fecomércio do Pará, a Federação dos Trabalhadores no Comércio e Serviços do Pará e do Amapá (Fetracom) e com o sindicato dos trabalhadores no Pará.

O fundamento da ação, além de outras cláusulas, diz respeito ao fato de que foi criado o salário profissional da categoria superior ao salário mínimo cuja percepção está condicionada a duas hipóteses: que o salário seja fixo e que o empregado possua "um ano de experiência na mesma especialidade e no mesmo ramo de negócio comprovado pela CTPS, somando-se períodos de empregadores anteriores ao período da empresa empregadora atual" (cláusula 3ª, parágrafos 1º e 2º).

O parquet sustentou que a cláusula normativa viola os arts. 5º e 7º, XXX, da Constituição Federal, respectivamente que asseguram a igualdade de todos perante a lei e a proibição de discriminação na relação de emprego.

O TRT da 8ª Região julgou procedente a ação para anular a cláusula porque estaria violando o princípio constitucional da isonomia, permitindo a prática de desigualdades salariais e critérios discriminatórios na fixação de salários.

A Seção Especializada em Dissídios Coletivos considerou que não se aplica no caso a ofensa ao princípio da isonomia e reconheceu a validade de cláusula coletiva nos termos pactuados, ou seja, com salário profissional apenas aos empregados com um ano de experiência ou mais na atividade profissional no âmbito da representação sindical. O acórdão é da lavra da ministra Kátia Magalhães Arruda e acrescenta que a cláusula não extrapola os limites da autonomia coletiva.

O fundamento trazido pelo acórdão foi de que "não há desrespeito ao princípio da isonomia, porque as regras impugnadas não criam pisos salariais diferenciados para os trabalhadores nas mesmas condições abrangidos pela norma coletiva", finalizando com a prevalência do "reconhecimento da cláusula estabelecida livremente pelos sindicatos em negociação coletiva".

Dois aspectos merecem destaque: (i) a aplicação do princípio da isonomia e (ii) a força do reconhecimento na livre negociação coletiva.

Sobre a garantia constitucional da igualdade de todos perante a lei vedaram-se as discriminações que restrinjam os direitos dos cidadãos cujo tratamento deve ser assegurado de modo idêntico pela lei. Discriminação, no caso da norma coletiva, não se aplicaria porque estabelece critérios genéricos para determinado grupo de trabalhadores. Alf Ross, referindo-se à igualdade do direito vigente, acentua que, na hipótese de a constituição expressar de forma específica que todos são iguais perante a lei (*caput* do art. 5º da CF) que esta deve ser aplicada sem referência às pessoas ou que "a lei não deve se basear em distinções ou características consideradas irrelevantes ou injustas" ("Direito e justiça". Bauru,SP. EDIPRO. 2003, p. 332). Deste modo, a diferenciação que se estabelecera na norma coletiva está de acordo com a Constituição Federal.

A força do reconhecimento na livre negociação efetuada pelos sindicatos traz a tônica do reconhecimento da autonomia da vontade coletiva, pressuposto da liberdade de negociar como condição de validade e eficácia da norma coletiva, reproduzindo, ainda que se trate de negociação anterior à vigência da Lei n. 13.467/2017, conforme destacado pela ementa, o princípio da intervenção mínima na autonomia da vontade coletiva.

Todavia, a orientação da SDC do TST poderia sugerir que, no caso da Súmula n. 451, aplicada no âmbito de litígios individuais, houvesse adequação da aplicação do princípio da isonomia. É que, a jurisprudência uniformizada considera nula cláusula de acordo coletivo ou norma regulamentar, que condiciona a percepção da parcela participação nos lucros e resultados ao fato de estar o contrato de trabalho em vigor, na data prevista para a distribuição dos lucros", está a negar validade da norma livremente negociada e presume que o ex empregado teria concorrido para os resultados positivos da empresa. Segundo a decisão trazida em destaque, não haveria violação constitucional ao princípio de isonomia.

De qualquer forma, no âmbito das relações coletivas, normas que estabelecem para trabalhadores em condições desiguais, critérios para aquisição de direito não ofenderiam o princípio da isonomia.

2019

Limitações legais da carteira verde-amarela para *O Caminho da Prosperidade*

4 de janeiro de 2019

O Presidente Jair Bolsonaro, de acordo com sua proposta de plano de governo, deverá dar andamento ao modelo de contratação de trabalhadores por meio do que chamou de "carteira de trabalho verde-amarela".

Trata-se de uma expressão cuja sinalização foi adotada em contraposição à tradicional Carteira de Trabalho e Previdência Social de capa azul, criada em 1969 (Decreto n. 926) para substituir a Carteira Profissional de 1932, que se apresentava com capa marrom. No dia 21 de novembro de 2017, foi lançada a Carteira de Trabalho digital, desenvolvida pela Dataprev e que está disponível para os cidadãos através de um aplicativo para celular, nas versões iOS e Android. A CTPS é um documento obrigatório que traz qualificações do trabalhador bem como da sua vida profissional, além de anotações sobre a relação mantida com o INSS, tais como afastamentos e dependentes.

Como se vê, não se poderia pensar em nova carteira de trabalho, mas em algum modelo jurídico de trabalho que possa efetivamente criar opções seguras para gerar oportunidades de trabalho que, observando as garantias do art. 7º da Constituição Federal e os parâmetros da Lei n. 13.467/17, em que o contrato individual teria prevalência sobre as normas de proteção da CLT, que serviu ao regime militar e aos regimes democráticos posteriores e agora é chamada de fascista.

Quais seriam, portanto, com base no plano de governo as mudanças sistemáticas possíveis que existem entre o regime CTPS e o modelo da metafórica carteira verde-amarela?

Diz o plano que, *verbis*:

"Criaremos uma nova carteira de trabalho verde e amarela, voluntária, para novos trabalhadores. Assim, todo jovem que ingresse no marcado de trabalho poderá escolher entre um vínculo empregatício baseado na carteira de trabalho tradicional (azul) — mantendo o ordenamento jurídico atual —, ou uma carteira de trabalho verde e amarela (onde o contrato individual prevalece sobre a CLT, mantendo todos os direitos constitucionais).

Além disso, propomos a permissão legal para a escolha entre sindicatos, viabilizando uma saudável competição que, em última instância, beneficia o trabalhador.

O sindicato precisa convencer o trabalhador a voluntariamente se filiar, através de bons serviços prestados à categoria. Somos contra o retorno do imposto sindical"[(5)].

Assinalam-se os seguintes aspectos da proposta: (i) trata-se de opção voluntária; (ii) destinada a jovens trabalhadores; (iii) manifestação expressa da vontade que prevaleça sobre os direitos da CLT, mantidas as garantias constitucionais; (iv) questão sindical.

A análise deve remeter sempre à Constituição Federal, como pano de fundo, em cujo arcabouço de garantias não se propõe alteração e está preservado no seu aspecto principal e temático. Assim, o FGTS está garantido, mas é a lei ordinária que estabelece o percentual de recolhimento. No mesmo sentido o 13º salário, o descanso semanal remunerado, por exemplo.

A proposta sugere a possibilidade de que o trabalhador possa escolher regime de contrato de trabalho diverso do "tradicional", com regras contratuais privadas e individuais, em que afora a Constituição Federal, como fundamento de garantia de proteção básica, se sustentaria nas regras do Código Civil.

Como então compatibilizar garantias constitucionais com prevalência do negociado de forma individual? De que modo a hipossuficiência do trabalhador poderia ser superada, em especial em situação de desemprego assustador?

Parece oportuno lembrar que no passado (1967) tivemos a introdução do regime de opção ao FGTS em contraposição ao regime da estabilidade da CLT que assegurava indenização anual equivalente à remuneração do empregado e a estabilidade após dez anos de trabalho ao mesmo empregador. De lá para os dias atuais, prevaleceu o regime do FGTS e a estabilidade desapareceu na Constituição Federal, em 1988.

É inquestionável a mudança de paradigma na forma de tratar a hipossuficiência, construída em torno de Estado tradicionalmente protecionista e um modelo sindical corporativo e fragilizado. No mesmo sentido, o histórico volume de ações trabalhistas em que se busca a reparação de direitos básicos, poderia colocar em dúvida a sobrevivência com eficácia e efetividade de modelo fundado na manifestação individual do trabalhador.

(5) *O Caminho da Prosperidade*. Proposta de Plano de Governo: constitucional, eficiente, fraterno. p. 64 de 81.

A hipossuficiência não pode ser ignorada. Ela adere às relações de trabalho, independentemente do nível de especificidade ou remuneração do contratante.

A outra característica da carta-proposta refere-se ao campo de aplicação da nova modalidade de contratação: a adesão está destinada apenas aos jovens que ingressem no mercado de trabalho. Este aspecto da reserva de aplicação da "nova carteira" seria, para alguns, inconstitucional porque suporia a criação de classes de trabalhadores, hipótese vedada pela Constituição Federal.

Neste caso, poderia ser contraposto ao argumento o reconhecimento de trabalhadores com especiais condições de trabalho, como avulsos, microempreendedor individual e cooperados, entre outros.

No campo das relações coletivas de trabalho, a carta-proposta ignora o art. 8º da Constituição Federal porque refere à "permissão legal para a escolha entre sindicatos, viabilizando uma saudável competição que, em última instância, beneficia o trabalhador". A proposta afronta a garantia constitucional da não intervenção do Estado e a unicidade sindical. É porque sugere a permissão legal para a escolha entre sindicatos e, neste caso, apenas por emenda constitucional poderia ser admitida com segurança jurídica. A competição entre sindicatos e a filiação de trabalhadores teria que romper a organização em categorias profissionais.

Enfim, à guisa de reflexões, considera-se que: (i) a "carteira verde-amarela" se apresentaria como opção de regime de contrato de trabalho, semelhante ao do FGTS na sua origem; (ii) nas relações individuais, os direitos e garantias constitucionais estão preservados; (iii) nas relações coletivas bastaria a ratificação da Convenção n. 87 da Organização Internacional do Trabalho; (iv) qualquer que seja o encaminhamento da proposta, não se pode excluir a participação dos sindicatos representativos dos trabalhadores e aprofundado debate na sociedade.

Terceirização e prestação de serviços por meio de pessoa jurídica

1º de fevereiro de 2019

Sempre se discutiu entre nós que a contratação de empresa especializada para a terceirização de serviços envolvia a atividade-meio do tomador e que, se assim não fosse, presumia-se o ilícito e o crime de marchandage. Foi nesse sentido que caminhou o entendimento do TST ao unificar a jurisprudência na Súmula n. 331, fixando-se no conteúdo do trabalho recebido e na subordinação ao tomador a que poderia estar se submetendo o empregado do prestador de serviços. Desta forma, as ações trabalhistas envolvendo este tema tinham o objetivo de demonstrar que a empresa terceirizada estaria sendo utilizada de modo a evitar o vínculo direto entre o tomador e os trabalhadores. A terceirização como forma de gestão de empresa passou a ser considerada como presunção de fraude. Todavia, mesmo após alteração da Lei n. 6.019/74 com a aprovação da Lei n. 13.429/17, acrescida das alterações trazidas em complemento pela Lei n. 13.467/17, o problema ainda pode ser colocado, mas agora sob o viés da violação de lei e da ilicitude, quando for o caso, no conteúdo da prática da contratação.

Desta feita, não se pode mais tratar a terceirização como ilegal. O art. 4º A da Lei n. 13.429/17 em sua nova redação considera como prestação de serviços a terceiros a execução de quaisquer das atividades, inclusive a principal. É contrato típico denominado "contrato de prestação de serviços". Assim, não se discute mais, a partir de então, a natureza dos serviços prestados, se se incluem no objeto fim ou meio do tomador. *Tout court*: é um contrato.

Ora, se assim é na lei, já não se aplicaria a presunção de vínculo de emprego em contratos de prestação de serviços, restringindo a atuação da fiscalização de auditores trabalhistas neste aspecto, inclusive do Ministério Público do Trabalho.

Além dessa relevante objetividade quanto aos aspectos formais, também a Lei n. 13.429/17 deu o devido tratamento para a natureza jurídica do trabalho temporário, eliminando dúvida e confusão habitual na doutrina e jurisprudência com a terceirização de serviços ou como modalidade de contrato de trabalho a prazo. Trata-se de uma relação de trabalho cujo conteúdo jurídico está concentrado na natureza do trabalho temporário, para satisfazer demanda complementar. Acrescente-se que objeto do contrato entre a empresa tomadora de mão de obra e fornecedora de mão de obra restringe-se à própria cessão de mão de obra, sem responsabilidade desta quanto ao resultado do trabalho que será executado.

Quando se trata de prestação de serviços por terceiros, o objeto contratual é a transferência pela contratante para o atendimento dos serviços que estão sendo contratados e para o qual a prestadora poderá se valer de trabalhadores próprios ou atuar de modo individual em relacionamento contratual cuja finalidade, diga-se de novo, é a prestação de serviços em quaisquer atividades, inclusive a principal, desde que o prestador tenha capacidade econômica compatível com sua execução.

Dito isso, então, quando o contratante e contratado estariam violando a lei? Pode-se pensar em celebração de contrato na forma da lei com conteúdo ilícito?

As respostas a essas duas questões remete ao período anterior à Lei n. 13.429/17, quando se consolidou a jurisprudência do TST, na Súmula n. 331, que, no seu princípio essencial, continua em plena aplicação.

Assim, o contrato de prestação de serviços em atividade-meio ou principal pode cumprir estritamente os parâmetros da lei, mas a relação de trabalho não poderia colocar o trabalhador da empresa que presta serviços terceirizados, sob o comando e subordinação do tomador. Vale dizer que o dono dos serviços não é o contratante cuja expectativa é que os serviços sejam concluídos ou prestados pela empresa de prestação de serviços por meio de empregados próprios ou não.

Maior é a dificuldade quando o prestador de serviços se confunde com a própria empresa contratada, ou seja, o cumprimento do contrato adquire a pessoalidade na sua execução. A pessoalidade não é uma característica exclusiva do contrato de emprego. Outros contratos existem com a mesma condição ou peculiaridade, como, por exemplo, o trabalho autônomo, o representante comercial, o contrato de frete, o mandato.

O que se estabelece como distinção efetiva de um contrato de emprego e o de prestação de serviços é a ausência de subordinação neste último.

A subordinação é a condição fundamental, segundo Adilson Bassalho Pereira (A subordinação como objeto do contrato de emprego, SP, LTr, 1991, p. 38 e seguintes), da existência do vínculo de emprego do ponto de vista do empregador que se interessa não só pelo trabalho do empregado, mas também pela sua subordinação. A subordinação deve ser considerada como a renúncia do empregado ao exercício da liberdade de dispor de seu tempo, exclusivo. É a entrega, como condição contratual, da força de trabalho a serviço de outrem em determinada fração de tempo.

A responsabilidade contratual, contrariamente ao contrato de emprego, deixa o livre-arbítrio em sua plenitude e o contrato se faz pelo resultado do serviço e não pelo controle e domínio do outro.

Finalmente, do ponto de vista da prestação de serviços em atividade-fim ou meio, qualquer que seja a modalidade de entrega do resultado, o fundamental é considerar a presença ou não da subordinação e, neste caso, poder-se-ia afirmar que a reforma trabalhista não trouxe novidades porque prevalece o entendimento de fundo da Súmula n. 331 do TST.

A questão do aviso prévio proporcional ao tempo de serviço

22 de fevereiro de 2019

A Lei n. 12.506/2011, que regulamentou o aviso prévio proporcional ao tempo de serviço, previsto no inciso XXI, do art. 7º, da Constituição Federal, ainda traz aspectos controvertidos na sua aplicação, em especial quanto à inclusão dos dias adquiridos no tempo de serviço do contrato de trabalho.

Já tem pacificada sua interpretação de que se trata de um direito exclusivo dos trabalhadores e que não admite a reciprocidade de indenização quanto aos 30 dias da lei ordinária. Consoante jurisprudência, o TST tem se orientado neste sentido conforme ementa da lavra da Ministra Maria Cristina Irigoyen Peduzzi (E-RR-987-25.2013.5.04.0008), julgado em 6.9.2018 pela Subseção I Especializada em Dissídios Individuais:

> "Com a ressalva de meu entendimento, a C. SBDI-I já decidiu que a proporcionalidade do aviso prévio, prevista na Lei n. 12.506/2011 , é um direito exclusivo do trabalhador, de modo que sua exigência pelo empregador impõe o pagamento de indenização pelo período excedente a 30 (trinta) dias." (E-RR-1964-73.2013.5.09.0009, relator Ministro Hugo Carlos Scheuermann, SBDI-I, *DEJT* 29.9.2017)

Todavia, ainda subsiste celeuma em torno do reflexo dos dias adquiridos pelos anos de trabalho na empresa como tempo de serviço do contrato de trabalho para efeitos rescisórios, tal como já dispunha a CLT no art. 487, § 1º, advertindo que o aviso prévio não trabalhado deve ser considerado como tempo de serviço para todos os efeitos legais, projetando, portanto, a proteção obreira até que o tempo de aviso seja expirado (art. 489 da CLT). Efetivamente, neste caso, a lei traz uma faculdade para o empregador de dispensar o trabalho no período de aviso sem excluir os efeitos jurídicos decorrentes no tempo do contrato para sua terminação.

Desta feita, o valor decorrente do acréscimo de três dias por ano de serviço na empresa, para fins de pagamento de aviso prévio proporcional, é excluído da natureza jurídica salarial, porquanto não há a possibilidade de exigir a permanência do empregado na empresa além dos 30 dias. Ao empregador não é dado esta faculdade porque seria absolutamente contrário aos princípios de proteção e de liberdade ao trabalho. Neste sentido, parece que seria razoável o entendimento de que corresponde o acréscimo de tempo em valorização exclusiva do período tradicional de 30 dias, para fins indenizatórios, conforme asseverado pela ementa supra transcrita.

No nosso sentir, a aquisição pelo empregado do direito ao aviso prévio proporcional, ultrapassados os primeiros 12 meses de trabalho, envolve a valorização do tempo de trabalho dispendidos pelo empregado para o empregador. É um direito adquirido pelo passado, de livre disposição do empregado, que dele pode abrir mão quando demissionário, mas que não teria projeção para contagem no tempo do serviço do contrato, valendo a insistência e justificativa pela ementa retro citada: "é um direito exclusivo do trabalhador, de modo que sua exigência pelo empregador impõe o pagamento de indenização pelo período excedente a 30 (trinta) dias", o que está a justificar a impossibilidade de o empregador exigir o seu cumprimento e o respectivo desconto em verbas rescisórias. Também o empregado que tenha adquirido esta valorização do aviso prévio não poderá exigir do empregador sua permanência no emprego até escoado o seu tempo.

O Ministério do Trabalho e Emprego, à época da aprovação da Lei n. 12.506/11, em 7 de maio de 2011, emitiu Norma Técnica 184 em que, além de reforçar a exclusividade do direito *vis à vis* o empregado, acentua a necessidade de contagem de tempo de serviço para todos os efeitos legais. *Data venia*, referida norma técnica é mera interpretação administrativa e não tem fundamento jurídico, razão pela qual desvinculada da aplicação razoável da natureza jurídica indenizatória dos dias acumulados, ratificando a impropriedade de contar como tempo de serviço.

Um dos argumentos que pretendem sustentar a inclusão do tempo de serviço da majoração do valor da remuneração do aviso prévio insere-se na OJ n. 367 SDI I, de 12/2008, do TST (portanto anterior à Lei n. 12.506/11) e que trata da projeção no tempo de serviço do contrato o período de aviso prévio previsto em norma coletiva, quando esta silencia sobre seus efeitos. Ainda que aqui se pretenda a interpretação pela condição mais benéfica, a mesma interpretação não se poderia dar quando se trata de lei, valendo o brocardo de que quando o legislador não distingue não cabe ao intérprete fazê-lo.

A controvérsia permanece. Os possíveis efeitos decorrentes da interpretação de que os dias adquiridos a título de valorização do aviso prévio no tempo de serviço dos empregados devem merecer atenção, pois, se assim for, nas dispensas sem justa causa o tempo de serviço poderá fazer incidir entre outras, a obrigação de pagamento da indenização adicional, reajustes normativos, a proteção da estabilidade da gestante no curso do aviso prévio, o tempo para incidência da prescrição.

Contribuição sindical por decisão em assembleia e a exclusão de trabalhadores

15 de março de 2019

A questão sindical tem tomado as notícias de jornais para informar aos leitores que, após a reforma trabalhista, com a transformação da contribuição sindical obrigatória em facultativa, tanto os sindicatos profissionais como os patronais passam por sérias dificuldades econômicas com redução em alguns casos de 90% na arrecadação. Todavia, os sindicatos continuam, por força da Constituição Federal, a representar toda a categoria, e as negociações coletivas obrigam as empresas e beneficiam todos aqueles que estão no campo de abrangência dos sindicatos que estabeleceram a negociação.

A fim de obter retorno dos representados com o custeio pela atuação sindical, os sindicatos poderiam traçar a linha do convencimento dos representados de sua relevância na conquista e preservação de direitos e, desta forma, fortalecer-se de modo orgânico. Todavia, observa-se que alguns sindicatos têm submetido à aprovação de assembleia a obrigação de recolhimento de contribuição pelos não sindicalizados, sob pena de exclusão dos benefícios das normas coletivas negociadas. Os efeitos jurídicos sobre terceiros da decisão assemblear é duvidoso porque os não contribuintes e não sindicalizados não têm participação na assembleia. A Medida Provisória n. 873/19, de constitucionalidade questionável, veio limitar os efeitos da aprovação de descontos em assembleia exclusivamente para os filiados à entidade sindical.

Como é natural diante desse quadro, para as empresas fica o dilema de aplicar ou não o conteúdo das negociações, descontando ou não as contribuições.

A Constituição Federal, no art. 7º, inciso XXVI, estabelece, como um dos direitos dos trabalhadores, o reconhecimento das convenções coletivas e acordos coletivos de trabalho e, portanto, traz ao empregado garantia de que não pode o empregador deixar de aplicar as normas coletivas e, de outro lado, pela adequação da representação sindical, os respectivos integrantes da categoria profissional não poderiam ser excluídos das normas coletivas pelos sindicatos. Trata-se de uma garantia constitucional que se dirige aos empregadores e aos sindicatos representativos. Deste modo, não teria eficácia jurídica a fim de autorizar a exclusão em relação às empresas e empregados não contribuintes do sindicato profissional.

De outro lado, o art. 8º da Carta Magna, no inciso III, assegura ao sindicato "a defesa dos direitos e interesses coletivos ou individuais da categoria, inclusive em questões judiciais ou administrativas". Este dispositivo estaria a impedir que o sindicato recusasse o trabalhador de suas negociações.

O art. 8º, II, da Constituição também poderia ser invocado para a nulidade da cláusula dessa natureza porque o trabalhador representado não tem opção de escolha no atual modelo de enquadramento sindical. As negociações coletivas e seus efeitos jurídicos adquirem aqui aspectos burocráticos administrativos, seguindo a lógica da unicidade sindical e o monopólio de representação previsto na Constituição Federal.

Se houver aplicação integral da norma restritiva do benefício, sustentados nos dispositivos constitucionais, os empregados atingidos poderiam pleitear a aplicação das normas coletivas pelo empregador, exigindo a reparação dos direitos subtraídos e, em caso de ação trabalhista, mediante litisconsórcio obrigatório (art. 611-A, § 5º, CLT) responsabilizar os sindicatos profissional e econômico.

Caso a norma coletiva excludente pudesse ser admitida e supondo que a empresa venha a adotar o critério de extensão das normas coletivas aos trabalhadores que se oponham à contribuição, além de efeitos trabalhistas diretos, seu ato poderia ser considerado antissindical porque estaria, eventualmente, fomentando o desprezo ao sindicato e à sindicalização.

Como se vê, as transformações nas relações coletivas exigem reflexões e ainda serão objeto de muitas dúvidas e esclarecimentos que virão pela sua prática ou pelas decisões judiciais.

Ainda se pode exigir condição formal para reconhecer personalidade sindical?

5 de abril de 2019

O *Informativo TST* n. 192, noticiou decisão da SBDI-II daquela Corte Superior sob o tema que enfrenta o direito à liberdade de associação profissional ou sindical e condições para a aquisição da personalidade sindical que merecem reflexão. Diz respeito, ainda, às expectativas que a jurisprudência poderá tomar diante da transformação inexorável pela qual passarão os trabalhadores na sua organização sindical por meio de sindicatos legítimos e representativos, atentando para a Convenção n. 87, da OIT, que trata do exercício da liberdade sindical e as garantias dela decorrentes e que se estende aos seus dirigentes.

O confronto posto é o do exercício da liberdade sindical e as exigências formais de reconhecimento deste direito para a aquisição da personalidade sindical. A publicação em comento assim se expressa:

> **Mandado de segurança. Ausência de comprovação do pedido de registro da entidade sindical perante o Ministério do Trabalho. Reconhecimento da garantia provisória de emprego. Impossibilidade.** A ausência de comprovação do pedido de registro de entidade sindical perante o Ministério do Trabalho impede o reconhecimento da garantia provisória de emprego assegurada aos dirigentes sindicais, não sendo suficiente o depósito dos atos constitutivos do sindicato no cartório apropriado. Embora a jurisprudência do Supremo Tribunal Federal admita a concessão da estabilidade sindical durante o trâmite do processo de registro, no caso não houve sequer prova da formalização da postulação de aquisição da personalidade jurídica sindical junto à autoridade competente, circunstância que impede o reconhecimento do direito à reintegração. Sob esse entendimento, a SBDI-II, por unanimidade, conheceu do recurso ordinário e, no mérito, por maioria, negou-lhes provimento para manter a decisão que concedeu a segurança para cassar a tutela antecipatória que determinara a reintegração dos dirigentes sindicais dispensados sem prévio inquérito judicial. Vencidos os Ministros Maria Helena Mallmann, relatora, Delaíde Miranda Arantes e Lelio Bentes Corrêa. TST-RO-293-31.2016.5.20.0000, SBDI-II, relª. Minª. Maria Helena Mallmann, red. p/ acórdão Min. Douglas Alencar Rodrigues, 19.3.2019.

Anteriormente à Constituição Federal, em 1985, o C. TST editou a Súmula n. 222 e considerou gozarem da estabilidade provisória os dirigentes de associações profissionais legalmente registradas ("Os dirigentes de associações profissionais, legalmente registradas, gozam de estabilidade provisória no emprego"). A Súmula foi cancelada em 24.08.1998. O fundamento essencial era de que, naquela época, a associação profissional funcionava como embrião da formação de sindicatos e que, depois da Constituição de 1988, não é mais pré-requisito para o reconhecimento de sindicatos e desaparecera a formalidade legal. Sindicatos e associações profissionais podem ser formados livremente a teor do que dispõe o art. 8º, *caput*, da Carta Maior.

No caso examinado, trata-se de sindicato que fora constituído formalmente, com depósito de seus atos em cartório apropriado e cujos dirigentes sindicais foram dispensados sem reconhecimento da estabilidade provisória, ao fundamento de que não havia o registro perante a autoridade competente para que pudesse adquirir a personalidade sindical.

Deste modo ficam dois aspectos relevantes para o reconhecimento da personalidade sindical: a obrigatoriedade de registro perante autoridade e o exercício da liberdade de formação de associação profissional ou sindical.

O Tribunal Superior do Trabalho, conforme já referido, se posicionou no passado, em tempos de regime militar, favoravelmente ao reconhecimento da estabilidade de dirigentes de associação profissional para que não se aniquilassem os sindicatos no seu nascedouro. Da mesma forma, nos dias atuais, a formação de sindicatos é livre e sua legitimidade é extensiva aos dirigentes sindicais eleitos, sob pena de se perpetuar o monopólio de representação sem representatividade.

A obrigatoriedade de registro perante a autoridade competente sempre foi mero ato de natureza administrativa que serviu ao longo do tempo para garantia do recebimento da contribuição sindical obrigatória que, agora tornada facultativa pela reforma trabalhista, fragiliza o interesse jurídico do registro porquanto necessariamente serão reconhecidos sindicatos sem contribuição sindical compulsória e que se apresentem com legitimidade na representação dos trabalhadores.

A aquisição da personalidade sindical, diferentemente da personalidade jurídica, é decorrente do exercício da liberdade sindical e sua representatividade *vis à vis* os trabalhadores que formaram o sindicato transferindo para a entidade apoio e capacidade para falar em nome da autonomia privada coletiva.

A Convenção n. 87 da OIT, no art. 7º, não valoriza a condição formal para o reconhecimento de entidade sindical e informa que: "A aquisição da personalidade jurídica pelas organizações de trabalhadores e de empregadores, suas federações e confederações não pode ficar sujeita a condições cuja natureza limite a aplicação das disposições relativas à liberdade sindical". E, neste sentido, o art. 8º, inciso I, da Constituição Federal foi determinante na proibição de intervenção estatal e, por assim dizer, poderia o sindicato estar condicionado ao registro perante autoridade competente.

Deste modo, ainda prevaleceu no julgado do Tribunal Superior do Trabalho a liberdade sindical condicionada ao reconhecimento formal por meio de registro perante a autoridade competente para a aquisição da personalidade sindical. Todavia, a dinâmica das relações coletivas, talvez para o futuro não muito distante, obrigará à revisão e reflexões de entendimentos conservadores quanto à organização sindical.

O dilema dos falsos autônomos e dos falsos empregados

26 de abril de 2019

Muitos foram os debates em torno do reconhecimento do vínculo de emprego ao longo da história dos conflitos trabalhistas ajuizados perante a Justiça do Trabalho. A busca do suposto acolhimento da proteção nas normas da CLT significou, para muitos, o amparo a direitos e a reparação por atos de exclusão praticados na relação de trabalho. A prática usual era que se buscassem os elementos de tipificação da figura do empregado nos termos do art. 3º da CLT, unindo a pessoalidade, a continuidade, trabalho por conta alheia, subordinação e o salário.

Todavia, as relações de trabalho se alteraram profundamente e, nem sempre, quando se encontra a pessoalidade, constatamos a subordinação. Ou, quando o trabalho é por conta alheia, pode não haver subordinação, como no caso do trabalho intermitente em que o trabalhador pode recusar a convocação do empregador. E por aí vai. Em todas as condições configuradoras de vínculo de emprego, parece ter havido uma contaminação de outras relações de trabalho com características próximas, mas não completas de forma absoluta, que, entretanto, em alguns casos, reconhece direitos assemelhados aos do vínculo de emprego, tal como nas cooperativas, no trabalho temporário, no trabalho avulso.

Novas formas de prestação de serviços foram inseridas para prestigiar oportunidades de trabalho. Exemplificativamente, a atividade intelectual, da Lei n. 11.196/2005, art. 129; o transportador autônomo de cargas, Lei n. 11.442/2007; o trabalho temporário e aquele prestado por meio de pessoa jurídica da Lei n. 6.019/74, alterada pela Lei n. 13.429/17; o trabalhador avulso; o diretor estatutário; o trabalho por meio de cooperativa; o trabalho do microempreendedor individual (MEI) da Lei Complementar n. 128/2008.

Curiosamente, na relação de emprego, com certa frequência, busca-se um equilíbrio entre ser empregado comum e empregado qualificado, sendo este último diferenciado pelo cargo, remuneração, nível intelectual, formação profissional em verdadeira estratificação do gênero empregado. Alguns, se é que se pode dizer assim, são mais empregados que outros porque sofrem mais restrições no exercício da liberdade durante o tempo em que se comprometeu a entregar a força de trabalho. Em palavras outras, os elementos que identificam o empregado não se aplicam, de fato, com rigidez, gozando o trabalhador, segundo o nível de qualificação e modalidade de entrega do trabalho, de privilégios especiais. Nesses casos, o empregado se liberta das amarras de controle direto, fazendo--se sentir com liberdade na atividade profissional, figurando quase que como um falso empregado, sem jornada e local de trabalho definidos.

O trabalhador autônomo, pela forma de atuação pessoal e, ainda, pelas demais características que a prestação de serviços pode apresentar, costuma-se dizer que fica na zona cinzenta entre a condição de empregado e a de autônomo. Como independente, goza de liberdade quanto ao tempo e modalidade de prestar serviços. Todavia, não pode trabalhar em qualquer momento porque deve respeitar horários comerciais e outras limitações disciplinares decorrentes da sua própria atividade profissional. É, pois, um falso autônomo, mas não é empregado.

Então o falso autônomo e o falso empregado se confundem em determinado momento quanto à flexibilização na prestação de serviços de um lado, com a limitação da independência no exercício da atividade profissional ou em razão de fatores peculiares do próprio mercado de trabalho. Deste modo, as duas situações, autônomo e empregado, podem encontrar-se e se colocar em igualdade quando se trata de analisar o conteúdo obrigacional do contrato e a forma pela qual o produto de trabalho deverá ser entregue, observadas as condições da execução dos serviços. A autonomia absoluta não existe, assim como alguns empregados gozam de benefícios na entrega do trabalho que poderiam confundi-los como independentes.

Nesse sentido, o falso autônomo não deveria ser considerado empregado por razões intrínsecas da própria situação de trabalho em que se coloca, por exemplo, padrões de comportamento ou de apresentação de produtos porque são valores e obrigações do exercício da atividade profissional comum a todos que se relacionam mediante contrato. A condição obrigacional e contratual é celebrada para seu cumprimento e sem comprometimento da liberdade do agente.

Talvez a grande dificuldade de compreensão das duas situações comunicantes, mas inconfundíveis juridicamente, esteja no modelo proteção social paternalista estatal que tem a percepção de que somente a condição de empregado assegura garantias imediatas de subsistência. Fosse isso verdade, não teríamos mais de 12 milhões de desempregados.

Reconhecimento da personalidade sindical e estabilidade do dirigente

17 de maio de 2019, 8h00

No dia 5 de abril, publicamos artigo nesta coluna sob o título "Ainda se pode exigir condição formal para reconhecimento da personalidade sindical?", cujo objetivo foi advertir para as transformações do modelo da organização sindical, comentando, de forma reflexiva, publicação do Informativo TST n. 192. O informativo noticiou decisão da SBDI-II da corte sobre o tema polêmico que enfrenta o direito à liberdade de associação profissional ou sindical e condições de registro para a aquisição da personalidade sindical. A importância diz respeito à segurança jurídica de possíveis negociações coletivas com trabalhadores reunidos em sindicatos que não se submetem a registro no Ministério do Trabalho.

Depois disso, mais recentemente, no dia 26 de abril, o *site* do TST publicou notícia no sentido inverso com o seguinte destaque: "Falta de registro de sindicato não afasta direito à estabilidade de dirigente", em decisão unânime da 8ª Turma da corte, em acórdão da lavra da ministra Dora Maria da Costa. Diz a ementa:

> RECURSO DE REVISTA INTERPOSTO PELO RECLAMANTE. ESTABILIDADE SINDICAL. AUSÊNCIA DE REGISTRO NO MINISTÉRIO DO TRABALHO E EMPREGO. A jurisprudência desta Corte Superior e do Supremo Tribunal Federal é no sentido de que a estabilidade do empregado eleito dirigente sindical não é vinculada à concessão do registro sindical no Ministério do Trabalho e Emprego. Recurso de revista conhecido e provido (Processo RR-977-23.2017.5.12.0006).

A decisão outrora comentada diz o seguinte:

> Mandado de segurança. Ausência de comprovação do pedido de registro da entidade sindical perante o Ministério do Trabalho. Reconhecimento da garantia provisória de emprego. Impossibilidade. A ausência de comprovação do pedido de registro de entidade sindical perante o Ministério do Trabalho impede o reconhecimento da garantia provisória de emprego assegurada aos dirigentes sindicais, não sendo suficiente o depósito dos atos constitutivos do sindicato no cartório apropriado. Embora a jurisprudência do Supremo Tribunal Federal admita a concessão da estabilidade sindical durante o trâmite do processo de registro, no caso não houve sequer

prova da formalização da postulação de aquisição da personalidade jurídica sindical junto à autoridade competente, circunstância que impede o reconhecimento do direito à reintegração. Sob esse entendimento, a SBDI-II, por unanimidade, conheceu do recurso ordinário e, no mérito, por maioria, negou-lhes provimento para manter a decisão que concedeu a segurança para cassar a tutela antecipatória que determinara a reintegração dos dirigentes sindicais dispensados sem prévio inquérito judicial. Vencidos os Ministros Maria Helena Mallmann, relatora, Delaíde Miranda Arantes e Lelio Bentes Corrêa. TST-RO-293-31.2016.5.20.0000, SBDI-II, relª. Minª. Maria Helena Mallmann, red. p/ acórdão Min. Douglas Alencar Rodrigues, 19.3.2019.

O confronto de duas decisões paradoxais é o desafio a que nos leva à jurisprudência trabalhista: mesmo tribunal superior, uma decisão turmária e outra da Subseção II da Seção Especializada em Dissídios Individuais. Mais do que uma tendência à uniformização jurisprudencial, constata-se, pela 8ª Turma, o reconhecimento de adequação histórica da evolução dos entendimentos do TST e, ainda, a percepção da transformação do modelo sindical.

Em suas razões de decidir, referindo-se à aquisição da personalidade jurídica do sindicato e, portanto, da sua personalidade sindical, afirma o acórdão que:

> "Assim, a aquisição da personalidade jurídica pela entidade sindical dá-se antes do seu registro **no Ministério do Trabalho e Emprego**, ou seja, a proteção ao dirigente sindical já se impõe no processo de criação da entidade respectiva. Nessa senda, não há falar em submissão do início da garantia devida ao dirigente sindical a qualquer providência formal subsequente à deliberação da categoria de organizar-se em sindicato, muito menos ao registro no mencionado Ministério". (g.n.)

E não foram poucas as decisões de turmas anexadas ao acórdão em comento e que homenageiam a liberdade sindical com extensão de garantia de estabilidade a dirigentes, ainda que os sindicatos não tenham "registro" perante o Ministério do Trabalho.

A advertência que fica é que, diante do fato de que os trabalhadores formarão sindicatos e elegerão seus dirigentes no exercício da liberdade sindical consagrada na Convenção n. 87 da OIT e proclamada no art. 8º, *caput* da Constituição Federal, o reconhecimento de estabilidade independe que qualquer aspecto legal, portanto, a entidade sindical seria legítima para participar de negociações coletivas e celebrar acordos coletivos de trabalho.

Não se trata mais de reconhecimento para habilitação na cobrança de contribuição sindical, mas de adequação de grupos na defesa de interesses comuns. Essa dinâmica de exercício de liberdade e autonomia na forma de expressão coletiva deve ser observada não pelo seu aspecto formal de representação, mas pela legitimidade de sua atuação, capaz de justificar a segurança jurídica nas negociações coletivas.

As empresas devem estar preparadas para esse novo momento.

Relativização dos requisitos para o exercício do direito de greve

7 de junho de 2019

Em matéria de relações coletivas de trabalho, o exercício do direito de greve ainda merece muito aprendizado jurídico e prático. De fato, quando se trata da garantia assegurada aos trabalhadores no art. 9º da Constituição Federal há verdadeira cizânia na doutrina e a jurisprudência oscila ora no reconhecimento de sua legitimidade desde que preenchidos os condicionamentos da Lei n. 7.883/89, ora na preponderância da manifestação coletiva como direito de fato.

Deste modo, observado que o constituinte decidiu pela responsabilidade exclusiva dos trabalhadores para o exercício do direito e interesses a serem defendidos, a lei ordinária não estaria autorizada a submeter o exercício desse direito, condicionando a legalidade de seu uso com limites para a deflagração da paralisação pelos trabalhadores, necessariamente, para a normalidade institucional. Exceção feita, com certeza, aos serviços e atividades essenciais, com previsão constitucional de que a lei cuidaria de regular.

Observa-se, no entanto, que o direito de greve não foi objeto de Convenção da OIT e alguns países não possuem regulamentação para o seu exercício. Seria um direito impossível de ser regulamentado. Entre nós, tem havido uma relativização das exigências legais para deflagração de greve.

Neste cenário, o sítio do TST trouxe em 31/05 a notícia de que a Seção Especializada em Dissídios Coletivos afastou a abusividade de greve, desconsiderando a obrigação de cumprimento de requisitos formais para a constatação da existência do movimento paredista (RO-663-91.2016.5.17.0000).

O voto prevalecente foi o do Ministro Mauricio Godinho Delgado e a SDC, por maioria, atribuiu valor ao movimento coletivo, afastando por outras vias a exigibilidade de requisitos prévios e que "o fato de a greve ter efetivamente ocorrido, com paralisação das atividades pelos trabalhadores, demonstra a adesão e organização prévia da categoria para a deflagração do movimento — circunstância que, a despeito da inexistência de prova escrita completa, traz convicção acerca da realização do requisito previsto no art. 4º da Lei n. 7.783/89 (aprovação da assembleia de trabalhadores)" e, assim sendo, a SDC concluiu que "a greve foi conduzida de forma legítima e não abusiva, de modo que a deficiência formal da prova escrita em relação à aprovação assemblear foi suprida por outras evidências colhidas dos autos".

Essa decisão revela o entendimento que tem adotado a SDC do TST e serve como norteadora para a compreensão futura de movimentos paredistas e a busca de uma forma adequada de solução pela negociação exaustiva.

Perante a Justiça do Trabalho o conflito de greve é sempre um movimento de origem trabalhista profissional e tem como pressuposto o descumprimento de normas pelas empresas ou uma negociação coletiva frustrada. O enquadramento legal do movimento, quanto aos requisitos exigidos para a deflagração da greve, é ineficaz diante do fato inexorável de uma paralisação.

Em outra decisão do TST, citada no corpo do acórdão, em voto da Ministra Kátia Magalhães Arruda (Data de Julgamento: 08.04.2014, Seção Especializada em Dissídios Coletivos, Data de Publicação: *DEJT* 15.04.2014), ao tratar a abusividade da greve afirma que "No caso, apesar de não ter sido possível localizar nos autos elemento formal da autorização da categoria para o movimento de retardamento da produção, é incontroverso que efetivamente ocorreu. Portanto, se comprovadamente os trabalhadores reduziram a atividade de produção laboral, significa que anuíram ao movimento" (RO – 11414-67.2010.5.02.0000).

Do lado empresarial, a paralisação das atividades pelos trabalhadores tem apenas uma urgência: é o retorno às atividades laborais e de produção. Do lado dos trabalhadores, a greve tem prazo de sobrevivência, muitas vezes angustiantes, e os efeitos podem ser irrecuperáveis.

A Justiça do Trabalho, em procedimentos de conciliação e mediação, pode colaborar na aproximação de interesses e na busca de solução de conflitos. Todavia, quando o conflito é judicializado e, portanto, submetido a julgamento, a aplicação da lei nem sempre pode levar a bons resultados para empresas e empregados.

A decisão pode por fim ao processo para o julgador, mas nunca encerra o conflito que existe nas relações trabalhistas internas. Julgado o caso, o conflito continua até a próxima paralisação.

Prêmios condicionados e incondicionados e seus reflexos trabalhistas

5 de julho de 2019

O *site* do Tribunal Superior do Trabalho, em 17 de junho, publicou notícia com chamada de que "Prêmios por cumprimento de metas devem ter repercussão no cálculo das horas extras". Tratou-se de decisão da Subseção I Especializada em Dissídios Individuais (SDI-1 E-ARR-594-53.2011.5.04.0014), da lavra do ministro José Roberto Freire Pimenta, que reconheceu o direito do empregado que recebe parte da remuneração na forma de prêmios à incorporação da parcela variável no cálculo das horas extras na sua integralidade, e não apenas pelo respectivo adicional, tal como ocorre no reflexo de comissões.

De acordo com a decisão da SDI-1, observado expressamente que não se trata de caso na vigência da Lei n. 13.467717 e que,

> "conforme se depreende do acórdão regional, o reclamante recebia prêmios em razão do cumprimento de metas, e não pela venda de produtos. Assim, a remuneração do autor era compreendida por uma parte fixa e por uma variável, correspondente aos prêmios recebidos. Mauricio Godinho Delgado leciona que 'As comissões consistem em parcelas contraprestativas pagas pelo empregador ao empregado em decorrência de uma produção alcançada pelo obreiro no contexto do contrato, calculando-se, variavelmente, em contrapartida a essa produção' (*Curso de Direito do Trabalho*. 11. ed. São Paulo: LTr. p. 766). Trata-se de parcela variável com natureza salarial devida pela produção do empregado. Por outro lado, os prêmios constituem contraprestação por se verificar a prestação de serviços com implemento de certas condições previamente especificadas, alcance de metas ou por assiduidade."

A Lei n. 13.467/17 trouxe a exclusão de prêmio da natureza salarial e definiu com clareza, no § 4º do art. 457 da CLT, que "consideram-se prêmios as liberalidades concedidas pelo empregador em forma de bens, serviços ou valor em dinheiro a empregado ou a grupo de empregados, em razão de desempenho superior ao ordinariamente esperado no exercício de suas atividades".

O caráter excepcional, "em razão de desempenho superior ao ordinariamente esperado", para reproduzir o texto da lei, é que configura hipótese de vantagem remuneratória excluída do salário de contribuição, porquanto incondicionada a comportamento disciplinar ou de produção pelo empregado.

Todavia, já no início, assevera o acórdão que, "desde logo, que este recurso de embargos trata de relação jurídica ocorrida antes da edição da Lei n. 13.467/2017".

Deste modo, a SDI-1 ainda não se posicionou quanto à aplicação concreta de situações que envolvam pagamento de prêmios na vigência da nova lei, e assim não consegue evitar confusões de conceito de prêmio condicionado e não condicionado, muito embora se refira especificamente ao condicionamento para a percepção do prêmio e que justificaria cláusula contratual e, portanto, com efeitos salariais:

> "Como se trata de parcela-condição, de natureza salarial, que somente será paga caso o empregado implemente condição previamente fixada, a contraprestação pelo resultado alcançado não remunera a hora laborada em sobrejornada (hora simples), como o fazem as comissões, de modo que o pagamento apenas do adicional, como preconiza a parte final da Orientação Jurisprudencial n. 397 da SbDI-1 desta Corte, revelaria prejuízo ao obreiro, que não teria sua hora paga. Desse modo, o empregado que recebe sua remuneração, parte em parcela fixa e outra parte variável, na forma de prêmios, caso labore além da jornada fixada, faz jus à integração desta verba no cálculo das horas extras, sob pena de afronta ao disposto no art. 7º, inciso XVI, da Constituição Federal."

Muito embora esteja evidenciado nos termos da lei o caráter excepcional e que não gera expectativa da liberalidade do empregador, a ressalva feita no acórdão do caso em comento deixa ainda uma dúvida no sentido de que, *se fosse a prática adotada na vigência da reforma trabalhista, a verba estaria contaminada, ainda assim, pela sua natureza salarial ou não?* Talvez a ressalva tenha sido desnecessária por causa da época dos fatos, somado o princípio da irretroatividade da lei.

MP que altera lei do FGTS entrega o que não deveria ter sido tomado

26 de julho de 2019

A recente Medida Provisória n. 889, de 24 de julho, que alterou a Lei n. 8.036, de 11 de maio de 1990 (Fundo de Garantia do Tempo de Serviço), com o propósito de fomentar o consumo e melhorar a economia, pretende devolver ao trabalhador parte do salário que foi transferido para os cofres do Estado e, sem tempo, escancarou de vez com o romantismo que alguns ainda atribuíam ao FGTS como formação de patrimônio a longo prazo e aposentadoria tranquila após 30 ou 35 anos de trabalho.

A Constituição Federal de 1988 representou para o país uma rara oportunidade de, no campo do Direito social e trabalhista, além de oportunizar aos constituintes a criação de uma sociedade mais justa, proporcionar a todo cidadão condições de trabalho digna. Imbuída do ideal de consolidar conquistas, tornou obrigatório o regime do FGTS, inserindo-o como um direito próprio de qualquer relação de emprego, abrangido pelo *caput* do art. 7º, revogando o regime da CLT. Na outra mão, extinguiu o regime da estabilidade da CLT.

Na sua origem, o FGTS conviveu com a antiga indenização por tempo de serviço, prevista na Constituição Federal de 1937 e, depois, na Consolidação das Leis do Trabalho. A partir da previsão do art. 7º da Constituição Federal de 1988, dentre um dos direitos assegurados aos trabalhadores urbanos e rurais, adquiriu nova roupagem jurídica. A permanência no mesmo emprego por longos anos já se evidenciou, neste início de século, totalmente inaplicável, porque a nova geração de trabalhadores busca de forma inquieta outros desafios e colocações que possam trazer mais oportunidades, transformando a aderência ao emprego em ganho mais rápido.

O caráter optativo inicial do regime do Fundo de Garantia do Tempo de Serviço, vigente de janeiro de 1967 até outubro de 1988, dividiu os trabalhadores brasileiros em duas categorias: (i) não optantes, que preferiram perseguir a obtenção do direito à estabilidade após dez anos de trabalho para o mesmo empregador, assegurada indenização por tempo de serviço em caso de rescisão imotivada antes de completar este período; e

(ii) optantes que preferiram se vincular ao novo regime, cuja expectativa era a de acrescer ao seu patrimônio os valores dos recolhimentos patronais imediata e integralmente em caso de rescisão sem justa causa, ou a longo prazo em caso de rescisão por justa causa ou pedido de demissão.

Por certo que a proteção perseguida pelos dois regimes era distinta. O regime da CLT contemplava o apego ao emprego e ao tempo de serviço com a finalidade de assegurar ao trabalhador a continuidade do vínculo que seria premiado com a aposentadoria. O regime inaugurado pelo FGTS, de forma mais ágil, trouxe para o empregador maior controle dos postos de trabalho e permitiu rever o modelo da estabilidade decenal que parecia provocar certo atraso no crescimento das empresas.

As investidas sobre os depósitos do FGTS estão longe de homenagear a razão de sua introdução na legislação trabalhista e sério enfrentamento do antigo regime da estabilidade da CLT, expurgado, de vez, na Constituição Federal de 1988. Desde então, tem sido notável a transformação do FGTS em qualquer forma de obrigação, longe de equivaler a tempo de serviço e poupança e sua desvinculação definitiva da hipótese de regular a indenização por dispensa arbitrária ou sem justa causa.

A tendência mundial à ampliação do campo de direitos sociais influenciou a expansão do FGTS para trabalhadores avulsos, regime de trabalho temporário (Lei n. 6.019/74), domésticos, rurais, diretores estatutários (Lei n. 6.919/81), permitindo que se alterasse seu campo de abrangência, portanto, para outras relações de trabalho, e até flexibilizando o percentual a ser aplicado (Lei n. 9.601/98). Assim, o FGTS não se vincula exclusivamente ao trabalhador empregado, e a natureza jurídica dos valores recolhidos ao FGTS, portanto, não se confunde com indenização por tempo de serviço nos moldes da revogada indenização por tempo de serviço, atrelada ao regime de estabilidade.

Pelo regime do FGTS, o Estado se apropriou do crédito dos trabalhadores sob o pretexto de promover ao trabalhador uma segurança econômica, limitando o acesso aos valores dos empregados titulares da conta a ele vinculada.

Antonio Lamarca, comentando a Lei n. 5.107/67, afirmou que "o diploma em apreço instituiu um regime verdadeiramente estatutário para os trabalhadores brasileiros. A contratualidade cedeu passo à institucionalidade". Mais adiante acrescenta: "instituiu um regime estatutário de garantia de tempo de serviço, *independente da empresa onde o trabalhador exerça suas funções*. Desaparece o conceito de *indenização* e surge, em seu lugar, o de *fundo*, que é de natureza creditória" *(Contrato Individual de Trabalho, São Paulo.* São Paulo: Revista dos Tribunais, 1969. p. 211-212).

Embora tenha sido valorizado o entendimento da natureza jurídica de tributo dos valores devidos pelo empregador ao Fundo de Garantia do Tempo de Serviço, o entendimento final da jurisprudência caminhou em sentido contrário e permite maior flexibilização em seu tratamento.

O Plenário do Supremo Tribunal Federal (ARE 709.212) declarou que as normas que tratam da prescrição trintenária para os depósitos do FGTS, especificamente os arts. 23, § 5º, da Lei n. 8.036/1990 e 55 do Regulamento do FGTS, aprovado pelo Decreto n. 99.684/1990, são inconstitucionais porque o FGTS está garantido como um direito aos trabalhadores urbanos e rurais e que deve, assim, sujeitar-se à prescrição de cinco anos. Agora, o direito ao FGTS se confunde com qualquer outro direito/crédito trabalhista, prescrevendo em cinco anos.

Aqui talvez tenha iniciado o desmanche da ideia de formação de patrimônio profissional para que o trabalhador possa usufruir na aposentadoria. A hipótese de continuidade do FGTS estava baseada na preservação da relação de emprego clássica, e a evolução dos modelos de relações de trabalho teriam exigido outro tratamento.

Essa decisão fez o Tribunal Superior do Trabalho rever a Súmula n. 362 e adotar a prescrição quinquenal, que terá início em novembro.

Já a Lei n. 13.467/2017, ao permitir a dispensa por acordo e reduzir a multa de 40% para 20% sobre os depósitos mensais, com acesso a 80% dos respectivos valores, inaugurara o segundo momento do desmanche porque não importava mais o emprego, e o FGTS poderia atrair trabalhadores que quisessem romper o contrato, aliviando o custo da rescisão para o empregador.

O período posterior à promulgação da Constituição Federal revelou, em relação ao FGTS, que a proposta de funcionar como parâmetro de indenização pelo tempo de serviço foi se adelgaçando e serviu para adaptação de sua aplicação, quer em relação de emprego, quer em outras formas de relações de trabalho, transformando-se em direito trabalhista submetido às regras de prescrição como os demais direitos assegurados ao trabalhador na relação de emprego. Em palavras outras, ficou vulnerável a regras que admitem flexibilização e adaptações.

Todavia, a medida provisória não abandona o controle sobre o recolhimento. Chama atenção seu art. 21, que se refere ao pagamento direto pelo empregador ao empregado como obrigação inadimplida ("Para fins de apuração e lançamento, considera-se não quitado o FGTS pago diretamente ao trabalhador, vedada a sua conversão em indenização compensatória"), condição esta que obrigará a revisão do descritivo de verbas sem natureza salarial por ocasião de acordos judiciais.

A liberação de depósitos que faz a Medida Provisória n. 889, de fato, devolve aos trabalhadores a apropriação dos próprios salários. A exemplo de 2017, quando os valores das contas inativas foram entregues aos trabalhadores titulares do direito, a cortesia é feita com chapéu alheio, ou seja, entrega-se o que não deveria ter sido tomado. Não há bondades!

Direito à recusa da contribuição sindical aprovada por assembleia

16 de agosto de 2019

Desde a Reforma Trabalhista da Lei n. 13.467/17, o tema da obrigação dos empregadores de descontar dos seus empregados, sindicalizados ou não, o pagamento de contribuição aos sindicatos, por meio de aprovação em assembleia dos interessados, categoria profissional ou econômica, tem causado insegurança jurídica para as empresas. O cumprimento da norma coletiva traz potencial contingência porquanto poderia ser objeto de reclamação individual com demanda de reembolso dos valores descontados, quando se tratar de trabalhadores. O descumprimento, por seu turno, expõe as empresas a ações coletivas fundadas em convenções coletivas.

O documento que sustenta a exigência de desconto será sempre uma convenção coletiva de trabalho e enfrenta direito fundamental ao exercício da liberdade sindical.

Recentemente, em maio deste ano, a ministra Cármen Lucia, do Supremo Tribunal Federal, concedeu liminar na Medida Cautelar na Reclamação 34.889 do Rio Grande do Sul, seguindo decisão já concluída na Ação Direta de Inconstitucionalidade 5.794/DF, para suspender os efeitos do acórdão proferido pelo Tribunal Regional do Trabalho da 4ª Região, no Recurso Ordinário 0020275-53.2018.5.04.0405, que determinava à empresa os descontos de contribuição sindical dos salários de seus empregados. Muito embora se discuta o desconto em salários, a tese da decisão vale também para o custeio do sindicato patronal.

O que se discute efetivamente diz respeito à compatibilização do direito fundamental à liberdade sindical e o caráter obrigatório e legítimo de desconto em salário para custeio de entidade sindical exigido, não mais por lei, mas por norma coletiva aprovada em assembleia da (ainda hoje) categoria profissional ou econômica.

O *site* do Tribunal Superior do Trabalho trouxe notícia, no dia 14/8, que a 5ª Turma, em acórdão da lavra do ministro Breno Medeiros, em votação unânime, (Processo: RR-373-97.2018.5.07.0028) julgou improcedente a ação de cobrança ajuizada pelo Sindicato dos Trabalhadores nas Empresas de Refeições Coletivas e Afins no Estado do Ceará visando à cobrança da contribuição sindical dos empregados da MTD Petróleo.

A autorização prévia, expressa e individual do empregado para que seja realizado o desconto, de acordo com o art. 579 da CLT, introduzido pela Lei n. 13.467/17, homenageia o exercício da liberdade sindical individual, de acordo com o que estabelece a Convenção n. 87 da OIT.

Segundo informa a publicação, "O relator [...] assinalou que, a partir da Reforma Trabalhista, o recolhimento da contribuição sindical se tornou facultativo. Na sua avaliação, embora o dispositivo não faça referência expressa nesse sentido, a interpretação da necessidade da autorização individualizada se 'coaduna com o espírito da lei', que pretendeu resguardar o princípio constitucional da liberdade de associação sindical".

As críticas ao modelo da unicidade sindical mantido à distância de efetiva legitimidade de atuação estiveram sempre presentes até, pelo menos, novembro de 2017, com a Reforma Trabalhista. O apego à manutenção da contribuição não justificaria a obrigatoriedade de custeio, nas atuais circunstâncias legais, por incompatibilidade jurídica e política, além da violação a direito fundamental do exercício da liberdade sindical, ainda que seja para preservar entidades que se sustentavam na contribuição compulsória e que se encontram fragilizadas economicamente.

As transformações nas relações de trabalho e essa litigiosidade socorrista confirmam que o modelo de negociação coletiva tradicional não está mais adequado à evolução da forma de compreensão do coletivo e o que se constata é a individualização de interesses cada vez mais crescente fruto da banalização do trabalho.

As ações de cobrança de contribuição expõem ainda mais os sindicatos à sua fragilidade de representação e confirmam a ausência de legitimidade no modelo de unicidade sindical. O conteúdo das demandas, de um lado, no mérito, fixa o sujeito passivo da obrigação que não integra a relação jurídica e, de outro, está a desafiar a competência da Justiça do Trabalho ou qualquer órgão arbitral para apreciar litígios dessa natureza cuja essência enfrenta um direito fundamental de liberdade consagrado no art. 8° da Constituição Federal, de interesse público inexorável.

E assim, respeitadas as divergências, deveria ser observado na aplicação da norma o disposto no art. 8° da CLT no sentido de que o interesse público não prevalecerá sobre o interesse particular, numa tentativa de reconstruir o pensamento do Direito do Trabalho.

Controvérsias da prevalência do negociado sobre o legislado: Limites da sua aplicação

6 de setembro de 2019

No período anterior à Reforma Trabalhista, Lei n. 13.467/17, o Termo de Rescisão do Contrato de Trabalho, quando o empregado contasse com mais de um ano de serviço na empresa, devia ser homologado perante o Ministério do Trabalho ou sindicato da categoria (art. 477, da CLT, na antiga redação). Este ato administrativo, mediante carimbo da entidade ou repartição pública, permitia o ingresso para seguro-desemprego e para a liberação pela Caixa Econômica Federal, dos valores depositados em conta do FGTS, pelo empregado dispensado sem justa causa ou cujo contrato tivesse terminado pelo decurso do tempo.

A nova lei excluiu a obrigatoriedade de homologação, tornou mais eficaz a rescisão, ficando os empregados e empregadores, qualquer que seja o tempo de serviço, liberados de formalidade administrativa e, em consequência, a CEF fica autorizada a liberar os depósitos, observada sempre a motivação da rescisão contratual.

Era comum que as negociações coletivas do passado reproduziam a lei, sistematicamente, no âmbito de convenções ou acordos coletivos de trabalho, atribuindo ao seu descumprimento multa normativa. Dentre estas cláusula, a obrigação de homologação de rescisões perante o sindicato era comum. A partir da nova legislação, a condição de homologação de TRCT passou a mera condição negocial de interesse das partes, trabalhadores e empregadores.

O sítio do Tribunal Superior do Trabalho, em 30.08.2019, noticiou decisão da Seção Especializada em Dissídios Coletivos (SDC) do Tribunal Superior do Trabalho SDC, que confirmou a importância e o valor negocial no âmbito coletivo e considerou válida cláusula de acordo coletivo de trabalho que remete as rescisões dos contratos de trabalho à homologação por delegado sindical e julgou improcedente a ação anulatória de cláusula de acordo coletivo movida pelo Ministério Público do Trabalho da 8ª Região.

A relatoria do acórdão é do Ministro Caputo Bastos que sustenta o fortalecimento da negociação coletiva pós-reforma trabalhista afirmando que "Aliás, um dos fundamentos motivadores da reforma trabalhista é o fortalecimento da negociação coletiva. O art. 611-A da CLT encerra um rol exemplificativo de temas que podem ser objeto de negociação ao dispor que a convenção coletiva e o acordo coletivo de trabalho têm prevalência sobre a lei quando, entre outros, dispuserem sobre as matérias elencadas nos quinze incisos do referido artigo".

Portanto, se houver negociação coletiva concluída com cláusula que assegure ao sindicato profissional o direito de fiscalização das rescisões contratuais, a norma negociada terá aplicação exclusivamente nos limites das partes que assim negociaram, sem efeitos administrativos para o saque do FGTS ou habilitação no seguro desemprego os quais, diga-se, não poderiam ser condicionados à cláusula convencionada, sob pena de criar dificuldades de acesso ao FGTS pelo trabalhador. O descumprimento da norma que obriga à homologação não poderia acarretar ao empregado obstáculo ao saque do FGTS nem seguro desemprego. Mas, o empregador fica sujeito ao pagamento de multa prevista na convenção ou acordo coletivo de trabalho.

E, neste passo, no campo das negociações coletivas, a liberdade negocial está subordinada à autonomia da vontade coletiva com restrições marcadas (art. 611-B, da CLT) exclusivamente pela indisponibilidade absoluta de direitos, considerados como garantias fundamentais e não condicionados a eventos para sua aquisição. E, por esta razão, talvez, se possa afirmar que o negociado prevalecerá sobre o legislado, competindo às partes envolvidas nos embates de interesses a concretização em norma jurídica a vontade extraída na assembleia dos interessados, quando se tratar de categoria econômica ou profissional, respeitando sua aplicação sem distinção.

O que se discute, como pano de fundo, é a possibilidade de o negociado prevalecer sobre o legislado e esta decisão do TST é uma das situações que a jurisprudência vai enfrentar até acomodar e amadurecer a prática das negociações.

É curioso, de outro lado, que as normas que pretendem a proteção e garantia de direitos, se submetem a interpretação variada. Embora sindicato e Ministério Público do Trabalho estejam caminhando na preservação de garantias fundamentais colidiram no objeto: para o sindicato, fiscalizar as rescisões, por meio de delegado sindical, é importante; para o MPT, a fiscalização burocratiza e pode causar demora no acesso ao FGTS e seguro desemprego e, por esta razão é nula.

Do resultado da decisão, fica a lição para os negociadores. As cláusulas que se produziam de forma a repetir a lei no passado, merecem agora reflexão pois o fato de a lei da reforma ter excluído determinada obrigação não implica a impossibilidade de que permaneça como objeto de cumprimento em norma coletiva de trabalho.

Inclusão no emprego pelo trabalho intermitente: riscos de conteúdo

27 de setembro de 2019

Esta semana veiculou notícia na imprensa que houve crescimento no volume de empregos e que o trabalho intermitente, segundo o CAGED, teria sido responsável pela admissão de 12.929 trabalhadores empregados e que, subtraídos os demitidos, 6.356, o saldo é positivo de 6.573 contratos. Desta forma, a hipótese que a notícia sugere é de que a regulamentação por lei do trabalho intermitente teria colaborado com a redução de índice de desemprego ou que, pelo menos, se trata de uma opção para contratos de trabalho. Entretanto, a estatística não qualifica o trabalho intermitente como modalidade de inclusão social e coloca em dúvida a ideia de que a execução de trabalho intermitente seria a solução para o desemprego.

De fato o contrato de emprego para execução de trabalho intermitente está muito longe de desempenhar papel inclusivo por vários motivos e sua prática poderá gerar contingências trabalhistas e aumento da litigiosidade.

De um lado, o que poderia ser considerado típico trabalho intermitente parece não ter volume suficiente para absorver o elevado número de 13 milhões de desempregados, a menos que, conforme se constata em alguns comentários e práticas, seja alterado o conceito de intermitência e trabalho com esta característica.

O contrato para trabalho intermitente é especial e deve observar condições de validade. Não poderia ser utilizado, por exemplo, cláusula com previsão de datas em que o trabalho seria executado pois a condição própria da intermitência é a da convocação para o trabalho ao tempo de sua necessidade. Por esta razão a lei estabeleceu a obrigação de o empregador convocar o empregado com antecedência de três dias. Não parece razoável que o trabalhador antecipe sua manifestação de concordância com a convocação de trabalho. Se houver prévia definição dos dias de trabalho, a natureza jurídica do contrato será outra: tempo parcial, por exemplo.

Conceitualmente, o contrato de trabalho implica a disponibilidade da força de trabalho pelo empregado e a entrega de trabalho pelo empregador com consequências de garantias de direitos e deveres. Entretanto, a legislação que trata do trabalho intermitente não assegura ao trabalhador a essência de um contrato de obrigações e deveres que é representado pela responsabilidade do empregador no fornecimento de trabalho. Desta feita e, por consequência, os direitos efetivos trabalhistas que surgiriam a partir da entrega dos serviços permanecem condicionados à vontade exclusiva de uma das partes. Isto significa a existência de um contrato desprovido de obrigações recíprocas: ausência de trabalho e, portanto, de contraprestação de salário.

Curiosamente, poderão argumentar alguns que o empregado também se encontra livre quanto à prestação de serviços pois poderá recusar a convocação, se assim desejar e, nem por isso, estaria descumprindo dever contratual, preservando o contrato de trabalho intermitente.

Dito isto, as informações do CAGED, além de tímidas para considerar a recuperação da economia e do emprego, não trazem efetivamente uma demonstração de quantos trabalhadores, inseridos na condição de execução de trabalho intermitente, foram convocados pelos empregadores e qual o nível de ganho mensal desses empregados.

Desta forma, o trabalho intermitente enseja sua identificação jurídica e fática corretas sob pena de serem criadas zonas de conflito marcadas pela sua descaracterização e extensão de garantias dos contratos regulares.

O tempo da reforma trabalhista nos contratos de trabalho e nas relações coletivas

8 de novembro de 2019

A Reforma Trabalhista da Lei n. 13.467/17 vai para o seu segundo ano no próximo dia 11 de novembro. Talvez não de vigência completa em razão da Medida Provisória n. 808, editada em 14 de novembro do mesmo ano e com perda de vigência em 24 de abril de 2018. Depois veio a Medida Provisória n. 881/2019, tratando da Liberdade Econômica, com algumas alterações da Reforma e, ao final, foi aprovada e sancionada, convertendo-se na Lei n. 13.874/19, chamada "reforminha".

Foram dois anos de expectativas, incertezas e de insegurança nas relações individuais e coletivas do trabalho. Alguns caminharam para o "pode tudo" e outros para o "não pode nada". Os mais cautelosos, ainda aguardam as discussões acalmarem após juristas, juízes e ministros se manifestarem sobre conjecturas que consideram a mudança e a transformação do velho (CLT) para o novo (CLT reformada).

O confronto do Decreto-lei n. 5.452, de 1º de maio de 1943 (CLT) com as novas disposições da Reforma obrigou o intérprete, necessariamente, no nosso sentir, a dois aspectos transformadores: (i) à revisão dos efeitos da manifestação da vontade e da responsabilidade do modelo de protecionismo paternalista e (ii) de um sindicalismo monopolista.

A revisão dos efeitos da manifestação da vontade e da responsabilidade aplicadas, comparativamente ao período anterior à reforma, deveria considerar o contrato de trabalho mais próximo dos contratos de natureza civil pura, em que o ajustado faz lei entre as partes contratantes. Contudo, a justificativa histórica (e que ultrapassa os tempos para que nas relações trabalhistas se encontre um componente diferenciado da lei civil) justificou-se pela necessidade de emprego e desigualdade econômica entre as partes, além do que cuida a relação de força de trabalho humano, incompatível de ser tratado como coisa e, portanto, o direito civil não lhe servia e demonstrou seus efeitos danosos na relação de trabalho. A proteção encravada pelo direito do trabalho, na garantia de direitos mínimos, parece justificar a existência de uma legislação específica e fora do alcance dos princípios civilistas.

A Reforma Trabalhista contrariou a tradição e, em alguns casos, a realidade ainda existente. Assim, aumentou o grau da manifestação da autonomia da vontade individual, como exemplo, no disposto pelo art. 444, parágrafo único, tratando como diferenciados trabalhadores com salários acima do dobro do teto da previdência e que tenham nível de ensino superior. Ao mesmo tempo, a Reforma enfrenta temas que pareciam essenciais no contrato de trabalho e que gozavam de indisponibilidade de direitos e garantias legais e convencionais. Aqui, a responsabilidade contratual prevalecerá e não será submetida a revisões judiciais em período posterior ao rompimento contratual dado que homenageia a prevalência do negociado, aplicando-se a regra "rebus sic stantibus". O preenchimento dos dois requisitos parece, todavia, pertencer a um grupo reduzido de trabalhadores. Para os demais, aplicam-se os princípios históricos e que justificaram e que ainda podem justificar a garantia contratual mínima de direitos.

O segundo aspecto, que diz respeito à forma pela qual os trabalhadores se organizam em sindicatos para negociar novas condições de trabalho, fez destacar que a proteção social coletiva de grupos identificados por vínculos de interesses comuns seria capaz de equilibrar e evoluir nas conquistas e avanços de melhoria da condição social (art. 7º, *caput* da Constituição Federal).

A Reforma Trabalhista, no tema direito coletivo nele compreendido a organização sindical, enfrentou dificuldades. Não se pretende cair em lugar comum, de reconhecimento quase unânime, mas vale lembrar a fragilidade de nosso sindicalismo (com poucas exceções) acostumado no modelo de receita certa (contribuição sindical compulsória) e de pouca prestação de contas aos representados. Deste modo, a alteração da forma de custeio com a transferência para a manifestação favorável do trabalhador ou empresa não sofreu resistência porque faltaram justificativas para sua permanência.

Assim, nesta continuidade de prática da Reforma Trabalhista no âmbito das relações coletivas, a evolução ainda está a caminho porque as negociações, contrariamente ao que foram no passado, em que se negociavam os prejuízos, devem pautar condições de responsabilidade para o futuro e, em especial, de forma consistente e programática, abandonando o aqui e agora. A autonomia da vontade coletiva foi prestigiada e impõe aos negociadores (patrões e empregados) responsabilidade de seus efeitos. Os sindicatos devem entregar para seus representados um plano para o futuro, acompanhando as transformações do mundo do trabalho e que não seja exclusivamente imediatista.

Também as negociações coletivas, compreendidos sindicato profissional e patronal, devem observar a Convenção Internacional n. 98, da OIT, em seu art. 4º, ratificada pelo Brasil em 1949, no sentido de que o objetivo da negociação é o de regular, os termos e condições de emprego. Neste passo, constata-se avanço desordenado e desgovernado na fixação de contribuições sindicais ou, no mesmo sentido, de excluir de obrigação de quota de deficientes empresas que sejam associadas ao sindicato patronal. Todas violando a garantia de exercício do direito de liberdade sindical e, da quota de deficientes, a própria lei.

Mas, os erros e acertos devem ser atribuídos à pouca familiaridade com o novo. O tempo deverá acomodar a Reforma cuja aplicação é inexorável e são prematuras interpretações futurísticas.

Dúvidas do novo modelo de PLR com a Medida Provisória n. 905/2019

29 de novembro de 2019

A Medida Provisória n. 905 de 11 de novembro de 2019, não se pode negar, surpreendeu a todos em razão da pretensão de uma segunda Reforma Trabalhista em dois anos de vigência da Lei n. 13.467/17. Também causou espanto seu conteúdo contraditório especialmente ao tratar do valor do negociado sobre o legislado. No caso das alterações propostas na Lei n. 10.101/00, que trata da Participação nos Lucros ou Resultados das empresas merecem destaque e reflexão alguns aspectos.

Primeiramente, a participação dos trabalhadores nos lucros ou resultados das empresas desvinculada da remuneração tem previsão constitucional (art. 7º, XI) e a iniciativa normativa teve início em 1994 e, desde então, tem ocupado cenário de integração de trabalhadores por meio de negociações coletivas. Portanto, os pontos básicos para o sistema funcionar são, dentre outros, a não obrigatoriedade, integração pela negociação, incentivo fiscal para as empresas.

A MP n. 905 trouxe alterações fundamentais quanto (i) à formação de comissão de trabalhadores; (ii) critérios de programas de PLR; (iii) negociação direta com empregado nas condições do parágrafo único do art. 444 da CLT; (iv) natureza jurídica e extensão do campo de aplicação.

Sobre a forma de negociação (i), a MP n. 794/94, que deu impulso às discussões do modelo que seria adotado pela lei, não contemplava a integração de representante do sindicato na comissão dos trabalhadores ("Toda empresa deverá convencionar com seus empregados, mediante negociação coletiva, a forma de participação destes em seus lucros ou resultados"). Segundo as discussões da época, a exclusão do sindicato violaria a CF, em especial o art. 8º, inciso VI, que garante a participação dos sindicatos em negociações coletivas.

O ministro do STF, Ilmar Galvão, suspendeu os efeitos da expressão "por meio de comissão por eles escolhida" (ADI 1.361-1). Somente com a MP n. 1.539-34, de 7 de agosto de 1997, foi inserida a integração de representante do sindicato na comissão de trabalhadores. A MP n. 1.698-46, de 30 de junho de 1998, alterou o disposto no art. 2º para acrescentar a negociação por convenção coletiva ou acordo coletivo de trabalho, que parecia a forma definitiva daí em diante.

Todavia, a MP n. 905 quebrou esta continuidade e não se refere mais à integração de representante de sindicato na comissão de negociação. Deixou o empregador livre para negociar com seus trabalhadores de forma conjunta e não mais por sindicato de categoria. Neste sentido, talvez a implantação de PLR na empresa seja a forma mais integrativa entre o capital e trabalho, envolvendo os trabalhadores do conjunto da companhia, sem classificações nem separações ou intervenções muitas vezes políticas. Neste modelo proposto pela MP, a impressão que deixa é que os empregados terão um olhar para dentro do negócio e que pode mudar o comprometimento no seu conjunto e, com isso, valorizar o emprego em vista de resultado de futuro próximo.

Os critérios de programas múltiplos (ii) de PLR (art. 1º, § 5º: II – estabelecer múltiplos programas de participação nos lucros ou nos resultados, observada a periodicidade estabelecida pelo § 1º do art. 3º) abrem oportunidades para que as empresas estabeleçam programas de resultados por setor, estabelecimento ou que, no mesmo plano, contemplem setores com resultados de metas diferentes entre si. O fundamento jurídico, amparado no § 6º, é a prevalência do princípio da autonomia da vontade de forma absoluta. Nestes casos as negociações concluídas enfrentarão a jurisprudência consolidada do TST na Súmula n. 451 que impõe, sob pena de violação do princípio da isonomia, o pagamento da proporcionalidade da distribuição de valores de PLR nas rescisões ocorridas durante o período de apuração.

A MP n. 905 rompe com a solidariedade do grupo de trabalhadores e permite que para aqueles empregados que se convencionou chamar de "hipersuficientes" (art. 444, parágrafo único da CLT) que o empregador negocie diretamente e, deste modo, seguindo o que se disse anteriormente, crie um PLR específico para este grupo de trabalhadores (§ 10. A participação nos lucros ou nos resultados de que trata esta Lei poderá ser fixada diretamente com o empregado de que trata o parágrafo único do art. 444 da Consolidação das Leis do Trabalho, aprovada pelo Decreto-lei n. 5.452, de 1º de maio de 1943).

A natureza jurídica de valores distribuídos e extensão do campo de aplicação (iv) também recebeu na MP n. 905 tratamento que altera a finalidade proposta inicialmente pela lei do PLR e inclui o art. 5º que atribui natureza jurídica de PLR a prêmios ajustados unilateralmente ou não pelo empregador a empregado ou grupo de empregados, valendo tal distribuição também para fundações e associações sob condições que enumera ("São válidos os prêmios de que tratam os § 2º e § 4º do art. 457 da Consolidação das Leis do Trabalho, aprovada pelo Decreto-lei n. 5.452, de 1943, e a alínea "z" do § 9º do art. 28 desta Lei, independentemente da forma de seu de pagamento e do meio utilizado para a sua fixação, inclusive por ato unilateral do empregador, ajuste deste com o empregado ou grupo de empregados, bem como por norma coletiva, inclusive quando pagos por fundações e associações, desde que sejam observados os seguintes requisitos").

Neste último aspecto, com todo respeito, o prêmio de que trata a MP não se ajusta ao valor jurídico das importâncias recebidas pelo empregado em Plano de PLR porque possuem condicionamentos diversos e independem de negociação por meio de comissão para sua validade. Dentre os requisitos desafiadores de identificar prêmio com excludente da natureza salarial está a condição de pagamento baseado em "desempenho superior ao ordinariamente esperado" (inciso II) com as regras que devem ser previamente estabelecidas (inciso IV). No nosso sentir, a previsibilidade de desempenho não se compatibiliza com ausência de expectativa de recebimento.

Enfim, comentar Medida Provisória, especialmente quando ela é injustificável tecnicamente, é um desafio porque, embora vigente e com efeitos jurídicos, pode até nem ser votada ao final. A inquietação sinaliza mais um episódio histórico das mudanças trabalhistas.

O exercício das liberdades públicas na relação de trabalho

20 de dezembro de 2019

Rivero Savatier, de modo sempre atualizado, afirmou que "no contrato, o empregado coloca à disposição sua força de trabalho, mas não sua pessoa" (*Les libertés publiquesdans l'entreprise*. Droit social, 1982, p. 424). Efetivamente o empregado se beneficia de direitos fundamentais como a liberdade de opinião, de convicção política ou religiosa, de expressão, de associação e de liberdade sindical, não discriminação entre tantos. Todavia, a proteção especial relativamente aos direitos individuais e liberdades públicas do empregado conflita com as regras de exercício disciplinar e de autoridade do empregador, reconhecidamente legítimos pelo próprio Direito do Trabalho.

A Constituição Federal de 1988 foi promulgada como garantidora do exercício das liberdades individuais e rompeu com o modelo conservador das relações trabalhistas em que os empregados se submetiam à disciplina rigorosa do ambiente de trabalho cujo objetivo era a produção e a obediência. Foi assim que a constituinte se propôs para construção de um futuro em que as garantias constitucionais estariam asseguradas e que o exercício da cidadania não se restringiria mais à condição exterior ao ambiente de trabalho. De fato ser cidadão e empregado obrigou as empresas à humanização do ambiente de trabalho e de tal forma que entregassem aos trabalhadores a possibilidade de integração com funcionalidade na produção. Trata-se do respeito à dignidade da pessoa humana e aos valores sociais do trabalho (art. 1º, III e IV da CF).

Tais garantias constitucionais foram trazidas no art. 7º que, pelos incisos, enumera de maneira ampla os direitos individuais dos trabalhadores quando submetidos ao vínculo de emprego ou a ele assemelhado. Tais garantias estão revestidas de caráter de ordem pública e se estendem a toda coletividade de modo irrestrito, observado sempre a condição de assalariado.

Ocorre, entretanto, que a relação de emprego apresenta peculiaridades e certo paradoxo porque, ao mesmo tempo em que assegura o direito universal do exercício das liberdades públicas e as liberdades individuais do empregado, traz restrições ao seu exercício pleno, necessárias para o bom funcionamento da empresa cujos interesses não podem deixar de ser valorizados.

As restrições às liberdades individuais podem resultar de regulamentos de empresa, de disposições que limitam o acesso a determinadas localidades da planta empresarial, impedir o deslocamento de empregados durante a jornada de trabalho, exigir a identificação profissional por razões de segurança, inclusive controle por meio de revistas aos objetos que o empregado carrega consigo. Deste modo, a força de trabalho se confunde com a pessoa e encontra limitações e restrições impostas pelo empregador.

Neste sentido, o sitio do TST publicou em 17.12.2019, notícia de julgamento da 3ª Turma (RR-800-41.2014.5.05.0012), cujo relator, Ministro Alberto Bresciani, excluiu pagamento de danos morais por considerar que revista era feita de forma moderada pelo empregador e que o estaria autorizado a exercer sobre o empregado o poder fiscalizatório, respeitada sempre a restrição do art. 373-A, que veda o procedimento do "empregador ou preposto a revistas íntimas nas empregadas ou funcionárias" especialmente em razão da ausência de contato físico".

Ponderou o acórdão que:

> "Não se firma presunção de que o ato de proceder à revista dos empregados configura desconfiança do empregador quanto à prática de atos ilícitos, mormente se todos os demais empregados eram submetidos ao mesmo procedimento. Não há ilicitude no procedimento de realizar revistas moderadas."

A fidúcia em que se fundamenta o contrato de trabalho, sob um dever recíproco de boa-fé, não admite comportamentos, insinuações e gestos que possam trazer dúvidas no elemento essencial e imprescindível para a continuidade de vínculo de emprego. Neste sentido, como afirma o acórdão, presunção de abuso não se sustenta para imputação de violação de intimidades, merecendo sempre prova robusta.

Portanto, ser trabalhador e cidadão com pleno exercício das liberdades públicas e individuais, admite, no local de trabalho, a obediência ao poder disciplinar e diretivo do empregador, cujas restrições estão limitadas ao comportamento do empregado no tempo colocado à disposição para a execução do trabalho.

2020

Aspectos circunstanciais dos princípios do Direito do Trabalho

31 de janeiro de 2020,

Atualmente é questionável se o Direito do Trabalho ainda se mantém com o mesmo conteúdo de sua origem ou se teria perdido, diante das transformações tecnológicas na produção de serviços, o viés exclusivista e de proteção dos trabalhadores submetidos à condição de empregados, assalariados, subordinados e com serviços prestado por conta alheia. Nesta hipótese, os princípios informadores e formadores da aplicação da legislação trabalhista têm enfrentado desafios e dilemas.

A era da digitalização e da inteligência artificial gera a ideia de que todos somos super heróis com absoluta autonomia e independência. Somos capazes de navegar em espaços inimagináveis, porque as oportunidades de trabalho estão nas nuvens na distância de um *clic*. De forma inegável, o modelo de economia digital, em especial a chamada *sharing economy*, revolucionou o modo tradicional de prestação de serviços e o conceito de subordinação, usualmente utilizado para inserir o trabalhador no campo de proteção da relação de emprego. Deste modo, é natural que a legislação, amparada em modelos de outrora, encontre dificuldades e contradições na sua aplicação e os princípios do Direito do Trabalho se aplicam de modo circunstancial, isto é, considerando fatores especiais na dinâmica da modernidade e precariedade do envolvimento no conteúdo das relações trabalhistas e humanas.

Zygmunt Bauman (*Modernidade líquida*. Rio de Janeiro: Ed. Zahar, 2001, tradução de Plínio Dentzien) observa que a vulnerabilidade e a precariedade é a característica do mundo em que vivemos, o desemprego é estrutural e a cada nova vaga alguns empregos desaparecem e o progresso tecnológico "tende a anunciar cada vez menos e não mais empregos".

A Lei n. 13.429/17, que regulamentou a terceirização, valorizou o modelo de prestação de serviços por meio de pessoa jurídica em qualquer tipo de atividade e a Lei n. 13.467/17, que vive sob o fogo de tentativas de alterações, parece ter valorizado a autonomia da vontade individual. Estas são as previsões legais que sustentam as relações jurídicas na chamada era digital, caracterizada pelo individualismo, pela falta de solidariedade e pela pouca aderência ao trabalho.

As condições previstas em lei, base jurídica a estabelecer as novas relações de trabalho, não seriam condenáveis caso o Estado pudesse dar resposta à sociedade, aos seus cidadãos, com uma base de proteção social mais ampla, que não dependesse exclusivamente da condição de empregado. Em palavras outras, a omissão de efetiva proteção social pelo Estado, transfere a responsabilidade para a iniciativa privada cujo ideal de segurança é o trabalho "de emprego" qualquer que seja a forma de seu convencimento.

Neste momento de transição ou de revolução nos modelos de trabalho é natural que os princípios carregados por Plá Rodriguez (*Princípios do Direito do Trabalho.* São Paulo: LTr, 1978, tradução de Wagner Giglio) sejam ameaçados ao abandono ou que, pelo menos, mereçam readequação na sua aplicação em especial atenção ao paradigma das novas relações de trabalho. Adverte Plá Rodriguez que "o caráter fragmentário (do Direito do Trabalho) e sua tendência para o concreto conduzem à proliferação de normas em contínuo processo de modificação e aperfeiçoamento".

Deste modo, os dilemas e desafios às transformações nos métodos de organização do trabalho acompanham o Direito do Trabalho desde sua histórica formação e a capacidade de adaptação sempre atendeu de forma adequada à realidade dos fatos.

Motivação jurídica do exercício do direito de greve

21 de fevereiro de 2020

Não têm sido raras, na atualidade, as paralisações de trabalhadores pelas quais reivindicam direitos, denunciam abusos, clamam por empregos, se solidarizam com outros trabalhadores, protestam contra reforma da legislação, e outras motivações.

Trata-se de um fato social de natureza coletiva inegável valorizado pela autonomia da vontade coletiva. É o exercício de um direito que se avizinha da garantia constitucional de liberdade sindical porquanto é o sindicato a caixa de ressonância quando se trata especificamente de questões profissionais e coletivas.

No entanto, a qualificação do movimento quanto à finalidade profissional e a determinação de punição aos grevistas ou seus representantes enfrentam dificuldades conceituais excepcionais e de superação, muitas vezes impensadas, e que coloca em risco a garantia constitucional do art. 5º, IV.

É que a Constituição Federal, além da garantia geral, assegura aos trabalhadores (art. 9º) o direito de greve e a responsabilidade quanto aos fins perseguidos pelo movimento. A exceção ao exercício do direito de greve é reservada aos servidores públicos militares (art. 142, IV, CF).

Neste cenário, permeia de modo inexorável a natureza política quando do exercício de liberdade de pensamento, direito de manifestação e, também, quando se trata de relações coletivas de trabalho, paralisação com responsabilidade pelos atos praticados e direitos vindicados, estes últimos adequados ou não ao objetivo perseguido mas, de qualquer forma, livremente decidido.

O *Informativo do TST* (190/214) publicou decisão da SDC em que, analisando greve dos trabalhadores da Eletrobras contra a privatização da empresa, por maioria, entendeu que a motivação era estritamente política e que não se referia a conflito entre empresa e trabalhadores e que se trata de política de privatização do setor público: "Dissídio coletivo. Greve. Movimento deflagrado contra a privatização das empresas que compõem o sistema Eletrobras. Motivação estritamente política. Abusividade. É abusivo o movimento grevista deflagrado pela categoria profissional contra a privatização das empresas que compõem o sistema Eletrobras, pois não se verifica dissídio trabalhista, ou seja, conflito entre empresa e trabalhadores. A política de privatização do setor elétrico não é de autoria da Eletrobras, nem das empresas estatais, mas do poder público, de modo que as reivindicações dos trabalhadores não podem ser negociadas pelas empresas. Assim, vislumbrando a ocorrência de greve com motivação estritamente política, a SDC, por maioria, julgou procedente o pedido de abusividade do movimento, vencidos os Ministros Mauricio Godinho Delgado, relator, e Kátia Magalhães Arruda. TST-DCG-1000418-66.2018.5.00.0000, SDC, rel. Min. Mauricio Godinho Delgado, red. p/ acórdão Min. Ives Gandra da Silva Martins Filho, 11.2.2019."

Recentemente, foi notícia nos jornais a greve dos trabalhadores da Petrobrás por solidariedade aos empregados da empresa Araucária Nitrogenados (Ansa), instalada no Paraná. A motivação da greve foi o anúncio do encerramento das atividades da empresa e, consequentemente, colocando em situação de desemprego, segundo informações jornalísticas 396 empregados com 1000 pessoas atingidas. A reação local foi imediata e atingiu a preocupação de todos os trabalhadores da empresa, inclusive com ocupação surpresa de parte do imóvel da Petrobrás no RJ.

Contrariamente aos exemplos de outros países, recentemente a França, a judicialização do conflito parece ser sempre a primeira "solução". Claro que não se pretende aqui questionar a competência da Justiça do Trabalho e a efetividade de sua decisão. Neste caso, a fim de que houvesse a determinação de retorno ao trabalho, foi instaurado dissídio de greve perante o TST (DC – 1000087-16.2020.5.00.0000) com fundamento em motivação política (greve de solidariedade).

Neste caso, vale a lição de Pedro Romano Martinez (*Direito do Trabalho*. 9 ed. Coimbra: Almedina, 2019) que, para conceituar juridicamente a greve como forma de pressão diz que "Na medida em que a greve funciona com meio de pressão para atingir certos fins, se as pretensões não podem ser satisfeitas pelo empregador, não se pode qualificar a situação como de verdadeira greve. Os fins comuns devem estar na disponibilidade de satisfação por parte do empregador." Portanto, a motivação do movimento paredista é que deveria definir a natureza estritamente política da greve e se assim for não cabe a competência judicial para julgamento.

As manifestações de greve geral contra política governamental, contra o desmatamento da Amazônia ou contra a privatização têm caráter estritamente político e, considerando a liberdade de manifestação assegurada pela Carta Maior, tal greve não é passível de julgamento pelo Poder Judiciário, sob pena de se ofender direito constitucional fundamental. Excetuam-se, por óbvio, os abusos que venham a ser praticados.

Quando a greve é deflagrada em serviços essenciais (art. 14, Lei n. 7.783/89) a responsabilidade da gestão é dos trabalhadores e respectivos sindicatos cuja desobediência autoriza o empregador a adotar medidas de urgência para a manutenção de serviço à comunidade e, ao Ministério Público do Trabalho, requerer a instauração de dissídio de greve.

A propósito do retorno da determinação de retorno ao trabalho é incompatível com a resistência que caracteriza movimento paredista que se caracteriza pela cessação coletiva quando os objetivos forem atingidos ou negociados. A propósito, o jornal *Le Monde Diplomatique*,deste mês de fevereiro, publicou artigo do Professor Xavier Vigna, Professor de História Contemporânea da Universidade de Paris-Nanterre (*Tenir une grève*), que trata da duração dos movimentos grevistas e de que forma os trabalhadores europeus se organizam ou se organizaram ao longo dos tempo para a sustentação da paralisação, os esforços e a solidariedade dos grupos.

Vale também refletir sobre os efeitos e a efetividade de uma decisão judicial de natureza coletiva que impõe multas em razão de sua desobediência, determina o retorno ao trabalho e autoriza sanções a trabalhadores, transformando a autonomia da vontade coletiva em situações punitivas de caráter individual com aval judicial.

Fica evidente que a expectativa de tal decisão, que resolve o processo mas não atende o conflito, caminha na promoção do aumento de conflitos individuais de pouco resultado prático e sem necessária construção de algo mais importante para o futuro da empresa.

Liberalidades contratuais e previsibilidade de risco

13 de março de 2020

O modelo de proteção trabalhista, desde a formação do Direito do Trabalho, carrega particularidades que, em certos casos, traz resultado inverso ao pretendido e inibe iniciativas contratuais que poderiam estabelecer maior consistência e aderência ao compromisso que, em tese, é celebrado sem prazo para terminar. Verifica-se a inversão no caso das liberalidades contratadas expressamente ou contaminadas pela habitualidade na repetição.

É o dilema entre liberdade e flexibilidade das condições contratuais, negociadas em determinado momento da economia, do desenvolvimento da empresa ou do momento contratual do próprio empregado.

A inalterabilidade das condições contratuais admite número limitado de situações: redução salarial (CF, art. 7º, V), reversão ao cargo efetivo (CLT, art. 468) e transferência de localidade da prestação de serviços (CLT, art. 469). São casos especiais, observadas restrições e requisitos legais, que não precisariam constar de contrato expressamente porque é mantida a essência do contrato e seu comprometimento na execução.

Todavia, existem situações práticas na relação de trabalho que são periféricas ao ponto de equilíbrio do contrato e que admitiriam negociações para sua alteração quer pela substituição quer para supressão.

A jurisprudência trabalhista foi se consolidando para reparar efeitos econômicos de alteração de condições contratuais, de forma a controlar supostos abusos praticados no cumprimento de direitos básicos. Por exemplo, a cancelada Súmula n. 76, do TST, outrora, após o empregado ser submetido a horas extraordinárias de forma contínua por 2 anos ou mais, impedia que a jornada de trabalho retornasse ao tempo normal sem que houvesse a integração do valor equivalente às horas extras. Depois, substituída pela Súmula n. 291, criou o direito à indenização como forma de reparação cuja aplicação não ficará de acordo com o que dispõe a atual redação do art. 8º, § 2º, da CLT.

Em outros casos, prevalece a habitualidade para impor ao empregador o ônus de condição contratual e de integração ou incorporação no contrato de trabalho. Assim foi com a Súmula n. 372 do TST que considerava a gratificação de cargo como vantagem pessoal e, com fundamento na estabilidade financeira, entendia pela recusa da sua supressão. Agora, a Lei n. 13.467/17 (CLT art. 468, § 2º) assegura o entendimento de que a ausência do cargo implica ausência de gratificação.

No campo das vantagens in natura a jurisprudência foi uníssona para reconhecer que aquelas concedidas a título de auxílio educação, alimentação e outros fossem integradas ao salário ou incorporadas ao contrato de trabalho. Em 2001, a Lei n. 10.243 alterou o § 2º, do art. 458, da CLT, excluindo dos efeitos trabalhistas benefícios de educação, previdência privada, assistência médica e outros, sem prejuízo de cuidadosa avaliação com a Lei n. 8.212/91.

O sítio do TST, em 10.03.2020, noticiou que a Segunda Turma, com relatoria do Ministro José Roberto Pimenta (RR-1000733-88.2017.5.02.0351), considerou que cesta básica fornecida por liberalidade da empresa possui natureza jurídica salarial e determinou a integração do preço médio oficial da cesta básica da região, observando que as condições foram estabelecidas anteriormente à Lei n. 13.467/17 e o processo, igualmente, ajuizado em data anterior à nova lei, aplicando o teor da Súmula n. 241 que considera a natureza salarial do vale refeição, fornecido por força do contrato.

Prevaleceu no caso o entendimento de que o benefício concedido pelo empregador, ainda que posteriormente seja aprovado texto de lei atribuindo natureza salarial diversa, ainda assim, segundo consta no acórdão e por aplicação da OJ-SDII-413, nem mesmo norma coletiva poderia suprimir ou alterar a natureza jurídica salarial do benefício habitualmente pago que teria passado à categoria dos direitos adquiridos. Dito em palavras outras, nem mesmo um acordo coletivo poderia eliminar ou adequar juridicamente.

Com referência expressa à usual interpretação quanto à aplicação do art. 468 da CLT, afirma o seguinte:

> "Observe-se, no que diz respeito a inscrição da empresa junto ao PAT, que mesmo na hipótese de haver esse cadastro posteriormente ao início do contrato de trabalho em que já houve o fornecimento da verba alimentar, in natura, ou não, tal situação não afasta a natureza salarial da verba, por força dos princípios da inalterabilidade contratual lesiva, insculpido no art. 468 da CLT, e do respeito ao direito adquirido, consagrado no art. 5o, inciso XXXVI, da Constituição Federal."

Deste modo, considerando que a Lei n. 13.467/17 alterou o art. 457 da CLT e modificou o entendimento de verbas que anteriormente tinham natureza salarial (prêmio, por exemplo ou cartões eletrônicos para alimentação), o entendimento do acórdão em comento pode trazer preocupações quanto ao contingenciamento para as empresas a respeito de alterações contratuais produzidas desde novembro de 2017.

Covid-19

Relações trabalhistas em crise: Uma luz necessária e desejada no fim do túnel

3 de abril de 2020

A imagem é desastrosa e cruel em todo o mundo no enfrentamento da pandemia do Covid-19. O momento social e econômico pelo qual todos estamos passando é um desafio que impõe reflexão dos valores cultivados ao longo da história, não para apontar erros do passado nem se conformar para que não se repitam, mas para buscar outros valores mais fortes e coletivos. Nas relações trabalhistas, levado pelo volume de manifestações de todos os dias, as preocupações dividem opiniões e o cuidado para preservar as instituições é essencial a fim de que a inquietação comum não se transforme em oportunismos. Nós sabemos de onde partimos, mas não sabemos para onde vamos.

Entre nós, a Lei n. 13.979/20 impôs as medidas a serem adotadas para os cuidados de emergência de saúde pública, com isolamento e quarentena. Independentemente das medidas legais de urgência já adotadas ou que venham a ser adotadas em decorrência do estado de calamidade pública, reconhecido pelo Decreto Legislativo n. 6 de 20 de março de 2020, Medidas Provisórias ns. 927, 928, 936/20 e outras disposições legais que se apresentam a cada momento, a base em que os novos parâmetros jurídicos terão necessariamente que levar em conta a força maior, situação transformadora e que atinge o sistema jurídico de forma incontestável.

A força maior está relacionada às forças da natureza e criado pelas condições de trabalho. Trata-se de evento extraordinário inevitável e que não decorreu diretamente da vontade do homem (BELMONTE, Alexandre Agra. *Instituições civis no direto do trabalho* — curso de direito civil aplicado ao direito do trabalho. Rio de Janeiro: Renovar, 2009).

No direito civil há várias as hipóteses em que a obrigação deixa de ser exigível ou que o contrato poderia se desfazer em razão de fato imprevisível e extraordinário.

Todavia, quando se trata da aplicação dos efeitos da pandemia nas relações contratuais de trabalho, a generalização do conceito parece não ser adequada porque nem todas as situações trabalhistas são atingidas com o mesmo impacto, embora os efeitos sociais e econômicos sejam sentidos por todos. Conforme lições de Flavio Tartuce, *"o ponto de partida deve ser sempre cada relação contratual em sua individualidade. É preciso, antes de se qualificar acontecimentos em teoria, compreender o que aconteceu em cada contrato: houve efetivamente impossibilidade de cumprimento da prestação pelo devedor? Ou — hipótese que será necessariamente diversa — houve excessiva onerosidade para o cumprimento da prestação? Ou houve, ainda, algum impacto diverso sobre a relação contratual (como a frustração do fim contratual, o inadimplemento antecipado etc.)? Ou não houve, como é possível, impacto algum? São situações completamente distintas que somente podem ser aferidas à luz de cada contrato e é somente após a verificação do que ocorreu em cada relação contratual que se deve perquirir a causa (ou as causas) de tal ocorrência"*.

Portanto, não se trata de adotar regra geral que, pela sua característica de norma, não atenderia a todas as situações.

A passagem por esta crise está a valorizar o *princípio da boa-fé*, considerando que o trabalho prestado a distância, por exemplo, adquire maior confiança recíproca entre empregado e empregador, com interação que talvez não tivessem anteriormente. Não é o caso de colocar em dúvida a prestação de serviços e o exercício de *compliance* seja de onde for o local de trabalho.

Além de aguçar a boa-fé nas relações contratuais, este momento acentua a solidariedade entre as pessoas, ainda que distantes. Neste sentido, o contexto de todos os elementos da crise que a pandemia tem gerado, os gestos admitidos e esperados são os de salvação de todos, razão pela qual o enfrentamento da crise não pressupõe o abandono ao desemprego dos trabalhadores. O argumento de força maior por calamidade pública deve ser utilizado para a inclusão social.

Os sindicatos, que se sentem alijados das iniciativas para enfrentamento da crise, embora com raras exceções, colhem o resultado de uma cultura monopolista que, a despeito de querer representar a todos, apresentam fragilidade de aderência. Sindicalismo de categoria e sem vínculo de legitimidade, neste momento, não serviria, *data venia*, para a mudança urgente e que não se passa de modo uniforme para todos. Nem os sindicatos ditos patronais teriam condições de atendimentos ao setor econômico respectivo.

Neste momento, o olhar deve ser para o futuro, para transformar com segurança jurídica o que desejamos como mundo socialmente justo e equilibrado. Há necessidade de uma concertação social, à semelhança do que houve no final da II Guerra Mundial, em que novos patamares de direitos sociais foram, de modo programático estabelecidos, e cuja finalidade foi a retomada do crescimento econômico e avanço na qualidade das representações coletivas.

Se tivermos o respeito à boa-fé revigorado, a prática da solidariedade, o gesto de acolhimento pela preservação dos empregos, ainda assim o sacrifício de todos terá que valer a pena para a construção de um novo mundo, com valores outros que não aqueles deixados no passado. Não caberia oportunismos em nome da crise. Por esta razão, passar este momento semeando a insegurança e a litigiosidade futura, não contribui para a revisão do passado e na revolução que se espera.

Os temas que preocupam nas relações trabalhistas e as medidas de urgência devem ser entendidas no seu espectro de aplicação com todos os elementos que nos levaram ao confinamento e à crise mundial. As soluções jurídicas estão presentes e podem ser adotadas sempre na preservação dos empregos.

O Ministro Carlos Aires Brito, em artigo de 28.06.2016, em *O Estado de S. Paulo*, de forma sempre genial, tratando de momento político da época, no artigo "Viagem sem volta" traz reflexões que se ajustam ao presente momento e, citando a lição de Einstein de que "A mente que se abre para uma nova ideia não retorna ao tamanho primitivo", significa que *"o entendimento mais arejado das coisas opera no indivíduo uma transformação. Mais do que uma simples mudança de ordem subjetiva, uma conversão"*. Uma transformação de comportamento e, utilizando-se aqui da citação de Shakespeare *"transformação é uma porta que se abre por dentro"*.

O momento deve vislumbrar a transformação e esta viagem deve nos levar a uma vida melhor, caso contrário não terá valido a pena e o túnel continuará escuro.

Os acordos individuais durante a pandemia poderão ter seus efeitos ser questionados?

1º de maio de 2020

Agora na pandemia há uma voz corrente e ameaçadora de que os acordos individuais para redução de jornada e redução do salário estariam sob implacável nulidade e que, além de agredir a Constituição Federal, em seu art. 7º, VI, XIII e XXVI, que homenageia a participação sindical obrigatória quando se tratar de negociações coletivas. Além disso, outros atribuem a esta possibilidade que a denominação de "acordo" seria meramente retórica porque ao empregado não restaria outra alternativa que sua aceitação diante da "imposição" do empregador. O ponto de partida de todos os questionamentos deve levar em consideração as circunstâncias da vida, o valor protegido, e do momento em que se torna aplicável.

A pandemia é temporária.

A importância do tema que, pela MP n. 936/20, durante a força maior, acolhe a redução de jornada com redução proporcional de salário, ganhou destaque com a decisão do STF na ADIN 6.363, em que, por maioria e com fundamentos diversos, os ministros da Corte, com prevalência do voto do ministro revisor Alexandre de Moraes, decidiram que os acordos individuais em época de pandemia não agridem a CF e, ao caso, não se aplicaria a garantia disposta no art. 7º, VI, da Carta Maior.

Enfim, até que ponto o coronavírus pode influenciar nas relações trabalhistas a ponto de que se proíba a dispensa de trabalhadores sob seu pretexto ou que se atribua validade a acordos individuais que, na análise superficial, estariam trazendo prejuízo ao trabalhador e que este não teria outra opção que a da aceitação da redução temporária dos salários.

Há uma irracionalidade na exceção gerada pela pandemia que impõe regras e condutas que não teriam sido previstas ordinariamente pelo legislador. Assim, a consensualidade não se colocaria em razão de uma imposição de natureza geral aos contratantes que, em situações normais, teriam restrições para aceitar nem mesmo motivação para sua prática.

O tratamento excepcional, no caso das relações trabalhistas, é que permitiria o equilíbrio social e econômico sem o qual teríamos empresas fadadas à insolvência e empregados condenados ao desemprego. A MP n. 936/20 pode não ser a proposta ideal neste período, mas é o que se apresentou como forma de salvação de empresas e da economia.

O que parece estar em destaque nesta passagem trabalhista é a pregação de uma insegurança jurídica incomum que fica atrelada às regras de que, diante do fato, não podem ser rígidas. Em palavras outras, vive-se o tempo neste instante das condições jurídicas e o tempo passado, neste instante, não pode existir em nome de um bem comum que se pretenda atingir, mas que seja construtivo de outro.

Para compreender o momento e os efeitos jurídicos gerados em todas as áreas do direito não se pode afastar a motivação da exceção de magnitude internacional, nem o fato de que o emprego deve ser privilegiado a fim de que não sejam criados problemas ainda maiores.

Deste modo, a base de sustentação de todo arcabouço jurídico e de mudanças impostas deve considerar a força maior e, mais do que isso, de que modo o emprego deve ser preservado. A utilização da MP está condicionada à demonstração de que a empresa teria sido atingida em suas atividades ou postos de trabalho.

A Professora Raquel Scalcon, da FGV Direito-SP, em artigo excepcional em 24 de abril neste Consultor Jurídico, com o tema "A importância da Teoria do Direito em época de Covid-19", a propósito de artigo do ministro do STF Luiz Fux, em que afirmou que coronavírus não é *"habeas corpus"*, traz importantes considerações perfeitamente aplicáveis no campo do direito do trabalho em sentido análogo, nas afirmações de que "coronavírus não é desculpa para reduzir salários, não é salvo-conduto para demitir, não é licença para sonegar, muito menos justificativa automática para inadimplir. Em síntese: uma pandemia não afasta per se a incidência de regras jurídicas".

Para as reflexões no campo das relações trabalhistas fica a obviedade de que não se cuidou na CLT de situação de pandemias e suas opções de defesa para a preservação do emprego e da vida econômica da empresa. A situação é de emergência e temporária, assim se espera porque a Covid-19 não tem prazo definido e exige de todos o enfrentamento solidário e responsável nesta transição para depois, os contratos, do ponto de vista objetivo, passarem a vigorar como antes da Covid-19.

Negar os efeitos e a validade de acordos individuais lícitos e emergenciais talvez seja negar a realidade social e econômica do país.

Antecipação dos feriados para atender a necessidade de isolamento

22 de maio de 2020

Os feriados religiosos ou civis do ano calendário sempre tiveram um olhar de oportunidades de descanso e de emendas com fins de semana. O feriado que coincidia com domingos é considerado perdido. Mal iniciava o ano e já se sabia quais seriam os possíveis períodos para ampliar as férias ou compensações. Os feriados participam da vida de todos como um direito a ser usufruído a qualquer custo. Assim, compreende-se a indignação de muitos com antecipação de feriados pois causa a impressão de perda de direito. Na verdade, o gozo do feriado remunerado pelo empregador, sempre esteve na gestão do próprio empregado que, para fazer jus não pode praticar falta injustificada na semana que o antecede.

Problema que se coloca a partir da Medida Provisória n. 927 é da antecipação por iniciativa do empregador e das limitações de ordem a respeitar a impossibilidade de antecipar dias consagrados como dia 7 de setembro, 12 de outubro e 25 de dezembro por exemplo, sem prejuízo de festas regionais tradicionais.

Dentre os fatos da semana, parece que o que mais impacto causou nas relações de trabalho foi a notícia de antecipação de feriados pelo Município de São Paulo, prevista na Lei n. 17.341, de 18 de maio de 2020, que, além de estimular a contratação de mulheres integrantes do projeto *Tem Saída*, autorizou o poder executivo a antecipar feriado municipal durante a emergência de saúde pública de importância internacional decorrente do coronavírus. Portanto, no uso de suas atribuições o Prefeito do Município, pelo Decreto n. 59.450, de 18 de maio de 2020, antecipou os feriados de Corpus Christi (11/06) e da Consciência Negra (20/11) para os dias 20 e 21 de maio. A esta iniciativa seguiu-se do Governo do Estado de São Paulo, com proposta de antecipação do feriado de 9 de julho, em que se comemora a Revolução Constitucionalista, para segunda-feira, dia 25 de maio.

Outros municípios, seguindo a linha da emergência de saúde pública, estão adotando a prática da antecipação de feriados.

A MP n. 927/20, de 22 de março, objetivando medidas de emergência para as empresas, por meio do art. 13, autorizou os empregadores a antecipar os feriados não religiosos federais, estaduais, distritais e municipais, com comunicação aos empregados com 48 horas de antecedência. Quando se tratar de feriados religiosos, de modo acertado, a MP submeteu a antecipação à concordância do empregado.

Alguns efeitos são relevantes na determinação das autoridades públicas: (i) tem como fundamento o estado de calamidade pública; (ii) tem como finalidade o isolamento social para combate à Covid-19; (iii) o ato de antecipação do feriado não está mais no poder discricionário do empregador; (iv) não se poderia tratar a antecipação de feriado da mesma forma que a legislação vinha cuidando de possíveis compensações.

O reconhecimento pela OMS da pandemia do novo coronavírus transformou o mundo em quase todos iguais. O avanço da contaminação e mortes indicados na cidade e no Estado de São Paulo (para ficar no âmbito da nossa região) exigem que medidas de urgência sejam tomadas pelos governos locais no âmbito de suas competências. Portanto, o fato motivador da antecipação de feriados é de saúde pública, em uma situação de emergência e que justifica instrumentos de incentivo ao isolamento social cuja adoção parece ter sido, pelo menos, nestes primeiros 60 dias, a única e possível solução de contenção da contaminação.

Com os fundamentos na necessidade pública de adoção da antecipação de feriados pela autoridade municipal ou estadual, as empresas não devem se submeter ao controle de cumprimento de regras de portarias que disciplinam o trabalho em feriados em situação de normalidade, notadamente portaria n. 290 de 1997. Nem mesmo poderia o auditor fiscal autuar a empresa que procedesse à antecipação sem o rito formal citado. A razão desta afirmação decorre da anormalidade em que as relações jurídicas estão colocadas.

Esta mesma regra valeria para a iniciativa das empresas que adotaram, por ato voluntário, a antecipação de feriados em consonância com a MP 927, com propósito de adequar sua gestão à inesperada condição cuja evolução, em março de 2020, se dizia de curta duração. Todavia, o que se pergunta é se o feriado antecipado por ato do empregador poderia ser objeto de compensação com aqueles agora decretados pelo município e estado.

A dúvida é pertinente porque neste momento de antecipação de feriados o empregador não pode exigir dos empregados o trabalho, ainda que eles estejam na prática de *home office*. Trata-se agora de cumprir o objetivo legal que é o do isolamento a fim de que seja preservada a saúde da população. Exigir o trabalho nos feriados para compensação futura poderá criar inconveniente fator de contingência futura para o empregador.

Vale nestes momentos a expressão "economia de guerra" utilizada para mobilizar o combate contra a Covid-19. Os arranjos em tempos de exceção exigem solidariedade, respeito de todos à dignidade da pessoa humana e os atos praticados deverão ser no futuro avaliados segundo a realidade jurídica de exceção.

Direito ao trabalho e liberdade ao trabalho em tempos de calamidade pública

12 de junho de 2020

A MP n. 945/20, que dispôs de medidas temporárias durante a pandemia no âmbito do setor portuário, considerando que o Órgão Gestor de Mão de Obra (OGMO) é responsável pela escala de trabalhadores avulsos, determinou a proibição de escala de trabalhadores com sintomas de Covid-19 e dos trabalhadores com idade igual ou superior a 60 anos, além de gestante, lactante ou trabalhadores que apresentem risco em razão de doença que menciona (art. 2º).

A questão é de saber se a proibição ao OGMO de escala de trabalho ofende direitos individuais fundamentais do trabalhador portuário, em especial a liberdade ao trabalho assegurada como um dos direitos sociais no art. 6º da Constituição Federal. Em palavras outras, se o momento emergencial de saúde pública permitiria à União medidas de proteção ao grupo de vulneráveis a ponto de excluir de modo temporário o exercício profissional.

A pandemia do Covid-19 obrigou a novos e visíveis comportamentos sociais tomados pela preocupação ou medo. As relações trabalhistas foram afetadas diretamente quer do ponto de vista econômico, com encerramento ou paralisação de empresas e perdas de importantes postos de trabalho, levando ao desemprego crescente. Também naquelas atividades essenciais ou que se ajustaram à adequação do momento, com redução de salário e jornada ou suspensão do contrato de trabalho a incerteza está presente.

O bem jurídico cuja proteção está na primeira linha de preocupação é de natureza coletiva, tanto no que diz respeito no direito à vida (art. 5º da CF "Todos são iguais perante a lei, sem distinção de qualquer natureza, garantindo-se aos brasileiros e aos estrangeiros residentes no País a inviolabilidade do direito à vida, à liberdade....") como o direito à saúde de todos (art. 196 da CF "A saúde é direito de todos e dever do Estado, garantido mediante políticas sociais e econômicas que visem à redução do risco de doença e de outros agravos e ao acesso universal e igualitário às ações e serviços para sua promoção, proteção e recuperação"),observando-se o princípio de solidariedade, do direito à saúde e da obrigação do Estado.

Para dar conta da emergência de saúde pública foi aprovada a Lei n. 13.979/20 que, dentre outras recomendações trata do isolamento de pessoas doentes ou contaminadas e da quarentena com separação de pessoas suspeitas de contaminação.

Ainda assegura a lei (art. 3º) "o respeito à dignidade, aos direitos humanos e às liberdades fundamentais das pessoas, conforme preconiza o Art. 3 do Regulamento Sanitário Internacional..." (Decreto n. 10.212/20). Para o fim de expandir a garantia de cuidados pessoais com a saúde as ausências ao trabalho motivadas pelo coronavírus as faltas tanto no serviço público como nas atividades privadas passaram a ser justificadas.

Os cuidados nas atividades laborais caminharam até aqui em dois alicerces: (i) manutenção do emprego e da renda e (ii) preservação da saúde dos trabalhadores, evitando riscos de contaminação e isolando a população com vulnerabilidade, dentre eles aqueles trabalhadores com mais de 60 anos e gestantes.

Na esfera trabalhista, a referência aos grupos risco pela OMS e Ministério da Saúde de pessoas com mais de 60 anos, pessoas com doenças crônicas e doenças cardiovasculares e gestantes, exigiu que os empregadores afastassem do trabalho os que estivessem nesse quadro de vulnerabilidade, recomendando que ficassem em casa, prestando serviços, se possível à distância com redução de jornada e salário ou com a suspensão do contrato. Nestas hipóteses o empregado se habilitaria ao Programa Emergencial de Manutenção de Emprego e da Renda, recebendo o Benefício Emergencial e efeito na garantia de emprego (MP 936/20).

Assim, colocado o tema, equacionado bem ou mal sob o plano trabalhista como socorro emergencial de suporte do Estado para as empresas e empregados, de fato, no âmbito dos trabalhadores avulsos que, pela Constituição Federal (art. 7º, XXXIV) têm equiparados seus direitos ao empregado com vínculo empregatício permanente, não poderiam ficar desamparados em razão das dificuldades econômicas próprias do setor de atividade. Esta a razão da MP n. 945 que dispõe no art. 2º:

> Art. 2º Para fins do disposto nesta Medida Provisória, o Órgão Gestor de Mão de Obra não poderá escalar trabalhador portuário avulso nas seguintes hipóteses:
>
> I – quando o trabalhador apresentar os seguintes sintomas, acompanhados ou não de febre, ou outros estabelecidos em ato do Poder Executivo federal, compatíveis com a covid-19:
>
> *a)* tosse seca;
>
> *b)* dor de garganta; ou
>
> *c)* dificuldade respiratória;

II - quando o trabalhador for diagnosticado com a Covid-19 ou submetido a medidas de isolamento domiciliar por coabitação com pessoa diagnosticada com a Covid-19;

III - quando a trabalhadora estiver gestante ou lactante;

IV - quando o trabalhador tiver idade igual ou superior a sessenta anos; ou

V - quando o trabalhador tiver sido diagnosticado com:

a) imunodeficiência;

b) doença respiratória; ou

c) doença preexistente crônica ou grave, como doença cardiovascular, respiratória ou metabólica.

Chama a atenção especialmente a proibição ao OGMO de escalar trabalhador em faixa etária superior a 60 anos. Inegável que o Estado está cumprindo o dever de natureza coletiva e preventiva da saúde da população no caso da emergência atual e de acordo com as melhores recomendações médicas.

A regra de proteção da saúde não permitiria alegações de violação de direitos individuais subjetivos porque apresenta concepção de ordem coletiva e as normas que buscam a prevenção de todos na sociedade parece ter preferência em relação a direitos individuais. A resistência ao cumprimento da norma rompe com a natureza coletiva do exercício público cujo objetivo é dar efetividade à proteção da saúde da população.

Frise-se que, assim como outros direitos chamados fundamentais, o direito ao trabalho não é absoluto e não são poucos os exemplos que o direito do trabalho impõe restrições legais quanto à pessoa ou condições de trabalho em vista da proteção da saúde dos empregados. Da mesma forma, o direito à saúde, garantido pela Constituição, é pretensioso na expectativa que gera e o Estado seja onde for, encontra dificuldades na sua efetivação. Assim, resta ao direito da saúde estabelecer normas de proteção e de saúde pública de natureza coletiva mesmo que, em nome do bem jurídico da proteção da vida, exclua, tal como no caso, grupos de vulnerabilidade e que poderiam comprometer a própria saúde e dos demais com que convive.

Responsabilidade contratual além das verbas rescisórias: A perda de uma chance

3 de julho de 2020, 8h03

O sítio do TST, em 22 de junho, divulgou notícia de julgamento pela 2ª Turma, em relatoria do ministro José Roberto Pimenta, de um caso (RR-1789-71.2016.5.10.0001) em que determinado professor teve reconhecido o direito à indenização pela perda de uma chance pelo fato de que a dispensa teria ocorrido no segundo semestre do ano letivo e isso teria dificultado sua recolocação profissional no mercado de trabalho. Por se tratar de professor de psicologia, teria reduzido a carga de atendimentos particulares para se dedicar ao magistério e isso acarretou prejuízo financeiro e profissional, embora tivesse recebido o pagamento das verbas rescisórias.

O acórdão invocou como fundamento a teoria da "perda de uma chance", fundada na responsabilidade civil dos arts. 186 e 927 do Código Civil.

Trata-se, a perda de uma chance, de instituto de Direito Civil que se configura quando o ofensor interfere no curso normal dos acontecimentos causando lesão a outrem que alimentava expectativa de realização e concretização ou obtenção de resultado contratado.

O fundamento é a prática do ato ilícito da parte, atraindo, desta forma a responsabilidade civil prevista nos arts. 186 ("Aquele que, por ação ou omissão voluntária, negligência ou imprudência, violar direito e causar dano a outrem, ainda que exclusivamente moral, comete ato ilícito") e 927 ("Aquele que, por ato ilícito — arts. 186 e 187 —, causar dano a outrem, ficar obrigado a repará-lo. Parágrafo único. Haveroa obrigação de reparar o dano, independentemente de culpa, nos casos especificados em lei, ou quando a atividade normalmente desenvolvida pelo autor do dano implicar, por sua natureza, risco para os direitos de outrem) do Código Civil.

O efeito da decisão a que se faz referência nos remete ao disposto no art. 8º, § 1º, da CLT, que assegura a aplicação do Código Civil de forma subsidiária, isto é, quando, utilizando-se do diálogo das fontes, a norma comum puder se ajustar ao conflito. É a situação que enfrentou a 2ª Turma do TST e que, por alargamento da responsabilidade civil do Direito comum, aplicou-a à relação de trabalho, considerando que o ato de dispensa teria sido ilícito, não quanto ao poder potestativo do empregador de rompimento do contrato, mas pelos efeitos gerados pelo ato de dispensa no conteúdo da formação do contrato de trabalho.

A decisão também sinaliza para o abandono da coisificação do contrato de trabalho, da sua banalização e precarização como documento descartável a qualquer tempo.

Efetivamente, ao contrário, a decisão faz refletir sobre a extensão dos seus efeitos, atribuindo ao contrato de trabalho a responsabilidade das partes na sua elaboração, conteúdo e expectativa produzida. Assim, dado que o contrato é de consenso bilateral, a responsabilidade pelo seu cumprimento ou pelos atos praticados atinge as duas partes, empregado e empregador, valendo seu conteúdo como orientador na atribuição de obrigação de reparação por danos.

Assim é que se discute a aplicação da teoria da perda de uma chance tanto na fase pré-contratual como na pós-contratual e, com algum alargamento, durante a execução do contrato, considerando, nessa situação, a promessa de promoção frustrada por ato de discriminação do empregador ou seu preposto. A pedra angular da aplicação da responsabilidade civil de reparação é a "probabilidade de um resultado favorável ao esperado" caso o ato ilícito não tivesse sido praticado pela outra parte.

E ainda causa destaque a decisão em comento, o entendimento de que se trata de abuso do poder diretivo do empregador o ato de demitir em período de proteção de garantia provisória de emprego. Portanto, não basta a dispensa com indenização objetivamente negociada e inquestionável. Todavia, segundo o entendimento, as verbas rescisórias seriam incapazes de satisfazer a reparação do dano.

Os elementos exigidos para a obtenção da indenização devem ser considerados quanto ao ato faltoso, ao prejuízo causado e o nexo de causalidade.

Carregado o princípio da boa-fé objetiva das relações contratuais e da responsabilidade civil para as relações contratuais trabalhistas, exemplificativamente, chama a atenção a celebração de contrato de experiência, motivado pela avaliação recíproca da conveniência técnica e que produziria supostamente em ambas as partes a expectativa de continuidade com indeterminação de prazo após o período convencionado.

Nesse caso, o esperado seria que houvesse avaliação periódica de performance ou de adaptação ao ambiente de trabalho ou obrigações contratuais. O término silencioso do contrato de experiência, sem qualquer justificativa, revelaria potencial direito de discussão quanto à reparação pela expectativa gerada, ou perda de oportunidade seja pelo empregado na continuidade de emprego, seja pelo empregador na continuidade da prestação de serviços.

As interpretações dos compromissos assumidos nas relações de trabalho podem caminhar para além da análise de obrigações contratadas e atingir as expectativas geradas, de tal forma que seja valorizado o contrato de trabalho desde o momento de sua celebração, gerando uma indenização de reparação por uma oportunidade frustrada.

Tempo e transformação na forma de agrupamento do enquadramento sindical

24 de julho de 2020

Chamou atenção a decisão da 4ª Turma do TRT da 1ª Região, noticiada por aquela Corte em 13 de julho, em relatoria do desembargador Roberto Norris e que entendeu o enquadramento pela atividade preponderante do empregador considerando a inscrição da empresa no cadastro de pessoas jurídicas (CNPJ) muito embora reconheça que o objeto social previsto nos estatutos sociais seja amplo e diversificado (processo 0100339-96.2019.5.01.0082).

O tema de enquadramento sindical, embora tenha perdido sua importância jurídica, parece que ainda, por inércia dos movimentos sindicais, vai figurar em disputas judiciais para que seja arbitrado em sentença a identificação de trabalhadores a categorias profissionais, contrariando a Constituição Federal, art. 8º, I. Trata-se, o enquadramento sindical, de assunto criado em 1943, com a CLT e que consolidou a estrutura sindical brasileira, dividida em categorias de trabalhadores que se identificavam segundo a atividade econômica do empregador.

Até a CF de 1988, a Comissão de Enquadramento Sindical funcionou junto ao Ministério do Trabalho com uma atribuição política e intervencionista, próprias do modelo sindical corporativista adotado.

Com a CF de 1988 e supostamente com o reconhecimento da liberdade sindical (com restrições, diga-se) houve alargamento quase ao infinito de criação de novos sindicatos de trabalhadores em especial, para justificar a união por "similitude de vida oriunda da profissão ou trabalho em comum, em situação de emprego na mesma atividade econômica ou em atividades econômicas similares ou conexas", escondendo, no fundo, o interesse econômico de alguns em participar da distribuição da contribuição sindical compulsória. A unicidade sindical se pulverizou em várias unicidades sindicais, cada uma se dizendo única, representadas por categoriais de diversas características.

Neste período, da CF/88 até a Reforma Trabalhista em 2017, a Justiça do Trabalho foi provocada a se manifestar em torno de representação de trabalhadores que disputavam domínio de território e trabalhadores, em especial após a Emenda n. 45/2004 (antes era competência da Justiça Comum). Em palavras outras, o Judiciário Trabalhista, por meio de sentença fazia a outorga da antiga carta sindical, ou seja, colaborava para o fortalecimento da estrutura sindical artificial e que, na verdade enfraquecia a condição de vínculo de identificação social ao sindicato.

A reforma trabalhista da Lei n. 13.467/2017 alterou profundamente o vínculo de natureza sindical porque a vinculação associativa passou a ser fundamental para manutenção do custeio. A reforma fragilizou substancialmente a disputa por enquadramento sindical e o reconhecimento de categorias representativas porquanto, a partir de então, o custeio dos sindicatos passou a depender de manifestação expressa do empregado.

O baixo índice de sindicalização e o distanciamento dos sindicatos dos seus representados, criou para algumas entidades de trabalhadores o caminho sem volta de sua extinção ou união com entidades sindicais afins.

Desta feita, previsível, as dificuldades financeiras surgiram e alguns sindicatos revelaram a ausência do que de mais significativo tem o movimento sindical: a paixão pela associação, a valorização da união por ideias e ideais.

Apesar de em 1988 ter ocorrido a revogação do modelo de estrutura sindical fixada por meio da extinta Comissão de Enquadramento Sindical, a estrutura se manteve (art. 511, §§ 1º e 2º) para identificar a entidade credora da contribuição sindical. O critério adotado é o antigo, sem suporte jurídico, no sentido de que a definição de enquadramento se faz pela categoria econômica do empregador, isto é pelas atividades idênticas, similares ou conexas e que constitui o vínculo básico da categoria econômica e que tem, por consequência a identificação da categoria profissional.

Portanto, o conceito de categoria profissional do antigo modelo celetista está se revelando em extinção e uma nova organização sindical, mais adequada à realidade dos interesses de representados poderá surgir, acompanhando a evolução da tecnologia da informação. O tradicional "enquadramento sindical" já não produz efeitos para os fins desejados e, parece, deixaria de existir.

Entrementes, estamos na busca de seguranças jurídicas na identificação das representações de trabalhadores e diante de um dilema de questionamentos quanto à necessidade de enquadramento sindical que implicaria a discussão de contribuição sindical, situação que na atualidade, pós-reforma, não teria chance de êxito.

Assim, para efeitos de enquadramento sindical ainda estamos considerando as regras do passado longe das transformações das atividades empresariais e das alterações sofridas na forma de entrega do produto de trabalho em que há uma dificuldade natural de identificação quer da atividade empresarial preponderante ou atividade profissional desenvolvida. Mas, talvez isto não venha a ser mais importante!

Sindicalismo em transformação e socorrismo estatal

14 de agosto de 2020

O *Diário Oficial* de 27 de julho publicou Portaria do Ministério da Economia/Secretaria Especial de Previdência e Trabalho n. 17.593, de 24 de julho de 2020, dispondo sobre procedimentos administrativos para o registro de entidades sindicais pelo Ministério da Economia.

A portaria reproduz realidade de difícil preservação ou manutenção de sindicatos criados após a CF de 1988. O instrumento de novos sindicatos se dava por desmembramento de uns ou criação de novas categorias por critérios os mais diversos.

Na mesma proporção em que foram criados sindicatos, mais preocupados na contribuição sindical compulsória, neste momento, pós reforma trabalhista, a crise de representatividade e legitimidade se instalou e o "sonho" da categoria foi se desfazendo porque a contribuição sindical deixou de ser obrigatória e a associação sindical de raiz não se revelou significativa a ponto de contribuir financeiramente.

Entre a reforma trabalhista em 2017 e a atual portaria, os sindicatos disputaram perante o STF a sustentação da inconstitucionalidade da nova redação dos arts. 578 e 579 da CLT, resultando ao final pelo reconhecimento de sua constitucionalidade pela maioria dos ministros da Corte Suprema (Ação Direta de Inconstitucionalidade 5.794 MC/DF — ajuizada pela Confederação Nacional dos Trabalhadores em Transporte Aquaviário e Aéreo, na Pesca e nos Portos, Contimaf, e outras entidades sindicais laborais, mais a Confederação Nacional de Turismo e outras entidades patronais).

Desta feita, o esvaziamento dos cofres dos sindicatos era previsível e o encerramento da representação de alguns igualmente. Em artigo publicado nesta coluna sob o título "Novas perspectivas nas relações de trabalho", afirmamos sobre os possíveis efeitos para a organização sindical pós-reforma dizendo que "outro aspecto relevante nas perspectivas do Direito Coletivo do Trabalho foi a adoção do critério facultativo da contribuição sindical e que poderá produzir uma transformação no modelo de organização sindical por categoria".

> "Assim, a busca desenfreada que tivemos pós-Constituição Federal de 1988 no desmembramento de categorias, com nítido interesse econômico, poderá retroagir para a revisão na forma de organização de grupos e, quiçá, com abandono da estrutura por meio de categoria, facilitando a negociação pelo conjunto de trabalhadores na empresa, sem se falar em categoria preponderante, estabelecendo igualdade de tratamento entre os trabalhadores."

E, assim, a Portaria n. 17.593 vem confirmar o desmanche do modelo e a transformação dos sindicados por fusão ou incorporação, ou seja, as entidades de primeiro grau (sindicatos) ou de segundo grau (federações e confederações) poderão (1) rever seus estatutos para alteração de categoria e base territorial; (2) solicitar a fusão de sindicatos; (3) solicitar a incorporação de uma entidade sindical pela outra.

Destaque-se que, por aplicação do direito à liberdade sindical, as entidades sindicais gozam de autonomia na gestão e não estão obrigadas a rever estatutos, base territorial ou buscar fusão ou incorporação com outros sindicatos.

O detalhamento da Portaria quanto aos requisitos do pleito e acolhimento dos pedidos de registro são enormes e, certamente, talvez poderiam servir para fortalecer o modelo antigo e repetir o já ultrapassado critério de categoria sindical.

E, ao final, depois de preenchidos os detalhamentos, o art. 34 repete que deferido o registro "a entidade poderá requerer junto à Subsecretaria de Relações do Trabalho da Secretaria do Trabalho a geração do respectivo código sindical", que permite a abertura de conta bancária na CEF para que as contribuições sindicais sejam creditadas. Portanto, a Portaria pretende insistir na representatividade administrativa, com forte intervenção do Estado, esbarrando na proibição do art. 8º, I, da Carta Magna.

Neste sentido, no art. 17 (Seção IV — Da Solução dos conflitos entre entidades sindicais impugnante e impugnada) chega a afirmar que não será aceita como solução de conflito a eventual alteração de representação que amplie a categoria ou a base territorial objeto do litígio, cujos efeitos no modelo conservador do passado poderia funcionar mas, nos dias atuais, os efeitos dessa negativa (se importante fosse) não tem efeitos jurídicos relevantes para as negociações coletivas.

O enfrentamento da realidade da Portaria está no reconhecimento de que a representação por categoria foi desastrosa e desvinculada de efetiva identificação de trabalhadores com o sindicato, permitindo a revisão de enquadramento em setores a fim de que haja uma saída para os desmembramentos apressados ou novas categorias sem aderência dos trabalhadores.

Nas relações coletivas de trabalho e nos embates de negociação o mais relevante e jurídico é que haja efetiva manifestação da autonomia coletiva, fruto de assembleia dos interessados representados por sindicatos ou comissões no âmbito das empresas. A segregação por categoria serviu ao longo dos anos para aumentar a insegurança jurídica e as desigualdades no âmbito das empresas e a transformação dos sindicatos com incorporação de outros agrupamentos de trabalhadores pode sinalizar que outro modelo se aproxima.

Limites na disponibilidade de direitos trabalhistas e garantias constitucionais

4 de setembro de 2020

Uma das marcas mais relevantes do Direito do Trabalho e que o faz diverso do Direito Civil é o exercício da autonomia da vontade, considerada contida nos seus efeitos e suspeita em razão da desigualmente econômica e de subsistência alimentar que o emprego e salário representam para o trabalhador. Desta forma, a possível revisão das consequências do seu exercício pelo empregado observa a natureza da perda, se de natureza individual exclusivamente, ou se o ato de vontade do empregado afeta terceiros ou a sociedade e mesmo quando tomada de forma coletiva os limites consagrados pela lei.

Neste sentido, dentre os princípios do Direito do Trabalho o da indisponibilidade de direitos trabalhistas tem sido frequentemente colocado em discussão e, em especial, quando se trata de flexibilizar as garantias do art. 7º da Constituição Federal, consideradas como direitos de ordem pública ou direitos fundamentais do trabalhador. Aqui convém observar que a ordem pública estabelecida como garantias de direito pode ser derrogada quando for para atender a essência do disposto no *caput* do art. 7º e quando diz respeito à melhoria da condição social.

A reforma trabalhista (Lei n. 13.467/17) colocou em confronto a opção de trabalhador amparado pelo parágrafo único do art. 444 da CLT pelo exercício da autonomia da vontade entre norma coletiva e acordo individual.

De modo inegável o Direito do Trabalho se construiu ao longo da história como garantidor de direitos e até mesmo contra o próprio empregado nas renúncias pactuadas na constância e execução do contrato de trabalho. O direito civil aqui não prevalece e a autonomia da vontade, fragilizada, é supervisionada.

Neste sentido, a qualificação e legitimidade de acordos ou mesmo normas que contrariam a ordem pública devem ser contextualizados. Assim, neste período de calamidade pública, em razão da pandemia do novo Coronavírus, as normas de urgência, que permitiram a pactos de redução de direitos e preservação de emprego e renda adquiriu legitimidade em benefício da preservação da ordem pública do momento, sem revogação da estrutura fundamental já estabelecida. Os meios utilizados é que ainda serão objeto de questionamentos, especialmente pelos acordos individuais e a capacidade de os empregados estabelecerem formas de contrapartidas.

De outro lado, no confronto das garantias constitucionais e liberdade contratual frequentemente se caminha com dúvidas e inseguranças, não por ilegalidade ou ausência de liberdade, mas por absoluta desigualdade e ameaça à ordem pública constituída, baseada em regras de equilíbrio que os particulares devem preservar entre si.

O sítio do TST, no dia 1º/9 publicou notícia com a seguinte chamada: Pedido de demissão de gestante não afasta direito à estabilidade provisória. A decisão foi proferida pela Quarta Turma, com relatoria do Ministro Caputo Bastos anulou pedido de demissão de empregada gestante (RR-1000987-93.2018.5.02.0038 e RR-345-91.2018.5.12.0028) para considerar que além da garantia constitucional o acórdão refere à jurisprudência da Corte Superior no sentido de estender os efeitos do art. 500 da CLT e que somente admite pedido de empregado estável mediante assistência sindical ("o pedido de demissão do empregado estável só será válido quando feito com a assistência do respectivo Sindicato e, se não o houver, perante autoridade local competente do Ministério do Trabalho e Previdência Social ou da Justiça do Trabalho").

Muito embora o art. 500 da CLT foi inserido para assistência do empregado estável pelo regime da CLT, isto é, com mais de 10 anos de trabalho para o mesmo empregador (ressalva necessária), foi alargada sua aplicação para outras condições de garantia de emprego.

E o acórdão conclui que "a estabilidade provisória é direito indisponível e, portanto, irrenunciável, uma vez que se trata de proteção à empregada gestante contra a dispensa arbitrária e ao nascituro".

A efetividade da extensão da garantia constitucional, inserta no art. 10, alínea "*b*" do ADCT, impede à gestante autonomia na renúncia ao seu direito e ao benefício da maternidade destinado em especial ao nascituro, ainda que não demonstrado vício de consentimento nem mesmo coação para pedido de demissão.

Os limites da terceirização legalizada

25 de setembro de 2020

A terceirização sempre foi considerada um grande vilão na precarização de direitos trabalhistas dos empregados submetidos à prestação dos serviços. A raiz do avanço dos abusos praticados estaria, em parte, no modelo de organização sindical por categoria que separa trabalhadores no mesmo ambiente de trabalho.

À falta de lei, a jurisprudência do TST uniformizou o entendimento na Súmula n. 331 e, dentre os verbetes tem aquele que se refere à natureza dos serviços prestados de que deveriam ser em atividade meio do tomador e, ainda assim, desde que não estivesse presente a subordinação dos trabalhadores ao tomador de serviços. Já tivemos oportunidade de dizer nesta mesma coluna, antes mesmo da Lei n. 13.429/17, que a atividade não era relevante e que o mais significativo na terceirização legítima era a ausência de subordinação dos trabalhadores ao tomador de serviços.

A Lei n. 8.987/2005, relativa à concessão e permissão da prestação de serviços públicos, no art. 25, § 1º, admitiu que a concessionária contrate terceiros para "o desenvolvimento de atividades inerentes, acessórias ou complementares ao serviço concedido". Portanto, trouxe o enfrentamento da jurisprudência do TST, na citada súmula restritiva para a atividade meio.

Depois, vieram as Leis n. 13.429/17 e n. 13.467/17, que estabeleceram normas específicas sobre a transferência da execução de quaisquer de suas atividades, inclusive a principal (art. 4º-A, da Lei n. 6.019/74). Assim, após a legalização, desnecessário ou inócuo falar em terceirização em seu conceito de origem na atividade meio, mas em qualquer das atividades do tomador de serviços.

Todavia, a avaliação do modelo e controle dos trabalhadores submetidos à prestação de serviços não resiste à sua legalidade e a utilização do princípio da primazia da realidade se enfrenta entre o formal e o verdadeiro. Em palavras outras, de onde vem o poder diretivo e disciplinar.

Neste sentido, o sítio do TST do último dia 23 veiculou notícia de que, apesar de permitido pela Lei n. 8.987/2005, a "supervisão direta por preposto da tomadora de serviço afasta terceirização de eletricitário", fruto de decisão da Terceira Turma, processo que teve como relator o Ministro Agra Belmonte (processo RR-1012-35.2013.5.04.0203).

A jurisprudência do STF, conforme lembra o relator, nos autos da ADPF 324/DF e do RE 958.252 — Tema n. 725, declarou a inconstitucionalidade da Súmula n. 331/TST, reconhecendo a licitude da terceirização em todas as etapas do processo produtivo, seja meio ou fim. Ao examinar o Tema n. 725 da Tabela de Repercussão Geral, no RE n. 958.252, fixou a seguinte tese jurídica: "É lícita a terceirização ou qualquer outra forma de divisão do trabalho entre pessoas jurídicas distintas, independentemente do objeto social das empresas envolvidas, mantida a responsabilidade subsidiária da empresa contratante". E, ainda, esclarece com destaque que a Alta Corte, ao julgar a ADPF n. 324, firmou a seguinte tese, com efeito vinculante para todo o Poder Judiciário:

> "1. É lícita a terceirização de toda e qualquer atividade, meio ou fim, não se configurando relação de emprego entre a contratante e o empregado da contratada.
>
> 2. Na terceirização, compete à contratante: 1) verificar a idoneidade e a capacidade econômica da terceirizada; e 2) responder subsidiariamente pelo descumprimento das normas trabalhistas, bem como por obrigações previdenciárias, na forma do art. 31 da Lei n. 8.212/1993."

Portanto, a terceirização está autorizada por lei e, deste modo, escapa da ilicitude.

Entretanto, a garantia em tese do STF quanto à contratação de prestação de serviços e mesmo o que dispôs a Súmula n. 331 do TST apontam para a possibilidade de contratação de serviços de terceiros, mas não excluem a análise dos elementos componentes do vínculo de emprego.

A terceirização, pois, pode não escapar do reconhecimento de vínculo de emprego dos trabalhadores que prestam serviços e o tomador se este estiver no exercício do poder diretivo e disciplinar da mão de obra.

Ou seja, o que aparentemente era contrato de prestação de serviços se transforma em terceirização de mão de obra, figura de extrema gravidade e proibida nas relações trabalhistas. Necessário, portanto, que a gestão se limite, não nas pessoas, mas nos serviços prestados. Caso contrário, melhor assumir a relação de emprego.

O valor do tempo no contrato de trabalho

16 de outubro de 2020

Tema de extrema relevância no cumprimento das obrigações do contrato de trabalho é o tempo pelo qual o empregado se comprometeu a entregá-lo para o empregador e a forma pela qual ele é utilizado na geração da prestação de serviços ou entrega de produtos. O tempo no contrato de trabalho é o medidor do salário, independentemente da forma de sua valorização, produtividade, comissão, tarefa, exemplificativamente, todas envolvem o tempo, razão pela qual, talvez, tenha se perdido na máxima de que "tempo é dinheiro" para quem o utiliza para si mesmo ou para outros que, atualmente, dele se apropriam por meio das redes sociais.

Os conflitos trabalhistas, usualmente, contemplam pedidos de tempo não pago pelo empregador e dispensado além do que fora contratado e, por ficção jurídica, admite-se a devolução do tempo por meio de compensação ou banco de horas. De fato, o tempo não retorna porque já foi dispendido, mas pode ser reparado por meio de pagamento ou descanso físico.

A legislação trabalhista, a despeito de uniformizar práticas das empresas (preocupação no final da I Guerra Mundial, 1919), com a finalidade de estabelecer limites na disponibilidade do tempo de execução das tarefas contratadas, criou travas que interferem diretamente na liberdade de sua utilização, tanto para o empregado como para o empregador. Assim, o limite de tempo de horas diárias, semanais, mensais ou anuais se submete a controles materiais e que comprovariam a adequação do salário contratado e o tempo de uso da força de trabalho.

Parece que quanto mais se regulam os meios de controle, maior o volume de discussão de frações de tempo não pagas. A jurisprudência trabalhista foi se formando e se consolidando de modo a homenagear o princípio protetor na relação de emprego tais como as Súmulas ns. 85, 338 e OJ n. 233 da SDI-1 do TST, apenas para citar algumas.

Desse modo, a presunção de tempo trabalhado e não pago prevalece diante da dificuldade que o dono do tempo (o empregado) teria para provar sua utilização no contrato se não observadas todas as exigências de natureza administrativa.

Ainda assim, poderia o empregado demonstrar a fragilidade dos documentos e beneficiar-se de reparação do tempo não remunerado.

No sítio do TST, nesta quinta-feira (15/10), foi publicada notícia no sentido de que o tempo não pode ser medido por média praticada e que tempo de jornada declarada pelo trabalhador tem presunção de verdade contra a ausência de prova material pelo empregador. Trata-se de decisão da 4ª Turma, em relatoria do ministro Caputo Bastos (RR-1000373-26.2015.5.02.0319), que refutou a aplicação de jornada por amostragem quando ausentes os controles de ponto indicando o tempo efetivamente entregue.

O acórdão reformou decisão do tribunal regional que estendeu a prática para os períodos em que estavam ausentes ou ilegíveis os documentos.

A decisão adquire relevância excepcional quando se considera que o tempo de trabalho dispendido não se presume verdadeiro a partir de quem paga, e, sim, a partir de quem vende, isto é, o trabalhador, desaconselhando a projeção de informações para suprir lacunas ou o uso de expressões que desprestigiem o tempo de trabalho.

O professor Pedro Paulo Manus, **em coluna publicada na última semana,** com a singularidade objetiva de sempre, abordou o tema envolvendo o controle de tempo de trabalho externo que a lei exclui do Capítulo da Jornada de Trabalho, art. 62, CLT (*"Avanço tecnológico, direito a horas extras e trabalho externo"*), e conclui que o avanço tecnológico não é excludente do direito ao tempo controlado (horas extras) e que venha a exceder o previsto em contrato ou em lei.

No acórdão citado afirma o relator que:

> "A jurisprudência desta Corte se firmou no sentido de que o contido na Súmula n. 338, I, também é aplicável quando há juntada parcial aos autos dos controles de frequência, hipótese em que se presume verdadeira a jornada apontada na inicial em relação ao período não coberto pelo registro de jornada apresentado, presunção essa que é relativa (*iuris tantum*), podendo ser elidida por prova em contrário.
>
> Dessa forma, nas hipóteses em que são apresentados registros de ponto de apenas parte do período do contrato de trabalho do empregado, para fins de apuração da jornada extraordinária, não se pode acolher a pretensão de fixação da média da jornada de trabalho, com base nos cartões apresentados, para o período em que faltaram os cartões."

Prevaleceu, assim, entendimento uniformizado na Súmula n. 338, I, da corte superior no sentido de que *"é ônus do empregador que conta com mais de 10 (dez) empregados o registro da jornada de trabalho na forma do art. 74, § 2º, da CLT. A não apresentação injustificada dos controles de frequência gera presunção relativa de veracidade da jornada de trabalho, a qual pode ser elidida por prova em contrário".*

Em palavras outras, ainda no Direito do Trabalho o fato prevalece sobre a forma e a presunção deve ser acolhida em relação ao empregado diante de ausência de prova que afaste de forma inexorável a pretensão de reparação da apropriação do tempo.

Categoria diferenciada e categoria preponderante em acordos coletivos

6 de novembro de 2020

A organização sindical brasileira tem particularidades históricas que foram herdadas de um modelo que já não se sustenta mais e que ainda se preserva talvez por falta de opção. É o caso de organização de trabalhadores por categoria profissional e que esconde falsa unicidade sindical em razão da multiplicidade de sindicatos que representam diversos grupos de trabalhadores em grandes empresas.

Com a Constituição Federal de 1988 fora mantida a noção de categoria profissional e econômica (quando se trata de empregador) para preservar o modelo antigo. A definição de categoria de trabalhadores se faz a partir da atividade econômica preponderante do empregador que, muitas vezes, tem atuação em diversos setores, dificultando a identificação do que é preponderante. Todavia, embora revogado o antigo quadro de enquadramento sindical e com ele a comissão de enquadramento sindical, em razão da proibição de intervenção do estado nas questões sindicais, de forma prática e seguindo a tradição, os novos sindicatos que se formaram mantiveram o padrão de organização por categoria, até porque ainda a contribuição sindical tinha significado para criação de sindicatos.

Esse modelo de classificação de trabalhadores em categoria profissional está muito longe de representar a unicidade sindical porque são diversos os grupos de interesses e, apesar de que em algumas condições, apresentem interesses comuns, por força do modelo de negociação sindical, haveria exclusão de grupos de trabalhadores no âmbito das empresas.

Neste sentido, o sítio do TST veiculou em 29.10.2020 notícia de que "Vendedor de bebidas não será enquadrado na categoria sindical preponderante da empresa" considerando que se trata de categoria diferenciada e que o enquadramento não é definido pela atividade preponderante do empregador, em voto do Ministro Dezena da Silva, da 1ª. Turma (Processo: Ag-RR-646-68.2011.5.06.0313).

O acórdão trouxe como fundamento o fato de que:

> "É entendimento assente nesta Corte de que o enquadramento sindical se define pela atividade preponderante do empregador, exceto na hipótese de categoria profissional diferenciada. No caso dos autos, o Regional entendeu que o reclamante exercia a função de vendedor. Dessa forma, não se aplica ao reclamante as normas coletivas referentes a categoria representativa dos empregados exercentes das funções relacionadas à atividade preponderante da reclamada."

É uma orientação, tal como outras que são citadas pelo acórdão, que marca um distanciamento entre o exercício da liberdade sindical e a intervenção do estado na vontade manifestada pelo trabalhador de estar vinculado a sindicato de sua escolha que, no caso específico, era o da atividade preponderante que atuava como organização mais representativa e única a negociar a teor do art. 8º, II, da Constituição Federal.

Estes paradoxos de unicidade sindical são encontrados com frequência quando se trata de acordos coletivos de trabalho em que o mesmo sindicato representa todos os trabalhadores da empresa e o acordo é aplicado a todos indistintamente sem exclusão de outras categorias.

Aviso prévio proporcional e reflexões na projeção no tempo de serviço

27 de novembro de 2020

Desde a Lei n. 12.506/2011 consolidou-se a previsão constitucional inserida no art. 7º, inciso XXI, de que aos trabalhadores seria garantido o aviso prévio proporcional ao tempo de serviço. O conceito já fazia parte de algumas convenções coletivas que determinavam o acréscimo de dias para trabalhadores dispensados injustamente e, em geral, para aqueles que tivessem atingido determinada idade. Todavia, a interpretação de sua aplicação tem sido controvertida.

A previsão constitucional é salutar no sentido de que se pretendia onerar a dispensa de empregados e, deste modo, inibir a rotatividade de mão de obra, permitindo ao empregado usufruir de compensação de uma remuneração maior para enfrentar o previsível desemprego.

O texto da lei assim se pronuncia:

"O aviso prévio de que trata o Capítulo VI, do Tíulo IV, da Consolidação das Leis do Trabalho — CLT, ... será concedido na proporção de 30 (trinta) dias aos empregados que contem até 1 (um) ano de serviço na mesma empresa.

Parágrafo único. Ao aviso prévio previsto neste artigo serão acrescidos 3 (três) dias por ano de serviço prestado na mesma empresa, até o máximo de 60 (sessenta) dias, perfazendo um total de até 90 (noventa) dias."

A questão que se coloca, e ainda sem solução jurídica definitiva, é de saber se os três dias deveriam ou não ser considerados como tempo de serviço e, desta forma, observar sua projeção para fins trabalhistas de 13º salário, férias e FGTS, entre outros efeitos ou se beneficia o empregado com maior remuneração pelos 30 dias. Outra situação de reflexo é a extensão do prazo de 2 anos da data da rescisão contratual para o ajuizamento de ação trabalhista.

Para avaliação do que pretendeu o legislador na sua origem, parece de bom alvitre que se observe o *caput* do art. 487. Com efeito, o dispositivo se refere ao prazo como compromisso de natureza recíproca, nos contratos de prazo indeterminado, no período de 30 dias, cabendo ao empregador ou empregado a indenização em caso de rompimento contratual sem sua observação.

Deste modo, o prazo de 30 dias é o padrão fixado para comunicação com antecedência da vontade de romper o contrato e a lei nova acrescentou 3 dias por ano de trabalho ao mesmo empregador, benefício exclusivo ao empregado, sem contudo, fazer qualquer referência de que traria efeitos penosos para o empregado que se recusa do seu cumprimento e seria obrigado à indenização ao empregador, ou mesmo que tivesse que permanecer em cumprimento do período pelos 30 dias mais 3 por ano de serviço.

De outra forma, seria admitir que o empregado a cada ano de trabalho para a empresa se acorrentasse na permanência de mais três dias de trabalho, transformando a vantagem da lei em penalidade à sua liberdade ao trabalho ou cujo exercício dependesse de seu pagamento com o tempo de trabalho. Neste sentido, Vólia Bomfim Cassar escreveu: "Desta forma, o direito ao prazo, seja ele de 30 dias ou mais, é recíproco, isto é, o empregado que conta com 21 anos de casa e pede demissão deve conceder ao seu patrão um aviso prévio de 90 dias, permitindo que o empregador tenha mais tempo para busca e treinamento de outro trabalhador para substituí-lo" (in: *Direito do Trabalho: de acordo com a reforma trabalhista Lei n. 13.467/2017*. 15. ed., rev. atual. e ampl. Rio de Janeiro: Forense; São Paulo: MÉTODO, 2018. p. 1051)

No nosso sentir, o acréscimo de 3 dias por ano de serviço diz respeito exclusivamente ao valor da remuneração a ser paga pelo empregador e não a compromisso de permanência na empresa e, ainda menos, como tempo de serviços para fins e efeitos trabalhistas. Em palavras outras, a cada ano de permanência no emprego o trabalhador será prestigiado com remuneração mais valorizada.

Pensar que se reproduz em projeção de efeitos trabalhistas parece não compatibilizar com outros institutos, como por exemplo, o benefício de seguro de desemprego pois somente depois de esgotado o prazo estaria o desempregado habilitado para pleitear o auxílio ou mesmo quanto aos recolhimentos previdenciários pela empresa no período.

A OJ n. 83 do TST que se refere ao tempo de serviço em caso de aviso prévio indenizado e para fins de prescrição, data de 1997 e considera o parâmetro mínimo da lei e aquele assegurado pela Constituição Federal. Sergio Pinto Martins oberva que ao fim do tempo de projeção de aviso prévio indenizado é que deve ter início o prazo de fruição do período prescricional (in: *Direito do Trabalho*. 29. ed. São Paulo: Atlas, 2013. p. 443). De fato, de indenizado somente se pode falar dos 30 dias pois os acréscimos se somam ao valor de qualquer forma.

Já tivemos a oportunidade de escrever nesta coluna que é ôpacificada sua intepretação de que se trata de um direito exclusivo dos trabalhadores e que não admite a reciprocidade de indenização quanto aos 30 dias da lei ordinária". Consoante jurisprudência, o TST tem se orientado neste sentido conforme ementa da lavra da Ministra Maria Cristina Irigoyen Peduzzi (E-RR-987-25.2013.5.04.0008), julgado em 06.09.2018 pela Subseção I Especializada em Dissídios Individuais:

> "Com a ressalva de meu entendimento, a C. SBDI-I já decidiu que a proporcionalidade do aviso prévio, prevista na Lei n. 12.506/2011, é um direito exclusivo do trabalhador, de modo que sua exigência pelo empregador impõe o pagamento de indenização pelo período excedente a 30 (trinta) dias." (E-RR-1964-73.2013.5.09.0009, relator Ministro Hugo Carlos Scheuermann, SBDI-I, *DEJT* 29.9.2017)

Outra situação trazida pela Corte Superior do Trabalho diz respeito ao publicado em seu sítio, em 10/11/20. Trata-se de notícia de que o período de aviso prévio proporcional fosse considerado para fins de exclusão do período de prescrição porque a ação teria sido ajuizada posteriormente aos 30 dias, mas às vésperas do vencimento do 42º dia. Refere-se ao acórdão da Oitava Turma da Corte Superior, com relatoria do Ministro João Batista Brito Pereira (RR-2141-76.2017.5.09.0662). O fundamento essencial é a projeção dos efeitos contratuais do aviso prévio, também para contagem de prazo prescricional e propositura da ação.

O tema, como se vê, continua controvertido e demonstra que a legislação trabalhista se submete ao tempo da jurisprudência para seu amadurecimento, trazendo reflexões relevantes que podem produzir efeitos recíprocos, em especial quanto ao seu caráter obrigacional, no término da relação contratual de trabalho.

2020: Um ano que não termina

18 de dezembro de 2020

Este final de ano foi muito esperado e foi chegando sem grandes recortes de momentos tradicionais como a festa da firma, as confraternizações com amigos, as compras de presentes, os shoppings abarrotados. Inegável que estamos vivendo um momento inusitado e com diversas avaliações das experiências colhidas no chamado "novo normal".

Cada um se adaptou como pôde e fez os ajustes que puderam ser feitos.

O ano de 2020 ficará para a história mundial para além das questões políticas, por todos os eventos decorrentes das transformações provocadas pela Covid-19 nas relações de trabalho.

No caso brasileiro, a chamada reforma trabalhista da Lei n. 13.467/17 ainda caminhava no mar de controvérsias de sua aplicação pela doutrina e pelas manifestações de magistrados. A CLT, que foi criticada rotineiramente durante anos pelas suas disposições supostamente antiquadas, desatualizadas e pela manutenção de um sindicalismo cartorário, de repente passou a ser vista como mal menor ou como se pudesse representar melhor forma de proteção social.

Em 2020, toda essa discussão foi atropelada pela pandemia da Covid-19. Os debates mudaram de patamar e passaram a ser outros: isolamento para se proteger, trabalho a distância para manter a atividade profissional, garantia de emprego e renda para superar o momento que alguns consideravam de curta duração. As empresas tiveram de se adaptar para sobreviver nas dificuldades e conseguir superar o intenso nevoeiro que tomou conta de todos. Alguns acharam logo a lanterna, mas grande parte ainda está à sua procura.

A pandemia nos empurrou para soluções urgentes e a tão criticada reforma trabalhista serviu para guiar os novos modelos e ajustes nas relações de trabalho. Assim, nas atividades em que foram possíveis, o teletrabalho e o trabalho em *home office* foram destaques na sustentação de empregos e na continuidade da prestação de serviços.

O Tribunal Superior do Trabalho acaba de disponibilizar no seu sítio aspectos que considera relevantes sobre o teletrabalho, inclusive sua adoção no serviço público ("Teletrabalho: o trabalho onde você estiver") e traz dados relevantes que foram publicados na edição especial da Pesquisa Nacional por Amostra de Domicílios (PNAD), realizada pelo Instituto Brasileiro de Geografia e Estatística (IBGE) e informa que:

> "No período da pandemia do coronavírus em 2020, mais de 7,9 milhões de pessoas ficaram em trabalho remoto no Brasil. O número se manteve dentro dessa média desde maio, data de início da coleta dos dados. No período de 3 a 9 de maio, por exemplo, a quantidade de pessoas trabalhando remotamente foi de 8,5 milhões de pessoas."

Essa realidade obrigou, de modo inexorável, à valorização da confiança e da boa-fé nos contratos de trabalho e no enfrentamento do novo normal que cada qual suportou e vem suportando.

Na realidade, ainda vivemos nas interpretações das leis de emergência e na reforma trabalhista com seminários, webinars com variações temáticas, segundo as apresentações dos interessados, podendo ser "relações de trabalho na pandemia", "novo normal e relações trabalhistas", "negociado sobre o legislado na pandemia", "a reforma trabalhista e suas inconstitucionalidades", "*compliance* na pandemia", "o coronavírus e o ambiente de trabalho" e, mais recentemente, discute-se que a contaminação por Covid-19 seja considerada doença profissional. Os litígios não serão poucos e no futuro a jurisprudência vai desempenhar função relevante na avaliação dos momentos atuais.

As discussões em torno das novas formas de prestação de serviços, chamada *gig economy*, não são novas e em todos os momentos da história do Direito do Trabalho os embates foram na visão binária clássica de considerar o trabalhador como empregado e não empregado. O que temos de novo efetivamente é a velha ausência de proteção social fora da relação de emprego. A pandemia jogou trabalhadores na luta pela sobrevivência, aguçando a desproteção social de sempre.

De fato, estamos numa passagem histórica, em que as regulamentações oriundas do Ministério da Economia, do Ministério Público e do Judiciário devem ser vistas com certo cuidado pois representam tentativas de esclarecimentos sem valor jurídico efetivo. A surpresa do momento permitiu que manifestações de diferentes origens surgissem a fim de servir de lanterna no nevoeiro. Todavia, o campo de iluminação é pequeno e não seria capaz de iluminar o mesmo caminho para todos.

O ano de 2021 vai carregar as chagas de 2020 e as lições da crise devem servir para a reconstrução de novas formas de proteção social, porque a pandemia nos empurrou para as evidências que sempre estiveram presentes.

Gostaria muito de que este artigo fosse um relato de uma época passada, mas, infelizmente, em 2021 vamos continuar enfrentando dificuldades. Com a chegada da vacina, esperamos que 2020 vire história de um tempo que passou e que serviu para ajudar a transformar o futuro.

2021

Proteção nas condições de trabalho: Nova dimensão social do Direito do Trabalho

8 de janeiro de 2021

Os novos tempos decorrentes das transformações tecnológicas já sinalizavam a necessidade de revisão no conteúdo das relações de trabalho e, cada vez mais, a proteção clássica do Direito do Trabalho se mostrava fragilizada. Com a pandemia da Covid-19, desde o início de 2020 fomos empurrados à criatividade para sobreviver diferentemente.

As relações de trabalho neste período de pandemia aguçaram o que se já se debatia há algum tempo: precarização de mão de obra, exclusão de trabalhadores do mercado formal e, no limite, como sair do modelo de subordinação típica e encontrar outras modalidades de prestação de serviços sem o abandono de mínima garantia de cobertura social.

A pandemia, ao lado das tristes notícias de mortes e de falta de responsabilidade política no seu enfrentamento, aumentou ainda mais o desemprego, o trabalho informal cresceu e nos encontramos numa passagem histórica das mais cruéis nas relações de trabalho e, se a história se repetir, a saída será para ampliar a proteção social.

O modelo clássico de empregado e empregador cedeu lugar à insegurança econômica para todos e a cada dia a desigualdade se agiganta na sociedade, e parece não ter fim.

As saídas e soluções existem e as iniciativas, embora nem sempre espontâneas, dependem de bom senso e de responsabilidade na vida que se pretende em sociedade mais justa.

A propósito de nossa reflexão, o sítio do Tribunal Regional do Trabalho da 2ª Região publicou em 21 de dezembro passado notícia de acordo em ACP (Proc. n. 1000405-68.2020.5.02.0056) que tramitou perante da 56ª Vara da Justiça do Trabalho de São

Paulo. Não se discutem direitos trabalhistas, mas forma de proteção e de enfrentamento da pandemia da Covid-19.

O que merece destaque é que a ação e o acordo fogem de condições usuais, cujos focos se dividem entre a aplicação da legislação trabalhista no vínculo de emprego ou se a relação de trabalho deve ser excluída no campo das normas da CLT. Tratou-se da seguinte manchete: "Rappi e MPT firmam acordo para garantir assistência aos entregadores da plataforma durante a pandemia".

À primeira vista, poderia imaginar-se que o acordo firmado se destinaria a empregados e que, portanto, a relação de entregadores de plataforma teria sido reconhecida como de emprego, supostamente a única a gerar obrigações para o empregador.

Ao contrário. A atuação do MPT ocorreu justamente para fixar regras de prevenção contra a pandemia, com foco especial na proteção da saúde dos entregadores, inclusive com auxílio financeiro.

O mérito dessa modalidade de atuação e seu resultado são o caminho pelo qual se orientou a busca de solução sem ter de discutir primeiro a condição de emprego e depois os benefícios. Não se discute vínculo de emprego, mas forma de proteção de trabalhadores em condição de vulnerabilidade pelo tipo de atividade que eles executam. O acordo celebrado estende para trabalhadores cadastrados a possibilidade de justificar a ausência mediante atestado médico em caso de contaminação pela Covid-19, com suporte financeiro durante 15 dias, prorrogáveis por mais 15 dias, pagos de acordo com a média de ganhos diários.

E ainda mais: o entregador que se encontra no âmbito da proteção do acordo deve preencher condições de entregas mínimas proporcionais ao tempo de cadastro.

Destaque-se também a responsabilidade compartilhada entre a Rappi e os entregadores. A plataforma deverá esclarecer sobre os meios de contágio e prevenção, com orientação de cuidados em caso de suspeitas de infecção. Os trabalhadores, de seu lado, deverão esclarecer sobre a condição de saúde desde o primeiro acesso.

De forma preventiva, a Rappi deverá disponibilizar mensalmente kits de proteção com máscaras e álcool gel e garantir pontos com insumos para que os entregadores façam higienização de veículos e mochilas.

Não se trata de acordo de natureza trabalhista no sentido estrito, mas de acordo cuja natureza jurídica é assistencial, mais ampla porque se envolve com responsabilidade social perante a sociedade, e não diretamente para aqueles que prestam serviços para a plataforma.

Verdade que de abril a dezembro o tempo da pandemia não esperou o acordo. Todavia, essa negociação poderia representar um grande passo para que a base de proteção do Direito do Trabalho se amplie e deixe de ser exclusivo de quem tem carteira assinada.

Os sintomas da Covid-19 nas relações trabalhistas

29 de janeiro de 2021

A pandemia da Covid-19 está longe de terminar, lamentavelmente, e já provoca questionamentos sobre os procedimentos disciplinares que empregadores poderiam adotar no ambiente de trabalho e os resultados decorrentes, considerando a aplicação das regras disciplinares possíveis no âmbito do exercício dos poderes do empregador. Ou, em outras palavras, em nome da saúde pública, o que muda?

Ainda estão vigentes as normas de medidas de enfrentamento da emergência de saúde pública (Lei n. 13.979, de 6 de fevereiro de 2020) e de calamidade pública, reconhecidas pelo Decreto Legislativo n. 6 de 2020 e regulamentadas pela Lei n. 14.020 de 2020.

Com a continuidade e o agravamento da pandemia e novas cepas do vírus, parece que teremos um longo caminho de cuidados enquanto a vacina não chega para todos, e com ela virão outros questionamentos.

Entretanto, algumas empresas não cessaram as atividades e outras vão, aos poucos, retornando com os cuidados necessários para a contenção da contaminação do vírus, exigindo de seus empregados novos hábitos, desde o uso de máscara até o controle de aglomeração de empregados e colaboradores nos locais de trabalho.

Do que tínhamos como regra no ambiente de trabalho, nada teria mudado, mas agora foi acrescentado um componente que, se no passado foi relevado, agora é fundamental para a convivência: o cuidado do outro a partir do cuidado de si próprio, isto é, a solidariedade no combate à Covid-19.

O uso de máscara, por exemplo, não é apenas um cuidado individual, mas diz respeito à proteção do outro e, desse modo, não poderia ser negligenciado no ambiente de trabalho.

Cabe ao empregador criar as condições e exigências necessárias para a proteção dos seus empregados e colaboradores no ambiente de trabalho e, para isso, deveria estabelecer regras claras e fiscalizar de modo severo o comprometimento de todos.

A partir da pandemia da Covid-19, os cuidados ambientais deixaram de ser apenas um compromisso contratual já previsto na CLT, que tem o empregador de cuidar da saúde de seus empregados, inclusive com fornecimento de EPI e fiscalizar seu uso.

A Lei n. 14.019/20, no art. 3º-B, criou a obrigação de fornecimento de máscara de proteção individual por qualquer estabelecimento em funcionamento nesse período e de forma gratuita, não apenas aos seus empregados, como a todos os colaboradores, isto é, ainda que não empregados.

Destaque-se que a lei ressalva a importância dos outros equipamentos de proteção individual estabelecidos pelas normas de segurança e saúde do trabalho e que devem ser mantidos. Entenda-se por estabelecimento qualquer empresa que estiver em atividade e, nesse sentido, a máscara passou a ser de uso obrigatório, equiparada a outros equipamentos de proteção individual para as pessoas que estejam trabalhando no estabelecimento.

Como o fornecimento de máscara é obrigatório pelo empregador, a este cabe o cuidado de facilitar seu uso com a disponibilidade no local de trabalho em modelo de sua escolha. Naqueles casos em que houver necessidade de máscara específica, o empregador deverá disponibilizar sempre de forma gratuita. Seria conveniente que, para evitar reuso de máscaras, que elas fossem oferecidas em modelos descartáveis, diariamente.

A resistência do empregado ao uso de máscara de proteção fornecida pelo empregador poderia ser assimilada à recusa de utilização de equipamento de proteção individual, passível de punição até com falta grave. Contrariamente, o empregador que releva o uso de máscara pelos seus empregados poderá ser responsabilizado civilmente em caso de contaminação no local de trabalho.

Com a chegada da vacina, os problemas não seriam menores porque se dissemina na sociedade um incentivo à atitude de sua rejeição.

Esse não é um tema simples. A obrigatoriedade de tomar vacina foi objeto da tese de repercussão geral fixada pelo STF no ARE 1267879:

O tribunal, por unanimidade, apreciando o Tema 1.103 da repercussão geral, negou provimento ao recurso extraordinário, nos termos do voto do relator. Foi fixada a seguinte tese: *"É constitucional a obrigatoriedade de imunização por meio de vacina que, registrada em órgão de vigilância sanitária, (i) tenha sido incluída no Programa Nacional de Imunizações ou (ii) tenha sua aplicação obrigatória determinada em lei ou (iii) seja objeto de determinação da União, Estado, Distrito Federal ou Município, com base em consenso médico-científico. Em tais casos, não se caracteriza violação à liberdade de consciência e de convicção filosófica dos pais ou responsáveis, nem tampouco ao poder familiar"*. Presidência do ministro Luiz Fux. Plenário, 17.12.2020 (Sessão realizada inteiramente por videoconferência — Resolução n. 672/2020/STF).

Nas ADIs 6.586 e 6.587, com relatoria do Ministro Lewandowski, foi fixada tese de que a vacinação forçada, isto é, a que independa do expresso consentimento informado das pessoas é inconstitucional, todavia, poderá ocorrer de forma legítima a previsão de vacinação obrigatória, com direito à informação, à assistência familiar, "*ao tratamento gratuito e respeito à dignidade, aos direitos humanos e às liberdades fundamentais das pessoas, bem como os princípios da razoabilidade e da proporcionalidade, de forma a não ameaçar a integridade física e moral dos recalcitrantes*".

Em resumo e na disposição final (V) permaneceu a orientação de que "*ADIs conhecidas e julgadas parcialmente procedentes para conferir interpretação conforme à Constituição ao art. 3º, III, d, da Lei n. 13.979/2020, de maneira a estabelecer que: (A) a vacinação compulsória não significa vacinação forçada, por exigir sempre o consentimento do usuário, podendo, contudo, ser implementada por meio de medidas indiretas, as quais compreendem, dentre outras, a restrição ao exercício de certas atividades ou à frequência de determinados lugares, desde que previstas em lei, ou dela decorrentes, e (i) tenham como base evidências científicas e análises estratégicas pertinentes, (ii) venham acompanhadas de ampla informação sobre a eficácia, segurança e contraindicações dos imunizantes, (iii) respeitem a dignidade humana e os direitos fundamentais das pessoas; (iv) atendam aos critérios de razoabilidade e proporcionalidade, e (v) sejam as vacinas distribuídas universal e gratuitamente; e (B) tais medidas, com as limitações expostas, podem ser implementadas tanto pela União como pelos Estados, Distrito Federal e Municípios, respeitadas as respectivas esferas de competência*".

Nessa linha, ao que tudo indica, se houver determinação da sua obrigatoriedade, em se tratando de saúde pública, deve prevalecer o bem-estar de todos e não se admitiria a recusa pelo empregado, especialmente se a atividade envolve os cuidados de terceiros ou relacionamento com vulneráveis potenciais. Nessa hipótese, caberia, no nosso sentir, em respeito às suas convicções, a rescisão do contrato de trabalho sem justa causa.

São situações que serão objeto de avaliação nos locais de trabalho e, tal como ocorre com frequência, os aspectos fáticos serão fundamentais para a solução e adequação das regras disciplinares, considerando sempre que se trata de saúde pública e obrigação de todos.

Por enquanto, estamos na fase do uso das máscaras e das contaminações da Covid-19, que já trazem dificuldades disciplinares no ambiente de trabalho, mas que tendem a mudar com o aumento da solidariedade e da responsabilidade de um por todos e de todos por um.

Contribuição sindical: O nome e seus efeitos

19 de fevereiro de 2021

A contribuição sindical ficou estigmatizada como valor de cobrança compulsória descontado do salário dos empregados e sobre o capital social de empresas em benefício das respectivas entidades sindicais e que se revelou, desde sempre, como imposição violadora do direito à liberdade sindical pois vinculada, acima de tudo, à unicidade sindical. Todavia, outras entidades representativas de classe vêm se mantendo à custa de imposição de contribuição associativa ou "sindical" com o pretexto de proteção do exercício da atividade profissional.

Fora do âmbito da CLT existem contribuições que são exigidas do profissional ou de empresas para a atuação na atividade econômica, sempre com objetivo corporativista de cuidar da reserva de mercado de trabalho.

É o caso, por exemplo, da contribuição da Lei n. 3.857/60, que criou a Ordem dos Músicos do Brasil e regulamentou o exercício da Profissão de Músico. Citada lei dispõe no art. 66 que:

> "Todo contrato de músicos profissionais ainda que por tempo determinado e a curto prazo seja qual fôr a modalidade da remuneração, obriga ao desconto e recolhimento das contribuições de previdência social e do impôsto sindical, por parte dos contratantes."

E, no art. 68 que:

> "Nenhum contrato de músico, orquestra ou conjunto nacional e estrangeiro, será registrado sem o comprovante do pagamento do Impôsto Sindical devido em razão de contrato anterior."

Portanto, aí está de modo expresso e inquestionável a obrigação, longe do âmbito da CLT e da condição exclusiva de empregado, da compulsoriedade de recolhimento do antigo "imposto sindical" pelo tomador de serviços.

Em 10 de fevereiro, o sítio do Tribunal Superior do Trabalho publicou notícia de decisão da 2ª Turma, em ação ajuizada pelo Sindicato dos Compositores e Instrumentistas do estado do Espírito Santo em 2017, com o seguinte teor: "Município deve recolher contribuição sindical de músicos contratados para shows". O caso teve como relator do recurso de revista do sindicato o ministro José Roberto Pimenta (processo: RR-1188-64.2017.5.17.0121).

Consoante havia decidido o Tribunal Regional, com interpretação mais restritiva ao campo de aplicação das expressões, em voto do desembargador relator Cláudio Armando Couce de Menezes, decidiu que "a contratação de bandas para a participação de show musical não enseja a formação de vínculo empregatício, tratando-se de simples contrato de prestação de serviços autônomos, onde a contribuição sindical deve ser recolhida pelos próprios trabalhadores, consoante disposto no § 2º, do art. 586, da CLT" (autos 0136300-21.2010.5.17.0001, 1ª T.).

No acórdão superior, que reforma a decisão regional, sustenta a turma que os arts. 66 e 68, acima citados. obrigam o tomador contratante ao recolhimento e afasta-se de forma inconteste, no nosso sentir, do conceito stricto sensu de verba devida em função do vínculo de emprego. Ainda, segundo o acórdão a obrigação de recolhimento é exclusiva do tomador contratante do músico.

O tema parece mais controvertido com a reforma trabalhista que excluiu a compulsoriedade da contribuição sindical. Todavia, o nome atribuído ao recolhimento pela lei (imposto sindical) não deve ser confundido com a contribuição sindical vinculada ao contrato de emprego cuja manifestação de autorização para o desconto fica a critério do empregado.

Em palavras outras, a contribuição para associações profissionais de trabalhadores autônomos, muito embora espelhadas no modelo do sindicalismo de emprego, inclusive pelo nomen juris, segundo a decisão do TST deve ser mantida. Mais difícil ficará essa discussão quando tivermos a pluralidade sindical entre nós.

Quando a Justiça do Trabalho diz que responsabilidade social importa

12 de março de 2021

Em 2.2.2018, tivemos oportunidade de escrever nesta coluna sobre a natureza jurídica e social do contrato de trabalho, em que não basta ao empregador o pagamento de salário e que o empregado deve ser visto na sua universalidade. Naquele momento tínhamos uma decisão paradigmática do TRT-SP (Processo 10009605020175020037), da lavra da juíza Liane Martins Casarin, sobre cuidados de filho autista, mantendo decisão de primeira instância da juíza Sandra Miguel Abou Assali Bertelli (37ª Vara da Justiça do Trabalho de São Paulo) que afirmara o seguinte: "Portanto, amparo jurídico há, de forma suficiente, a permitir o acolhimento da pretensão deduzida pela trabalhadora [*sic*], assim como, ao revés do quanto afirmado na defesa, há comprovação cabal de que o transtorno autista de que é portador do filho da reclamante inspira cuidados especiais e acompanhamento permanente de sua mãe que desafiam a aplicação de todo o arcabouço constitucional, legislativo e fontes internacionais mencionadas a amparar o tratamento adequado à inserção da criança na família e na sociedade".

Agora, o sítio do Tribunal Superior do Trabalho faz menção à decisão da 8ª Turma, em acórdão do ministro Márcio Amaro, que, à unanimidade, manteve acórdão do TRT-6ª Região com a seguinte chamada: "Nutricionista que tem filha com Síndrome de Down obtém redução da jornada de trabalho", referindo-se ao caso envolvendo a Petrobras em que mãe de uma filha com síndrome de Down teria obtido no regional a redução da jornada em 25%, sem prejuízo do salário, com a finalidade de "acompanhar a criança em atendimentos médicos e terapêuticos, necessários ao seu desenvolvimento" (AIRR-607-91.2017.5.06.0012).

Nos fundamentos para a proteção da empregada foram trazidos a Convenção Internacional sobre os Direitos da Pessoa com Deficiência (Decreto n. 6.949/2009), a

Convenção sobre os Direitos da Criança e o Estatuto da Pessoa com Deficiência (Lei n. 13.245/2015).

De novo o que se constata é a relevância da responsabilidade social das empresas *vis à vis* a condição de vida de seus empregados, de modo a que seja permitido que o trabalho não se constitua em obstáculo às necessidades da vida social, em especial quando se trata de cuidados extraordinários em doenças tais como a que se apresentou.

O contrato de trabalho não se resolve exclusivamente pelas obrigações da prestação de serviços dado que não se trata de simples materialidade, mas envolve a pessoa humana com todas suas dificuldades existenciais presentes ou advindas ocasionalmente na vida pessoal.

Como dissemos em fevereiro de 2018, "o contrato de emprego tem uma natureza que difere dos demais contratos que é a responsabilidade social da empresa em relação às condições de vida pessoal do trabalhador, incorporadas ao contrato quando de sua celebração. Portanto, as obrigações não são apenas aquelas que estão às vistas e expressas no contrato. Há também um dever secundário de acolhimento do trabalhador em sua universalidade, sem exclusão de eventuais dificuldades oriundas de sua vida pessoal e familiar e que são fundamentais para a integração na vida em sociedade".

Repita-se: "Ser trabalhador e ser cidadão são condições que caminham juntas com o propósito de que se atinja o respeito à dignidade da pessoa humana".

Muito se fala em cumprimento de quotas de trabalhadores com deficiência nas empresas, todavia a lei não se refere à importância e à necessidade de que trabalhadores com encargos de filhos com deficiência tenham condições especiais de trabalho, nem trata de formas de incentivo às empresas para que atendam às necessidades específicas de seus trabalhadores.

Em 2018, disse a juíza Liane Martins Casarin que "mesmo não havendo na legislação, previsão expressa que permita à reclamante reduzir sua jornada sem redução salarial, é preciso avançar no sentido da plena inclusão, é preciso romper velhos paradigmas de uma sociedade que ainda não viveu a inclusão. É uma mudança de comportamento que, hoje, perpassa por uma atuação firme do Poder Judiciário. Portanto, todo artigo, alínea ou inciso de lei que puder conferir expressamente direitos a crianças e adolescentes com deficiência será muito benvinda pela comunidade jurídica nacional".

No limite, a Justiça do Trabalho vem impondo uma jurisprudência consolidada em documentos internacionais ou leis programáticas de forma a que o apego à responsabilidade social seja considerado necessário a fim de que seja humanizado o contrato de trabalho em toda sua dimensão obrigacional e social.

Pandemia: Um ano de mais do mesmo piorado

2 de abril de 2021

Faz quase um ano, precisamente em 22 de maio de 2020, publicamos nesta coluna um artigo sobre a antecipação dos feriados e agora, neste momento, parece que não evoluímos nas relações sociais e trabalhistas colocando-se de novo o mesmo problema em circunstâncias um pouco diferentes, desesperadoras, mas com uma percepção alarmante em torno da pandemia que recrudesceu e está cada vez mais próxima de todos.

Como dissemos anteriormente os feriados participam da vida de todos com significado cultural de relação de descanso e períodos de encontros com amigos e, para usar a palavra do dia, para aglomerar-se, festejando o feriado, o dia pago sem trabalho. Para alguns, a antecipação de feriados representa essa perda difícil de realizar na prática e pouco se importam com a finalidade de recesso sanitário que envolve a antecipação como tentativa de saída da crise.

Não há uma orientação federal para o enfrentamento do problema e, na omissão de medidas mais efetivas, o prefeito do município de São Paulo, pelo Decreto n. 60.131, de 18 de março, antecipou os feriados de Corpus Christi, Dia da Consciência Negra deste ano de 2021 e os aniversário de São Paulo, de Corpus Christi e o Dia da Consciência Negra de 2022. Foram 5 dias de feriados para serem adotado pelas empresas em 26, 29, 30 e 31 de março e 1º de abril. Outros municípios seguiram na mesma linha segundo suas datas festivas.

Não há qualquer iniciativa federal de socorro para as empresas. A extensão dos efeitos trabalhistas é bastante clara: não haverá trabalho nesta semana e haverá a antecipação do pagamento daqueles dias de feriado vindouros. Dito de outra forma, no município de São Paulo, alterou-se o calendário e não mais haverá os feriados anteriormente previstos e já foram pagos para os empregados em atividade.

Todavia, é bom notar que, os empregados que se beneficiaram agora dos feriados, receberam um benefício condicionado, isto é, ainda está vinculado ao cumprimento, na época própria, de que para fazer jus não pode praticar falta injustificada na semana que o antecede, sob pena de autorizar o empregador ao desconto do salário do respectivo dia que neste momento foi antecipado. Para os empregados que forem contratados após o decreto de antecipação, não terão o benefício de feriados porque deixaram de existir. São todas situações que tornam quase intermináveis os questionamentos e, de fato, devem ajustar-se às circunstâncias da empresa e do local de trabalho.

Repetem-se os mesmos efeitos relevantes do decreto: 1) tem como fundamento o estado de calamidade pública; 2) tem como finalidade o isolamento social para combate à Covid-19; 3) o ato de antecipação do feriado não está mais no poder discricionário do empregador; e 4) não se poderia tratar a antecipação de feriado da mesma forma que a legislação vinha cuidando de possíveis compensações.

O avanço da contaminação chegou a níveis desesperadores, com mais de 300 mil mortes no período de um ano. Praticamente cada brasileiro tem conhecimento de alguém na família ou amigo que foi acometido de Covid-19.

Novamente, voltamos às primeiras considerações, *"o fato motivador da antecipação de feriados é de saúde pública, em uma situação de emergência e que justifica instrumentos de incentivo ao isolamento social"* que, há um ano, tinha também como meta a preservação do emprego, diferentemente do momento atual em que a questão de emergência é de saúde pública, para evitar aglomerações e deslocamentos e, desta forma, barrar a evolução da contaminação entre pessoas.

As discussões que tomam espaço giram em torno dos efeitos trabalhistas presentes e futuros, com hipóteses de risco e de prejuízos, litígios futuros, enquanto medidas de acolhimento e de suporte ao momento crítico não aparecem.

A Organização Internacional do Trabalho (OIT) em relatório de novembro de 2020, destinado ao impacto da pandemia do Covid-19 nas empresas informa a dificuldade pela qual passam com a insuficiência de caixa para preservar o emprego e a própria atividade.

Talvez pudéssemos ter tido iniciativas do Governo Federal por meio de seguro desemprego para aliviar os encargos trabalhistas e fiscais das empresas ou de incentivo fiscal com propostas de incentivo à prática de isolamento.

Todavia, temos a ausência de medidas efetivas de controle à pandemia e o negacionismo federal revelaram "um dar de ombros" aos problemas sociais, expressando um salve-se quem puder que faz lembrar aquela bronca da Guarda Costeira da Itália no capitão Francesco Schettino, do navio italiano Costa Concórdia: *"Vada a bordo, cazzo"*.

Por tudo isso devem ser prestigiadas as iniciativas locais de respeito e de solidariedade que assumem papel de protagonista da solução possível.

Acordos individuais na pandemia poderão ter seus efeitos questionados?

14 de maio de 2021

Faz praticamente um ano, precisamente em 1º de maio de 2020, que ocupamos esta coluna para tratar daquele momento juridicamente controvertido quanto às flexibilizações permitidas pela legislação de emergência. Estávamos cuidando da MP n. 936/20 e da decisão do STF na ADIN 6.363 em que aquela Corte, por maioria de votos, decidiu que os acordos individuais em época de pandemia não agridem a CF e, nestes casos, não se aplicaria a garantia disposta no art. 7º, VI, da Carta Maior.

Dizíamos, então, que a pandemia era temporária.

Nesta altura de 2021, o temporário parece não ser mais surpreendente e se transformou na rotina de todos quer quanto aos cuidados pessoais e coletivos de higiene, quer quanto às questões das relações trabalhistas terminadas e iniciadas em tempos de pandemia. Não é mais de se espantar que determinados empregados não conheçam o local físico das empresas e os conhecimentos entre pessoas se dê por meio dos diversos sistemas de comunicação e interação visual.

Parece que o normal nos dias atuais é o trabalho a distância e parece que é desta forma que as empresas estão se estruturando.

Significa dizer que as dúvidas sobre os acordos individuais para redução de jornada e redução do salário estariam superadas pelas condições excepcionais deste momento, excluindo a discussão de nulidades quanto a alegada violação da Constituição Federal, em seu art. 7º, VI, XIII e XXVI, que homenageia a participação sindical obrigatória quando se tratar de negociações coletivas.

Naquele momento (maio/2020), trouxemos a dúvida instaurada por alguns quanto à possibilidade de redução por "acordo" entre empregado e empregador pois se trataria de expressão retórica diante da ausência de alternativa ao empregado e que se tratava de mera "imposição" do empregador. Tese ainda prevalente.

De fato ainda persiste a condição de que o ponto de partida de todos os questionamentos deveria levar em consideração as circunstâncias da vida, o valor protegido, e do momento em que se torna aplicável.

A pandemia é temporária. Melhor dizendo, naquele momento, tínhamos a impressão de que a pandemia seria temporária.

Depois de mais de um ano não se pode dizer que estamos em condições temporárias porque a pandemia está presente e sem prazo para ser dominada, a crise social revelada em branco e preto, o número de desempregados em nível absurdo, os sonhos foram roubados e a esperança ficou para o mesmo dia em que se vive.

Neste período de mais de um ano, não se pode dar tratamento de excepcionalidade quando o anormal se transformou na convivência e na organização estrutural das empresas e da sociedade como um todo.

Talvez nos dias atuais não valha mais a afirmação de que "Há uma irracionalidade na exceção gerada pela pandemia que impõe regras e condutas que não teriam sido previstas ordinariamente pelo legislador".

As Medidas Provisórias ns. 1.044 e 1.045 de abril são repetitivas ao que se legislou anteriormente e falam de um fenômeno ao qual, pela convivência de mais de um ano, não se pode atribuir o elemento surpresa. Tais MPs operam na precariedade do tempo como se a crise tivesse sido estabelecida com prazo definido para terminar.

De fato, estamos convivendo com a rotina do anormal como expectadores inconformadamente passivos. O desemprego vai aumentar, os empregos vão diminuir, a desigualdade social será mais acentuada e a violência encontrará razões na miséria que não será maior por causa do espírito de solidariedade que desperta na sociedade com iniciativas de distribuição de comida para os mais necessitados.

As MPs são paliativas e desafiam a boa fé nas relações trabalhistas. Se efetivamente se procurasse uma solução para a manutenção de emprego e renda, as propostas deveriam ser de médio e longo prazo e não funcionar como um voo de galinha.

A insegurança jurídica para as empresas vai continuar e, agora, depois da convivência com o anormal, difícil crer que nenhuma ação de negociação coletiva foi entabulada para superar as dificuldades, que os sindicatos não tiveram condições de se unir sem tratar de categorias ou ideologias para restaurar direitos ou de superar os obstáculos para propor um avanço na garantia mínima de proteção aos trabalhadores.

Vale a repetição da citação do nosso artigo citado nesta coluna, da professora Raquel Scalcon da FGV Direito-SP, em artigo excepcional em 24 de abril neste Consultor

Jurídico com o tema "A importância da Teoria do Direito em época de Covid-19", a propósito de artigo do ministro do STF Luiz Fux em que afirmou que coronavírus não é *"Habeas Corpus"*, traz importantes considerações perfeitamente aplicáveis no campo do direito do trabalho em sentido análogo, nas afirmações de que "coronavírus não é desculpa para reduzir salários, não é salvo-conduto para demitir, não é licença para sonegar, muito menos justificativa automática para inadimplir". "Em síntese: uma pandemia não afasta per se a incidência de regras jurídicas".

Certamente, o uso da coronavírus perdeu espaço como justificativa das dificuldades que deixaram de ser emergentes e temporárias, mas continuam emergentes e sem prazo para cuidar dos aspectos sociais e trabalhistas mais profundos, tudo com objetivo de construir algo mais duradouro e estável no sentido de preservar empregos e proteção social digna.

O *venire contra factum proprium* nas relações contratuais de trabalho

2 de julho de 2021

O *venire contra factum proprium* corresponde à adoção conduta ilícita, contrária à boa-fé, na forma do art. 187 do Código Civil ("Também comete ato ilícito o titular de um direito que, ao exercê-lo, excede manifestamente os limites impostos pelo seu fim econômico ou social, pela boa-fé ou pelos costumes"), que considera inadmissível toda pretensão quando contraditória com um comportamento anterior, adotada pelo sujeito da pretensão deduzida em juízo. O *venire* tutela a confiança daquele que de uma forma legítima gerou expectativas, frustradas com a demonstração de comportamento contraditório, traindo a confiança de uma conduta esperada na relação contratual.

Trata-se da boa-fé objetiva que atua de forma a restringir direitos que, sob aparência de licitude, apresentam-se de modo a afrontar o direito e, portanto, é merecedora de reprimenda dado que abusivo e contrário à boa fé.

Nas relações trabalhistas, as manifestações que importam a aplicação do *venire* são comuns e, usualmente, o autor da ação vem a juízo para infirmar o conteúdo da relação de trabalho sob o fundamento da hipossuficiência, considerada como submissão às condições impostas ou pela questão de ordem pública que estaria representada pela legislação trabalhista à qual de aplicariam os princípios da irrenunciabilidade ou indisponibilidade de direitos trabalhistas.

Constatado, portanto, o fato da prática de ato ilícito por desobediência à boa-fé necessária e socialmente exigível, o causador do dano se obriga à reparação por danos materiais e morais ao contratante de boa fé.

A boa-fé contratual é disseminada em qualquer ordenamento jurídico e trazida na legislação brasileira nos termos do disposto pelo art. 422 do Código Civil no sentido de que, *verbis*: "Os contratantes são obrigados a guardar, assim na conclusão do contrato, como em sua execução, os princípios de probidade e boa-fé", incidindo seu comportamento na aplicação do disposto pelo art. 186, em letra, "aquele que, por ação ou omissão voluntária, negligência ou imprudência, violar direito e causar dano a outrem, ainda que exclusivamente moral, comete ato ilícito", fazendo incidir o disposto no art. 927 que impõe a obrigação de reparar o dano causado.

O desafio do intérprete está na aplicação do venire contra factum proprium em situações que hodiernamente se apresentam no Judiciário trabalhista, especialmente aquelas em que estão envolvidos prestadores de serviços que, embora tenham se apresentado por meio de pessoa jurídica ou como autônomo, utilizando-se do mesmo filme buscam a revelação de outra fotografia, supostamente incompatível com o cenário em que sempre atuou.

A Lei n. 13.467, de 2017, ao alterar a redação do parágrafo único do art. 8º, transformando-o em § 1º, eliminou a limitação trazida pela redação anterior de restrição à aplicação do Direito comum como fonte subsidiária do Direito do Trabalho porque mandava observar a compatibilização do direito civil aos princípios fundamentais do Direito do Trabalho. Agora, segundo a nova redação, o Direito comum é fonte subsidiária do Direito do Trabalho, tout court.

Nesse sentido, chamou a atenção notícia no sítio do TST, do último dia 28, acórdão da 4ª Turma (RR-1001363-26.2017.5.02.0261), tendo como relator o ministro Alexandre Ramos, sobre reconhecimento de vínculo de emprego entre policial militar e clínica de odontologia. Muito embora policial militar não possa ter carteira anotada, mas apenas direitos trabalhistas, dada a proibição de atividade particular em especial em segurança, a análise se circunscreve em elementos primário e fáticos, sem considerar a autonomia da vontade e a conveniência da relação jurídica havida.

Desse modo, quando a relação de trabalho estiver fundada em contratos de prestação de serviços ou de trabalho autônomo ou de conveniência da parte, lastreados em possibilidade legal, a pretensão de sua descaracterização para passar ao campo da legislação trabalhista está a exigir do intérprete maior cuidado, sem presunções e foco maior na responsabilidade contratual.

Violação pós-contratual na relação de trabalho

23 de julho de 2021

O contrato de trabalho tem natureza especialíssima pelas suas próprias características, mantendo uma relação de fidúcia entre empregado e empregador, incomparável com outras modalidades contratuais. Por essa razão, os elementos basilares relativamente ao empregado, como a pessoalidade e a subordinação, são capazes de consolidar as razões efetivas do interesse e obrigações das partes na preservação da relação jurídica.

Assim, celebrado o contrato e com o início da prestação de serviços, tanto empregado quanto empregador se envolvem em deveres éticos e morais que vão além de jornada trabalho e salário. A materialidade contratual, simples e rotineira, sempre relevante, deveria funcionar como base estrutural para a construção de compromissos cuja finalidade é a instrumentalização de realização pessoal e profissional.

Dessa feita, durante a contratualidade há uma entrega recíproca: o empregador assume os riscos do negócio, transmite as orientações técnicas ou procedimentos do negócio e, de outro lado, o empregado entrega seu tempo de trabalho e a ele renuncia em parte, temporariamente, em troca de um pagamento de salário. Sobre esses momentos, que são contínuos, instalam-se as obrigações e os deveres de respeito relativamente às informações recebidas e à utilização da força de trabalho. Por essa razão, os arts. 482 e 483 da CLT apontam os comportamentos em que, durante o exercício do contrato de trabalho, a fidúcia se romperia e a parte ofendida pode denunciar o contrato de trabalho e, em algumas circunstâncias, aplica-se a culpa recíproca.

Portanto, durante o cumprimento do contrato de trabalho, a legislação é clara e se aplica de modo inquestionável a cada hipótese exaustivamente elencada pela CLT.

Como se dizia acima, a natureza especialíssima do contrato de emprego implica responsabilidades e comprometimentos que vão além da vigência contratual, trazendo dúvidas quando se trata de mau comportamento após a extinção do contrato de trabalho, condição que, em tese, objetivamente extinguiria as obrigações do quanto avençado para o cumprimento do contrato, satisfeito e acabado. Nesse caso, inexistente cláusula contratual de obrigações futuras.

Conforme frisou Paulo Eduardo Vieira de Oliveira ("O dano pessoal no direito do trabalho"), "é importante que se frise, que há uma relação intersubjetiva entre empregado e empregador muito acentuada, que dá oportunidade, pelo trato sucessivo da relação, a uma das partes (e até a ambas em dano pessoal recíproco) de um causar dano pessoal à outra ou, ainda, do dano acontecer reciprocamente".

A peculiaridade da intersubjetividade que surge no contrato de trabalho faz projetar seus efeitos para além da sua extinção, obrigando as partes ao dever de respeito mútuo, de modo que não se utilizem de informações sigilosas recebidas em benefício próprio ou para prejudicar terceiros. Em palavras outras, as obrigações de fidúcia geradas pelo contrato de emprego subsistem além de seu término e exigem comprometimento de lealdade e boa-fé sob pena de responsabilidade civil pós-contratual.

O sítio do TRT da 18ª Região trouxe a seguinte notícia: "Professor que teve nome usado indevidamente em site de universidade receberá reparação por danos morais".

Considerou o relator, desembargador Gentil Pio, da 1ª Turma (Processo 0010209-95.2020.5.18.0003), que o consentimento do reclamante seria essencial e "ainda que não lhe atinja a honra, a boa fama ou a respeitabilidade, configura manifesto ato ilícito pós-contratual da ex-empregadora". E concluiu o relator que "embora entenda que a denominação de dano moral não seja a mais adequada, a reparação dá-se pelas razões aduzidas, por violação de dever inerente à relação empregatícia".

Essa é uma das demonstrações de que os deveres inerentes à relação empregatícia ultrapassam a vigência contratual, exigindo das partes ex-contratantes lealdade e boa-fé.

Novas representações sindicais e novos conteúdos em conflitos coletivos

13 de agosto de 2021

Os novos tempos têm trazido desafios relevantes para a construção do Direito do Trabalho, impulsionada por dois aspectos: pela reforma trabalhista, Lei n. 13.467/17, e pelo momento da pandemia. Esses desafios são aqueles da busca de nova configuração de representação de trabalhadores e seu reconhecimento com entidade legítima e o conteúdo que se tem verificado em ações coletivas promovidas por tais sindicatos.

É cediço que, a partir da eliminação do caráter compulsório da contribuição sindical, houve uma fragilização econômica dos sindicatos e que, ao mesmo tempo, colocou em dúvida a legitimidade de representação. Em outros termos, a arrecadação não era proporcional ao índice de sindicalização. Tal fato, o caráter facultativo do custeio, juridicamente, afastou a condição de registro perante o Ministério do Trabalho para confirmar a unicidade sindical uma vez que o vínculo jurídico da contribuição sindical como fator de representação deixou de existir.

Significaria dizer, em palavras outras, no limite, que a unicidade sindical e o critério de representação estariam passando para o modelo da personalidade sindical, amparada esta pela legitimidade de fato do sindicato. De outro lado, a disputa de representação sindical acentuou a constatação que fazemos há anos no sentido de que o Judiciário trabalhista estaria impedido, desde a Constituição Federal de 1988, de definir por sentença a representatividade sindical.

Nesse aspecto, relativamente à representação sindical, a Justiça do Trabalho (e já era tempo) tem se manifestado favoravelmente aos novos sindicatos independentemente de registro perante o Ministério do Trabalho. Trata-se do desapego ao modelo formal de representação e de adequação da legitimidade necessária. As consequências desse reconhecimento a outras entidades sindicais, fora do padrão histórico estatal, poderá gerar maior segurança jurídica nas negociações coletivas fazendo prevalecer com mais rigor a autonomia privada coletiva nas negociações.

Foi nesse sentido que, de exemplar fundamentação, a 14ª Turma do Tribunal Regional do Trabalho (TRT) da 2ª Região, em voto da lavra do desembargador Davi Furtado Meirelles (Processo 1000523-47.2020.5.02.0055) reconheceu que o "registro perante o MTb, viola o inciso I do art. 8º da Constituição da República. Com efeito, o registro sindical serve apenas para o controle da unicidade sindical. Não sendo condição para postular em juízo".

Tais são os efeitos da reforma trabalhista sobre as novas formas de atuação sindical, servindo a afirmação regional para demonstrar a transformação pela qual passa o Judiciário Trabalhista no reconhecimento legitimidade de sindicato que se apresenta como representante de trabalhadores, independentemente de reconhecimento de registro perante o órgão administrativo do Ministério do Trabalho.

Por outro lado, a pandemia tem gerado situações de pleitos de natureza coletiva em que a demanda não se refere à reparação de prejuízos nem a pretensões fundadas em lei.

A maior preocupação refere-se aos cuidados necessários de prevenção contra a Covid-19 e suas variações, isto é, das condições sanitárias, protetivas e sociais voltadas à redução do risco de contaminação pelo coronavírus; treinamento adequado com relação aos procedimentos de proteção, distribuição/fornecimento de produtos e equipamentos necessários à proteção e desinfecção, conforme orientação técnica dos órgãos competentes; disponibilizar álcool gel (70% ou mais) aos trabalhadores; máscara facial de proteção; luvas de látex descartáveis; higienização de veículos que transportam passageiros ou e mercadorias, entre outras.

Desse modo, constata-se a admissão transformadora de sindicatos fora do padrão clássico da herança sindical como modalidade de efetivação e eficácia jurídica de negociações coletivas, acentuando-se a legitimidade e a personalidade sindicais e, do ponto de vista da prestação jurisdicional para demandas que envolvem o sentido de cooperação e solidariedade coletiva, e não de conflito no seu sentido estrito.

Reformas trabalhistas frustradas: Alívio e esperança!

3 de setembro de 2021

O Senado Federal derrotou na quarta-feira (1º/9) a proposta do governo federal de introduzir a reforma trabalhista da MP n. 1.045/21, que teria como finalidade o programa da preservação do emprego e da atividade econômica, com acréscimos de modelos de relação de trabalho de resultados benéficos duvidosos. Desse modo, com alívio, ficamos com o que já temos em legislação trabalhista e não vamos suportar novos solavancos e remendos nas relações trabalhistas, com instauração de um campo de litigiosidade sem fim.

Todavia, o momento merece reflexão para a preservação das instituições democráticas e a garantia constitucional.

A origem do Direito do Trabalho como forma de proteção de empregados contra o poder econômico do empregador parece ter ficado no passado, muito embora inegável que em momentos de crise de desemprego há sensível fragilização nas escolhas do tipo de trabalho e seu conteúdo jurídico. É claro, entretanto, que houve um entrincheiramento de trabalhadores e de empregadores que se enfrentam no avanço de direitos ou na preservação da propriedade. Segundo Lyon-Caen (*"Le droit du travail. Une technique reversible"*, Dalloz, 1995), foi-se o tempo em que o Direito do Trabalho tinha por finalidade proteger o empregado, subordinado, em situação de acentuada desigualdade no contrato de trabalho. Segundo o autor, a proteção foi substituída pela flexibilização com a finalidade de favorecer o emprego.

A legislação trabalhista brasileira tem na Constituição Federal sua base de garantias dos direitos aos trabalhadores (art. 7º), complementada por leis ordinárias e, especialmente, por negociações coletivas de trabalho cuja finalidade essencial é a redução de desigualdades e a busca da melhoria das condições sociais dos representados. Nesse sentido, todo o arcabouço legal destinado ao campo do trabalho de empregados considera barreiras de proteção aos empregados e legitimou a atuação de trabalhadores por meio de entidades sindicais legítimas, condutoras de conquistas e de transformações de direitos, respeitando sempre os princípios constitucionais.

O professor Tercio Sampaio Ferraz (*A desigualdade econômica e a isonomia:* uma reflexão sobre os perfis das desigualdades. In: *Rev. Direito Adm.*, Rio de Janeiro, v. 279, n. 1, p. 31-49, jan./abr. 2020) observa que:

> "A Constituição Federal tem na igualdade um de seus núcleos basilares. A igualdade tem um sentido superlativo, quando se percebe seu reconhecimento (art. 5º) em termos de isonomia (igualdade perante a lei) e de sua inviolabilidade como direito: todos são iguais perante a lei, sem distinção de qualquer natureza, e a todos se garante a inviolabilidade do direito à igualdade."

E sobre a desigualdade econômica assevera que:

> "Em certos casos, a percepção da diferença é tratada com rigor: (art. 7º-XXXIII) proibição de trabalho noturno, perigoso ou insalubre a menores de 18 e de qualquer trabalho a menores de 16 anos, salvo na condição de aprendiz, a partir de 14 anos. E, nessa linha (art. 7º-XXX), a proibição de diferença de salários, de exercício de funções e de critério de admissão por motivo de sexo, idade, cor ou estado civil. Em outros, é percebida como objetivo. No art. 3º-III, fala-se em erradicar a pobreza e a marginalização e reduzir as desigualdades sociais e regionais, vale dizer, situações que existem e que devem ser eliminadas (erradicar) ou diminuídas ao máximo possível (reduzir). Na mesma linha (art. 170-VII), a redução das desigualdades regionais e sociais como princípio da ordem econômica."

Na expressão do professor um dos problemas cruciais da atualidade é o "jogo" entre igualdade de direito como direito fundamental e a desigualdade como fato constatada e denunciada.

Relevante, no quadro da exclusão social gerada pela crise atual, a reflexão do professor Tércio sobre a compreensão da configuração do perfil da igualdade/desigualdade econômica que, segundo ele, não é tarefa simples e, fazendo uma reflexão extraída do livro de Stiglitz — "*The price of inequality*" (Londres: Penguin, 2013).

> "Países ao redor do mundo, diz ele (p. 4), oferecem exemplos assustadores do que acontece às sociedades, quando elas alcançam um nível de desigualdade para o qual se movem. O quadro não é bom: são países em que os ricos vivem em comunidades muradas, à espera de hordas de trabalhadores com

> renda abaixo da sobrevivência; sistemas políticos instáveis em que promessas populistas às massas de uma vida melhor desabam em frustrações. E, em tudo, talvez o mais importante, a ausência de esperança, pois, nesses países, os pobres sabem que seus propósitos de emergir da pobreza apontam para um longo caminho de realização minúscula."

Os problemas com desigualdades sociais, como se observou, sempre foram a tônica da sociedade capitalista e, nestes momentos, presenciamos tonalidades crescentes, uma marginalização ostensiva de trabalhadores e a miséria que bate na porta de todos e avança de modo incontrolável. Diante de tais fatos não é razoável que a solução venha exclusivamente pela via legal, sem qualquer participação de grupos representativos responsáveis e capazes de produzir uma transformação segura e orgânica.

Em geral, as organizações de trabalhadores do setor econômico ficam à espera de iniciativas do Estado para encaminhamento de leis que, todavia, quando aprovadas sofrem a crise de legitimidade política sendo rejeitadas na sociedade.

As soluções para o enfrentamento da crise interessam a todos. No campo das relações trabalhistas sempre fomos capazes de organizar entidades representativas dos diferentes setores da sociedade, sindicatos, centrais sindicais. Talvez tenha chegado o momento de abandonar as trincheiras e caminhar para uma grande concertação social entre as forças produtivas e econômicas, com maior integração e responsabilidade programáticas capazes de eliminar o fantasma do medo de ameaças pixotescas à democracia!

Revista de empregados: Os limites do poder diretivo e disciplinar do empregador

29 de setembro de 2021

A relação de emprego tem características inconfundíveis. A posição hierárquica a que se submete o empregado confere, em certa medida, ao empregador, tal como a CLT define seu conceito, o exercício do poder diretivo no sentido de conduzir os fins econômicos ou sociais do negócio empresarial. Além desse aspecto, a fidúcia contratual recíproca, base fundamental do contrato de emprego, reforça a peculiaridade com que são mantidos os vínculos estabelecidos. É a boa-fé na relação contratual *"como princípio normativo, pelo qual todos devem actuar como pessoas de bem, num quadro de honestidade, correcção, probidade e lealdade, de forma a não defraudar as legítimas expectativas e a confiança gerada nos outros"* (*O Direito Geral de Personalidade*. Rabindranath V. A. Capelo de Sousa. Coimbra: Coimbra Editora, 1995. p. 530).

Todavia, a evolução dos negócios e a massificação de empregados em algumas atividades levaram as empresas a adotar medidas de proteção do ambiente de trabalho, por razões de segurança interna e externa e, na mesma medida, a adotarem regras de controle e fiscalização do patrimônio empresarial contra furtos no ambiente de trabalho, por empregados ou terceiros.

Neste mister, de proteção patrimonial, parece comum a contratação de empresas especializadas, com pessoal treinado para ações duras e, em algumas situações violentas, sem respingo de civilidade nos atos praticados na abordagem de terceiros ou empregados de empresas contratantes.

No caso de revista de empregados, o ato, por si, qualquer que seja sua dimensão, sugere ou presume que a relação de confiança e de boa-fé, próprias da essência do contrato de trabalho estão sendo colocadas em dúvida e não seria compatível com a continuidade da relação de trabalho. Contudo, tal prática passou a ser admitida e inserida no campo do exercício do poder de direção do empregador, de forma a atingir, especialmente, trabalhadores de produção ou operários, para se utilizar de expressão adotada em outras legislações.

As revistas a empregados passaram da proibição para a tolerância e, ao final, reconhecidas como direito do empregador, observado o limite do excesso de rigor ou rigor excessivo, na forma da lei (art. 483, b, da CLT). Coube à jurisprudência a modulação dos atos praticados, admitidos, com mais largueza, em bolsas e objetos pessoais de empregados. Wagner Giglio observa com acuidade que *"o trabalhador não é coisa, mas pessoa, sujeito de direitos, entre os quais o de ter respeitada sua personalidade e seu amor próprio, sua diginidade, enfim. O tratamento com rigor excessivo fere esses direitos, autorizando-o, em represália desagravadora da ofensa, a afastar-se do ofensor, com justa causa"* (in: *Justa Causa*. 3. ed. São Paulo: LTr, 1992. p. 327).

Outra situação de restrição do exercício do poder diretivo do empregador diz respeito às revistas pessoais e íntimas porquanto violadoras do disposto no art. 5º, inciso X, da Constituição Federal, que estabelece que *"são invioláveis a intimidade, a vida privada, a honra e a imagem das pessoas, garantida a indenização pelo dano material ou moral decorrente de sua violação"*.

Neste sentido, o sítio do TST publicou no último dia 22 notícia de que, por decisão da 1ª Turma, com relatoria do desembargador Marcelo Pertence, a empresa foi condenada por apalpação de empregado em revista pessoal. Segundo o relator, admite-se a fiscalização em objetos e pertences do empregado (*"A jurisprudência desta Corte Superior é firme no sentido de que o procedimento de revistas realizado nos pertences pessoais de todos os empregados, indiscriminadamente, sem contato físico, insere-se no âmbito do poder diretivo e fiscalizatório do empregador, não gerando constrangimento apto a ensejar dano moral indenizável"*), mas que *"a revista pessoal, com contato físico, extrapola os limites do poder diretivo do empregador, configurando situação vexatória que afronta a intimidade e a dignidade do trabalhador, pois expõe parte do seu corpo"* (RR-860-17.2014.5.09.0654).

Em outra notável decisão da 1ª Turma do TST, em relatoria do ministro Walmir Oliveira Costa, se afirma que exorbita o exercício do poder diretivo do empregador obrigar o empregado à vexatória exposição de parte do corpo do empregado.

> "Recurso de revista. Responsabilidade civil. Indenização por danos morais. Revista visual de bolsas e pertences. Determinação de suspensão da barra da calça e da camisa. 1. A jurisprudência desta Corte Superior é firme no sentido de que o procedimento de revistas realizado nos pertences pessoais de todos os empregados, indiscriminadamente, sem contato físico, insere-se no âmbito do poder diretivo e fiscalizatório do empregador, não gerando constrangimento apto a ensejar dano moral indenizável. 2. Na hipótese em apreciação, todavia, o Tribunal Regional registrou que o reclamado, além de proceder às revistas visuais ordinárias, determinava que os empregados erguessem a barra de suas calças e levantassem a camisa para fins de revista pessoal. 3. Assim, a revista realizada pelo reclamado, com determinação para o reclamante levantar a

barra da calça e a camisa, extrapolou os limites de seu poder diretivo, porquanto expôs parte do corpo do empregado, configurando situação vexatória que afronta a intimidade e a dignidade do trabalhador, ensejando, por consequência, o pagamento de indenização por dano moral. Precedentes. Recurso de revista de que não se conhece." (RR – 437100-45.2008.5.09.0008, relator Ministro Walmir Oliveira da Costa, data de julgamento: 30.8.2017, 1ª Turma, data de publicação: *DEJT* 1º.9.2017)

Bem se vê que há uma relativização da fidúcia e da boa-fé contratual e o rigor excessivo se caracteriza quando se trata de passar empregados a revista mediante contatos físicos ou exposições do corpo dos empregados porque invasivos e ofensivos à intimidade e dignidade do trabalhador. A contratação de terceiros, empresas especializadas em segurança patrimonial, não afasta a responsabilidade do tomador de tais serviços pela prática ofensiva ou abusiva adotada pelos chamados seguranças, treinados especialmente para desconfiar e revistar.

Efeitos do plano de demissão voluntária na quitação geral do contrato de trabalho

29 de outubro de 2021

As relações individuais e coletivas produzem efeitos diferentes nas relações de trabalho e, ao que parece, ainda vão ocupar as discussões jurídicas nas questões envolvendo os direitos atingidos no âmbito de cada uma e a adequação instrumental que permita sua compreensão e redução da litigiosidade.

Assim, a desigualdade econômica da relação, no âmbito individual entre empregador e empregado, impôs ao legislador a tutela especial da manifestação da vontade do empregado na vigência do contrato de trabalho. Neste sentido, a CLT, no art. 468, dispôs, sem limites, da nulidade da alteração prejudicial ao empregado, convocando a aplicação do art. 9º, sobre a nulidade de atos. Na mesma orientação foi a Súmula n. 310 do TST que reconheceu a quitação direitos trabalhistas inseridos no TRCT, por ocasião da rescisão contratual, nos limites dos valores das verbas liquidadas, oportunizando aos empregados o pleito de diferenças por meio de ação judicial própria.

De outra maneira, observa-se que, quando se trata de relações coletivas de trabalho, os princípios a serem observados são outros, impondo-se a vontade do coletivo dos trabalhadores reunidos em assembleia sobre os interesses individuais. Neste sentido o art. 8º, § 3º, da CLT, inserido pela reforma trabalhista, Lei n. 13.467/17, e que submete a decisão à observação do respeito ao princípio da intervenção mínima na autonomia da vontade coletiva, esclarece que o campo de aplicação do Direito Material e do Direito Coletivo seguem regras distintas.

No primeiro caso, em que o Direito Material se aplica, estão sob o campo de proteção as manifestações de caráter individual e interferem diretamente no contrato de trabalho e suas garantias. É o caso de regulamento de empresa e outras normas de origem por ato do empregador, em que ele assume com exclusividade a responsabilidade pelo que pretendeu dizer e seus efeitos sobre as relações individuais de trabalho. E isto porque se encontra o empregador no exercício do poder disciplinar e diretivo carregado de natureza unilateral do qual o empregado não participa.

O exemplo claro que a jurisprudência recente do TST trouxe, em notícia publicada no dia 26.10.2021, no sítio da corte, diz respeito ao Plano de Demissão Voluntário, organizado e instituído exclusivamente pelo empregador e os efeitos jurídicos que produz.

Tratou-se de decisão da Oitava Turma que não reconheceu que PDVI pudesse quitar de forma ampla e irrestrita o contrato de trabalho, fundamentando-se na ausência de norma coletiva sobre o tema e, por consequência, ausente que esteve o sindicato (Processo: RRAg-1583-14.2017.5.10.0004).

A Ministra relatora, Delaíde Miranda Arantes, lembrou a tese de repercussão geral trazida pelo STF segundo a qual "a transação extrajudicial que importa rescisão do contrato de trabalho, em razão de adesão voluntária do empregado a plano de dispensa incentivada, enseja quitação ampla e irrestrita de todas as parcelas objeto do contrato de emprego, caso essa condição tenha constado expressamente do acordo coletivo que aprovou o plano, bem como dos demais instrumentos celebrados com o empregado" (STF, RE-590415, relator ministro Roberto Barroso, Tribunal Pleno, julgado em 30.4.2015).

O elemento divisor da interpretação jurídica está claro: são dois os aspectos a considerar e que envolvem a origem da norma.

O primeiro relativo à fonte produtora da norma, ou seja, por ato do empregador insere-se no âmbito do Direito Material e dos contratos individuais de trabalho. A manifestação do empregado, ao aderir à proposta do plano, equivale à quitação restritiva das verbas e valores respectivos, a teor da Súmula n. 310, do TST, não atingindo a quitação ampla e geral dos contratos e permite ao empregado vindicar reparação de direitos. Não é contrato, mas ato unilateral do empregador.

O segundo aspecto, traz a magia do direito coletivo, da norma coletiva de natureza abstrata e geral que se impõe aos que por ela decidiram. O mesmo instrumento PDV, se celebrado em respeito às normas coletivas, adquire legitimidade e as consequências jurídicas são diversas. Bref, está presente a valorização da negociação coletiva, da participação sindical, o respeito à manifestação da autonomia da vontade coletiva em que, necessariamente, por decisão assemblear, os trabalhadores, de modo responsável, se manifestaram e autorizaram a celebração do acordo coletivo com efeitos para quitação geral do contrato de trabalho. Em palavras outras, a natureza jurídica da norma coletiva é dissociada dos direitos individuais e as condições inseridas em PDV, permanecem na esfera normativa abstrata e não se confundem com as obrigações geradas nos contratos individuais de trabalho.

Vale lembrar Carnelutti que caracterizou a convenção coletiva de trabalho, aplicável ao acordo coletivo, de natureza híbrida, afirmando ter corpo de contrato e alma de lei. Contrato que regula as relações de trabalho e se consolida pela validade do negócio jurídico nos termos do art. 104 do Código Civil.

Liberdade sindical ofendida na Portaria n. 671/2021

19 de novembro de 2021

O Ministério do Trabalho e Previdência Social publicou, em 11.11.2021, uma série de portarias com o objetivo de simplificar e desburocratizar procedimentos internos da pasta, revogando diversas normas que até então vagavam desapercebidas. Dentre as portarias, nem prejuízo da necessidade de atualização do conteúdo das demais, há uma em especial, a Portaria/MTP N. 671, que regulamenta disposições relativas à legislação trabalhista, à inspeção do trabalho, às políticas públicas e às relações de trabalho.

O Capítulo XV, trata "DAS ENTIDADES SINDICAIS E DOS INSTRUMENTOS COLETIVOS DE TRABALHO" nos arts. 232 a 308, passando pelos procedimentos administrativos para registro de entidades sindicais, recolhimento e distribuição da contribuição sindical urbana, registro de instrumentos coletivos de trabalho e mediação de conflitos de natureza trabalhista.

O confronto de suas disposições com o princípio da liberdade sindical parece enfrentar aspectos claros de inconstitucionalidade (art. 8º, I, da CF) eis que, no art. 235 vem a fixar critérios e condições para a solicitação de registro sindical, exigindo, no item II, além do registro em cartório, lista de presença em assembleia, ata de assembleia, nomes completos com número de registro no CPF e as assinaturas dos participantes.

Neste último tema, de dar conhecimento dos participantes com número de CPF, revela violação às garantias constitucionais da liberdade de pensamento, a liberdade de consciência e a inviolabilidade à intimidade. É um sinal dos velhos tempos em que o Ministério se acostumou com o modelo de sindicatos criados por oportunismo e não por ideologia. O controle de entidades sindicais pelos trabalhadores a ela filiados ofende a liberdade sindical.

As alterações estatutárias são repetem nível de exigência minucioso e controlador a fim de habilitar a entidade sindical como representativa dos trabalhadores, ofendendo, de novo, a Constituição Federal.

A portaria reproduz possibilidade de fusão ou incorporação de entidades sindicais já lançado anteriormente com a Portaria n. 17.593 de 2020, ocasião em que publicamos nesta coluna em 14.08.2020, artigo sob o título "Sindicalismo em transformação e socorrismo estatal" cujas palavras servem ao momento atual de que "vem confirmar o desmanche do modelo e a transformação dos sindicados por fusão ou incorporação, ou seja, as entidades de primeiro grau (sindicatos) ou de segundo grau (federações e confederações) poderão (1) rever seus estatutos para alteração de categoria e base territorial; (2) solicitar a fusão de sindicatos; (3) solicitar a incorporação de uma entidade sindical pela outra".

Claro está que o conceito de categoria profissional deixou de ser importante para a formação de sindicatos. A extinção da contribuição sindical compulsória deixou muitos sindicatos sem efetiva representatividade e, assim sendo, poderão ser assimilados por outros sindicatos, de modo a fortalecer a representação.

Esta situação de fusão ou incorporação de sindicatos talvez seja um instrumento de ampliação da representação sindical não mais por categorias determinadas, mas por trabalhadores *"tout court"*, com atuação e representação de trabalhadores em diversos segmentos da atividade econômica, posto que inexistente o antigo Quadro de Categorias, revogado pela Constituição em outubro de 1988.

Não há notícias de que os sindicatos tenham atuado diretamente na elaboração do texto da portaria, mas as condições impostas revelam uma intenção de preservar o antigo modelo de organização sindical com uma única finalidade que é de gerar o famigerado código sindical, que habilita a entidade a receber as contribuições sindicais dos trabalhadores que se manifestarem favoráveis ao desconto em folha. Em troca disto, o Ministério do Trabalho busca se apropriar do sindicato e, de novo, revela, quanto à garantia do art. 8º, I, inconstitucionalidade flagrante.

Do ponto de vista jurídico, importante é que haja representatividade entre os negociadores de normas coletivas e que prevaleça a boa-fé nas negociações.

Sobre a legitimidade orgânica de sindicatos

10 de dezembro de 2021

É inegável que a partir da Lei n. 13.467, de 2017, as relações coletivas de trabalho deveriam passar por grande transformação. Os sindicatos perderam o vínculo jurídico que os fazia representante formal das chamadas categorias profissionais, ou seja, a contribuição sindical, recebida por meio de concessão de código sindical do Ministério do Trabalho, que habilitava a entidade a cobrar as contribuições sindicais. Com a adoção do critério facultativo da contribuição, a formação de sindicatos tenderia a se tornar mais livre inclusive em relação ao modelo de organização por categoria profissional ou não.

Antes mesmo da reforma trabalhista de 2017, a Constituição da República aboliu qualquer dependência de autorização do Estado para o reconhecimento de sindicato (art. 8º, I). Significa dizer que a vetusta Comissão de Enquadramento Sindical, juntamente com o quadro de atividades e profissões a que se refere o art. 570, da CLT, foi enterrada pelo constituinte e que as regras que anteriormente à promulgação que dispunham sobre condições de formação de sindicatos: territorialidade, especificidade e outras foram literalmente revogadas. Desse modo, já desde 1988 deveria ser respeitada a autonomia e liberdade sindical dos interessados na formação de sindicatos.

Porém, o exercício da liberdade sindical encontrou disputas de representatividade, em especial confronto dos novos sindicatos com aqueles antigos, preexistentes à Constituição Federal de 1988. O Judiciário Trabalhista, chamado para julgar tais litígios, de modo usual, apreciava a questão sob o prisma formal, para dizer qual sindicato teria a representação da categoria, em geral utilizando-se de critérios inaplicáveis após outubro de 1988. Ignorava, por assim dizer, o Judiciário temas básicos como a representatividade e legitimidade da entidade criada pelos interessados.

Mais recentemente, o Tribunal Superior do Trabalho, pela sua 2ª Turma (TST-RR-1257-64.2012.5.10.0801), em voto da lavra da ministra Maria Helena Mallmann, decidiu para reconhecer a representação do sindicato autor, Sindicato Nacional das Cooperativas de Serviços Médicos (Sincoomed), como representante das cooperativas de serviços médicos do estado do Tocantins, em detrimento do Sindicato e Organização das Cooperativas no Estado do Tocantins.

O fundamento utilizado no acórdão baseia-se no art. 570 da CLT, que traz referência expressa ao modelo da categoria profissional específica de acordo com o quadro de atividades e profissões a que se refere o art. 577, segundo proposta da Comissão de Enquadramento Sindical.

A ementa do julgamento se apresentou da seguinte forma:

> "[...] RECURSO DE REVISTA. LEI N. 13.015/2014. REPRESENTAÇÃO SINDICAL. PRINCÍPIO DA ESPECIFICIDADE EM DETRIMENTO DA TERRITORIALIDADE. SINDICATO ESPECÍFICO DE BASE NACIONAL E SINDICATO ECLÉTICO DE BASE ESTADUAL FUNDADO POSTERIORMENTE. Na hipótese, o Tribunal a quo concluiu ser regular a dissociação do sindicato nacional autor, ainda que específico, para a constituição do sindicato estadual réu, ainda que eclético, por expressa manifestação de assentimento dos interessados da categoria envolvida. Discute-se, assim, o legítimo representante das cooperativas de serviços médicos do Estado do Tocantins, se o sindicato específico de base nacional ou o sindicato eclético de base estadual. O Supremo Tribunal Federal tem entendimento de que a criação de um novo sindicato de categoria mais específica por desdobramento não ofende o princípio da unicidade sindical (precedentes). Ocorre que a hipótese dos autos não é de dissociação, uma vez que, já existindo sindicato específico, foi criado sindicato eclético em menor base territorial. Ademais, nos casos de conflito, acerca da representatividade sindical, entre o princípio da especificidade e o da territorialidade, esta Corte superior tem decidido que deve prevalecer o princípio da especificidade, nos termos do art. 570 da CLT. Decisão regional em conflito com a jurisprudência desta Corte. Precedentes. Recurso de revista de que se conhece e a que se dá provimento".

Constata-se que não se ateve o julgado à formação orgânica da união dos interessados e, juridicamente, não há óbice ao reconhecimento de entidades sindicais que atuem com legitimidade efetiva, condição esta superior e essencial na identificação da solidariedade da união dos interessados. Uma entidade com base territorial nacional não poderia se impor contra os interesses locais, ainda que agrupe outros ramos de atividades interessados.

Muito se discute quanto aos critérios de formação de novo modelo de organização sindical, sendo certo que a união de interessados pela chamada categoria já parece ser ultrapassada e, do ponto de vista da organização de trabalhadores, há inegável convergência de interesses comuns, independentemente do setor em que exerçam a atividade. A mesma afirmação de interesses comuns não se poderia dizer quando se trata de empresas cuja finalidade econômica de concorrência desarticula a união e pode remeter as negociações coletivas mais ao âmbito interno das empresas. Nesse sentido, a fixação de normas por meio de convenção coletiva de trabalho não parece adequada a atender a problemas locais.

O que efetivamente importa é a legitimidade do agrupamento e a consistência de representatividade dos interessados em detrimento do seu aspecto formal. Essa discussão não pode passar pelo crivo do Judiciário Trabalhista porque, como Estado, estaria impedido de interferir na formação de sindicatos ou do reconhecimento de sua legitimidade, ainda, julgando o exercício do direito à liberdade sindical.

2022

Exercício privativo da profissão como condição para enquadramento legal

14 de janeiro de 2022

Nesta semana, estou efetuando publicação no dia que, segundo nosso rodízio (eu e o professor Raimundo Simão de Melo), era reservado ao professor Pedro Paulo. Lembro que, por ocasião da morte do ministro Walmir de Oliveira, o professor Pedro fez a ele, nesta coluna, uma homenagem, lamentando a precoce morte do ministro, iniciando da seguinte forma:

> "A tristeza que provoca em todos nós a morte do amigo Walmir é enorme. Pessoa bondosa, dedicada à família e aos amigos, não descuidava um instante de seus compromissos profissionais, desempenhando o cargo de ministro do Tribunal Superior do Trabalho com toda competência e afinco, assim como atuava no magistério e nas letras jurídicas.
>
> Certa vez, quando minha filha mais nova, Ruth, tinha sete anos, ocorreu a morte trágica, por acidente de automóvel, de um amigo de meu filho mais velho, Paulo José, que tinha 17.
>
> Uma tarde, estando no carro só minha filha e eu, ela, do alto de seus sete anos, disse: 'Morrer não é coisa pra velho?'
>
> Eu respondi que sim, pois o normal é que as pessoas mais velhas morram antes dos mais novos.
>
> Então, disse ela: 'Por que o José Paulo, amigo do meu irmão, morreu?'.
>
> A única resposta que me veio à cabeça naquele difícil instante, diante da pergunta séria de uma menina de sete anos, foi:
>
> 'As pessoas quando morrem vão para o céu, certo? Pois imagine que no céu só houvesse velhinhos e velhinhas... Iria ser muito desanimado, né? Então, de vez em

quando Deus convoca uma criança, um jovem, ou um moço para ir mais cedo ao céu, para animar a convivência por lá...'.

Foi o suficiente para ela dar-se por satisfeita e mudar de assunto.

Pois é, para mim essa é a explicação para a morte precoce do Walmir. Ir para o céu alegrar o pessoal de lá e fazer companhia para o ministro José Luciano, que chegou lá faz pouco tempo e está precisando de boas companhias.

Que Deus continue a cuidar bem deles."

Aqui estendo minha homenagem ao professor Pedro, que foi se juntar às boas companhias a que se referiu e alegrar o pessoal que já tinha chegado ao céu.

Fez-me lembrar da publicação notícia do TST sobre o tema.

Chamou a atenção publicação do dia último 3, no sítio do TST, de decisão da 8ª Turma (RRAg-10845-97.2015.5.01.0039 e RR-1547-22.2015.5.10.0010), em voto da lavra do ministro Emmanoel Pereira, no sentido de que assessor de imprensa não merece enquadramento como jornalista porque se afasta da atividade essencial da profissão e não cumpre os requisitos do art. 302 do Decreto-lei n. 972/1969, que atribui aos trabalhadores de empresas jornalísticas que exerçam atividade de jornalista, revisores, fotógrafos ou na ilustração e, no § 1º, enquadra a profissão de jornalista "o trabalhador intelectual cuja função se estende desde a busca de informações até a redação de notícias e artigos e a organização, orientação e direção desse trabalho".

No caso, as funções de assessor de imprensa, segundo informa o acórdão, "tinham por escopo a comunicação institucional da Polícia Militar do Estado do Rio de Janeiro com os veículos oficiais de comunicação, com o repasse de informações e notícias do interesse daquela instituição", entendendo de modo a excluir o enquadramento de jornalista reconhecido pela instância regional. Assim, mero repasse de informações não permite o benefício da lei dos jornalistas.

Por fim, afirma o acórdão utilizando-se de conceito na Wikipédia que "assessor de imprensa é um consultor sênior que fornece conselhos sobre como lidar com a mídia e, usando técnicas de manipulação da mídia, ajuda o cliente dele ou dela a manter uma imagem pública positiva e evitar cobertura negativa da mídia".

Mutatis mutantis, o conceito poderia ser aplicado de forma genérica em todas as profissões técnicas e regulamentadas que não atendessem aos requisitos específicos do exercício das atividades vinculadas tecnicamente e de forma privativa à profissão.

Comissão de fábrica garantida por regulamento: Direito individual ou coletivo

4 de fevereiro de 2022

As normas de Direito do Trabalho recebem os efeitos segundo o campo de sua aplicação. Assim observam elas os princípios que lhes são próprios em cada componente de proteção da realidade, considerando, inclusive, seus efeitos. Assim, quando se trata de relações individuais de trabalho, natural que sejam invocados os princípios clássicos que formaram Direito do Trabalho e que se imponham as regras de proteção previstas pela CLT, exemplificativamente o art. 468.

Relativamente ao direito tutelar do Direito do Trabalho, sua efetividade e eficácia exigem regras objetivas e fiscalização pelo Estado.

De outro lado, quando os fatos se referem a situações de direito coletivo, em que o caráter abstrato prevalece e onde a proteção social do grupo, por força do exercício da autonomia privada coletiva, prevalece em detrimento da proteção de natureza individual, os princípios a serem observados deveriam ser outros. A questão da eficácia da convenção coletiva (norma coletiva) diz respeito à sua fonte de validade (Orlando Gomes. *Curso de Direito do Trabalho*. 6. ed. Rio de Janeiro: Forense, 1975. p. 861).

A fonte de validade está vinculada diretamente à origem da forma pela qual a garantia foi estabelecida, cuja base jurídica é a autonomia da vontade coletiva, extraída por assembleia dos interessados. Assim, regulamento de empresa por ato de empregador ou em conjunto com os trabalhadores, pertence ao campo do Direito material.

O sítio do Tribunal Superior do Trabalho, no último dia 28, estampou manchete sobre um caso julgado, por maioria, pela Seção Especializada em Dissídios Coletivos (SDC), considerando ilícita a extinção da comissão de representantes de empregados, de forma unilateral, pela empresa (ROT-1002264-93.2020.5.02.0000). Trata-se de comissão criada há mais de 28 anos e, entre outras funções, atuava em negociações coletivas com a empresa. O fundamento da decisão diz respeito à incorporação como condição mais favorável aos empregados e como vantagem de natureza coletiva prevista em regulamento empresarial.

Chama a atenção o seguinte trecho do acórdão, da lavra do ministro Mauricio Godinho Delgado, relator designado, referindo-se à extinção da comissão pelas razões dos princípios de Direito material, equiparando a iniciativa empresarial à criação de regulamento de empresa cuja supressão ofenderia a inalterabilidade contratual, art. 468 da CLT, e estaria em dissonância com o verbete da Súmula n. 51, I, do TST. Nesse sentido:

"Cabe salientar, neste ponto, que os dispositivos do regulamento empresário têm uma natureza peculiar no âmbito das relações de trabalho, uma vez que esse diploma (o regulamento empresarial) tende a ser produzido, de maneira geral, só pela vontade privada do empregador. Esses preceitos muito se assemelham a regras gerais, impessoais, abstratas, dirigidas à regência de situações jurídicas trabalhistas ad futurum, não podendo, em princípio, ser suprimidos. A jurisprudência tem aplicado a tais diplomas o mesmo tipo de regra incidente sobre qualquer cláusula contratual (art. 468, CLT). Esse é o entendimento sedimentado, ilustrativamente, na Súmula n. 51, I, TST".

Depois, carrega aos fundamentos de decidir inspiração de natureza coletiva, atribuindo à criação por iniciativa da empresa de comissão de fábrica "vantagem de natureza coletiva":

> "E, por se tratar de vantagem de natureza coletiva, prevista em regulamento empresarial, não poderia ser extirpado unilateralmente do patrimônio jurídico dos trabalhadores, sob pena de desrespeito aos princípios da inalterabilidade contratual lesiva, da incorporação da norma mais favorável, bem como o da lealdade e transparência nas relações coletivas de trabalho."

Eis aí o conflito e a absorção do coletivo pelo individual e vice-versa.

A comissão de fábrica não teria em tese, até pelas normas trazidas pela reforma trabalhista, legitimidade para fixar normas de natureza coletiva, limitando-se à defesa de interesses individuais dos trabalhadores. Portanto, poderia ser considerado como instrumento colocado à disposição dos trabalhadores para que possam se manifestar.

No caso concreto, historicamente, foi reconhecido à comissão, entre outros, a capacidade de estabelecer com o empregador, representando a coletividade de trabalhadores, negociação coletiva. Todavia, não perderia, em nosso sentir, a natureza de direito individual, inclusive como tratado pelo acórdão referindo-se ao art. 468 da CLT e à Súmula n. 51 do TST.

Ao contaminar o instituto da comissão de trabalhadores como direito coletivo assegurado, talvez a conclusão estivesse contaminando a garantia do regulamento de empresa com a incerteza da continuidade da norma coletiva, em relação à qual não se poderia afirmar a certeza do direito adquirido e sua imutabilidade.

Nesse caso, poderíamos considerar que haveria uma garantia de direito material, por norma interna da empresa que asseguraria aos trabalhadores o exercício do direito à negociação coletiva para celebração de acordos, sem, contudo, absorver por inteiro da natureza jurídica de Direito coletivo.

Acordo extrajudicial e sua homologação sem restrições pelo Judiciário

18 de fevereiro de 2022

A quitação de obrigações trabalhistas contratuais sempre foi carregada de insegurança jurídica em razão do fato de que se atribuía aos empregados a condição de hipossuficiente e vulnerabilidade na manifestação de sua vontade.

Nesse sentido, a CLT, no art. 477, no seu § 2º, trazia redação limitativa quanto aos efeitos do termo de rescisão e, da mesma forma, a Lei n. 13.467/17 manteve os efeitos restritivos quanto às verbas que são liquidadas, alterando a expressão "termo de rescisão" para "instrumento" ("§ 2º O instrumento de rescisão ou recibo de quitação, qualquer que seja a causa ou forma de dissolução do contrato, deve ter especificada a natureza de cada parcela paga ao empregado e discriminado o seu valor, sendo válida a quitação, apenas, relativamente às mesmas parcelas").

A jurisprudência trabalhista também se pacificou na Súmula n. 330 do TST reafirmando as limitações de quitação quanto aos valores liquidados por ocasião da liquidação de verbas trabalhistas.

Portanto, a regra sempre foi de que a quitação vale pelo que está escrito, permitindo que o ex-empregado procurasse a reparação de outros direitos e diferenças não pagas na ocasião de seu comparecimento perante o sindicato de classe, com as clássicas ressalvas da pretensão de postular outros direitos, muitas vezes ainda desconhecidos.

A nova legislação trabalhista da reforma de 2017 (Lei n. 13.467), com a finalidade de eliminar litigiosidade, entre as novidades que trouxe, em homenagem à autonomia da vontade e à boa-fé, permitiu a possibilidade de que as partes celebrassem acordo extrajudicial, dando ao Judiciário trabalhista a possibilidade, quando provocado, de decidir sobre a homologação de acordo extrajudicial de sua competência (art. 652, "*f*").

A nova lei cuidou também de apontar os requisitos necessários e essenciais para a validade do negócio jurídico: representação de advogado a fim de assegurar a livre manifestação da vontade, observando que não pode ser o mesmo causídico para as mesmas partes (Capítulo III-a do Processo de Jurisdição Voluntária para Homologação de Acordo Extrajudicial, art. 855-B, §§ 1º e 2º).

A nova disposição estabeleceu prazo de 15 dias para que o juiz do Trabalho, instado a se manifestar, decida sobre a homologação.

E, nesse caso, o juiz analisará os requisitos de validade do acordo extrajudicial, ou seja, representação e capacidade das partes e condições intrínsecas das condições da negociação submetida a homologação.

O que se tem visto, no entanto, é a homologação parcial de tais acordos em vários casos e o magistrado importa a insegurança jurídica para a avença, transformando os acordos extrajudiciais em ações intermináveis, com desprezo absoluto da capacidade de manifestação da autonomia da vontade das partes e dos advogados que representam seus clientes.

Nesse sentido, o sítio o TST publicou no último dia 14 notícia de que a 5ª Turma, em voto da lavra do ministro Breno Medeiros, reconheceu sem ressalvas acordo extrajudicial (RR-10738-41.2019.5.15.0098).

Não é o caso de impedir que o Judiciário analise os elementos componentes do acordo, partes, representação e direitos transacionados, a fim de que seja observada a licitude dos negócios jurídicos, mas, preenchidos os requisitos essenciais, pareceria que não há possibilidade legal de se transformar o acordo extrajudicial em convite a novas disputas judiciais sobre o mesmo fato.

No acórdão analisado o ministro assevera que "assim, se não cabe ao Poder Judiciário tornar-se um mero 'homologador' de acordos em que se identifica violação a dispositivos legais ou, ainda, vícios de consentimento das partes (tendo como norte o princípio da proteção, que cerca as relações de trabalho), não deve, da mesma forma, modular seus efeitos, à revelia da vontade das partes".

Portanto, o dispositivo legal não retira do Judiciário trabalhista a oportunidade de averiguar o conteúdo do acordo, inclusive com designação de audiência para se convencer da licitude do convencionado e, uma vez convencido de que não atende princípios morais, éticos ou de direito material, rejeitar a homologação do acordo na sua integralidade, não cabendo, segundo o ministro, a homologação parcial, com ressalvas que as próprias partes não fizeram.

Caberia, ainda, um aspecto de rejeição de acordos extrajudiciais e que diz respeito aos seus aspectos intrínsecos de moralidade e de licitude aos quais o Judiciário não pode se furtar da análise e, se apuradas violações, o remédio deve ser o da rejeição total da transação por ofensa a valores fundamentais nas relações de trabalho.

Extensão de direitos sem vínculo não aplica garantia de emprego à gestante

11 de março de 2022

O Direito do Trabalho sempre é levado a socorrer situações novas de trabalho, muitas vezes imprevisíveis, como por exemplo a que vivemos nos tempos atuais com o trabalho prestado por meio de aplicativos, chamada relação de trabalho por subordinação a algoritmo. Entretanto, no passado, a legislação trabalhista, impulsionada pelos fatos, foi obrigada a dar função de estatuto jurídico à permanência de trabalhadores em trabalhos de curta duração, destinados ao atendimento de demanda especial, sem perspectiva de continuidade.

Este modelo de trabalho, pode ser comum a qualquer empresa que percebe sua rotina alterada por emergência de entrega de trabalho ou para substituir algum empregado que se afasta por motivos previstos em lei ou por liberalidade do empregador como é o caso de férias ou licença não remunerada. Estas situações passaram a ser regulamentadas pela Lei n. 6.019/74 que sofreu alterações pela Lei n. 13.429/17.

A fim de evitar a contratação de trabalhadores diretamente pelas empresas, a citada lei criou a figura da empresa de trabalho temporário, que autorizada pelo Ministério do Trabalho, faz a intermediação da mão de obra, ou seja, seleciona trabalhadores quando acionada pelo cliente interessado (tomadora de mão de obra) e os encaminha para a execução do trabalho, cuja característica é ter a condição de temporário. Portanto, a base jurídica da relação que se estabelece entre fornecedora de mão de obra, empresa tomadora de mão de obra e trabalhador é o trabalho temporário. Não fosse assim, a continuidade implicaria vínculo direto com o tomador, pois ausentes os elementos essenciais da natureza jurídica do trabalho temporário.

Também para evitar a contratação de trabalhadores diretamente pelas empresas é que a função de contratar é da empresa fornecedora de mão de obra, caso contrário, estaria presente a pessoalidade na contratação do trabalhador, ensejando a nulidade do contrato, gerando vínculo direto com o tomador da mão de obra.

Desta feita, pode-se afirmar que a base jurídica do modelo permitido pela Lei n. 6.019/74, é a natureza do trabalho temporário, na forma disposta pela lei, ou seja, para atender demanda complementar de serviço ou substituição de pessoal permanente.

Diga-se, por oportuno, que, embora a lei estabeleça período limites de utilização desse modelo jurídico relativamente ao trabalhador, o prazo do contrato deve ser determinado pela execução do trabalho de natureza temporário, ou seja, cessado o trabalho, cessa a relação jurídica. Não se trata, pois, de contrato de prazo determinado nos termos do art. 443 da CLT e, menos ainda de modalidade pois a estrutura jurídica da relação não é direta com o tomador de mão de obra.

Considerando que o Direito do Trabalho tem por hábito tratar de vínculo de emprego, na prática foram adotadas expressões absolutamente equivocadas, como "empregado temporário", "contrato de prestação de serviços" ao se referir à fornecedora de mão de obra com igualdade à empresa de serviços terceirizados. O trabalhador não pode ser empregado porque não deveriam estar presentes a pessoalidade na contratação nem a continuidade de trabalho; a empresa fornecedora de mão de obra, não tem gestão na empresa tomadora do trabalho prestado pelos trabalhadores encaminhados, que ficam à disposição do tomador.

Na mesma toada, confundem-se os direitos exclusivos do vínculo de emprego com aqueles que foram estendidos aos trabalhadores inseridos em trabalho temporário.

E, assim, durante bom tempo a jurisprudência trabalhista, por extensão e por confusão com contrato de trabalho por prazo determinado, reconhecia aos trabalhadores acidentados a garantia de emprego ou à gestante a estabilidade como se empregados fossem. A confusão é natural porque exalta-se o caráter protetivo da lei ao trabalhador e a tendência protecionista da Justiça do Trabalho. Todavia, o fundamento jurídico e fático não se ajusta ao trabalho de natureza temporária.

Pesquisando no sitio do TST, encontra-se notícia publicada em 2.9.2021, de decisão da 4ª Turma, com a seguinte manchete "Fim de contrato temporário impede trabalhadora de ter estabilidade destinada às gestantes".

E informa a notícia que, segundo os ministros, "o contrato de trabalho temporário, com prazo certo para ser encerrado, foi cumprido integralmente, e a estabilidade da gestante só ocorre quando há dispensa arbitrária ou sem justa causa".

Ao verificar o acórdão constata-se a seguinte fundamentação:

> "No entanto, o Tribunal Pleno desta Corte, no julgamento do IAC-5639-31.2013.5.12.0051, fixou tese jurídica no sentido de que 'é inaplicável ao

> regime de trabalho temporário, disciplinado pela Lei n. 6.019/74, a garantia de estabilidade provisória à empregada gestante, prevista no art. 10, II, '*b*', do Ato das Disposições Constitucionais Transitórias'".

E depois, com todo respeito, traz fundamentos que se afastam dos elementos julgados, trazendo o socorro da Súmula n. 244, que se aplica à relação de emprego e que estendeu a proteção da estabilidade gestante às empregadas mesmo quando contratadas mediante contrato de prazo determinado (item III, da Súmula).

E, depois, finaliza invocando a tese firmada pelo STF no Tema 497 da repercussão geral que está assim sintetizada:

A incidência da estabilidade prevista no art. 10, inciso II, do ADCT, somente exige a anterioridade da gravidez à dispensa sem justa causa.

E, assim, adota tese de trabalhadora contratada como empregada mediante contrato de prazo determinado, enfrentada pelo STF e que se refere à estabilidade na hipótese de rescisão antecipada do contrato de prazo, fato que ensejaria o pagamento dos salários até o prazo previsto para término do contrato.

Em se tratando de trabalho temporário, como observado, o prazo é o da realização do trabalho sem condicionamento a prazo contratual e, deste modo as análises e fundamentos devem ser aqueles da tese do Pleno do TST, no IAC-5639-31.2013.5.12.0051, a fim de que as situações jurídicas não se confundam.

Teletrabalho e a desnecessária Medida Provisória n. 1.109/22

1º de abril de 2022

Esta semana tivemos a publicação de duas medidas provisórias que tratam de assuntos trabalhistas, sendo uma dispondo sobre pagamento de a auxílio-alimentação (MP n. 1.108) e, a outra dispondo sobre o teletrabalho (MP n. 1.109), causando novas discussões em torno dos assuntos. Nenhuma delas, pelo assunto que tratam, merecia a utilização da Medida Provisória, cujas condições de uso pelo executivo devem estar fundados em motivos de relevância e de urgência para o país.

De fato a questão reveladora das referidas Medidas Provisórias é de natureza cultural e demonstra a vocação legalista em nossa sociedade. Busca-se a lei para regular qualquer assunto, como se a existência da lei fosse capaz de solucionar conflitos e prevenir litígios. Diriam alguns, mas agora temos a lei e ficaremos felizes e seguros assim! De Page, jurista francês, referindo-se às fontes de direito, dizia que a lei, como roupa feita, não tem a capacidade de servir a todos, razão pela qual a jurisprudência é que tem a finalidade de ajustar as hipóteses legais à realidade.

No caso da Medida Provisória n. 1.109, sobre o teletrabalho, vem a solavanco da Reforma Trabalhista de 2017, Lei n. 13.467 que, de modo mais simples e objetivo, tratou da modalidade de prestação de serviços em regime de teletrabalho, conceituando sua natureza e efeitos quanto às características de conteúdo do contrato a ser celebrado entre empregado e empregador, em especial, quanto à jornada de trabalho. Nada mais precisaria ser dito.

Agora houve, certamente, um excesso de regramento que mais confunde e trata de situações óbvias como dizer, no § 9º, do art. 75-B que "o acordo individual poderá dispor sobre os horários e os meios de comunicação entre empregado e empregador, desde que assegurados os repousos legais". Em nenhum momento foi diferente em relação aos acordos individuais que tratam de cumprimento de horários entre empregados e empregadores. E, ainda, a confusão instaurada está no fato de que o teletrabalho, a rigor desde a Lei n. 13.467, não se submete a controle de jornada, razão até a inclusão do inciso III, no art. 62 da CLT. Então, se não há aplicação na modalidade de prestação de serviços teletrabalho do capítulo que cuida da duração do trabalho, qual seria a motivação de a medida provisória fazer referência a acordo individual para dispor sobre horários?

De fato melhor seria que o teletrabalho fosse ajustado e adaptado por negociações coletivas, nos locais de trabalho a fim de que os ajustes cobrissem efetivamente a realidade dos trabalhadores e das empresas envolvidas.

Do jeito que ficou e que está ficando, os sindicatos continuam paisagistas de uma legislação que foi apropriada pelo estado e que trata dos temas com distância e de forma burocrática.

A maioria das hipóteses em que o estado legisla à exaustão em matéria trabalhista, mostra sua face populista e, em lugar de reconhecer direitos, está criando mais dificuldades e inibindo ajustes práticos mais adequados à realidade de cada empresa.

O direito do trabalho do futuro não existe e não pode ser criado por imaginação. Ele se amolda e se ajusta com dinâmica própria porque sempre atuou de acordo com a realidade que se apresenta a cada momento, cabendo aos sindicatos e às negociações coletivas as adaptações de acordo com as necessidades profissionais específicas.

Exigência de vacina não é motivo para rescisão indireta por motivo ideológico

22 de abril de 2022

Não se discute mais que cabe ao empregador, no exercício de seu poder diretivo e disciplinar, zelar pelo meio ambiente de trabalho saudável. Trata-se de regra fundamental, cujo desrespeito viola direito fundamental do trabalhador e expõe o empregador a responder por responsabilidade civil decorrente do dano causado ao empregado.

Nesse contexto, desde que foi decretada a pandemia pela OMS e depois pelas normativas brasileiras reconhecendo estado de calamidade pública que impuseram a quarentena e isolamento para combater a propagação do vírus da Covid-19, o ambiente de trabalho passou a receber atenção especial. Assim, nas atividades profissionais que exigem a presença do trabalhador, coube ao empregador zelar pelo fornecimento de equipamento de proteção individual: máscaras e álcool em gel. Quanto à obrigatoriedade da vacina, o STF chegou a se pronunciar nas ADIs 6.586 e 6.587 e decidiu pela constitucionalidade do dispositivo (art. 3º, II, *"d"*, da Lei n. 13.979/2020 — medidas de enfrentamento da emergência de saúde pública do coronavírus).

O tribunal, por unanimidade, apreciando o Tema 1.103 da repercussão geral, negou provimento ao recurso extraordinário, nos termos do voto do relator. Foi fixada a seguinte tese: *"É constitucional a obrigatoriedade de imunização por meio de vacina que, registrada em órgão de vigilância sanitária, (1) tenha sido incluída no Programa Nacional de Imunizações ou (2) tenha sua aplicação obrigatória determinada em lei ou (3i) seja objeto de determinação da União, Estado, Distrito Federal ou Município, com base em consenso médico-científico. Em tais casos, não se caracteriza violação à liberdade de consciência e de convicção filosófica dos pais ou responsáveis, nem tampouco ao poder familiar"* (Presidência do ministro Luiz Fux. Plenário, 17.12.2020 — sessão realizada inteiramente por videoconferência — Resolução 672/2020/STF).

Nas citadas ADIs 6.586 e 6.587, com relatoria do ministro Lewandowski, foi fixada tese de que a vacinação forçada, isto é, a que independa do expresso consentimento informado das pessoas é inconstitucional, todavia, poderá ocorrer de forma legítima a previsão de vacinação obrigatória, com direito à informação, à assistência familiar, *"ao tratamento gratuito e respeito à dignidade, aos direitos humanos e às liberdades fundamentais das pessoas, bem como os princípios da razoabilidade e da proporcionalidade, de forma a não ameaçar a integridade física e moral dos recalcitrantes".*

Todavia, por razões diversas, alguns mantiveram-se fiéis à negação da ciência e se opõem a se submeter à vacina, ignorando os riscos para si e para a coletividade.

Nesse sentido, o Tribunal Regional do Trabalho da 15ª Região publicou notícia do último dia 4 envolvendo trabalhadora que atuava como cuidadora de idosos que se negara a tomar vacina por motivos ideológicos e, dada a exigência do empregador, ajuizou ação, fundamentando-se no abuso de poder patronal, pleiteando o reconhecimento da rescisão indireta do contrato de trabalho. Trata-se de acórdão da desembargadora Rosemeire Uehara Tanaka, da 3ª Câmara, que negou provimento ao recurso ordinário da empregada fundamentando-se na prevalência do interesse coletivo sobre o individual, nos termos seguintes:

> *"À vista da clarividente prevalência do interesse coletivo e de saúde pública em face da grave pandemia que assola o mundo, em detrimento de seu interesse individual, não desconsideradas suas convicções ideológicas, especialmente por se ativar a reclamante em clínica que dispensa cuidados a idosos, categoria da maior vulnerabilidade e letalidade quando infectada pelo Sars-Cov-2, causador da Covid-19."*

O acórdão regional asseverou ainda que:

> "A vontade individual, por sua vez, não pode se sobrepor ao interesse coletivo, sob pena de se colocar em risco não apenas o grupo de trabalhadores em contato direto com pessoas infectadas. no meio ambiente do trabalho, mas toda a sociedade."

Desse modo, reforça-se que ao empregador é dado o poder de exigir ambiente de trabalho digno e seguro, em especial quando se trata da prevenção contra o Covid-19.

A recente fala do ministro da Saúde, Marcelo Queiroga, em pronunciamento nacional, gerou muita discussão ao afirmar que o Brasil está em condições de anunciar o fim da Emergência em Saúde Pública de Importância Nacional (Espin). Vários acordos coletivos de trabalho ainda estão atrelados às condições de emergência e a afirmação de autoridade poderia gerar aos menos informados que o Ministério da Saúde teria competência para a decretação do fim da pandemia, determinada em 11 de março de 2020 pela Organização Mundial da Saúde.

Nessa linha, enquanto houver determinação da obrigatoriedade dos cuidados sanitários, em se tratando de saúde pública, deve prevalecer o bem-estar de todos e não se admitiria a recusa pelo empregado, especialmente se a atividade envolve os cuidados de terceiros ou relacionamento com vulneráveis potenciais.

Impossibilidade de julgamento da greve política

13 de maio de 2022

A Constituição Federal ao assegurar no art. 9º o direito à greve e, dispondo que cabe exclusivamente aos trabalhadores "decidir sobre a oportunidade de exercê-lo e sobre os interesses que devam por meio dele defender", fixou o direito sem reservas, mas que, certamente, não poderia ser exercido sem qualquer responsabilidade. Neste sentido, a primeira consequência de uma greve, política ou não, é a perda da remuneração dos dias parados (salvo raras exceções), situação que poderia ser superada se os sindicatos criassem o chamado fundo de greve, cuja finalidade é de assegurar aos grevistas a garantia, pelo menos, de parte dos salários durante a greve.

Toda greve é um ato político. Quando se trata de greve cujo conteúdo é de natureza trabalhista, voltado às reivindicações de normas de acordo coletivo ou convenção coletiva de trabalho, embora tenhamos posição contrária, a Justiça do Trabalho tem autorização de competência para julgar (art. 114, II, CF) "as ações que envolvam o exercício do direito de greve", confundido usualmente o exercício do direito de greve com a greve e seu conteúdo, parametrizado pela Lei n. 7.783/89 que trouxe para o judiciário a apreciação do movimento com expressões de abusividade do direito de greve ou ilegalidade, palavras que se confundem frequentemente.

Quanto à intervenção do Judiciário Trabalhista no julgamento dos dissídios, o § 2º do art. 114 da CF resolveu sua competência, desde que as partes se manifestem de comum acordo.

Todavia, tema mais complexo para submeter a julgamento é o da greve política e as perguntas a responder seriam: deve ser submetido a julgamento a manifestação política? Até onde pode o Estado-juiz impor condenações à liberdade de manifestação?

O objeto da greve de natureza política não é de natureza trabalhista *stricto sensu*, ou seja, não se pretende que o empregador ou empregadores atendam a reivindicação manifestada que, em geral, ocorre contra mudanças legislativas que possam afetar o direito dos trabalhadores ou de manifestações de solidariedade a uma causa social, regional, nacional ou internacional. A greve nestes casos tem como objetivo tornar público uma denúncia ou ameaça de ato praticado ou a ser praticado e que pode afetar, na percepção dos grevistas, gravemente a sociedade. Neste sentido, na França, em 2018, as manifestações dos chamados "coletes amarelos" (*gilets jaunes*) foram enfrentadas pelo governo sem intervenção judicial.

Desta feita, considerando que a competência da Justiça do Trabalho está limitada a decidir, quando provocada, sobre movimentos paredistas de cunho essencialmente trabalhista, pareceria que quando a greve é de natureza política, não estaria no seu campo de competência.

Todavia, de fato, é frequente que a Justiça do Trabalho seja provocada para julgar greves de natureza política.

O sítio do TST, em 4.5.2022, com a manchete "Greve de rodoviários do Espírito Santo contra reforma da previdência é considerada abusiva", deu notícia de que a Seção Especializada em Dissídios Coletivos (SDC) do Tribunal Superior do Trabalho no processo ROT-303-39.2019.5.17.0000 "declarou abusiva a greve deflagrada pelo Sindicato dos Trabalhadores em Transportes Rodoviários do Estado do Espírito Santo (Sindirodoviários), em 14.6.2019, contra a emenda constitucional de reforma da previdência social em tramitação, na época, no Congresso Nacional. De acordo com o colegiado, a paralisação teve motivação política, com pretensões que não poderiam ser atendidas pelo empregador. A decisão autoriza o desconto do dia parado nos salários de quem participou do movimento".

A relatora, Ministra Delaíde Miranda Arantes, embora se posicione diferentemente, seguiu o entendimento do colegiado, considerando que a greve tinha cunho político e por esta razão era abusiva e o dia parado deveria ser descontado dos trabalhadores.

O TRT da 17ª Região, anteriormente, se manifestara no julgamento da seguinte forma pretendendo admitir a competência pelo viés trabalhista "No caso concreto a greve foi utilizada como forma de protesto na defesa de interesses profissionais atingidos pela Reforma da Previdência, sendo assim, a referida greve esteve inserida em contexto reivindicativo de direito trabalhista, em sentido amplo, não se tratando de greve político-partidária".

Todavia, conforme reconheceu a ministra, a greve é de cunho político e, assim sendo, talvez não coubesse o julgamento da manifestação política que redundou em paralisação para denunciar os prejuízos decorrentes da reforma da previdência, considerando que manifestações políticas, de natureza pacífica, não deveriam submeter-se a julgamento.

Os limites da autonomia privada coletiva em negociações

3 de junho de 2022

A reforma trabalhista da Lei n. 13.467/17 trouxe muitas preocupações e críticas quanto à prevalência do negociado sobre o legislado e, também, quanto à autonomia da vontade privada coletiva, em especial com o disposto no § 3º do art. 8º, que se referiu à intervenção do judiciário trabalhista nas cláusulas de negociações coletivas, afirmando que a análise deveria se pautar aos "elementos essenciais do negócio jurídico", observado aqui os requisitos do art. 104 do Código Civil e adotando o princípio da intervenção mínima na autonomia da vontade coletiva.

As preocupações voltavam-se (e ainda se mantêm) às possíveis manipulações de uma assembleia e à fragilidade nas negociações em razão da pouca aderência dos trabalhadores aos sindicatos (fato confirmado com a exclusão da contribuição sindical obrigatória). As críticas envolviam (e ainda persistem) reflexões em torno do fato de que, combinado o texto legal com o princípio do negociado sobre o legislado, as negociações seriam campo fértil para redução de direitos trabalhistas.

Constata-se, contudo, que a manifestação da autonomia da vontade coletiva, extraída de assembleia dos trabalhadores, para celebração de acordos, encontra limites no que diz respeito aos efeitos que produzem certas normas nos direitos individuais dos trabalhadores representados.

Em palavras outras, a norma coletiva garantidora de direitos, de caráter abstrato, não poderia estar condicionada a manifestações ou comportamentos de natureza individual. Assim, por exemplo, cláusula que assegura garantia de emprego prevalece absoluta pelo caráter geral de proteção e pela sua própria natureza, não sendo razoável que traga em si mesmo o germe de sua negação. As condicionantes para a efetivação do direito individual dos trabalhadores atingidos devem contribuir neste sentido e analisadas como forma de efetivação e não como perda de direitos, sob pena de retrocesso de conquistas sociais.

Há ainda aspecto a considerar do ponto de vista constitucional que obsta a dispensa de trabalhadores portadores de garantia de emprego fixada por norma coletiva. Trata-se da aplicação do inciso I, do art. 7º, que preconiza a proteção da relação de emprego em caráter geral contra despedida arbitrária ou sem justa causa que adquire maior reforço quando se cuida de situações objetivas previstas em negociações coletivas e que dizem respeito à garantia de emprego.

Neste sentido, o sítio do TST, em 24 de maio de 2022, noticiou que a "AUSÊNCIA DE COMUNICAÇÃO ESCRITA NÃO IMPEDE DIREITO À ESTABILIDADE PRÉ-APOSENTADORIA", decisão da 6ª Turma, tendo como relatora a ministra Kátia Arruda, que entendeu que a exigência de comunicação do empregado para o empregador não é razoável e por essa razão não pode excluir o direito adquirido pelo empregado (RR-1001476-05.2019.5.02.0715).

Não se trata, portanto, de restrição de direito assegurado por lei, mas de negociação levada a efeito entre sindicatos profissionais e de empregadores em que se assegurou a garantia de emprego ao pré-aposentado, norma de caráter geral e que atinge a todos os trabalhadores nessa situação, ou seja, que estejam próximos de completar o tempo de serviço para aposentadoria.

Todavia, a condicionante fixada, no caso a prévia comunicação ao empregador, não pode servir como excludente do direito e requisito da efetivação do direito à garantia de emprego. No caso específico, a jurisprudência do TST tem entendido que se trata de abuso de direito do empregador a dispensa de empregado em situação de garantia de emprego por cláusula normativa de pré-aposentadoria. Afirma a Ministra que

> "A jurisprudência da SBDI-1 desta corte consolidou-se, a partir do julgamento do E-ED-RR-968000-08.2009.5.09.0011, no sentido de considerar configurado, à luz do art. 129 do Código Civil, o abuso do direito potestativo do empregador quando ocorre a dispensa do empregado no período que antecede a aquisição da estabilidade pré-aposentadoria garantida em norma coletiva, ainda que o trabalhador tenha inobservado disposição, também prevista em instrumento coletivo, de comunicação por escrito ao empregador sobre a proximidade da jubilação."

Trata-se de caso típico de aplicação do § 3º do art. 8º da CLT em que a Justiça do Trabalho adota o princípio da intervenção mínima na autonomia da vontade coletiva de modo a dar efetividade à norma garantidora de direito e que impede o exercício do poder potestativo do empregador, corrigindo prática paradoxal e usual em negociações coletivas de assegurar o direito e logo em seguida negar sua aplicação.

Redução de jornada para mãe de menino com paralisia cerebral

24 de junho de 2022

Muito se tem falado sobre a necessidade de ampliação da proteção social em razão das transformações nas variadas formas de contratação de trabalhadores, bem como no modelo da entrega do trabalho, porque se evidenciou um vazio enorme que a legislação de proteção destinada quase exclusivamente para aqueles trabalhadores sob o vínculo de emprego ainda não conseguiu acolher. Mas não é disto que se trata a reflexão sugerida neste artigo.

A legislação trabalhista tem por objeto atender o trabalhador empregado em razão de eventos que impossibilitem sua capacidade laboral, com benefícios e eventualmente garantias de subsistência diante da perda temporária de salários. Há, lateralmente, certas imposições às empresas, chamadas ações afirmativas, para cumprir quotas oportunizando a inclusão de pessoas deficientes e aprendizes.

Constata-se, por outro lado que, quando se trata de proteção social de trabalhadores com vínculo de emprego, os fatos da vida surpreendem e muitas vezes não encontram suporte legal que garanta o mínimo de previsibilidade e de segurança para cuidar de adversidades. Neste ponto, a Justiça do Trabalho tem produzido jurisprudência acolhedora de situações não previstas em lei e que se sustentam pelo respeito à garantia constitucional do respeito à dignidade do trabalhador, afastando-se da usual aplicação fria da previsão na lei que é incapaz de atender a todos.

Assim, temos observado que, ao longo dos últimos cinco anos, algumas situações de amparo a empregados que, por eventos da vida, imprevisíveis, têm sido objeto de decisões nas diferentes instâncias da Justiça do Trabalho e que, malgrado ausente previsão legal, tem recebido acolhimento com fundamentos na natureza social da obrigação de proteção.

Neste sentido, o sítio do Tribunal Superior do Trabalho publicou, dia 8.6.2022, notícia com a seguinte manchete: “TST mantém redução de jornada para mãe de menino com paralisia cerebral". Trata-se de decisão da Subseção II Especializada em Dissídios Individuais (SDI-2), voto da Ministra relatora Maria Helena Mallmann, em ação rescisória (RO-80265-93.2016.5.22.0000), que rejeitou recurso ordinário para manter a redução de jornada de 40 horas para 20 horas semanais, de empregada técnica de farmácia de Teresina, que necessita prestar assistência ao filho menor com paralisia cerebral.

Independentemente dos aspectos processuais, o mérito da discussão nos remete à prevalência da decisão proferida pelo regional (22ª Região) com fundamento nos princípios constitucionais da dignidade da pessoa humana e na Convenção Internacional sobre os Direitos das Pessoas com Deficiência e seu Protocolo Facultativo, firmada em 2007 pela Organização das Nações Unidas (ONU) e promulgada em 2009 no Brasil, cujo conteúdo merece a citação de algumas passagens:

> "É incontroverso nos autos o estado de saúde peculiar do filho da autora, que nasceu prematuro na 28ª semana da gestação, em 12.8.2013, pesando 995g e portando paralisia cerebral, CID G 80.9, permanecendo os primeiros 56 dias de vida internado na UTI Neonatal, evoluindo com atraso no desenvolvimento neuropsicomotor. Em 04/10/2014, foi submetido à procedimento cirúrgico para tratamento de cranioestenose. Nos termos de diversos laudos de profissionais de saúde que o acompanham, colacionados aos autos, sobretudo da neuropediatra (id 40d4054, fl. 38 dos autos integrais), o menor necessita ser submetido a uma série de terapias (fisioterapia, musicoterapia, terapia ocupacional, hidroterapia e fonoterapia) para estimular/favorecer o seu desenvolvimento global, sendo salutar o acompanhamento da cuidadora direta da criança, in casu, a mãe, a fim de aprender e implementar na rotina da família as condutas orientadas pelos terapeutas, além de acompanhar o infante permanentemente, visto ser uma criança que precisa de cuidados especiais (CID F 83).
>
> Resta também incontroverso que cumprir a carga horária de 40 horas semanais de trabalho, levando-se em conta ainda o intervalo intrajornada, impede que a autora permaneça o necessário tempo disponível para seu filho em horário comercial, no qual acontecem as atividades terapêuticas indispensáveis ao seu quadro de saúde. Cumpre destacar que o processo de reabilitação precoce de uma criança portadora de necessidades especiais é um fator decisivo para favorecer o melhor prognóstico do indivíduo no futuro. É cediço que quanto mais cedo é iniciado o tratamento, mais frutífero ele será para o desenvolvimento da pessoa com deficiência."
>
> [...]
>
> "Rotineiramente, requer-se desta Justiça Especializada a aplicação de dispositivos da CLT que regulam diretamente os conflitos havidos entre as partes. O caso dos autos é singular na medida em que postula a apreciação jurisdicional a partir da ausência de previsão legal na CLT que regule a controvérsia dos autos. Todavia,

em que pese a lacuna na lei, não é dado ao juiz esquivar-se de proferir solução jurídica para o caso concreto. Esse é o comando perfilhado no art. 126 do CPC que disciplina que "o juiz não se exime de sentenciar ou despachar alegando lacuna ou obscuridade da lei. No julgamento da lide caber-lhe-á aplicar as normas legais; não havendo recorrerá à analogia, aos costumes e aos princípios gerais do direito."

"Respeitado posicionamento em contrário no sentido de que não havendo previsão na CLT, não há como ser analisado o pleito da autora, pelo que o julgamento deveria ser improcedente, por ausência de amparo legal, filio-me à corrente intelectiva que enxerga, em casos como o presente, um viés superior ao legalista disciplinado na CLT."

[...]

"Pelas razões retro mencionadas, através da exegese finalística dos dispositivos constitucionais citados, formo convicção no sentido de preencher a lacuna existente na CLT, com fundamento nos preceitos normativos constitucionais da dignidade da pessoa humana, da igualdade material, da razoabilidade, da assistência à infância, da proteção à família, à saúde e à pessoa com deficiência e da valorização ao trabalho, para acolher o pleito autoral..."

O teor finalístico da decisão já fora objeto de artigo de nossa autoria nesta coluna, em 2 de fevereiro de 2018, sob o título "A responsabilidade do empregador além da relação de emprego" em que tratamos do acórdão da 8ª Turma do TRT da 2ª Região (Processo 10009605020175020037) da juíza Liane Martins Casarin, que reconheceu "o direito de a empregada reduzir sua jornada de trabalho pela metade sem redução de salário para cuidar de seu filho autista" e que, dissemos na época, trazia um rompimento dos limites da responsabilidade do empregador na proteção do trabalhador na relação de emprego.

No mesmo sentido, mereceu destaque a decisão da juíza de primeira instância Sandra Miguel Abou Assali Bertelli (37ª Vara da Justiça do Trabalho de São Paulo), também sobre a proteção de empregada com filho autista afirmando, quanto ao argumento de ausência de fundamento jurídico da pretensão, o seguinte:

> "Portanto, amparo jurídico há, de forma suficiente, a permitir o acolhimento da pretensão deduzida pela trabalhadora [*sic*], assim como, ao revés do quanto afirmado na defesa, há comprovação cabal de que o transtorno autista de que é portador do filho da reclamante inspira cuidados especiais e acompanhamento permanente de sua mãe que desafiam a aplicação de todo o arcabouço constitucional, legislativo e fontes internacionais mencionadas a amparar o tratamento adequado à inserção da criança na família e na sociedade."

Importante observar que (1) os três casos referiam-se a empresas públicas o que torna mais efetiva a pretensão que fora deduzida em juízo pelas autoras e a decisão é aplicada sem risco de eventual dispensa injusta; (2) a orientação jurisprudencial poderá servir de estímulo para negociações coletivas que possam abranger situações semelhantes; (3) a orientação jurisprudencial pode servir de paradigma para projeto de lei que venha a amparar trabalhadores que estejam nestas condições e que precisariam de uma forma de proteção do emprego sem abandonar o cuidado de pessoas que vivam sob sua dependência; (4) a Justiça do Trabalho pode deixar de lado o espírito legalista e fazer a diferença no campo da proteção social.

Direito intertemporal: Confronto da Lei n. 13.467/17 com vantagens adquiridas

15 de julho de 2022

A aplicação de novas disposições legais nem sempre ocorre de forma pacífica, em especial quando a nova lei traz modificações no reconhecimento de direitos que colidem com prática anteriormente adotada. É o caso do art. 58, § 2º, da CLT, inserido pela Lei n. 13.467/17, ao tratar das horas in itinere, afirmando que:

> Spacca
>
> "O tempo despendido pelo empregado desde a sua residência até a efetiva ocupação do posto de trabalho e para o seu retorno, caminhando ou por qualquer meio de transporte, inclusive o fornecido pelo empregador, não será computado na jornada de trabalho, por não ser tempo à disposição do empregador."

A nova lei enfrentou o disposto pelo art. 4º da CLT, contrariando o conceito de tempo de serviço tradicionalmente incorporado nas interpretações do significado de jornada de trabalho. Do texto legal extrai-se o seguinte:

> "Considera-se como de serviço efetivo o período em que o empregado esteja à disposição do empregador, aguardando ou executando ordens, salvo disposição especial expressamente consignada."

Embora a lei nada dissesse a respeito, houve um alargamento pela jurisprudência do que seria tempo de serviço e importou, para a jornada de trabalho, o período em que o empregado se dirigisse para o local de trabalho de difícil acesso ou não servido por transporte público regular (Súmula n. 90 TST), sendo tal período objeto de litigiosidade frequente e de negociações coletivas que procuraram eliminar controvérsias.

A partir da nova disposição legal, tempo de trabalho é tempo em que o empregado está sob direção e controle do empregador que, em palavras outras, são horas sobre as quais o empregado não tem domínio absoluto.

O sítio do TST, no dia 7.7.2022, publicou a notícia "Horas de deslocamento são computadas na jornada em período posterior à reforma trabalhista de 2017" para informar que a 3ª Turma, tendo como relator do processo RR-11881-18.2019.5.15.0049 o ministro Alberto Balazeiro, "determinou o pagamento de horas in itinere a um trabalhador rural durante todo o período contratual, inclusive após o início da vigência da Lei n. 13.467/2017, que extinguiu o direito à remuneração dessas horas de trajeto. Para o colegiado, a parcela já havia se incorporado ao patrimônio jurídico do empregado, não se podendo reduzir a remuneração e violar direito adquirido do trabalhador".

Trata-se do confronto entre a prática anterior à lei com o novo dispositivo em que o TST vai manifestando os critérios de aplicação intertemporal do novo dispositivo e rompe com as dúvidas, semeando as controvérsias relativamente à aplicação da lei da reforma trabalhista. A razão justificativa da transição entre a prática e a nova lei é de que o intérprete deve evitar prejuízos e violações ao direito adquirido.

O fundamento jurídico da prevalência das condições anteriormente negociadas, segundo justificativa do acórdão, envolve a aplicação do direito intertemporal, aplicando-se o disposto na Constituição relativamente ao direito adquirido (art. 5º, XXXVI) e no art. 6º da Lindb, quanto à garantia do respeito ao ato jurídico perfeito, o direito adquirido e a coisa julgada.

Todavia, consoante reproduz o acórdão em comento, ainda subsistem divergências turmárias relevantes e que ainda o tema poderá ensejar a manifestação e posicionamento da Sessão Especializada em Dissídios Individuais daquela Corte Superior:

> "Com efeito, a matéria referente à incidência da Lei n. 13.467/17 aos contratos de trabalho em curso quando da sua edição ainda tem suscitado posicionamentos divergentes entre as turmas desta Corte ante a inequívoca complexidade do tema."

Assim, embora ainda não definitiva a orientação, a decisão caminha para a preservação do direito adquirido e ao fato de que a condição fora estabelecida anteriormente à Lei n. 13.467/17 cujas disposições não se aplicam "aos contratos de trabalho que se encontravam em curso, quando da sua edição, uma vez que suprime e/ou altera direito preexistente, incorporado ao patrimônio jurídico do empregado".

Como se vê, o parâmetro de análise na aplicação do direito intertemporal, segundo a decisão, deve levar em conta a natureza, o valor dogmático da garantia vigente e sua origem anteriormente à época do início da vigência da lei a fim de que não implique redução salarial ou ofensa ao direito adquirido.

Limites no controle para processo de seleção: Discriminação perversa quando genérica

5 de agosto de 2022

Ingo Wolfgang Sarlet observa que *"a dignidade da pessoa humana parte do pressuposto de que o homem, em virtude tão somente de sua condição humana e independentemente de qualquer outra circunstância, é titular de direitos que devem ser reconhecidos e respeitados por seus semelhantes e pelo Estado"* (In: *Dignidade da pessoa humana e direitos fundamentais na Constituição Federal de 1988*. 7. ed. Porto Alegre: Livraria do Advogado, 2009. p. 43).

Todavia, conceituar de modo efetivo e jurídico o que seja dignidade da pessoal humana nos leva a assumir que é mais fácil dizer o que ela não é do que extrair um conceito efetivo.

Deste modo, seguindo a toada da identificação do que não é convergente com a dignidade humana, ocorreu-nos o tema da admissão de trabalhadores e dos processos de seleção. É usual que sejam exigidos dos trabalhadores além de cartas de referência e período de experiência anterior, certidão de antecedentes criminais. As cartas de referência dizem respeito aos relacionamentos passados e servem como forma de avaliação do candidato por indicação, confirmando que a perda do emprego anterior não fora maculada por atuação profissional inadequada em todos seus aspectos. O período de experiência revela-se mais preocupante pois, numa sociedade em que a rotatividade de mão de obra é constante, poucos são os empregados que conseguem acumular períodos de trabalho que efetivamente possam representar experiência para o cargo por absoluta ausência de experiência capaz de transmitir confiança no processo de seleção.

Tudo isso tem a ver com inclusão social e a forma de atender ao respeito à garantia constitucional da realização da dignidade humana.

Claro que levado o trabalho à sua condição máxima de oportunidade de que, por meio dele, possa o trabalhador se realizar e exercer sua cidadania, as condições impostas mereceriam revisão de forte flexibilização de suas exigências.

De outro lado, há uma exigência frequente que tem excluído trabalhadores do mercado de trabalho de forma inexorável: a tal da certidão negativa de antecedentes criminais.

O primeiro questionamento que se faz é de saber qual seria a justificativa de sua exigência numa sociedade tão desigual e injusta, que marginaliza o ser humano e, ainda, se tal condição não estaria servindo como fator excludente de inclusão social de trabalhadores vítimas muitas vezes de uma sociedade injusta e de um Estado que não respeita os direitos humanos.

Em 21.7.2022 o sítio do TST publicou a seguinte notícia **"Exigência genérica de certidão de antecedentes criminais por supermercado é ilícita"**, informando que a 8ª Turma, revertendo decisão do regional, condenou empresa a pagamento de danos morais por exigir, para admissão, de antecedentes criminais para seleção de empregados. O acórdão é da lavra da ministra Delaíde Miranda Arantes (processo RR — 17302-16.2013.5.16.0002), que admitiu, de acordo com o incidente de recursos repetitivos (IRR 24300-58.2013.5.13.0023), julgado pela SDI-1 que fixou a tese de que se aplicaria a exigência quando se tratasse de fidúcia especial.

> **"RECURSO DE REVISTA. PROCESSO REPRESENTATIVO DA CONTROVVÉRSIA DO INCIDENTE DE RECURSOS REPETITIVOS — TEMA N. 1. EXIGÊNCIA DE CERTIDÃO DE ANTECEDENTES CRIMINAIS DE CANDIDTOS A EMPREGO. INDENIZAÇÃO POR DANO MORAL.**
>
> 1. Esta Subseção Especializada, ao julgar o Incidente de Recursos Repetitivos — Tema n. 1, nos autos do presente processo, fixou as teses de que 1º) não é legítima a exigência de Certidão de Antecedentes Criminais de candidato a emprego quando traduzir tratamento discriminatório ou não se justificar em razão de previsão em lei, da natureza do ofício ou do grau especial de fidúcia exigido; 2º) a exigência de Certidão de Antecedentes Criminais de candidato a emprego é legítima e não caracteriza lesão moral quando amparada em expressa previsão legal ou justificar-se em razão da natureza do ofício ou do grau especial de fidúcia exigido, a exemplo de empregados domésticos, cuidadores de menores, idosos ou deficientes (em creches, asilos ou instituições afins), motoristas rodoviários de carga, empregados que laboram no setor da agroindústria no manejo de ferramentas de trabalho perfurocortantes, bancários e afins, trabalhadores que atuam com armas, trabalhadores que atuam com substâncias tóxicas informações sigilosas; e 3º) a exigência de Certidão de Antecedentes Criminais, quando ausente alguma das justificativas supra caracteriza dano moral *in re ipsa*, passível de indenização, independentemente de o candidato ao emprego ter ou não sido admitido."

Trata-se de decisão e de jurisprudência que demonstra a relevância de oportunizar emprego e trabalho sem restrições a todo trabalhador e que atende ao respeito da dignidade da pessoa humana, especialmente diante de uma sociedade desigual socialmente e economicamente.

Interferência mínima na manifestação da autonomia da vontade coletiva

26 de agosto de 2022

Já há algum tempo o Judiciário trabalhista tem atuado na intervenção do conteúdo de cláusulas normativas, procurando coibir abusos e estabelecer limites necessários a fim de que sejam respeitadas as garantias mínimas nas relações do trabalho e no exercício da manifestação da liberdade de associação e de negociação. Com a Lei n. 13.467/17, chamada reforma trabalhista, a nova redação do art. 8º, incluindo o § 3º, trouxe dúvidas da sua extensão de aplicação com questionamentos daqueles que consideravam necessária a interferência sem limites do Judiciário trabalhista.

Tratar de intervenção mínima implica (1) a restrição do poder normativo e (2) o respeito que o judiciário deve ter quanto negociado pelas partes envolvidas na solução do conflito coletivo.

Relativamente ao poder normativo, o Judiciário trabalhista ao longo dos anos de intervenção criou os chamados precedentes normativos, considerados como regras aplicáveis em qualquer situação em que houvesse impasse nas negociações coletivas e em que a solução fosse judicializada e levada para julgamento. É claro que os precedentes funcionaram (e de certa forma ainda funcionam) como forma de pressionar a solução amigável pois sabidamente os tribunais já haviam formado, de modo patronizado, convicção da melhor solução normativa.

Com a reforma trabalhista acentuou-se o fortalecimento das negociações coletivas, estimulando a responsabilidade dos agentes negociadores quanto ao conteúdo do negociado, estabelecendo, eventualmente, poder residual do judiciário para, quando demandado, analisar a cláusula normativa, supostamente violadora de direitos trabalhistas. Em palavras outras, o prestígio é do negociado antes de tudo.

Neste sentido é que dispôs o § 3º, do art. 8º, da CLT:

> "No exame de convenção coletiva ou acordo coletivo de trabalho, a Justiça do Trabalho analisará exclusivamente a conformidade dos elementos essenciais do negócio jurídico, respeitado o disposto no art. 104 da Lei n. 10.406, de 10 de janeiro de 2002 (Código Civil), e balizará sua atuação pelo princípio da intervenção mínima na autonomia da vontade coletiva."

Portanto, vale a negociação que respeita os requisitos do negócio jurídico na forma do direito comum no art. 104, considerando a capacidade da parte, forma e objeto de negociação. Em se tratando de negociação coletiva, os requisitos de validade estão circunscritos na capacidade do grupo ou do sindicato de negociar, capacidade esta que decorre da outorga de poderes em assembleia dos interessados; na forma do instrumento coletivo e o conteúdo que, por evidente, não poderia dispor de garantias individuais.

Na atualidade, após a reforma trabalhista ter tornado facultativa a contribuição sindical, é usual que os sindicatos insiram nas normas coletivas negociadas, contribuição assistencial ou outra qualquer com a mesma finalidade, isto é, compensar a ausência da contribuição sindical e vincular trabalhadores não filiados ao sindicato ao pagamento da contribuição a fim de que os benefícios negociados sejam estendidos aos não associados à entidade sindical.

Esta situação final coloca a representação sindical à beira de um conflito existencial: se ainda guarda a representação histórica decorrente do monopólio cartorial da unicidade sindical, deverá necessariamente aceitar que as negociações atendem a sindicalizados e não sindicalizados ou, ao contrário, se quiser impor a exclusão de não sindicalizados à força dos benefícios da norma coletiva negociada, deverá admitir que, então, outros sindicatos sejam formados e que disputem no espaço de trabalho maior representatividade, de acordo com a Convenção n. 98 da OIT.

E neste tema da imposição de contribuição assistencial os tribunais trabalhistas têm decidido pela rejeição de imposição de cobrança a trabalhadores não associados, aplicando o teor do Precedente Normativo n. 119, do TST.

Assim foi julgado recente no TST, conforme notícia do seu sítio, de 19/08, pela Seção Especializada em Dissídios Coletivos (SDC), em voto da lavra da ministra Kátia Magalhães Arruda (processo ROT-21255-85.2017.5.04.0000) que excluiu o desconto a título de contribuição assistencial nos salários de todos os empregados, sindicalizados ou não, considerando que tamanha imposição afronta o princípio constitucional da livre associação. Tratou-se de recurso interposto pelo Ministério Público do Trabalho contra acordo homologado pelo Tribunal Regional do Trabalho de 4ª Região.

A ministra Kátia Arruda, adotando o critério de intervenção mínima do judiciário, observou que a obrigatoriedade de recolhimento pelos sindicalizados e não sindicalizados fere o direito à liberdade sindical e que o entendimento do TST é de que as mensalidades, a título de contribuição assistencial, seriam admitidas apenas para trabalhadores sócios do sindicato.

Como se vê, trata-se de caso típico de intervenção mínima do Judiciário na manifestação da autonomia privada coletiva com fundamentos no princípio da liberdade de associação profissional, assegurada no art. 8º, *caput*, da Constituição Federal. Enquanto a estrutura sindical estiver baseada na unicidade sindical parece que não evoluirá essa forma de custeio dos sindicatos.

Quiet quitting: Demissão silenciosa, valores e impactos no Direito do Trabalho

16 de setembro de 2022

Os jornais têm noticiado um fenômeno observado pelo mercado de trabalho e que, segundo o jornal *O Estado de S. Paulo*, edição de 10 de setembro passado, consiste num movimento de redefinição das relações de trabalho, em confronto com a cultura de alta performance.

Trata-se de comportamento localizado especialmente nas gerações Z e *millennial* e que, conforme dados do jornal, em março deste ano somaram 4,5 milhões de trabalhadores que pediram demissão nos Estados Unidos (*great resignation*).

A expressão significa *demitir-se silenciosamente* ou *demissão discreta*, nome utilizado na rede social chinesa *TikTok* e que incentiva os trabalhadores a executarem o mínimo das suas obrigações contratuais a fim de priorizar o bem-estar e a saúde mental. Já aqui, constata-se o enfrentamento de valor do trabalho como prejudicial à qualidade de vida, afirmando que *o trabalho não é sua vida e seu valor não pode ser determinado em relação à sua produtividade*.

Neste vídeo postado em julho e que viralizou *@Zaidlepellin*, jovem novaiorquino, explica o sentido do *quiet quitting* com as seguintes palavras *"você abandona a ideia de se superar no trabalho. Você continua a cumprir suas obrigações, mas sem aderir à cultura do* burnout *(ou cultura da produtividade tóxica) que determina que o trabalho deve ser sua vida. O seu valor enquanto pessoa não é definido pelo seu trabalho*©.

O *quiet quitting* não significa necessariamente o abandono do trabalho por meio de pedido de demissão. Trata-se de uma forma de se demitir sem abandono do trabalho, mas reduzindo as tarefas aos limites do que fora contratado, sem se envolver em dinâmicas de altas performances.

Segundo Maria Kordowicz, professora adjunta de comportamento das organizações, na Universidade de Nottingham, o *quiet quitting* está ligado à insatisfação crescente no trabalho e à Covid-19, cuja pandemia fez com que houvesse tomada de consciência da nossa própria mortalidade, com questionamentos relevantes quanto ao significado do trabalho realizado enquanto trabalhador e qual efetivamente seu valor.

Durante a pandemia, com a prestação do trabalho em *home office,* houve um aguçamento da compreensão de que se deve privilegiar a qualidade de vida pessoal, compatibilizando a atividade profissional com o convívio familiar e cuidando da saúde, especialmente mental. A preocupação dessa jovem geração é trabalhar sem esgotamento e buscar um equilíbrio na relação empregado x empregador.

A pergunta que se faz é para saber se esse movimento será capaz de transformar as relações trabalhistas e o Direito do Trabalho ou, ainda, qual o significado relevante que se poderia aprender com este movimento.

A primeira interpretação que fica é a de que se trata de um movimento que tende a transformar as relações trabalhistas pelo aspecto primordial do cuidado e da preservação da saúde mental, procurando limitar o tempo de trabalho equilibrando com os momentos de dedicação aos prazeres da vida fora do trabalho. Para os empregadores fica a obrigação de respeitar que o empregado contratado prestará trabalho nos limites do que foi contratado, sem horas suplementares.

Em segundo plano, coloca em questionamento os modelos tradicionais de competição interna nas empresas em busca de maior produtividade, muitas vezes causadores de doenças mentais decorrentes do chamado *burnout.*

A empresa e o trabalho deixam de ser formas de realização profissional e pessoal para servir como instrumento básico de busca de satisfação pessoal fora do ambiente da empresa.

Para o Direito do Trabalho, não parece produzir mudanças, a não ser reforçar e dar resguardo jurídico às iniciativas que procuram preservar a qualidade de vida e a dignidade da pessoa humana.

As empresas deverão se adaptar aos novos anseios dos trabalhadores e rever os padrões de produtividade até então baseados essencialmente na presença do local de trabalho, proporcionando melhores condições para atrair talentos e estabelecer regras claras inclusivas e que privilegiem a saúde mental dos trabalhadores.

A esperança que fica é de que esse fenômeno possa arrastar uma mudança de valor nas relações de trabalho, beneficiando com a qualidade de vida também aqueles trabalhadores que têm pouca ou nenhuma opção de escolha de praticar o *quiet quitting* e que disputam vagas de emprego para sua sobrevivência.

Tema 1.046 do STF: Limites do negociado sobre o legislado

7 de outubro de 2022

O STF, em Plenário de 2.6.2022, ao tratar do tema da prevalência do negociado sobre o legislado ARE 1.121.633, com relatoria do ministro Gilmar Mendes, apreciando o Tema 1.046 da Repercussão Geral, deu provimento ao Recurso Extraordinário e, por unanimidade, fixou a seguinte tese:

> "São constitucionais os acordos e as convenções coletivos que, ao considerarem a adequação setorial negociada, pactuam limitações ou afastamentos de direitos trabalhistas, independentemente da explicitação especificada de vantagens compensatórias, desde que respeitados os direitos absolutamente indisponíveis."

A intenção primeira dessa orientação vai no sentido de apaziguar as discussões em torno da aplicação do negociado coletivamente e dar às negociações coletivas segurança jurídica de sua prevalência, tendo como fundamento de que a boa-fé tenha sido respeitada pelas partes.

Todavia, as discussões que se travam em torno da interpretação da aplicação do teor do Tema 1.046 demonstram que, talvez, não tenha havido evolução tão apaziguadora.

Com efeito, já está claro que não basta a negociação coletiva pelo sindicato. Devem ser preenchidas as condições do negócio jurídico, previstas no art. 8º, § 3º, da CLT, introduzido pela Lei n. 13.467/17, considerando, neste sentido o disposto pelo art. 106 do Código Civil.

Trata-se, portanto, da capacidade do agente, de regra que antecede qualquer conclusão das negociações, representado, no caso, pelo sindicato com poderes legítimos outorgado pela assembleia dos interessados, de modo inquestionável, somando-se ao objeto de negociação a condição de licitude e a forma tradicional em negociações coletivas.

Desta feita, a condição básica para que uma negociação coletiva não seja nula é que a assembleia dos trabalhadores seja efetivamente representativa a fim de outorgar ao sindicato a legitimidade no processo de negociação. Em palavras outras, somente poderá negociar se autorizado pela assembleia, fonte fundamental e essencial para o livre exercício da autonomia privada coletiva. Some-se que a capacidade de negociação não poderia ser exclusiva do sindicato, mas de qualquer entidade representativa dos trabalhadores interessados que tenha recebido a outorga da negociação por assembleia.

Portanto, este primeiro passo da aplicação do Tema 1.046 não esbarra em dúvidas.

No mesmo caminho, preenchida a condição da capacidade do agente, o campo de aplicação das normas coletivas negociadas, para o que se chamou de "adequação setorial negociada", não traz dúvidas, podendo ser entre eles o setor da atividade econômica, setor de atividade empresarial, grupo de trabalhadores identificados.

Assim deve ser, pois o objetivo da norma coletiva é pactuar ajustes de interesses e da modulação da aplicação da lei se e quando possíveis limitações ou afastamentos de direitos trabalhistas.

A dificuldade de compreensão, na limitação ou afastamento de direitos, sem vantagens compensatórias, se colocará frequente diante da identificação da natureza coletiva ou individual dos direitos trabalhistas que poderiam se submeter a limitações ou afastamentos.

Que direitos são estes? A seguir o fato motivador da repercussão geral que deu origem ao Tema 1.046, pagamento de horas *"in itinere"*, observa-se que são direitos não assegurados literalmente por lei e que permaneceriam numa zona cinzenta de interpretação de sua validade. Estariam excluídos, nessa linha de interpretação, direitos individuais concretos e previstos em lei e que seriam absolutamente indisponíveis por manifestação de vontade individual, hipótese em que o Judiciário Trabalhista poderia se servir da previsão legal do art. 8º, § 3º, da CLT, isto é, interferindo na validade da autonomia da vontade coletiva manifestada.

Um bom exemplo neste sentido é a decisão proferida pelo TRT de São Paulo, 2ª Região, na Ação Anulatória de Cláusula Coletiva, processo n. 1001826-96.2022.5.02.0000 (AACC), Seção de Dissídios Coletivos, ajuizada pelo MPT, contra norma coletiva negociada pelo Sindicato dos Empregados no Comércio Hoteleiro e Similares de São Paulo, Next Bar e Restaurante Ltda., em voto da lavra do desembargador Celso Ricardo Peel Furtado de Oliveira, considerando que as negociações coletivas no caso, ao cuidar da regulamentação da dispensa de empregadas e garantias de gestante violou garantia constitucional.

> "É nula, de pleno direito, cláusula entabulada em Acordo Coletivo de Trabalho tendente a restringir o direito da trabalhadora à estabilidade prevista na alínea *'b'*, inciso II , do art. 10 do Ato das Disposições Constitucionais Transitórias, concernente à obrigação da empregada declarar, no ato da dispensa, seu estado gestacional ou a realizar exame de estado gravídico obrigatório, sob pena de consignação em termo rescisório, em afronta direta ainda aos ditames do inciso

IV do art. 373-A e inciso XV do art. 611-B, ambos da CLT, em descompasso ainda aos termos da Orientação Jurisprudencial n. 30 da SDC do C. TST e inciso I da Súmula n. 244 do C. TST. Por último, a negociação coletiva encontra-se óbice nos direitos absolutamente indisponíveis, nos termos da Tese de Repercussão Geral 1046: São constitucionais os acordos e as convenções coletivos que, ao considerarem a adequação setorial negociada, pactuam limitações ou afastamentos de direitos trabalhistas, independentemente da explicitação especificada de vantagens compensatórias, desde que respeitados os direitos absolutamente indisponíveis. O direito que se pretende negociar é absolutamente indisponível. Nulidade ex-tunc declarada."

Afirma o acórdão que "No âmbito da negociação coletiva, a liberdade não é irrestrita, nem absoluta, pois encontra limites nos preceitos constitucionais e legais, sendo defeso às partes o estabelecimento de normas contrárias à Constituição Federal ou à lei, que se traduzam em absolutamente indisponíveis, nos termos da Tese de Repercussão Geral 1.046, o que se enquadra a questão central discutida nestes autos".

Como se vê, o negociado encontra óbices claros quando violar direitos indisponíveis e neste caso valerá a interferência mínima do Judiciário, de acordo com o disposto no § 3º do art. 8º da CLT, e a arte das negociações está em identificar as situações de natureza coletiva que não impliquem violação de direitos indisponíveis.

Os efeitos da mudança do período de licença-gestante pelo STF

28 de outubro de 2022

O Supremo Tribunal Federal, nos autos da ADI 6.237, de autoria do Partido Solidariedade, tendo como relator o ministro Edson Fachin, decidiu, em sessão virtual finalizada em 21/10, pela confirmação de que o início da licença-maternidade deve ser considerado a partir da alta hospitalar da mãe ou do bebê.

O objetivo da ação foi apontar que haveria necessidade de compatibilizar o período de afastamento da gestante para o parto (28 dias antes, art. 392, § 1º, da CLT) e o pagamento do salário maternidade pela Previdência Social, com superveniência de eventos de nascimento de bebês prematuros ou de complicações pós-parto ensejando internação de mães ou bebês, impedindo assim a convivência maternal plena durante a licença-gestante, fora do ambiente hospitalar, posteriormente ao nascimento do bebê.

A possível restrição do gozo do período de licença-maternidade estaria em conflito com a proteção à maternidade e à infância, assegurada pelo art. 6º, *caput*, 201, II, 203, I, e 227 da Constituição Federal.

Em suas razões de decidir o ministro relator destaca que

> "Partindo-se do princípio de que a Constituição não traz palavras vazias, é dizer que algo absoluto não comporta relativização. A doutrina da proteção integral deve ser, assim, compreendida na sua máxima efetividade, assim como o direito da criança à convivência familiar, colocando-a a salvo de toda a forma de negligência, e o dever constitucional de que percentual de recursos da saúde seja destinado à assistência materno-infantil.
>
> São essas premissas que devem orientar a interpretação do art. 7º, XVIII, da Constituição, que prevê o direito dos trabalhadores à "licença à gestante, sem prejuízo do emprego e do salário, com a duração de cento e vinte dias." Logo, os cento e vinte dias devem ser considerados com vistas a efetivar a convivência familiar, fundada especialmente na unidade do binômio materno-infantil. (...)"

E, depois, considera que já existe fonte de custeio para a seguridade social, compreendida "como sistema de proteção social que compreende um conjunto integrado de ações de iniciativa dos Poderes Públicos e da sociedade, destinadas a assegurar os direitos relativos à saúde, à previdência e à assistência social".

Desta forma, considerando que os fundamentos de proteção social devem ser considerados em sua amplitude e sempre como instrumento de adequação de realização das garantias constitucionais, há, ainda, nas relações trabalhistas, eventos prejudiciais aos trabalhadores e que impedem o gozo de benefícios assegurados pela Constituição Federal e que, supostamente estariam ao abrigo do mesmo princípio.

Refiro-me ao caso de férias anuais remuneradas interrompidas por doença ou acidente e que impedem o trabalhador de usufruir do direito ao lazer assegurado pelo art. 6º da Constituição Federal e que, em se tratando, pois, de garantia constitucional e de direito fundamental, estaria, igualmente, amparado pelo direito de usufruir do período restante em outra oportunidade.

Poder-se-ia argumentar, contrariamente, que as relações trabalhistas, de natureza privada, não se confundiriam com a proteção social de obrigação, no caso, da seguridade social. Todavia, o direito ao lazer, quando assegurado constitucionalmente como resultado de contrato de emprego passa à condição dos direitos fundamentais de natureza obrigacional de efeito horizontal, razão pela qual não se admite a renúncia ao direito de férias, nem que seja excluído o direito com o pagamento sem haver o trabalhador usufruído do lazer.

Neste sentido, há legislação estrangeira — cito o caso do direito belga, que prevê que, quando por algum evento físico, doença ou acidente, o empregado seja impedido de usufruir do período de férias, poderá interrompê-las e usufruir do período restante em outra oportunidade. Disponível em: https://www.weka.fr/finances-comptabilite/base-documentaire/questions-reponses-au-quotidien-wk472/les-conges-annuels-sl2212148/peut-on-interrompre-un-conge-annuel-par-un-conge-de-maladie-sl2212187.html.

Ficam as reflexões sobre as garantias dos direitos fundamentais como compromisso de todos e obrigação do estado em assegurar a sua efetividade.

Programa Emprega + Mulheres e a proteção da parentalidade

21 de novembro de 2022

A Lei n. 14.457, de 21 de setembro de 2022, que institui o Programa Emprega + Mulheres, tem recebido atenção especial porque sinaliza um conteúdo social ímpar e que não deixa de gerar questionamentos quanto à natureza obrigacional do que dispõe.

Considere-se que as hipóteses abrangidas pela lei nem sempre dizem respeito a fatos e condições de conhecimento prévios das partes na relação de trabalho, mas de ocorrências que surgem no curso do cumprimento do contrato de trabalho como, exemplificativamente, nascimento de filho, adoção ou atendimento a pessoa deficiente. Nem por isso, tais circunstâncias da vida poderiam ensejar a dispensa de empregados o que poderia ser caracterizado como ato de discriminação indireta.

Citada lei, seguindo o escopo de sua pretensão, apresenta 3 abordagens: (i) destinou-se à inserção e à manutenção de mulheres no mercado de trabalho por meio de medidas como pagamento de reembolso creche e subvenção de instituições de educação infantil; (ii) a Lei fomenta flexibilização de regime de jornada de trabalho por meio do teletrabalho, regime em tempo parcial, compensação da jornada, jornada de 12 x 36 horas, antecipação de férias individuais e horários de entrada e saída flexíveis; (iii) incentiva a qualificação de mulheres por meio de suspensão do contrato de trabalho e incentivando a cursos de qualificação dos serviços nacionais de aprendizagem, com priorização de hipossuficientes e vítimas de violência doméstica.

A Lei ainda se refere ao apoio do trabalho das mulheres no retorno da licença maternidade, com suspensão do contrato de pais empregados para acompanhamento do desenvolvimento dos filhos e flexibilização na prorrogação da licença maternidade.

Institui a possível criação de Selo Emprega + Mulher para identificar as boas práticas pelas empresas, com prevenção e combate ao assédio sexual e outras formas de violência no trabalho, além de estímulo ao microcrédito para mulheres.

Mas, no parágrafo único do art. 1º aporta, no nosso sentir, o aspecto mais relevante na sua aplicação, ao definir o que se deve entender por parentalidade, considerada como "o vínculo socioafetivo maternal, paternal ou qualquer outro que resulte na assunção legal do papel de realizar as atividades parentais, de forma compartilhada entre os responsáveis pelo cuidado e pela educação das crianças e dos adolescentes, nos termos do parágrafo único do art. 22 da Lei n. 8.069, de 13 de julho de 1990 (Estatuto da Criança e do Adolescente)".

Destaque-se, portanto, que o foco de proteção a partir do vínculo socioafetivo é a educação das crianças e adolescentes com valorização do vínculo socioafetivo maternal, paternal estendido a qualquer outro que resulte na assunção legal do papel de realizar atividades parentais.

Deste modo, a Lei está destinada a colaborar e instrumentalizar as empresas para que complementem sua função social com a criação de oportunidades para que o trabalho não seja óbice à educação de crianças sob responsabilidade de pessoas de qualquer gênero e em qualquer circunstância.

Assim, há disposição expressa quanto às alterações de modalidade de contrato de trabalho às mulheres para o teletrabalho, abrangendo a primeira infância ou pessoa com deficiência sem limite de idade; flexibilização da jornada de trabalho, horário de entrada e saída; concessão de períodos de férias ainda que não completado o período aquisitivo.

A Lei ainda traz como forma de apoio à parentalidade a suspensão, sem prazo legal definido, do contrato de trabalho de pais empregados com a finalidade de dar atenção, em período pós licença maternidade da mãe, a cuidados e estabelecer vínculos com os filhos, acompanhar o desenvolvimento dos filhos e apoiar o retorno ao trabalho da esposa ou companheira.

Para aqueles que se preocupam com a eficácia da lei e de sua efetividade, observa-se que a Lei é desprovida de sanção, ficando a iniciativa de adoção do Programa exclusivamente a critério das empresas e dependente de negociação individual ou coletiva e, considerando a atuação dos sindicatos, talvez estes pudessem propor acordos coletivos de modo programático, pelo menos, a fim de que a lei se torne efetiva.

Sindicalismo de categoria: Necessária revisão

9 de dezembro de 2022

Forma de organização sindical brasileira, em que a atividade econômica da empresa é que define o sindicato a que pertencem os seus empregados, serviu a fins meramente políticos e monopolistas e, em raros casos, atendeu ao efetivo exercício da liberdade sindical. O exercício da liberdade sindical não convive com este modelo e já há algum tempo vem dando demonstrações de que categoria profissional não atende à criação de sindicatos orgânicos e de efetiva representatividade.

O sítio do Tribunal Superior do Trabalho, em 24.11.2022, trouxe notícia com a seguinte manchete: *"Empresa não será obrigada a reintegrar dirigente sindical"*, referindo-se a decisão da Subseção I Especializada em Dissídios Individuais (SDI-1) que liberou a empresa da obrigação de reintegrar um ex-empregado dispensado no exercício do mandato de dirigente sindical.

O fundamento maior foi o de que as atividades produtivas da empresa na base territorial do sindicato, do qual o empregado era dirigente, haviam sido extintas, embora mantidos alguns empregados administrativos, afastando, pelo critério de atividade econômica da empresa o direito à estabilidade.

A Terceira Turma do TST havia entendido nula a rescisão do contrato de trabalho do dirigente sindical e que a manutenção de 55 empregados operacionais, 12 na administração e 13 vigias terceirizados justificava a permanência da garantia de representação dos trabalhadores.

Foi relator dos embargos à SDI-1 o ministro Renato de Lacerda Paiva e, diversamente, considerou que *"a existência de um quadro reduzido de empregados não é suficiente para justificar a garantia provisória de emprego pretendida. O encerramento da atividade preponderante da empresa na mesma base territorial do sindicato é suficiente para que o trabalhador perca o direito à estabilidade no emprego"* (Processo: E-RR-10774-92.2017.5.03.0064).

Há ainda referência ao teor da Súmula n. 369 do TST que, em seu item IV considera que: *"Havendo extinção da atividade empresarial no âmbito da base territorial do sindicato, não há razão para subsistir a estabilidade"*. Esta Súmula, datada de 2012, nasceu ultrapassada e apenas dá parâmetros para o Judiciário Trabalhista decidir tema de relevância excepcional e que exige cuidados especiais de análise e julgamento.

A decisão da sessão da SDI-1, flexibilizou a interpretação da Súmula n. 369 e nos leva a dois aspectos relevantes:

> *Primeiro*, a constatação de que a Corte Superior, como Estado, estaria agindo em violação à Constituição que proíbe expressamente a intervenção do Estado na organização sindical. No caso, a decisão manifestada, nega o exercício da liberdade sindical, cassa o direito adquirido pelos trabalhadores por meio de eleição sindical e retoma aspecto ultrapassado do modelo antigo da CLT, contrariando a Constituição que revogou todos os condicionamentos anteriormente dispostos pela CLT. Portanto, o TST decidiu sobre direito individual que, efetivamente, é coletivo, ou seja, é direito dos trabalhadores que elegeram o representante sindical.
>
> O *segundo* aspecto é de que talvez, em termos de organização sindical livre, não se poderia atrelar o exercício da liberdade sindical a uma análise de caráter objetivo tal como fez e sobre o exercício de um mandato sindical, de natureza política, garantido constitucionalmente. A garantia constitucional de liberdade de formação de sindicatos não poderia mais estar atrelada à atividade econômica da empresa, em especial, atualmente, em que as empresas desenvolvem atividades múltiplas com objeto social extremamente amplo e que se confundem, dificultando muitas vezes o reconhecimento da sua atividade econômica principal.

Em palavras outras, a representação sindical não pode se desfazer em razão da redução do número de trabalhadores representados e independe da condição de atividade econômica da empresa, sob pena sepultar as iniciativas de formação de sindicatos livres e plúrimos, de caráter ideológico, e não mais vinculado setor de atividade econômica de empresas. A decisão sobre a organização sindical deve ser dos próprios trabalhadores com garantia de amplo exercício do direito à liberdade sindical.

O tempo é de transformação e de revisão de paradigmas ultrapassados para que se possa construir uma nova sociedade mais livre, responsável e democrática.

Expectativas nas relações de trabalho para 2023 e seguintes

30 de dezembro de 2022

O Direito do Trabalho e, consequentemente, as relações trabalhistas, em razão de sua dinâmica vinculada a fatores sociais e econômicos, não são muito afeitas a previsões ou a qualquer projeção futurística. Daí que falar do que será o futuro das relações de trabalho e o modo pelo qual a legislação vai servir de amparo às novas modalidades de prestação de serviço, pode ser um trabalho inócuo e com muita chance de não se ajustar à imprevisibilidade natural das transformações vindouras. A marca histórica da legislação trabalhista foi da criação de barragens legais protecionistas contra a ausência de equilíbrio econômico entre quem se oferece para trabalhar e quem paga pelo trabalho, de tal forma que sempre haverá necessidade de acomodação jurídica dos fatos e dos movimentos sociais produtores de mudanças.

Entretanto, a expectativa é uma espera baseada em supostos direitos, probabilidades, pressupostos ou promessas com a possibilidade de construir um cenário possível porque são geradas a partir de algo concreto, vivido e experimentado, e que pode servir de parâmetro desejável para 2023 e, quem sabe, para o "novo governo". Então, considerando a experiência desde a reforma trabalhista de 2017, observam-se pontos relevantes (1) no plano das relações coletivas; (2) no plano das relações individuais; e, (3) no plano da atuação do Judiciário Trabalhista.

Assim, no plano das relações coletivas, a Lei n. 13.467/17 trouxe mudanças que devem ser prestigiadas e aperfeiçoadas a fim de que seja exercida com plenitude a liberdade sindical da Convenção n. 87 da OIT. Longe deveria passar a ideia de revogação da legislação da reforma trabalhista.

O primeiro aspecto relevante, desde a reforma, diz respeito à atribuição aos sindicatos da responsabilidade pelo que negociam, colocando-os como litisconsortes em ações em que se discute a validade de norma coletiva de trabalho.

Nesta mesma linha, em segundo lugar, acentuou-se o valor da autonomia da vontade privada coletiva e que encontra efetiva ressonância jurídica, restringindo, como novidade histórica, a interferência mínima do Judiciário Trabalhista (art. 8º, § 3º, CLT) que sempre atuou de modo soberano no exercício do poder normativo. Agora prevalece a negociação responsável, de boa-fé, e geradora de valores.

Um terceiro ponto, relevante e desejável ao longo dos anos, foi o da exclusão da contribuição sindical obrigatória e que permitiu, de modo inexorável, desvendar a ilusão do sindicalismo brasileiro, organizado a partir da atividade econômica do empregador, frágil e artificial em muitos casos. A supressão da contribuição sindical compulsória desorganizou a estrutura sindical que durava desde 1943. Neste sentido, o Ministério do Trabalho editou normas para a fusão de sindicatos, revelando, de modo escancarado, que a categoria profissional ou econômica servia para arrecadar a contribuição sindical obrigatória cuja ausência não sustentava sindicatos desprovidos de ideologia entre os trabalhadores.

A eliminação da contribuição sindical obrigatória poderia ensejar, no futuro, que os trabalhadores se organizem em sindicatos com pluralidade, de forma orgânica e com liberdade de escolha. Pode-se afirmar que, nas condições atuais em que se encontra a legislação, o reconhecimento do ente coletivo (comissão de trabalhadores, por exemplo) é suficiente para gerar uma negociação coletiva válida juridicamente, prevalecendo a real e legítima condição de representação.

A expectativa, portanto, é de que as novas formas de negociações coletivas sejam voltadas para os interesses nos locais de trabalho, acomodando as peculiaridades no âmbito da empresa, adaptadas e despadronizadas de convenções coletivas de trabalho que, por serem abrangentes demais, não atendem às condições locais.

No campo do direito individual, a legislação, desde 2017, vem amparando as novas formas de prestação de serviços surgidas com a evolução da tecnologia da informação, por meio da sugestão de novos contratos, tais como para o trabalho intermitente ou para o trabalho remoto em teletrabalho. De fato, o que se precariza nem sempre é o modelo de contrato, mas a ausência de uma forma de proteção social mais elastecida, que amplie seu campo de aplicação para atividades novas, permitindo maior inclusão social sem limitar o acesso a benefícios para empregados exclusivamente celetistas.

No campo do Judiciário Trabalhista, o aprimoramento dos procedimentos e a celeridade no andamento dos processos tem se mostrado relevantes quando se trata de solução de conflitos individuais. Quando se trata de conflitos coletivos, a mediação judicial tem sido fundamental e provoca, com frequência, um aprendizado no sentido de que negociar não implica perdas, mas acomodação de interesses com a finalidade de preservar os empregos.

Portanto, o que se tem como expectativa é de que não presenciemos retrocessos, de que haja aprimoramento do arcabouço legal em especial no âmbito da proteção social, para que as transformações sociais e trabalhistas promovam realizações pessoais e profissionais sem a pecha de transformações promotoras de exclusão social e que as negociações coletivas sejam respeitadas com responsabilidade, criatividade e capazes de gerar equilíbrio com eficácia.

2023

Os eventos de 8/1 e a lacuna a ser preenchida na legislação trabalhista

20 de janeiro de 2023

Os eventos de 8 de janeiro, em Brasília, despertaram, em alguns, a preocupação da possível aplicação de punição aos participantes com a perda do emprego por justa causa, considerando o tamanho das ofensas morais e materiais ao patrimônio nacional, com cenas repugnantes e que jamais deveriam figurar na história política do Brasil. As autoridades públicas já estão cuidando das penalidades para aqueles que são servidores públicos ou militares, flagrados na depredação.

Todavia, as discussões em torno da penalidade possível, para aqueles com vínculo na atividade privada, remetem à consideração da consistência da perda a que estarão submetidos e, efetivamente, a capacidade de suportar um prejuízo relevante. Talvez, um dia saberemos do perfil dos participantes e acampados, em especial, para objeto de estudo, quantos possuíam vínculo de emprego e entre os que tinham CTPS assinada, qual o tempo de serviço no último emprego e qual salário recebiam. De tudo que se viu, parece que não tinham muito a perder. Agiram como se não houvesse amanhã.

É inconteste que há muito tempo a legislação trabalhista se afastou de um modelo capaz de trazer ao cidadão, que tem um emprego, expectativas duradouras e que possam dar a oportunidade de construir um futuro. As exceções são raras. O emprego com descarte barato parece ser a tônica do desprezo recíproco, e o emprego sem criar raiz acaba gerando a percepção de exclusão e não pertencimento a qualquer tipo de grupo capaz de fazer a diferença na sociedade.

A valorização do emprego e suas garantias, para que a sociedade possa pensar na construção de um futuro melhor, deveriam ser objeto de pauta nas mudanças da legislação trabalhista.

A Constituição Federal de 1988 deixou uma lacuna que o Legislativo não conseguiu ainda resolver. Com efeito, a Carta trouxe como única forma de garantia de reparação do tempo trabalhado pelos empregados o FGTS e excluiu de uma vez por todas a antiga indenização pelo tempo de serviço previsto na CLT. O FGTS transformou-se em verba de natureza trabalhista, crédito ao qual se aplica a prescrição quinquenal em detrimento da trintenária prevista na Lei n. 8.036/1990.

O art. 7º, em seu inciso I, prevê, como princípio, que a relação de emprego seria protegida contra despedida arbitrária ou sem justa causa, com a previsão de que norma complementar viria a estabelecer o indenização correspondente. A norma complementar, como era de esperar, não veio e, portanto, em caso de rescisão contratual não há indenização legal que seja aplicada e que venha reparar o tempo de serviço.

Dito isto, a discussão sobre a apreciação, pelo STF, da inconstitucionalidade (ADI 1.625) do Decreto n. 2.100 de 1996, editado pelo presidente Fernando Henrique Cardoso, que cancelou a aplicação da Convenção n. 158 da OIT, traz preocupações porque, à época, utilizou-se da lei do FGTS para justificar sua inaplicabilidade, considerando que a lei nacional já previa um procedimento e uma forma de reparação da perda de emprego.

Ocorre, todavia, que o conceito do FGTS se alterou e passou a ser considerado crédito trabalhista e não verba de natureza indenizatória, deixando in albis a previsão de indenização pelo tempo de serviço. Desta feita, a análise do Decreto n. 2.100, no seu tempo, parece prevalecer relativamente ao conteúdo de adequação da lei trabalhista nacional aos termos da Convenção n. 158.

Outra situação, entretanto, seria a análise da Convenção e seus termos nos dias atuais em que o emprego se revela com pouca aderência de seu significado interno nas empresas, tendo, na maioria das situações, perdido seu valor e sua capacidade de gerar esperanças que ultrapassem o período de aviso prévio.

Portanto, fica a reflexão de que não parece fora de propósito a preocupação dos rumos que poderão ser tomados pela decisão do Supremo Tribunal Federal quanto à inconstitucionalidade do Decreto n. 2.100 de 1996 e de que forma se daria a aplicação da Convenção n. 158 da OIT, nas relações de emprego, diante da inoperância do Legislativo na elaboração e aprovação da norma complementar de que trata o art. 7º, I, da Constituição Federal.

Judicialização da política sindical nas relações coletivas de trabalho

10 de fevereiro de 2023

Nos últimos 30 dias, a tônica do discurso dos empossados, presidente da República, presidente do Senado e presidente da Câmara, foi de insistir no sentido de que as questões de natureza política não fossem judicializadas a fim de que se respeitassem os princípios democráticos da divisão de Poderes da República.

O presidente do Senado, quando esteve na cerimônia de abertura do ano judiciário no STF afirmou a "[...] obrigação constitucional de convivermos em harmonia. Qualquer gesto que vise à desarmonia entre os Poderes da República afronta a Constituição".

O presidente da Câmara, Arthur Lira, segundo o jornal *O Estado de S. Paulo*, lançou uma autocrítica ao Legislativo afirmando que "o processo de criminalização da política, iniciada há quase uma década, abalou a representatividade de diversas instituições e seus representantes. Não dá mais para que as decisões tomadas nesta Casa sejam constantemente judicializadas e aceitas sem sustentação legal. Resta a nós, investidos pelo poder popular, exercer a cada dia a boa política do entendimento, da conciliação e do equilíbrio".

Segundo o mesmo jornal, no dia 27 de janeiro, o presidente Luiz Inácio Lula da Silva pediu aos líderes de partidos da base aliada do governo para que deixem de "judicializar a política". Em outro momento disse "aos aliados que não acionem o Supremo Tribunal Federal (STF) como instância revisora das leis aprovadas pela Câmara e pelo Senado, quando estas desagradam aos interesses do Palácio do Planalto, reconhecendo que seu partido e aliados têm 'culpa por tanta judicialização'".

> "Eu tenho pedido aos meus colegas líderes do partido que é preciso parar de judicializar a política. Nós temos culpa de tanta judicialização. A gente perde uma coisa no Congresso Nacional e, ao invés de a gente aceitar a regra do jogo democrático de que a maioria vence e a minoria cumpre aquilo que foi aprovado, a gente recorre a uma outra instância para ver se a gente consegue ganhar", disse Lula.

A sintonia de tais discursos parece guardar relação muito próxima com o que se espera no âmbito do direito coletivo do trabalho.

Desde a Constituição Federal de 1988, a garantia de liberdade sindical e de organização sindical, portanto, têm passado usualmente pelo crivo de decisões judiciais definidoras da forma e modelo pelos quais os trabalhadores devem se organizar, definindo categoriais e excluindo interesses de agrupamentos profissionais, tudo sob o manto da preservação da unicidade sindical, sustentada exclusivamente pelo exercício do monopólio herdado desde 1943. Em resumo, o que se pretendeu mudar, não mudou porque o Judiciário decidia questões de natureza política.

Com o advento da reforma trabalhista de 2017 e a exclusão da contribuição sindical compulsória, tais situações tendem a mudar.

Trata-se especialmente de reconhecer a organização sindical com a expectativa gerada a partir das novas formas de entrega de trabalho e de prestação de serviços que, em todos os sentidos, deverá produzir uma transformação enorme na organização dos trabalhadores enquanto classe.

O MTE publicou, em 3 de fevereiro, Portaria de n. 217, pela qual suspendeu, pelo prazo de 90 dias, "todos os procedimentos de análise, bem como as publicações relativas a processo de registro sindical" com a finalidade de adequação de procedimentos administrativos e normativos. Essa publicação ensejou comentário no Instagram do professor Marcus Kaufmann em que ele observa o ideal de caminharmos para a "autorregulamentação do sistema como a PEC n. 196/2019 ou PL n. 5.552/19", lançando ao final a esperança de que seja superado o que chamou de "bater cabeças" no modelo de "mitigada intromissão estatal nos afazeres sindicais por conta dessa necessidade de regramento dos procedimentos pelo dever governamental de 'zelar' pela unicidade (Súmula n. 677/STF) enquanto se prejudicam, aqui e acolá, a autonomia sindical em procedimentos de alteração estatutária, de fusão e de incorporação sindical".

A judicialização política de questões trabalhistas refere-se, como dito anteriormente, à formação de novos sindicatos profissionais que, com a liberdade sindical que a Constituição Federal reconhece, venham a se apresentar como legítimos representantes e capazes de entabular negociação coletiva válida e eficaz. Não há mais espaço para controle da unicidade sindical pelo Ministério do Trabalho como pretende a Súmula n. 677 do STF, mais apegada a outro momento de ajuste constitucional. Com a extinção da contribuição sindical compulsória, o controle de polícia que fazia o Ministério do Trabalho, para assegurar o encaminhamento de valores arrecadados, foi ultrapassado.

Atualmente, merecem destaque as organizações sindicais ou associações profissionais legítimas, que tenham ressonância como porta-voz da vontade dos representados.

A disputa entre sindicatos com o objetivo de buscar arrecadação acabou e nem mesmo, finalmente, a identificação de trabalhadores sindicalizados é permitida em razão do respeito à privacidade ideológica, reforçada pela Lei Geral de Proteção de Dados.

Dito isto, está claro que caminhamos para outro momento nas relações coletivas de trabalho. O que se espera é que não haja judicialização de questões de política sindical, permitindo que o Judiciário Trabalhista, de forma anômala como tem feito mesmo após a CF/88, venha a estabelecer regras, ferindo o princípio da liberdade sindical, ignorando a não interferência do Estado.

Deste modo, segue-se a orientação dos discursos do novo governo e lideranças das Casas do Legislativo no sentido de dar autonomia às formas de organização sindical legítimas e consistentes, sem judicialização.

Alteração contratual por supressão lesiva de gratificação

3 de março de 2023

Uma das formas de retenção de talentos pelas empresas diz respeito aos modelos de remuneração e de garantias que possam fidelizar o empregado, de modo a que ele possa encontrar no ambiente de trabalho segurança e realização pessoal e profissional. Todavia, pairam, sobre essa prática, aspectos legais relevantes para que o teor do que fora contratado admita certa flexibilidade de transformação e adequação ao longo da prestação de serviços. Desde a reforma trabalhista, pautada na valorização da autonomia da vontade, houve um alargamento da possibilidade flexibilização de condições contratuais.

E, no confronto da política de remuneração de incentivo adotada e a lei pode ocorrer a discussão em torno do direito adquirido, intangibilidade de contrato e salário, sempre tema relevante para o direito do trabalho em especial quando se trata de alteração contratual que implique redução de ganho do empregado. A legislação trabalhista e jurisprudência, pródigas no sentido de blindar direitos trabalhistas, deixam caminho muito estreito para que o empregador possa se utilizar de seu "*jus variandi*" quando se trata de condições salariais contratadas ou adquiridas durante a contratualidade sob as mais variadas denominações.

Deste modo, se a vantagem econômica for de natureza contratual, vincula-se ao pressuposto legal de "contraprestação pelo serviço contratado" (art. 457, CLT) e, assim, ofende duas garantias asseguradas por lei: a proibição de alteração unilateral prejudicial ao empregado (art. 468, CLT) e redução do salário (art. 7º, VI, CF).

Estaria aí, talvez, o aspecto relevante no momento da contratação e que vai produzir efeitos da natureza jurídica do que se pretende contratar e que poderia implicar efeitos fiscais ou trabalhistas.

As gratificações que decorram de ato de liberalidade do empregador, ou que se vinculam ao exercício de cargo, demonstram fragilidade quanto à sua permanência para o empregado, dada sua natureza efêmera e vinculada à condição principal para seu pagamento (cargo, por exemplo). Portanto, podem ser suprimidas a qualquer tempo de forma justificada: a primeira (concedida por ato de liberalidade), pela cassação do ato gerador que suprime a continuidade de pagamento. A segunda (vinculada a cargo), por extinção do exercício do cargo ao qual se vinculava, aplicando-se de forma inconteste, o § 2º, do art. 468, da CLT, introduzido pela Lei n. 13.467/17, com a reforma trabalhista.

Quando se trata de ato de liberalidade do empregador, o tempo e a habitualidade desempenham papel relevante para o intérprete avaliar o impacto de sua supressão, considerando-se nesta vertente, quanto à prescrição, o disposto no § 2º do art. 11 da CLT, introduzido pela reforma trabalhista que absorveu o teor da Súmula n. 294 do TST.

O sítio do Tribunal Superior do Trabalho publicou, em 27/2/23, notícia de que a 8ª Turma da corte restabeleceu gratificação de motorista de ambulância, contratado pelo município de Tietê, em acórdão de relatoria da ministra Delaíde Miranda (Processo: RR-12591-17.2017.5.15.0111).

O fundamento trazido pelo acórdão, em decisão unânime, reformou o quanto decidido pelo TRT/15ª Região, com dois aspectos relevantes: primeiro, que o ente público, quando contrata servidor pela CLT, se equipara a empregador privado e, segundo, a revogação de gratificação por lei municipal implicou alteração contratual lesiva do contrato. No caso, ainda se agravou a restrição da alteração produzida porque a gratificação, contratada como benefício da prestação de serviços, jamais esteve vinculada a condição especial de função que sempre fora a mesma e, neste sentido, não se aplica a supressão pela perda de cargo e, menos ainda, a de alteração de regulamento da empresa, a teor da Súmula n. 51, do TST.

Embora o caso em análise, por se tratar de município, não se enquadre nos modelos de contratação de talentos da iniciativa privada, evidencia-se, pelo que se vê, a importância da adequação jurídica de prática de contratação de remuneração que deverá considerar os possíveis efeitos de flexibilização dos valores variáveis e condicionados a situações claras e que permitam às partes revisão constante do pactuado com segurança jurídica.

Empregada gestante: Ausência de abuso de direito na recusa de voltar ao trabalho

24 de março de 2023

Existe uma interpretação rotineira de que, em caso de dispensa de empregada gestante, quando ela recusa o convite para retornar ao trabalho, estaria abusando do seu direito porque há entendimento corrente de que a estabilidade provisória no emprego, prevista no ADCT, art. 10, *"b"*, condicionaria o gozo do direito à preservação do vínculo de emprego. O ato de recusa da empregada, portanto, seria caracterizado como abuso de direito e renúncia aos direitos do período da estabilidade provisória.

A garantia constitucional da maternidade vem recebendo diversas interpretações envolvendo a obrigação de a gestante comunicar o empregador sua gestação a fim de que, sabedor, o empregador não poderia romper o contrato. Esta tese está superada pela jurisprudência trabalhista e que foi objeto da Súmula n. 244 do TST, sinalizando que o conhecimento pelo empregador não afasta o direito à indenização do período de estabilidade. Esta mesma súmula, no item II, afirma que somente a estabilidade provisória "autoriza" a reintegração se ela ocorrer durante o período de estabilidade, fixando, portanto, que, em situação adversa, a garantia se restringe aos salários e demais direitos do período de estabilidade. A seguir, ainda, sobre a proteção à maternidade, a jurisprudência do TST se firmou para estender o direito de estabilidade nas hipóteses de contrato a prazo, item III, da súmula em referência.

A tese de fundo refere-se à proteção da maternidade *vis à vis* o nascituro e não o emprego essencialmente. Trata-se, assim, de direito fundamental destinado à proteção da gestante e do nascituro e que atrai como consequência o compromisso do empregador de garantir o seu gozo pela gestante.

Na contramão dessa tese da estabilidade provisória de efeito duplo (gestante e nascituro), criaram-se condições para a preservação pragmática do benefício do direito. Assim, o desconhecimento pelo empregador seria superado ou reparado mediante nulidade da dispensa (art. 9º da CLT) seguido do convite para retornar ao emprego nas mesmas condições anteriores à dispensa. *Contrario sensu*, caso a empregada dispensada se recusasse a retornar ao emprego implicaria, este ato, renúncia à garantia constitucional e a pretensão de receber exclusivamente a indenização do período "abuso de direito".

A dúvida em torno da discussão, diz respeito em saber se poderia haver renúncia de direito à garantia constitucional. Neste sentido, o Tema 1.040 do STF já disse que o negociado não pode excluir direitos constitucionalmente assegurados e que estes gozam de indisponibilidade. Portanto, se não pode excluir direitos pelo viés da negociação coletiva, menos ainda por manifestação individual.

Neste sentido, a análise que se faz está no campo do exercício do direito. De um lado, o empregador teria se utilizado do poder potestativo de romper o contrato da empregada e esta, uma vez afastada do vínculo trabalhista, não mais se submeteria às regras disciplinares do contrato de trabalho, não se aplicando o pedido de reconsideração previsto no art. 487 da CLT, pois, o período de aviso prévio já teria transcorrido e, ainda assim, a lei faculta a reconsideração pela empregada.

Mais se pode dizer.

Ainda que se pudesse admitir a pretensão exclusiva de reparação pecuniária, a renúncia do retorno ao emprego não parece se encaixar na tese do abuso de direito pela empregada gestante, pois ficaria contaminado, de forma equivocada, pelo ato ilícito de que trata o art. 187 do Código Civil que considera que *"comete ato ilícito o titular de um direito que, ao exercê-lo, excede manifestamente os limites impostos pelo seu fim econômico ou social, pela boa-fé ou pelos bons costumes"*. Depois, no art. 188 se assevera que não se caracteriza como ato ilícito aquele praticado no exercício regular de um direito. O abuso do direito é o mal uso do direito, é o seu uso anormal, situações que não se podem atribuir à gestante que se recusa a retornar ao emprego.

No caso da gestante, a proteção da maternidade é um direito fundamental que, por si só, afasta a hipótese de abuso e cujo gozo não pode ser condicionado à aceitação do retorno ao emprego. É incondicional e tem efeitos sobre o respeito à dignidade humana e ao exercício da cidadania.

No dia 22.3.2023 o sítio do Tribunal Superior do Trabalho, deu notícia de que a Subseção I Especializada em Dissídios Individuais (SDI-1) condenou a empresa ao pagamento da indenização substitutiva a uma gestante que recusou a oferta de reintegração da empresa, considerando que a recusa não constitui abuso de direito nem retira da empregada o direito de receber a indenização substitutiva do período de estabilidade. Foi relator o ministro Alexandre Ramos cujo fundamento condutor foi no sentido de que a *"norma constitucional se destina à proteção não apenas da empregada gestante, mas também da criança"* (E-ARR-10538-05.2017.5.03.0012).

A decisão da SDI-1 é paradigmática e reformou o que a 8ª Turma do TST tinha como entendimento pois havia julgado improcedente o pedido de indenização, por considerar que a gestante teria agido de má-fé e com abuso de direito, porque não pretendia o restabelecimento do vínculo, mas apenas a indenização.

Desta feita, não há má-fé na recusa de retorno ao emprego e, igualmente, não se aplicaria hipótese de abuso de direito, dado que a gestante está no exercício de um direito fundamental.

O ilícito na terceirização de serviços

14 de abril de 2023

Durante muitos anos, o tema da terceirização foi considerado como forma de exclusão social, tratado algumas vezes como terceirização de mão de obra, expressão esta incompatível com o trabalho livre e insinuando venda de força de trabalho, ao contrário da prestação de serviços. E, nesta toada, o regime jurídico de trabalho temporário também foi frequentemente confundido, de forma equivocada, com a figura jurídica da terceirização.

Com o advento das Leis n. 13.429 de 2017, que alterou a Lei n. 6.019/74, relativa ao trabalho temporário e inseriu a regulamentação da prestação de serviços, e a Lei n. 13.467 de 2017, que complementou a Lei n. 13.429 relativamente à prestação de serviços, novos padrões de entendimento jurídico se apresentaram de forma objetiva.

A partir de então, há lei para sustentar a possibilidade de prestação de serviços por terceiros e, ainda, a contratação de prestação de serviços por meio de pessoa jurídica na atividade fim.

Dito isto, a previsão expressa em lei para contratação de serviços, deixou claro que há regularidade reconhecida na prática e, portanto, afasta-se, desde então, a ilicitude na contratação de terceiros para prestar serviços. Não se discute mais se o conteúdo contratado pertence a atividade fim ou meio do tomador. Tout court, não se poderia mais questionar a licitude na contratação.

Ocorre, todavia, que a missão protecionista do Judiciário Trabalhista pode muitas vezes resistir ao reconhecimento de situações jurídicas novas e, neste sentido, o STF já decidiu na ADPF 324 quanto à licitude da terceirização sem limites da atividade empresarial. Da mesma forma na ADC 66 o STF decidiu pela constitucionalidade do art. 129 da Lei n. 11.196/2005 que se refere à prestação de serviços, ainda que pessoalmente, por meio da pessoa jurídica nas atividades intelectuais.

No dia 31 de março, o sítio do TST publicou notícia com a seguinte chamada: "Contratação fraudulenta para burlar legislação afasta tese vinculante do STF sobre terceirização". Tratou-se de decisão da 7ª Turma, daquela Corte Superior, que considerou fraudulenta a contratação de serviços, por meio de empresa do mesmo grupo, e que teve como objetivo excluir dos trabalhadores os benefícios da categoria dos bancários (Processo: ARR-1258-54.2011.5.06.0006).

O acórdão da lavra do ministro Evandro Valadão deixou de aplicar tese vinculante do Supremo Tribunal Federal (STF) na ADPF 324 e no Tema 725 da Repercussão Geral referente à licitude de terceirização "de toda e qualquer atividade, meio ou fim, não se configurando relação de emprego entre contratante e o empregado da contratada".

O fundamento trazido diz respeito a procedimento ilícito adotado pela empresa contratante, cuja finalidade foi de excluir os benefícios da categoria bancária, tese que certamente não se aplica, de forma generalizada, na prestação de serviços por terceiros, tanto no modelo de terceirização no seu sentido amplo, como na prestação de serviços prestados por meio de pessoa jurídica.

Exercício do direito à liberdade sindical sufocado pelo Supremo Tribunal Federal

5 de maio de 2023

O exercício do direito à liberdade sindical pressupõe a existência de pensamento livre, que guarda relação direta com a impossibilidade de controle de opções políticas dos trabalhadores. Por essa razão, de acordo com a Convenção n. 87 da OIT, fala-se em liberdade sindical negativa, representada pelo direito de não se associar e em liberdade sindical positiva, que é o direito de se associar. Em qualquer situação é vedado o controle pelo Estado ou empregador.

A fim de assegurar os direitos individuais, a Constituição, no art. 5º, dispôs sobre a liberdade de pensamento (IV), liberdade de consciência (VI), inviolabilidade da intimidade e da vida privada, criação de associações ficando vedada a interferência estatal (XVII) e proteção dos dados pessoais (LXXIX).

De outro lado, o art. 8º, da Constituição, ao impor a proibição da intervenção estatal em questões sindicais (inciso I) consolidou a garantia do livre exercício da liberdade sindical, ainda que com as restrições da unicidade sindical.

Todavia, a fragilidade de legítima adesão de interessados, demonstrada pelas organizações sindicais ao longo dos anos de sua história, somente foi superada pela forma de custeio obrigatório da chamada "contribuição sindical", que serviu para a criação de sindicatos fantasmas, sem qualquer tipo de representatividade ou legitimidade representativa.

A reforma trabalhista de 2017 (Lei n. 13.467), ao dar à contribuição sindical caráter facultativo, expôs os sindicatos à sua fraqueza enquanto entidade representativa e, ainda, revelou a farsa da organização sindical por categoria que, de fato, era mais um arranjo para satisfazer "donos" de sindicato do que efetivamente representar trabalhadores. A farsa da categoria se revelou flagrante com o MTE, organizando a fusão de categorias como forma de encerrar as atividades de entidades sindicais falidas.

Em nosso artigo nesta coluna, em 10 de fevereiro, sob o título "Judicialização da política sindical nas relações coletivas de trabalho" comentamos, quanto à Portaria n. 217, do Ministério do Trabalho o seguinte:

> "O MTE publicou, em 3 de fevereiro, Portaria n. 217, pela qual suspendeu, pelo prazo de 90 dias, "todos os procedimentos de análise, bem como as publicações relativas a processo de registro sindical" com a finalidade de adequação de procedimentos administrativos e normativos. Essa publicação ensejou comentário no Instagram do professor Marcus Kaufmann em que ele observa o ideal de caminharmos para a 'autorregulamentação do sistema como a PEC n. 196/2019 ou PL n. 5.552/2019', lançando ao final a esperança de que seja superado o que chamou de 'bater cabeças' no modelo de mitigada intromissão estatal nos afazeres sindicais por conta dessa necessidade de regramento dos procedimentos pelo dever governamental de 'zelar' pela unicidade (Súmula n. 677/STF) enquanto se prejudicam, aqui e acolá, a autonomia sindical em procedimentos de alteração estatutária, de fusão e de incorporação sindical."

Desta feita, o sindicalismo se colocou em crise de existência, por falta de sustentação econômica, e em crise de representatividade legítima, dada a percepção de que a adesão espontânea de trabalhadores era absurdamente sem interesse.

Portanto, o sindicalismo deveria se transformar e buscar, de forma orgânica, romper com a unicidade sindical e com o modelo de sindicatos de categoria que mais fragmentam os interesses do que os une.

Desse modo, havia uma esperança (remota é claro) de que os trabalhadores pudessem se reunir a partir de organizações sindicais plúrimas e legítimas, capazes de construir um novo modelo de defesa de direitos solidários, sem a divisão em categorias.

Eis que chega o novo governo e, com ele, a esperança de sindicalistas históricos, acostumados ao modelo de 1943. Trata-se de um governo de caráter trabalhista e que, pelas notícias dos jornais, percebe-se, claramente, o retorno da acomodação de sindicatos e centrais nos Poderes da República, contrariando a Convenção n. 87 da OIT, cujo teor veda a participação de sindicatos nas atividades políticas ou que os sindicatos tenham vinculação partidária.

Na toada da ressurreição, o Supremo Tribunal Federal mudou a orientação quanto à contribuição assistencial, sufocando, de vez, com a possibilidade de que tenhamos no país o pleno exercício do direito à liberdade sindical.

A notícia recebida do Supremo Tribunal Federal diz o seguinte: "Em 14.04.2023, o Supremo Tribunal Federal retomou o julgamento de recurso em que se discute a constitucionalidade da cobrança a empregados não filiados das contribuições assistenciais instituídas por sindicatos, mediante autorização da categoria profissional manifestada em assembleia. As contribuições assistenciais não se confundem com a contribuição sindical (também conhecida como 'imposto sindical'), cuja cobrança deixou de ser obrigatória a partir da Reforma Trabalhista de 2017". Portanto, o julgamento em questão não é capaz de alterar nenhum ponto da Reforma Trabalhista.

A cobrança das contribuições assistenciais está prevista na CLT desde 1946. Ao contrário da contribuição (ou 'imposto') sindical, a sua arrecadação só pode ocorrer para financiar atuações específicas dos sindicatos em negociações coletivas. Como a jurisprudência do STF, construída ao longo dos últimos anos, passou a conferir maior poder de negociação aos sindicatos, identificou-se uma contradição entre prestigiar a negociação coletiva e, ao mesmo tempo, esvaziar a possibilidade de sua realização, ao impedir que os sindicatos recebam por uma atuação efetiva em favor da categoria profissional.

Por esse motivo, o voto recentemente proferido pelo Ministro Luís Roberto Barroso permite a cobrança das contribuições assistenciais, previstas em acordo ou convenção coletiva, desde que o trabalhador possa, individualmente, se opor a esse desconto. Trata-se de solução intermediária que prestigia a liberdade sindical e, ao mesmo tempo, garante aos sindicatos alguma forma de financiamento. Gabinete do Ministro Luís Roberto Barroso".

Fora fixada a seguinte tese (Tema 935 da repercussão geral): "É constitucional a instituição, por acordo ou convenção coletivos, de contribuições assistenciais a serem impostas a todos os empregados da categoria, ainda que não sindicalizados, desde que assegurado o direito de oposição". O ministro Alexandre de Moraes pediu vista e os ministros Edson Fachin e Dias Toffoli reajustaram seus votos para acompanhar o voto reajustado do Relator.

A decisão do STF, de interesse constitucional discutível, permite que empregadores controlem dados sensíveis dos seus empregados quanto à opção política de se filiar ou não ao sindicato, infringindo, de modo flagrante, a Lei Geral de Proteção de Dados. Não cabe ao empregador o controle da sindicalização de seus empregados.

Poderiam dizer alguns "mas foi assegurado o direito de oposição aos trabalhadores". Esse argumento é sofismático e revela desconhecimento da prática da recusa ao desconto e trata o sindicato como se fosse único na empresa. Melhor seria, em respeito à liberdade sindical, assegurar aos trabalhadores que se negam à contribuição sindical ou assistencial a formação de novos sindicatos em busca de maior identidade entre representantes e representados.

A decisão coloca o empregador na relação jurídica que não lhe pertence. Trata-se de relação direta entre trabalhador e sindicato, exclusivamente, não cabendo à empresa servir de caixa de arrecadação do sindicato.

Em síntese, o Supremo decidiu politicamente, contrariando o direito ao exercício da liberdade sindical, interferindo em questões sindicais cuja solução deve ser encontrada entre representantes e representados.

Proteção trabalhista e a dignidade do trabalho humano

26 de maio de 2023

Nesta semana, foi notícia no meio jurídico a decisão do Supremo Tribunal Federal em torno da relação de trabalho existente entre motorista de aplicativo e a plataforma. Tratou-se de decisão monocrática do ministro Alexandre de Moraes, que julgou procedente a reclamação constitucional para deslocar a competência para a Justiça Comum(6).

O processo que deu origem à reclamação constitucional tramita perante o TRT-3 e havia reconhecido o vínculo de emprego entre o motorista e a plataforma e que teria, segundo o ministro Alexandre de Moraes em seu relatório, desconsiderado "as conclusões do Supremo Tribunal Federal Ano Julgamento ADC 48, na ADPF 324, no RE 958.252 (Tema 725-RG), na ADI 5.835 MC/DF e no RE 688.223 (Tema 590-RG), que permitem diversos contratos distintos da estrutura tradicional do contrato de emprego regido pela CLT".

Um dos aspectos que chama a atenção na leitura diz respeito aos fundamentos do TRT-3, transcrito e que diz, a certa altura, para fundamentar o reconhecimento da relação de emprego:

> "Ainda que se admitia que a região é nebulosa, a chamada zona grise, a atração da relação jurídica realiza-se para dentro da ordem jurídica trabalhista (e não para o Código Civil que pouco dignifica o trabalho humano), como forma de alcançar vários trabalhadores que permanecem excluídos da proteção do Direito do Trabalho.
>
> Princípio da livre iniciativa não autoriza a fraude nas relações de trabalho, mas deve respeitar o valor social do trabalho e a dignidade da pessoa humana do trabalhador (art. 1º, III e IV, da CF. (...)."

Constata-se, pelos fundamentos exarados pelo tribunal regional, uma preocupação acentuada em preservar a dignidade do trabalho e da pessoa humana do trabalhador,

---

(6) Disponível em: https://portal.stf.jus.br/noticias/verNoticiaDetalhe.asp?idConteudo=507792&ori=1¬¬. Acesso em: 25 maio 2023.

encontrando na CLT a única forma possível de que seja reconhecido àquele que trabalha sua realização enquanto pessoa e cidadão.

Talvez este seja o dilema do julgador: como reconhecer, fora dos parâmetros de proteção da CLT, outras formas de trabalho capazes de trazer, ao trabalhador, realização pessoal com liberdade e dignidade? A fundamentação de que o Código Civil não seria instrumento adequado a dignificar o trabalho humano, com todo respeito, caberia perfeitamente nos primórdios da formação do Direito do Trabalho, na época da revolução industrial que empurrou o estado a interferir nas questões trabalhistas. Nem o Direito Civil hoje convive com ofensa à dignidade da pessoa humana.

Já tivemos a oportunidade de tratar da dificuldade da compreensão de que novos modelos de trabalho devem ser analisados fora dos parâmetros tradicionais. Com efeito, em 4 de junho de 2021, nesta coluna, publicamos o texto intitulado "Tempo de revisão do paradigma histórico de proteção"(7) onde observamos que:

> "A legislação trabalhista surgiu de forma socorrista, tardiamente, e após a constatação, no século XIX, de que a industrialização havia gerado contingente enorme de população vulnerável. O Direito do Trabalho, compreendido como forma de proteção social e de garantias de direitos, foi construído para atender empregados porque parecia que esta era a única forma de amparar a desigualdade econômica que se estabelecia entre aquele que se apropriava do resultado do trabalho e o prestador.
>
> Deste modo, ser empregado significava ter acolhimento e nas leis trabalhistas e, contrario sensu, não teriam acolhimento aqueles que ficassem à margem do modelo padrão de relação de emprego. Para estes, o direito comum seria a base de contratação e assim seguiu-se no modelo jurídico binário de ser empregado ou autônomo."

Na atualidade, a forma de trabalhar, com a utilização dos meios tecnológicos e informatizados, leva em consideração outros fatores. No caso específico de motoristas por aplicativos, o exercício da liberdade de tempo e as opções de atendimento que o modelo permite tendem a afastar a subordinação específica do emprego. Não há subordinação e sim responsabilidade em relação aos consumidores do modelo de prestação de serviços.

(7) Disponível em: https://www.conjur.com.br/2021-jun-04/reflexoes-trabalhistas-tempo-revisao-paradigma-protecao-trabalhista. Acesso em: 25 maio 2023.

Limites da autonomia coletiva e a intervenção mínima do Judiciário

16 de junho de 2023

Uma das características da formação do Direito do Trabalho é a fixação de garantias de gozo de direitos adquiridos de forma individual, intransferíveis e que são destinados exclusivamente à satisfação pessoal do trabalhador.

É uma aquisição de direito que transcende o aspecto patrimonial e impede sua materialização como objeto de negociação. Entretanto, muitas vezes desapercebidos ou pouco valorizados na prática, esses direitos podem ser objeto de tratamento abusivo, tanto nas relações individuais como coletivas, dando ensejo à reparação.

São exemplos dessas garantias, na relação individual de trabalho, o descanso semanal ou intrajornadas, as férias, a licença maternidade, as garantias de emprego entre outros.

O descanso semanal de 24 horas deve ser usufruído pelo trabalhador de tal forma que nada lhe possa impedir esse repouso. Por esta razão, cuida a legislação de proibir o trabalho em domingos e feriados, salvo algumas exceções. E, ainda, por esta razão que não se confunde o intervalo de 11 horas entre uma jornada que termina e outra que vai começar e o início do gozo do descanso semanal de 24 horas. A cada direito vinculam-se a finalidade social e a proteção à condição física do trabalhador.

No mesmo sentido, o início do gozo do direito às férias não pode incluir o dia de descanso semanal. Igualmente, durante a licença maternidade de 120 dias não poderá o empregador acumular gozo de período de férias. São direitos e garantias distintos que devem ser usufruídos cada um a seu tempo e na plenitude do direito social. Não é por menos razão que não se pode acumular o período de aviso prévio com gozo de férias.

Quando se trata de garantia de emprego, a data de início da dispensa de trabalhador somente se realiza a partir do término do período de estabilidade, quando então terá fruição o aviso prévio, indenizado ou trabalhado.

No campo das relações coletivas de trabalho, as negociações devem observar os parâmetros dos direitos e garantias individuais a fim de que não impeça seu legítimo exercício pelo trabalhador, caso em que autoriza o Judiciário Trabalhista a intervir, nos termos do disposto pelo art. 8º, § 3º, da CLT.

A propósito do tema, no dia 05/06, o sítio do TST publicou notícia com a seguinte manchete *"Norma coletiva que transaciona férias de trabalhador marítimo é considerada inválida"*, esclarecendo que o julgamento foi da 3ª Turma e que considerou a cláusula que negociou férias inválida (RR-100004-48.2019.5.01.0027). Foi relator do caso o ministro Mauricio Godinho Delgado.

Tratou-se de norma coletiva que permitia à empresa a concessão de férias juntamente com os 28 dias de folga seguidos aos 28 trabalhados (embarcados) pelo marítimo o que implicava a falta de concessão de férias anuais remuneradas.

O juízo de primeira instância e o regional julgaram a ação improcedente, observando que, neste modelo, o trabalhador teria 180 dias de descanso por ano, computadas folgas e férias, considerando, portanto, válida acumulação de descanso semanal com férias anuais remuneradas. Claro está que as instâncias inferiores acumularam direitos individuais de finalidade social distinta um do outro.

A decisão do STF, do dia 14.06.2022 (ARE 1.121.633/GO), sobre o Tema 1.046, se aplica integralmente ao caso porquanto considerou a limitação da autonomia da vontade coletiva aos direitos absolutamente indisponíveis. No caso específico, a norma coletiva estava a excluir o direito a férias, assegurado pela Constituição, art. 7º XVII.

Do que se tem nesta situação revela que as negociações coletivas e as normas estabelecidas como resultado são passíveis de questionamentos pelo trabalhador, individualmente, quando considera que seu direito pessoal, de natureza social foi usurpado e implique violação às garantias da Constituição no art. 6º.

A reflexão que fica é da necessidade de que sejam preservadas as garantias individuais em primeiro lugar a fim de que seja observada a dignidade da pessoa humana, e, no campo do direito coletivo, as negociações devem se pautar nos temas de ordem coletiva sem ofensa aos direitos pessoais dos trabalhadores, evitando conflitos desnecessários e que se atenham à construção de novos direitos e garantias.

Caminhos para a efetiva igualdade salarial e de critérios remuneratórios

7 de julho de 2023

No dia 3 de julho, o presidente da República sancionou a Lei n. 14.611, que dispõe sobre a igualdade salarial e de critérios remuneratórios entre homens e mulheres. Além disso, trouxe alteração no art. 461 da CLT, inserindo os parágrafos 6º e 7º, o primeiro para assegurar o direito às diferenças salariais e o segundo para dispor sobre multa administrativa quando constatado hipótese de discriminação por motivo de sexo, raça, etnia, origem ou idade.

No contexto geral, a lei reforça e instrumentaliza, no campo das relações trabalhistas, previsão constitucional quanto aos objetivos fundamentais da República (art. 2º da CF) no sentido na construção de uma sociedade livre, justa e solidária com a promoção do bem de todos, sem preconceitos de origem, raça, sexo, cor, idade e quaisquer outras formas de discriminação e, ainda, a proibição de diferenças de salários, de exercício de funções e de critério de admissão por motivo de sexo, idade, cor ou estado civil (art. 7º, XXX).

A previsão constitucional não foi, ao longo dos anos, suficiente para eliminar práticas abusivas nas relações de trabalho, justificando, desta forma, a necessidade de que uma lei específica fosse dirigida à garantia dos direitos sociais no ambiente dos contratos de emprego.

Todavia, convém observar que a nova lei, de um lado, amplia o conceito de igualdade não se limitando apenas ao salário strictu senso, incluindo a remuneração e vantagens contratadas direta ou indiretamente exigindo transparência na política salarial adotada pelas empresas.

De outro lado, a lei instrumentaliza, em cinco aspectos fundamentais, ações a serem observadas, no âmbito das empresas, a fim de que seja garantida a igualdade salarial entre mulheres e homens:

1. Mecanismos de transparência salarial e de critérios remuneratórios;
2. Fiscalização contra discriminação salarial;
3. Disponibilização de canais para denúncias de discriminação;
4. Programas de capacitação e educação de gestores sobre equidade entre mulheres e homens no mercado de trabalho; e,
5. "fomento à capacitação e formação de mulheres para o ingresso, a permanência e a ascensão no mercado de trabalho em igualdade de condições com os homens".

A Organização Internacional do Trabalho aprovou, em 1951, a Convenção n. 100 que trata da igualdade de remuneração de homens e mulheres por trabalho de igual valor. Essa Convenção foi ratificada pelo Brasil em 25 de abril de 1957, com vigência a partir de 25 de abril de 1958.

O Conselho da União Europeia também adotou regras rígidas para combater a discriminação salarial e para eliminar a diferença salarial entre homens e mulheres, acentuadamente pela necessidade de priorizar a transparência dos critérios de remuneração adotados pelas empresas. Neste sentido, em 30 de março de 2023, o Parlamento Europeu aprovou diretiva sobre transparência salarial e estabeleceu a obrigação de informações pelas empresas com mais de 150 trabalhadores sobre a remuneração praticada. Consta, segundo estatística da Comissão Europeia, que, em 2020, as mulheres ganhavam em média 13% menos, por hora, do que os homens.

O modelo ora adotado, quanto ao conceito de remuneração, assemelha-se ao que dispõe o Código de Trabalho francês, no artigo L3221-2, que se refere à obrigação de igualdade de remuneração entre mulheres e homens e, inclui, no conceito de remuneração, o salário e todas as vantagens indiretas pagas em espécie ou em natura (L3221-3).

Em Portugal, a Lei n. 60 de 21 de agosto de 2018 trata da igualdade remuneratória entre mulheres e homens por trabalho igual ou de igual valor. No art. 4º estabelece as obrigações para os empregadores quanto à transparência remuneratória praticada relativamente aos respectivos empregados.

A Lei n. 14.611 deverá contribuir de forma particular para combater a discriminação salarial entre mulheres e homens de forma programática, na medida em que as empresas, com mais de cem empregados, estão obrigadas a divulgar mecanismos de transparência quanto aos critérios objetivos de remuneração, mediante publicação semestral de relatórios anonimizados de transparência salarial.

Além das medidas programáticas, a efetividade da garantia da igualdade e de aplicação da lei contará com incremento da fiscalização contra a discriminação salarial e de critérios remuneratórios entre mulheres e homens. As empresas deverão, portanto, organizar planos de cargos/salários/remuneração, lembrando sempre que, em se tratando de lei nova, a primeira visita da fiscalização deverá respeitar o critério de dupla visita, valendo a primeira como orientação.

Com a vigência da nova lei, os salários perderam o sigilo e o empregador tem obrigação de divulgar periodicamente as práticas salariais e os critérios remuneratórios da empresa.

Licença-maternidade e suspensão total do contrato de trabalho

28 de julho de 2023

O contrato de trabalho é de natureza sui generis porque permite ocorrências durante sua vigência que ultrapassam os limites das obrigações recíprocas contratadas e provocam, tais ocorrências, efeitos de proteção especial, impedindo que o empregador exerça seus poderes diretivo e disciplinar. É o caso da suspensão do contrato de trabalho durante as férias do empregado, durante o descanso semanal remunerado, o período de licença-maternidade de 120 dias, conforme estabelecido em lei, afastamentos por motivo de doença ou acidente do trabalho, exemplificativamente.

No caso do gozo do período de férias anuais ou do descanso semanal remunerado, o empregador perde, temporariamente, o comando do contrato. O empregado é o único titular do direito conquistado no curso do cumprimento do contrato, com tempo de trabalho durante 12 meses para as férias ou cumprimento integral da duração das horas do trabalho na semana. São garantias legais que se transformam em direitos uma vez preenchidos os requisitos, condicionados ao preenchimento da obrigação prevista em lei e, uma vez satisfeita, o empregado adquire o direito e o exerce com titularidade plena e absoluta ausência da subordinação ao empregador.

Desta forma, essa reserva jurídica de gozo do direito a férias ou descanso semanal não permite que o empregador nela interfira sob pena de estar violando garantia legal de natureza social e de proteção individual.

Por isso, durante o curso de sua aquisição, as ausências ao trabalho ou ao cumprimento do contrato são tratadas de modo criterioso pelo legislador de modo objetivo. Por isso o TST invalidou norma coletiva que limitava o abono de faltas por atestado a 48 horas apenas, conforme notícia de 13.7.2023, veiculada no sítio de notícias. Tratou-se de decisão da Sessão Especializada em Dissídios Coletivos, em ação anulatória proposta pelo MPT e teve como relator o ministro Caputo Bastos e que se fundou no Precedente Normativo 81 da SDC (RO-1108-90.2018.5.08.0000).

Quando se trata de afastamento por licença-maternidade, observam-se dois efeitos: o primeiro, assegurado pela Constituição (art. 10, II, "*b*", ADCT) e que diz respeito à garantia de emprego desde a confirmação da gravidez até cinco meses após o parto; e, o segundo, relativo à transferência ao Estado da obrigação de garantir benefício durante o período de afastamento de 120 dias, impropriamente chamado de salário-maternidade. Relativamente aos poderes diretivo e disciplinar do empregador, cessam eles peremptoriamente, cabendo ao empregador assegurar a garantia de emprego e o retorno da gestante às funções exercidas anteriormente à suspensão do contrato.

Durante o período em que a empregada está em gozo de sua licença-gestante, o exercício da titularidade do direito está dividido entre a mãe e o recém-nascido, cabendo ao empregador, exclusivamente, aguardar o retorno da empregada com o término do período de afastamento.

A jurisprudência trabalhista do TST se consolidou no sentido de tornar inválida a concessão de aviso prévio na fluência de garantia de emprego (Súmula n. 348) porquanto incompatível o tempo da estabilidade provisória acumulado com aviso de dispensa do contrato. Institutos diferentes devem ser observados cada um a seu momento.

Aplicar-se-ia a mesma regra da impossibilidade de fruição de aviso prévio durante a garantia de emprego para a atitude do empregador que comunica a empregada gestante, em gozo de licença maternidade, de que o contrato será rescindido no seu retorno ou que o posto que ocupava foi extinto, gerando ansiedade e preocupações nos primeiros momentos da maternidade.

O ministro Alexandre de Moraes, no autos do Recurso Extraordinário 629.053, São Paulo, em que se discutia a necessidade ou não de comprovação formal da gravidez para o reconhecimento da garantia de emprego constitucional, asseverou com acuidade que, *verbis*:

> "A Constituição Federal proclama importantes direitos em seu art. 6º, entre eles a proteção à maternidade, que é a ratio para inúmeros outros direitos sociais instrumentais, tais como a licença-gestante e, nos termos do inciso I, do art. 7º, o direito à segurança no emprego, que compreende a proteção da relação de emprego contra despedida arbitrária ou sem justa causa da gestante. Sob essa ótica, a proteção contra dispensa arbitrária da gestante, caracteriza-se como importante direito social instrumental protetivo tanto da mulher, ao assegurar-lhe o gozo de outros preceitos constitucionais — licença maternidade remunerada, princípio da paternidade responsável —; quando da criança, pois a *ratio* da norma não só é salvaguardar outros direitos sociais da mulher — como, por exemplo, o pleno gozo do direito a licença maternidade — mas também, efetivar a integral proteção ao recém-nascido, possibilitando sua convivência integral com a mãe, nos primeiros meses de vida, de maneira harmônica e segura — econômica e psicologicamente, em face da garantia de estabilidade no emprego —, consagrada com absoluta prioridade, no art. 227 do texto constitucional, como dever inclusive da sociedade (empregador).

A imprescindibilidade da máxima eficácia desse direito social duplamente protetivo é reafirmada pelo art. 10, inciso II do ADCT, ao estabelecer que 'até que seja é reafirmada promulgada a lei complementar a que se refere o art. 7º, I, da Constituição fica vedada a dispensa arbitrária ou sem justa causa da empregada gestante, desde a confirmação da gravidez até cinco meses após o parto'. Em suma, a fim de se garantir uma estabilidade econômica à gestante para que ela tenha, durante a gravidez, e, depois, nos primeiros meses, que comprovadamente pela medicina e pela ciência são os meses mais importantes de proximidade da mãe com filho, a Constituição e o ADCT estabeleceu um período em que se garantiu uma estabilidade econômica para auxiliar numa instabilidade psicológica da mãe; e isso obviamente auxiliando toda a gestação e esses cinco meses, auxiliando o início de vida da criança. A ratio dessa norma, a meu ver, não é só o direito à maternidade, mas também a absoluta prioridade que o art. 227 estabelece de integral proteção à criança, inclusive, ao recém-nascido. É um direito de dupla titularidade."

Desta forma, do que se viu, a licença-maternidade exige cuidados especiais e impede que o empregador adote comportamentos equivalentes à dispensa da empregada, causando-lhe danos psicológicos e afetando o metabolismo diante da iminência de dificuldades econômicas em face da perda de emprego anunciada.

Em conclusão, os períodos de afastamento que impedem a continuidade da prestação de serviços pelo empregado podem ser decorrentes de conquistas pessoais e próprias do comportamento do empregado no cumprimento de suas obrigações contratuais (férias e descanso semanal remunerado) ou, de outra via, como no caso da gestante, decorrente de compromisso social de proteção da maternidade e, por esta razão, imporia ao empregador, em última análise, dar efetividade ao direito.

Autonomia privada coletiva: Pressuposto de negociação válida

18 de agosto de 2023

O direito coletivo do trabalho pertence a um ramo especialíssimo do Direito do Trabalho, produtor de grandes avanços nas relações de trabalho, que exige do intérprete e daqueles que têm a responsabilidade no seu manejo a compreensão de seus princípios, sua estrutura, forma de realização do direito e seus efeitos.

Neste sentido, e talvez por situar-se em lugar extremamente relevante na definição de direitos coletivos, é que a responsabilidade dos negociadores não pode ser tratada de forma inconsequente ou negligenciada, a fim de que não se criem ou suprimam direitos sem a devida segurança jurídica.

Por esta razão, o § 5º do art. 611-A, da CLT, impôs a participação dos sindicatos subscritores de convenção coletiva ou de acordo coletivo de trabalho como litisconsortes necessários, em ação individual ou coletiva, que tenha como objeto a anulação de cláusulas desses instrumentos.

Deste modo, quanto aos princípios próprios do direito coletivo, vinculam-se eles ao exercício da liberdade sindical (Convenção n. 87, da OIT) e não se confundem, tais princípios, com aqueles que se aplicam nas relações individuais de trabalho. O exercício do direito à liberdade sindical pelos trabalhadores, por meio da formação de sindicato, representa um ato de entrega e de confiança aos dirigentes sindicais eleitos que, supostamente, poderiam fazer melhor na defesa de seus direitos.

Os efeitos da proteção social divergem profundamente porquanto, no trato individual, o trabalhador é protegido em sua manifestação da vontade por normas, garantidoras de direitos individuais, aplicadas na relação empregado x empregador, consoante disposto no art. 7º e incisos da Constituição e art. 468 da CLT. A proteção se justificaria diante da fragilidade econômica na relação contratual do empregado que, diante da necessidade de emprego, poderia se submeter a situações de trabalho degradantes em que direitos lhe fossem negados.

Já no campo do direito coletivo a vontade individual se substitui pela autonomia da vontade coletiva. Aqui, pretende-se que, agindo em grupo, os trabalhadores poderiam equilibrar a desigualdade econômica da relação individual. A proteção social adquire caráter de natureza mais amplo em que se considera a aplicação do negociado sobre todos os beneficiários que tiveram a oportunidade de se manifestar coletivamente, em assembleia, devidamente convocada para a finalidade específica.

Aqui não podem ser discutidos os efeitos da norma coletiva sobre contratos individuais atingidos pela decisão da assembleia dos interessados, tomada presencialmente ou por meios eletrônicos. É o caso da redução de salário por meio de acordo ou convenção coletiva, admitido pela Constituição, art. 7º, VI e § 3º, com previsão, pós-reforma, no art. 611-A da CLT.

A entidade que tem capacidade de conduzir, de forma legal, as manifestações de ordem coletiva é o sindicato dos trabalhadores que assume, na sua atuação, a presunção e o pressuposto de que tenha legitimidade capaz de liderar o grupo dos interessados envolvidos, permitindo a livre autonomia da vontade coletiva. Trata-se de condição formal de validade jurídica das normas coletivas.

O dirigente sindical, quando atua de forma isolada, produzindo efeitos sobre os direitos dos representados, age de forma absolutista e não representa a vontade dos trabalhadores e, assim, assume a responsabilidade pelo que diz e faz, sem comprometimento dos trabalhadores representados pela entidade sindical.

O sítio do TST (Tribunal Superior do Trabalho) e desta *ConJur* publicaram notícia que acentua práticas heterodoxas em negociações coletivas. O título da chamada já é esclarecedor: *"TST anula acordo coletivo assinado na pandemia sem aprovação em assembleia"*. A decisão anulatória foi proferida em recurso do MPT, com relatoria do ministro Alexandre Agra Belmonte, contra homologação de acordo coletivo pelo TRT da 13ª Região, a despeito de que, embora provocado pelo MPT, considerou que o momento pandêmico vivido permitiria negociação sem que os trabalhadores se manifestassem (ROT-346-65.2020.5.13.0000).

A Seção Especializada em Dissídios Coletivos (SDC), fundamentou sua decisão na ausência de assembleia dos trabalhadores interessados, única e essencial condição que daria validade ao negociado.

O exemplo de procedimento é típico do exercício da condição de dirigente sindical de forma autônoma, que age sem legitimidade, contrariando princípios básicos e fundamentais que norteiam o direito coletivo do trabalho.

O fato de que, em período de pandemia, não havia condições para reunir trabalhadores, não serviu de justificativa para legitimar a negociação sem assembleia que poderia ter sido convocada por meios eletrônicos.

A situação julgada é *sui generis*. Não se pode falar de intervenção mínima da Justiça do Trabalho, consoante previsto no art. 8º, § 3º, da CLT, pois não houve manifestação da autonomia da vontade coletiva. Talvez abuso do direito sindical.

Trata-se de exemplo, o julgado, de como o sindicato não deve atuar em negociações coletivas para não comprometer o respeito à liberdade sindical, à organização sindical e à atuação em negociações coletivas.

Inconsistências do STF em torno da contribuição assistencial aos sindicatos

8 de setembro de 2023

A imprensa tem noticiado com insistência sobre o retorno da contribuição sindical, tornada facultativa pela Lei n. 13.467/17. O momento político é fértil para a discussão e os dirigentes sindicais habilmente dele se aproveitam.

A discussão que se trava em torno da possibilidade ou não de que a assembleia de trabalhadores decida sobre o desconto da contribuição assistencial nos salários dos empregados está muito longe de atender aos princípios constitucionais e democráticos que envolvem o tema e acaba por ofender o direito ao exercício da liberdade sindical.

E parece que o STF (Supremo Tribunal Federal) retomou o assunto para atender aos reclamos do sindicalismo acomodado na outrora contribuição sindical, com fundamentos que se chocam internamente com decisões anteriores daquela Corte.

Sobre o assunto, em 16 de agosto de 2019, dizíamos nesta coluna que:

> "Desde a Reforma Trabalhista da Lei n. 13.467/17, o tema da obrigação dos empregadores de descontar dos seus empregados, sindicalizados ou não, o pagamento de contribuição aos sindicatos, por meio de aprovação em assembleia dos interessados, categoria profissional ou econômica, tem causado insegurança jurídica para as empresas. O cumprimento da norma coletiva traz potencial contingência porquanto poderia ser objeto de reclamação individual com demanda de reembolso dos valores descontados, quando se tratar de trabalhadores. O descumprimento, por seu turno, expõe as empresas a ações coletivas fundadas em convenções coletivas."

E, naquele momento, em 2019, citamos a liminar concedida pela ministra Cármen Lucia, em maio daquele ano, na Reclamação 34.889 do Rio Grande do Sul, seguindo decisão já concluída na Ação Direta de Inconstitucionalidade 5.794/DF, para suspender os efeitos do acórdão proferido pelo Tribunal Regional do Trabalho da 4ª Região, no Recurso Ordinário 0020275-53.2018.5.04.0405, que determinava à empresa os descontos de contribuição sindical dos salários de seus empregados. Muito embora se discuta o desconto em salários, a tese da decisão vale também para o custeio do sindicato patronal.

De fato, as recentes manifestações do STF parecem ignorar o respeito à compatibilização do direito fundamental à liberdade sindical e o caráter obrigatório e legítimo de desconto em salário para custeio de entidade sindical exigido, não mais por lei, mas por norma coletiva aprovada em assembleia da categoria profissional ou econômica.

Naquele mesmo artigo nesta coluna, trouxemos decisão do TST em torno do assunto, no mesmo sentido, nos seguintes termos:

> "O *site* do Tribunal Superior do Trabalho trouxe notícia, no dia 14/8, que a 5ª Turma, em acórdão da lavra do ministro Breno Medeiros, em votação unânime, (Processo: RR-373-97.2018.5.07.0028) julgou improcedente a ação de cobrança ajuizada pelo Sindicato dos Trabalhadores nas Empresas de Refeições Coletivas e Afins no Estado do Ceará visando à cobrança da contribuição sindical dos empregados da MTD Petróleo.
>
> A autorização prévia, expressa e individual do empregado para que seja realizado o desconto, de acordo com o art. 579 da CLT, introduzido pela Lei n. 13.467/17, homenageia o exercício da liberdade sindical individual, de acordo com o que estabelece a Convenção n. 87 da OIT.
>
> Segundo informa a publicação, 'O relator [...] assinalou que, a partir da Reforma Trabalhista, o recolhimento da contribuição sindical se tornou facultativo. Na sua avaliação, embora o dispositivo não faça referência expressa nesse sentido, a interpretação da necessidade da autorização individualizada se 'coaduna com o espírito da lei', que pretendeu resguardar o princípio constitucional da liberdade de associação sindical'."

A impropriedade da mudança de orientação do STF é preocupante do ponto de vista das garantias constitucionais, em especial do exercício da liberdade sindical. Como tivemos oportunidade de dizer,

> "As ações de cobrança de contribuição expõem ainda mais os sindicatos à sua fragilidade de representação e confirmam a ausência de legitimidade no modelo de unicidade sindical. O conteúdo das demandas, de um lado, no mérito, fixa o sujeito passivo da obrigação que não integra a relação jurídica

> (o empregador) e, de outro, está a desafiar a competência da Justiça do Trabalho ou qualquer órgão arbitral para apreciar litígios dessa natureza cuja essência enfrenta um direito fundamental de liberdade consagrado no art. 8° da Constituição Federal, de interesse público inexorável."

Deste modo, quando os ministros do STF decidem pela constitucionalidade de que a contribuição assistencial possa ser fixada por assembleia dos interessados (Tema 935 da repercussão geral), não acrescenta nada de novo, dado que a prevalência da autonomia da manifestação da vontade coletiva. Todavia, inverter a forma de desconto, exigindo que o empregado manifeste sua oposição, revela absoluta ignorância dos conflitos que surgem na prática para fazer valer a oposição. De outro lado, vai perpetuando a unicidade sindical.

Em 5 de maio deste ano de 2023, nesta mesma coluna escrevemos sobre a posição do STF, dizendo que:

> "A decisão do STF, de interesse constitucional discutível, permite que empregadores controlem dados sensíveis dos seus empregados quanto à opção política de se filiar ou não ao sindicato, infringindo, de modo flagrante, a Lei Geral de Proteção de Dados. Não cabe ao empregador o controle da sindicalização de seus empregados.
>
> Poderiam dizer alguns 'mas foi assegurado o direito de oposição aos trabalhadores'. Esse argumento é sofismático e revela desconhecimento da prática da recusa ao desconto e trata o sindicato como se fosse único na empresa. Melhor seria, em respeito à liberdade sindical, assegurar aos trabalhadores que se negam à contribuição sindical ou assistencial a formação de novos sindicatos em busca de maior identidade entre representantes e representados.
>
> A decisão coloca o empregador na relação jurídica que não lhe pertence. Trata-se de relação direta entre trabalhador e sindicato, exclusivamente, não cabendo à empresa servir de caixa de arrecadação do sindicato."

Ademais, a orientação que obriga ao pagamento de contribuição a sindicato se choca frontalmente com o direito fundamental da liberdade sindical da Convenção n. 87 da OIT, incorporado no art. 8º da Constituição Federal em 1988, ao menos no seu *caput*.

Direito à privacidade no trabalho e a contribuição assistencial

29 de setembro de 2023

O tema do mês no *site* do Tribunal Superior do Trabalho é dedicado ao bem maior de todas as pessoas, a privacidade, e, em relação ao trabalhador no ambiente de trabalho, ou seja, o "Direito à privacidade no ambiente de trabalho". Ao passar pelas indicações bibliográficas de artigos, livros e jurisprudência, observa-se que não é tarefa fácil preservar a compatibilização da privacidade dos trabalhadores no ambiente laboral com a Lei Geral de Proteção de Dados, Lei n. 13.709/2018, e o empregador caminha em águas turvas.

Em geral, as abordagens que lá estão feitas levam em consideração a proteção de dados que envolvem questões de ordem pessoal, claro, muitas vezes exigidas pelas empresas de candidatos ao emprego. Assim, por exemplo, exigir informações relativas a cadastro de serviços de proteção ao crédito, cuja finalidade não se aplicaria na relação de emprego.

Publicado no *site* das Nações Unidas, texto sobre o art. 12 da Declaração Universal dos Direitos Humanos (DUDH) afirma que:

> "A privacidade é frequentemente considerada como uma 'porta de entrada' que reforça outros direitos, *online* e *offline*, incluindo o direito à igualdade e não discriminação e liberdade de expressão e de reunião.
>
> No entanto, a privacidade também é um valor em si, essencial para o desenvolvimento da personalidade e para a proteção da dignidade humana, um dos principais temas da DUDH. Permite nossa proteção contra interferências não autorizadas em nossas vidas e determinar como queremos interagir com o mundo. A privacidade nos ajuda a estabelecer fronteiras para limitar quem tem acesso aos nossos corpos, lugares e coisas, assim como nossas comunicações e nossas informações."
>
> Já a Lei n. 13.709/2018, balizadora dos limites de respeito à privacidade e à dignidade da pessoa humana, dispõe no art. 6º que "as atividades de tratamento de dados pessoais deverão observar a boa-fé e os seguintes princípios:

I – FINALIDADE: realização do tratamento para propósitos legítimos, específicos, explícitos e informados ao titular sem possibilidade uso posterior de forma incompatível com essas finalidades;

II – ADEQUAÇÃO: compatibilidade de tratamento com as finalidades informadas ao titular, de acordo com o contexto do tratamento;

III – NECESSIDADE: limitação do tratamento ao mínimo necessário para a realização de suas finalidades, com abrangência dos dados pertinentes proporcionais e não excessivos em relação às finalidades do tratamento de dados;

(...)

IX – NÃO DISCRIMINAÇÃO: impossibilidade de realização de tratamento para fins discriminatórios ilícitos ou abusivos."

O art. 5º, inciso II, da LGPD, considera como **dado pessoal sensível** o de natureza *"pessoal sobre origem racial ou étnica, convicção religiosa, opinião política, **filiação a sindicato** ou a organização de caráter religioso, filosófico ou político, dado referente à saúde ou à vida sexual, dado genético ou biométrico, quando vinculado a uma pessoa natural"* (grifo do colunista).

O mesmo art. 5º, inciso XII, destaca que o consentimento deve corresponder à *"**manifestação livre**, informada e inequívoca pela qual o titular concorda com o tratamento de seus dados pessoais para uma finalidade determinada"*.

A proteção trazida pela LGPD responde à garantia institucionalizada dos direitos fundamentais considerados como *"direitos públicos-subjetivos de pessoas (físicas ou jurídicas), contidos em dispositivos constitucionais e, portanto, que encerram caráter normativo supremo dentro do Estado, tendo como finalidade limitar o exercício do poder estatal em face da liberdade individual"* (Teoria Geral dos Direitos Fundamentais, Dimitri Dimoulis e Leonardo Martins, Editora Atlas, 4. ed., 2012).

A decisão do STF em torno da contribuição assistencial expõe de modo inexorável possível invasão do direito de privacidade, afirmado no art. 12 da Declaração Universal dos Direitos Humanos de 1948 e, além disso, desconsidera os termos da Lei Geral de Proteção de Dados que considera como dado sensível, dentre outros acima mencionados, o da filiação a sindicato, porquanto se trata do exercício de liberdade política do trabalhador e que, por razões históricas, não desejaria se expor perante o empregador quanto à sua orientação política.

Há, entre nós, uma tendência a julgamento das pessoas segundo o nível de manifestação de suas liberdades civis, que dizem respeito ao direito da pessoa, sua vida privada, vida familiar ou liberdades públicas, atinentes à liberdade de pensamento, liberdade religiosa, liberdade sindical, liberdade de expressão, de reunião e de manifestação.

O STF inibe o exercício das liberdades públicas e fortalece a unicidade sindical, colocando nas mãos do empregador o controle do índice de sindicalização dos seus empregados na medida em que saberá quais são os sindicalizados e quais são aqueles não aderentes à política sindical.

Além de inibir a transformação natural da formação orgânica de novos sindicatos, o SFT abre uma zona de conflitos intermináveis.

Os dilemas jurídicos no trabalho prestado por meio de aplicativos

20 de outubro de 2023

O mundo das relações de trabalho se caracteriza pela constante mudança e adequação de acordo com o momento do desenvolvimento tecnológico. O Direito do Trabalho guarda uma dinâmica histórica de nunca estar pronto e concluído para acolher as mudanças sociais.

Notável, nos últimos tempos, a velocidade das transformações impulsionada pelos novos meios de comunicação. Os atuais modos de prestação de serviços ou de entrega de trabalho, dada a peculiaridade de cada situação, criaram uma dificuldade de enquadramento jurídico, no modelo paradigmático e binário, que foi a base da construção do Direito do Trabalho que, na época, atendia às necessidades prementes da ocasião.

Consolidou-se o Direito do Trabalho, deste modo, como garantidor de direitos mínimos, afastando-se do direito civil. No campo do direito obreiro, só se reconhecia a condição de empregado como único sujeito a quem se destinava a legislação trabalhista e protecionista e, assim sendo, a Justiça do Trabalho, desde sua criação e até a Emenda Constitucional n. 45, de 2004, focava seu campo de atuação, com exclusividade, no reconhecimento de direitos a quem se titulava como empregado.

O trabalho prestado por meio de aplicativo rompeu o paradigma da relação empregado *x* empregador e, na atualidade, o que se busca é uma forma de enquadramento a fim de que se possa dar suporte jurídico aos contratantes e proteção social aos contratados. Neste caso, o desafio do intérprete é afastar-se dos padrões tradicionais e exclusivos de proteção pelo modelo celetista.

Houve um tempo em que a terceirização era o grande vilão da precarização da proteção social, pois, seguindo a estrutura sindical de organização por categoria, excluía trabalhadores dos benefícios reconhecidos àqueles que se chamavam de "categoria preponderante". O problema constatado era exclusivamente de natureza sindical que, de modo perverso, favorecia a exclusão de trabalhadores que prestavam serviços terceirizados, integrantes de outra categoria. Hodiernamente, de forma lamentável, os sindicatos insistem no mesmo modelo sem resultado efetivo de melhoria da condição social dos trabalhadores.

Ainda hoje convivemos com a terceirização. A fim de buscar a sua descaracterização, a doutrina criou a subordinação estrutural como justificativa para vincular os trabalhadores na responsabilidade exclusiva do tomador dos serviços. Neste caso, as Leis ns. 13.442 e 13.467 de 2017 legalizaram a terceirização e permitiram a prática de contratação de pessoa jurídica em atividade fim. Esvaziaram-se juridicamente as críticas de ilegalidade ou ilicitude.

No caso dos aplicativos, nota-se que, diante do arcabouço legislativo e histórico de proteção da legislação trabalhista, para alguns, a solução seria de extensão do modelo da CLT para amparar, juridicamente, a relação de trabalho e, deste modo, estariam, por suposição, solucionados todos os questionamentos.

Todavia, há sólidos argumentos no sentido contrário à extensão de obrigações trabalhistas nesta seara, pois a relação de trabalho que se estabelece foge do modelo paradigmático da relação de emprego, em especial no que diz respeito à tipicidade da subordinação, entre outros.

De novo, a doutrina buscou a saída, introduzindo a chamada "subordinação algorítmica", que, de forma abstrata, estaria impondo condições de fiscalização no controle das atividades daqueles que se utilizam do aplicativo para a prestação de serviços.

Deste modo, as decisões trabalhistas de primeira instância, muitas vezes levadas pelo imediatismo, têm se revelado favorável ao atendimento de ações em que se pretende o reconhecimento de vínculo de emprego ou, quando se trata de ação civil pública, a determinar que as empresas de aplicativos façam as anotações de vínculo em seus prestadores de serviços que, talvez, nem Carteira de Trabalho possuem.

O problema que se constata é que o ponto de partida das interpretações é o elemento subordinação, tal como foi concebido naquele tempo do trabalho executado sob os olhos do patrão, com ampla restrição da liberdade no tempo dedicado ao trabalho.

Agora não mais é assim. Talvez o momento seja de buscar o sentido efetivo do termo subordinação. O engajamento de prestadores de serviços em modelos alternativos à condição de empregado leva em consideração a responsabilidade contratual com liberdade na disponibilidade de tempo e na forma de execução do trabalho.

A liberdade e autonomia na utilização do próprio tempo, considerado como inviolável e do qual somente a própria pessoa pode dele dispor, talvez seja esse o grande diferencial que se pode utilizar para definir o que seja a subordinação no sentido estrito para o vínculo de emprego.

Claro está que, das decisões e questionamentos mais recentes, o que se observa e o que se pretende fazer é um encaixe dos fatos no modelo da proteção trabalhista tradicional, utilizando-se de elementos, aparentemente impróprios e, assim, estender os direitos trabalhistas para situações anômalas.

Na atualidade, corre-se o risco de forçar a identificação da subordinação com elementos fáticos diversos e, assim, chegar a uma caricatura, totalmente distorcida e não condizente com o momento em que se analisam os fatos.

Enfim, o trabalho por meio de aplicativo pode ser parecido com o de vínculo de emprego, mas não é o mesmo. É novo e não se compara com o antigo.

Contribuição assistencial: O acórdão do STF e os embargos do MPT

10 de novembro de 2023

Os sindicatos de trabalhadores, historicamente, no mundo inteiro, desempenharam papel relevante na construção dos direitos trabalhistas. Entre nós não foi diferente. Todavia, na atualidade, os sindicatos passam por um processo de transformação em que o modelo de unicidade sindical serviu para fortalecer economicamente os sindicatos, mas, de outro lado, enfraqueceu a representatividade das organizações.

A publicação do acórdão dos embargos declaratórios no Recurso Extraordinário 1.018.459, da lavra do ministro Gilmar Mendes, que tratou de rever decisão anterior sobre os descontos de contribuição assistencial prevista em norma coletiva — entendendo, agora, como constitucional a imposição a todos os empregados representados pelo sindicato, filiados ou não, desde que seja assegurado o direito de oposição dos trabalhadores não associados —, ficou longe de atender a prestação jurisdicional esperada e trouxe inconsistências em seus fundamentos.

A tese fixada (Tema 935) ficou redigida assim: "É constitucional a instituição, por acordo ou convenção coletivos, de contribuições assistenciais a serem impostas a todos os empregados da categoria, ainda que não sindicalizados, desde que assegurado o direito de oposição".

O fundamento legal da possibilidade de impor contribuições assistenciais está no art. 513 da CLT, ao tratar das prerrogativas dos sindicatos, mencionada na alínea "e", autorizando a entidade a "impor contribuições a todos aqueles que participam das categorias econômicas ou profissionais ou das profissões liberais representadas".

A fim de garantir a legitimidade da cobrança, os trabalhadores definem o valor da contribuição assistencial no momento das assembleias de associados, designadas pelo sindicato para definir a pauta de reivindicações, que será objeto das negociações coletivas. Em palavras outras, a contribuição não é objeto da negociação e nem depende de concordância do sindicato patronal ou empresa quando se tratar de acordo coletivo.

Ela, a contribuição, recebe a aprovação dos descontos em assembleia e não poderá ser contestada.

Vale lembrar que os sindicatos, de acordo com o disposto pelo art. 612 da CLT, somente poderão "celebrar Convenções ou Acordos Coletivos de Trabalho, por deliberação de Assembleia Geral especialmente convocada para esse fim, consoante o disposto nos respectivos Estatutos, dependendo a validade da mesma do comparecimento e votação, em primeira convocação, de 2/3 (dois terços) dos associados da entidade, se se tratar de Convenção, e dos interessados, no caso de Acordo, e, em segunda, de 1/3 (um terço) dos mesmos".

Portanto, a decisão pela contribuição assistencial é tomada pelos associados do sindicato, devidamente convocados para deliberação, e o fato de pertencerem à "categoria" não significa dizer associado e, portanto, não poderiam comparecer à assembleia para manifestar seus interesses ou oposição. Neste sentido, o voto do ministro Roberto Barroso traz inconsistência absoluta ao afirmar que

> "Convoca-se a assembleia com garantia ampla de informação a respeito da cobrança e, na ocasião, permite-se que o trabalhador se oponha àquele pagamento. Ele continuará se beneficiando do resultado da negociação, mas, nesse caso, a lógica é invertida: em regra admite-se a cobrança e, caso o trabalhador se oponha, ela deixa de ser cobrado."

O sindicato não tem poderes para convocar assembleia para não associados!

Melhor seria manter a lógica do art. 545, da CLT, pelo qual a obrigação de desconto em folha de pagamento está condicionada à autorização dos empregados ("Os empregadores ficam obrigados a descontar da folha de pagamento dos seus empregados, desde que por eles devidamente autorizados, as contribuições devidas ao sindicato, quando por este notificados").

De outro lado, ao afirmar que, de acordo com o disposto pelo art. 8º, III, da CF, o sindicato tem a representação de toda a categoria profissional, não significa poderes absolutos para determinar que não associados estejam obrigados ao pagamento da contribuição, ainda que beneficiários do modelo corporativo de organização sindical. A figura do "carona", referida pelo ministro, na verdade, está nesta condição em razão do sistema e está privado da liberdade sindical de escolher o transporte.

De fato, o STF fez um remendo para tentar socorrer o histórico baixo índice de sindicalização, mais evidenciado pela Lei n. 13.467/2017, ao dar à contribuição sindical caráter facultativo. Afirma o ministro Roberto Barroso que

> "Caso mantido o entendimento de que a contribuição assistencial também não pode ser cobrada dos trabalhadores não filiados, o financiamento da atividade sindical será prejudicado de maneira severa. Há, portanto, um risco significativo de enfraquecimento do sistema sindical."

Com todo respeito, o sindicalismo não será mais forte com modelos de custeio forçados, mas pela adesão de trabalhadores que, efetivamente, deem ao sindicato legitimidade na representação.

Dito isso, a convenção ou o acordo coletivo são instrumentos normativos que estipulam condições de trabalho no âmbito das respectivas representações às relações individuais de trabalho, conforme dispõe o art. 611, da CLT.

Claro está que as normas que fixam deveres e obrigações dos trabalhadores, vis à vis a entidade sindical, têm caráter regulamentar e de cunho associativo, basicamente, e não devem merecer interferência patronal sob pena de prática de ato antisindical.

O Ministério Público do Trabalho, oportunamente, opôs embargos declaratórios para que sejam esclarecidas omissões na "perspectiva da fixação da tese e modulação de efeitos" a fim de evitar conflitos trabalhistas que, aliás, já se mostram em grande número perante o Judiciário Trabalhista.

Pretende o MPT que o STF observe em sua decisão três aspectos: (1) module os efeitos da exigência a partir da decisão do STF com o objetivo de cumprir mandamento constitucional da segurança jurídica, evitando cobranças retroativas; (2) que seja observado um valor razoável da contribuição assistencial; (3) que se manifeste quanto a eventuais atos antissindicais.

Parece que o MPT tenha perdido a oportunidade, ainda, em defesa do exercício da liberdade sindical e da proteção de dados de acordo com a LGPD, de apontar que a decisão do STF não protege a condição cidadão enquanto associado ou não ao sindicato.

Efetividade e eficácia na transparência salarial entre mulheres e homens

1º de dezembro de 2023

O Direito do Trabalho e a legislação trabalhista vivem, historicamente, o drama de sua efetividade e de sua eficácia, gerado, especialmente pelas circunstâncias sociais, econômicas e culturais. A eficácia de uma regra de direito ou de proteção social, no caso da legislação trabalhista, decorre da condição de obter o resultado desejado pelo legislador. Neste sentido, a Lei n. 14.611/2023, que dispôs sobre a igualdade salarial e de critérios remuneratórios entre mulheres e homens, tratou de forma efetiva de hipótese de combate à discriminação de gênero, gerando a expectativa de sua eficácia no plano real, a depender de regulamento que deveria ser objeto de regulamentação.

No dia 23 de novembro, o governo federal publicou o Decreto n. 11.795 que, atendendo o disposto na Lei n. 14.611, regulamentou, ou pelo menos tentou regulamentar, os mecanismos de transparência salarial e de critérios remuneratórios entre mulheres e homens, cuja finalidade, para dizer o óbvio, é dar eficácia à proposta do legislador.

O decreto trouxe os mecanismos de controle na transparência salarial e de critérios de remuneração que são aqueles já anunciados pela lei, ou seja (1) o relatório de transparência salarial e de critérios remuneratórios; e (2) o plano de ação para mitigação da desigualdade salarial e de critérios remuneratórios entre mulheres e homens.

O relatório de transparência salarial e de critérios remuneratórios implicará a necessidade de que as empresas informem objetivamente a sua política salarial, considerando os diferentes cargos e funções, apontando os critérios de acesso quando mantiver plano de cargos e salários e, ainda, relativamente ao salário, o decreto regulamentador vai a detalhamento quanto ao valor de todas as verbas salariais, inclusive as previstas em norma coletiva, que componham a remuneração do empregado, aí incluído o terço de férias e o aviso prévio indenizado [*sic*].

As empresas incluídas na obrigação deverão cuidar de fazer um descritivo minucioso para cada verba indicada no rol do inciso II, do art. 2º, sob pena de sofrer fiscalização trabalhista para averiguação da regularidade dos pagamentos efetuados. Assim, exemplificativamente, sobre o valor dos adicionais, deverão eles estar vinculados ao cargo e local de ocupação, apontando os percentuais pagos que, por cautela, deveriam ser seguidos de laudo pericial ou, pelo menos de uma análise técnica ambiental de risco.

Relativamente às comissões pagas, comum no setor de comércio, as diferentes faixas de percentuais deverão demonstrar os critérios objetivos de percentuais de comissões. Quando se tratar de gratificações, que o decreto traz a expressão de forma genérica, presume-se que sejam as de natureza salarial e não as que são pagas por eventos especiais e de forma esporádica. No mesmo sentido, a participação dos trabalhadores nos lucros não fará parte do relatório de transparência a menos que o Ministério do Trabalho passe a confundir gratificação com participação nos lucros, negociada nos termos da Lei n. 10.101, de 2.000.

Claro está que o relatório de transparência salarial e de critérios remuneratórios, considerando sua objetividade descritiva, não deveria ser objeto de críticas ou questionamentos pelo Ministério do Trabalho, exceto se demonstrar flagrante afronta à lei ou evidente discriminação entre mulheres e homens no pagamento de salários ou de acesso a cargos. Todavia, o § 5º, do art. 2º, sinaliza a possibilidade de o Ministério do Trabalho solicitar informações complementares às contidas no relatório, o que vai se transformar em peregrinação frequente dos empregadores ao Ministério para explicações.

A publicação do relatório de transparência será semestral, nos meses de março e setembro de cada ano. A dúvida quanto à forma de divulgação do relatório de transparência foi dissipada pelo § 3º, do art. 2º, ao informar que a publicação será aceita quando publicada "nos sítios eletrônicos das próprias empresas, nas redes sociais ou em instrumentos similares, garantida a ampla divulgação para seus empregados, colaboradores e público em geral".

Ficarão as empresas a mercê da aprovação pelo Ministério do Trabalho e, caso este, por seus agentes, considere que a empresa está discriminando salários entre mulheres e homens ou que haja critérios remuneratórios incompatíveis com o princípio legal, será obrigatoriamente implementado um Plano de Ação para Mitigação da Desigualdade Salarial e de Critérios Remuneratórios entre Mulheres e Homens com medidas, metas e prazos, além de, entre outros, criação de programas educativos para capacitação de gestores a respeito do tema da equidade entre mulheres e homens, capacitação e formação de mulheres para o ingresso, a permanência e ascensão no mercado de trabalho.

De acordo com o decreto regulamentador, na hipótese de elaboração do chamado Plano de Ação, deverá ser assegurada a participação de empregados e de representantes das entidades sindicais, pressupondo que, caso a empresa reúna empregados de diferentes entidades sindicais, todos terão assento na elaboração do plano. Caso não haja previsão normativa para a participação de empregados, o decreto aponta para as comissões de empregados previstas nos arts. 510-A a 510-D da CLT.

Convém esclarecer que, por força do decreto, o Ministério do Trabalho deverá disponibilizar ferramenta informatizada para que seja viabilizado o envio dos Relatórios de Transparência pelas empresas e para a divulgação dos relatórios e de "outros dados e informações sobre o acesso ao emprego e à renda pelas mulheres" (art. 4º).

Por meio de outros instrumentos de fiscalização o Ministério do Trabalho atuará para dar efetividade e eficácia à igualdade de remuneração entre mulheres e homens, seja por meio de notificações, seja por canais específicos de denúncias de discriminação salarial e, ainda, juntamente com o Ministério das Mulheres poderá dispor de outras medidas complementares para garantir a aplicação da lei de igualdade salarial entre mulheres e homens.

A expectativa de todos era de que, efetivamente, o decreto regulamentador trouxesse parâmetros claros e objetivos para que as empresas pudessem prestar contas do cumprimento da obrigação legal. Todavia, o que se vê é a repetição da lei, deixando, afinal, ao empregador o enfrentamento da fiscalização trabalhista que poderá se utilizar de avaliações de caráter subjetivo e dificultar os procedimentos adotados pelas empresas.

O decreto entrou em vigor na data de sua publicação, dia 23 de novembro de 2023, cabendo aos empregadores com mais de 100 empregados ficar atentos para o início da fiscalização que, no primeiro momento, terá caráter exclusivamente de orientação com notificação para que sejam cumpridas as exigências legais.

A efetividade e eficácia de uma norma caminham juntas e se complementam. A existência da lei nem sempre, em direito do trabalho, tem significado, na prática, sua eficácia em razão de fatores econômicos, sociais e culturais. O tempo poderá consolidar a proposta da lei da igualdade salarial e de critérios remuneratórios entre mulheres e homens, mas dependerá da boa vontade e paciência dos agentes da fiscalização.

Terceirização ilícita de serviços

22 de dezembro de 2023

Durante muito tempo, a utilização de empresas prestadoras de serviços terceirizados foi considerada como fraude a aplicação da legislação trabalhista e, também, como modelo de precarização de mão de obra. Daquele período são as Súmulas ns. 256 e, posteriormente, 331 do TST, que uniformizaram o entendimento daquela Corte quanto aos limites da terceirização de serviços em dois aspectos: quanto à atividade meio e ausência de subordinação do trabalhador ao tomador de serviços.

Numa evolução da doutrina, a fim de afastar a terceirização a qualquer custo, engendrou-se a teoria da subordinação estrutural dos trabalhadores que, supostamente, ocupavam lugar na cadeia produtiva e que prestavam serviços vinculados aos resultados econômicos do tomador, ou seja, o trabalho prestado adquire relevância para o tomador. Essa doutrina, que pretendia se sobrepor à subordinação jurídica, logo tomou conta das decisões judiciais trabalhistas.

O STF, em decisão histórica, afastou a subordinação estrutural como elemento descaracterizador da terceirização, adotando a seguinte tese no Tema 725 "É lícita a terceirização ou qualquer outra forma de divisão do trabalho entre pessoas jurídicas distintas, independentemente do objeto social das empresas envolvidas, mantida a responsabilidade subsidiária da empresa contratante", tendo como leading case o RE 958.252. A questão nodal do conteúdo e objeto dos serviços a serem prestados parecia ter sido resolvida.

A reforma trabalhista, por meio das Leis ns. 13.429 e 13.467, de 2017, trouxe, finalmente, parâmetros legais para que fosse admitida a terceirização da prestação de serviços e eliminou o questionamento anterior a respeito da destinação dos serviços prestados, ou seja, se atividade-fim ou meio do tomador.

Deste modo, a terceirização, que sempre foi considerada modelo de precarização de direitos, consolidou-se do ponto de vista legal. A partir de então, admite-se a terceirização em atividade-fim ou meio do tomador.

O tema, contudo, merece um parêntese para dizer que o nosso modelo de organização sindical é responsável pela ocorrência, ao longo dos anos, da precarização de direitos no âmbito das empresas prestadoras de serviços e, também, pelo tratamento diferenciado que existe internamente nas empresas que se utilizam de trabalhadores prestadores de serviços terceirizados.

A insistência das organizações sindicais de agrupamento em categorias históricas e desmontadas na atualidade, tendo como referência a atividade econômica da empresa, criou verdadeira separação de classe entre os trabalhadores que atuam na mesma atividade econômica e no mesmo local de trabalho.

Verdade seja dita: os sindicatos profissionais se posicionaram com frequência contra a terceirização, todavia, as críticas estavam voltadas à redução de trabalhadores da base para o recolhimento da contribuição sindical aos cofres do sindicato da categoria preponderante.

Voltando ao tema da terceirização pós-reforma trabalhista, ao contrário do que muitos sugerem, a regulamentação pela lei não afastou a possibilidade de caracterização de serviços terceirizados como fraude a direitos trabalhistas, observado, inclusive, o Tema 725 do STF.

O sítio do TST divulgou em 12/12/2023, a seguinte notícia de julgamento da 3ª Turma: "Subordinação direta e grupo econômico justificam reconhecimento de vínculo de terceirizados", processo AIRR-10339-89.2015.5.05.0531 e AIRR-1381-34.2016.5.07.0011.

Segundo o relator do caso, ministro Alberto Bastos Balazeiro, "não se trata de mera discussão sobre terceirização, pois há fundamento autônomo e independente que permite afastar a aplicação do entendimento do STF". Segundo o relator, o próprio STF excluiu do alcance de sua tese "os casos em que a tomadora e a prestadora de serviços integram o mesmo grupo econômico".

Então, a utilização do modelo de terceirização foi descaracterizada por dois aspectos: primeiro, a existência de subordinação direta do trabalhador ao tomador e, segundo aspecto, o fato de o prestador e o tomador de serviços integrarem o mesmo grupo econômico, não se confundindo com os casos dos julgamentos da ADPF 324 e do RE 958.252, ficando caracterizada a fraude aos direitos trabalhistas dos empregados das empresas prestadoras de serviços.

De outro lado, vale a ressalva sobre o tema no sentido de que o TST tem sido criterioso ao analisar os casos de terceirização de serviços que chegam para julgamento. Parece unânime que a ilicitude da terceirização, quanto ao modo de contratação e de entrega do trabalho, é a tônica para o reconhecimento do vínculo de emprego e para afastar a licitude da terceirização, colocada como forma de fraudar direitos trabalhistas.

Vale, para concluir, observar o acórdão trazido em sua decisão pelo ministro Balazeiro:

"RECURSO DE REVISTA. (...) TERCEIRIZAÇÃO DE SERVIÇOS.

ATIVIDADE-FIM. VÍNCULO DE EMPREGO. SUBORDINAÇÃO DIRETA. DISTINGUISHING. ACÓRDÃO REGIONAL PUBLICADO ANTES DA VIGÊNCIA DA Lei n. 13.015/2014.

1 O col. Tribunal Regional reconheceu a ilicitude da terceirização dos serviços relacionados à atividade-fim do tomador de serviços aplicando a diretriz da Súmula n. 331, I, do TST, a fim de reconhecer o vínculo diretamente com o tomador de serviços (Banco Hipercard Banco Múltiplo S.A.), com o consequente enquadramento da autora na categoria dos bancários, concedendo-lhe todos os benefícios e condições asseguradas a esta categoria.

2 Conquanto a Suprema Corte tenha reconhecido, no julgamento da ADPF n. 324 e do RE n. 958.252, a legalidade irrestrita da terceirização de serviços, podendo a contratação de trabalhadores se dar de forma direta ou por empresa interposta e para exercer indiscriminadamente atividades ligadas à área fim ou meio das empresas, não se configurando em tais circunstâncias relação de emprego entre a contratante e o empregado da contratada, não há como reconhecer a validade da contratação quando a prova produzida demonstra haver a subordinação direta da reclamante ao tomador dos serviços.

3 A referida peculiaridade é suficiente para a utilização da técnica da distinção, também conhecida como distinguishing, e, por conseguinte, para a não aplicação do Precedente fixado pelo STF, o qual examinou a licitude da terceirização apenas no enfoque das atividades desenvolvidas pela empresa contratante. Assim, reitere-se, reconhecida a fraude na contratação, não pela atividade desempenhada pela reclamante, mas pela existência de subordinação direta da autora à empresa tomadora dos serviços, não há que se falar em licitude da terceirização.

4 Registre-se que os elementos fáticos delineados pelo Juízo a quo são insuscetíveis de reexame nesta instância extraordinária, nos termos da Súmula n. 126 do TST. Precedentes. Recurso de revista não conhecido." (RR-1652-31.2011.5.06.0016, 3ª Turma, relator Ministro Alexandre de Souza Agra Belmonte, *DEJT* 18.03.2022)

Desta feita, se enganam aqueles que pensam que a terceirização de serviços não encontra limites porquanto regulamentada pelas Leis ns. 13.429 e 13.467 de 2017. Não se trata mais de uma questão legal, mas de conteúdo prático em que a primazia da realidade dará o tom da licitude ou ilicitude da adoção do modelo contratual.

2024

TST acolhe estudo de inclusão social de catadores e carroceiros

12 de janeiro de 2024

Há muito tempo as ruas das cidades brasileiras denunciam o aumento da pobreza a que fomos levados em razão da falta de oportunidade de trabalho e do modelo econômico gerador de desigualdade social. O número de moradores de rua cresceu de forma assustadora. O período da pandemia expôs a chaga social que vivíamos e se mantém até este início de 2024.

Em meio a esta população excluída socialmente e que luta por uma inclusão social, encontra-se um grupo de trabalhadores que atua pelas ruas, desempenhando função de relevância excepcional para a sociedade: são os carroceiros da cidade, catadores de material reciclado que, com suas carroças, percorrem as ruas coletando materiais, os mais diversos, para posterior venda a fim de que sejam reciclados.

Há algum tempo surgiram as cooperativas de catadores cujo objetivo é de reunir estes trabalhadores e dar à coleta maior valor e significado na profissão. Ainda assim, a distribuição de ganho entre os cooperados é irrisória. O Ministério Público do Trabalho fez um vídeo excepcional em torno da atividade dos trabalhadores em produtos recicláveis que vale a pena assistir para compreender o mínimo do que vivem. Veja em: https://www.youtube.com/watch?v=lZOXewm4Iyg.

Os carroceiros passam o dia inteiro entre os automóveis, enfrentando frio, calor e chuvas, com motoristas que muitas vezes se incomodam com o trânsito, mas não com a condição social da pessoa que puxa a carroça. O carroceiro amanhece, trabalha e vive um dia de cada vez, alimentando uma esperança de curta duração. O retrato social precisava de iniciativas mais humanas que buscassem a inclusão social desses trabalhadores. Após um dia de coleta, uma carroça lotada de material reciclado, rende para o carroceiro em torno de R$ 15. Em épocas de grande oferta de material reciclado, por exemplo época de festas, o comprador reduz o valor de compra do quilo e o catador não tem alternativas para impor seu preço.

Merece destaque, nestas iniciativas, o trabalho do Mundano, artivista, que criou o *@pimpmycarroca*, ong destinada a promover os carroceiros, fazendo trabalho social de muita relevância com conscientização e significação política da valorização do trabalho que desempenham os carroceiros. O Mundano também criou um aplicativo para os carroceiros, chamado *@catakiapp*, pelo qual interessados do Brasil inteiro podem acessar carroceiros que estejam mais próximos do local de coleta para que retirem os materiais a serem reciclados.

Preocupado com a valorização dos carroceiros, desde agosto de 2018, criei um perfil no *Instagram* denominado @carroceirosdacidade cujo objetivo sempre foi dar visibilidade aos carroceiros e enaltecer a importância da atividade que exercem. Para isto, o perfil aponta os carroceiros que encontramos pelas ruas e estradas, com mulher e filhos, algumas vezes com curta entrevista para situar as condições em que o trabalho é executado. Contei com a colaboração de alunos e amigos seguidores que, quando encontravam um carroceiro, logo me encaminhavam a foto.

Nestas andanças, pudemos constatar que nem sempre a carroça pertence ao carroceiro. Em geral é do depósito de compra do material recolhido e a carroça é emprestada ou "alugada" com a finalidade de manter a exclusividade do recebimento da coleta diária. Outras vezes, quando a carroça é do carroceiro, ele luta para ter um lugar para deixar estacionada, sempre preocupado que não seja roubada.

O site do Tribunal Superior do Trabalho, em 20 de dezembro de 2023, trouxe a seguinte notícia: "Justiça do Trabalho cria grupo para propor melhorias nas condições trabalhistas de catadores de recicláveis", em ato assinado pelo presidente do TST e do CSJT, ministro Lelio Bentes Corrêa nesta quarta-feira (20/1), na Expocatadores 2023. O título da proposta chama a atenção pois se refere a melhorias de condições atualmente inexistentes e que terão, com certeza, ótima acolhida.

O objetivo da medida adotada vai no sentido de ampliar a Política de Trabalho Decente que faz parte da proposta de gestão do presidente do TST.

Na solenidade de assinatura destacam-se o local, Expocatadores 2023, e os autores da iniciativa: Movimento Nacional dos Catadores de Materiais Recicláveis (MNCR), da Associação Nacional dos Catadores e Catadoras de Materiais Recicláveis (Ancat) e da União Nacional de Catadores e Catadoras de Material Recicláveis (Unicatadores), com a participação da ministra do Meio Ambiente e Mudança do Clima, Marina Silva, e da vice-procuradora-geral do Trabalho, Maria Aparecida Gugel.

A notícia informa que se trata de iniciativa que tem

> "objetivo de propor projeto institucional no âmbito da Justiça Trabalhista, o grupo vai elaborar uma proposta voltada ao fomento do trabalho decente para catadores e catadoras de materiais reutilizáveis e recicláveis. Além disso,

deve promover a valorização das pessoas, o trabalho decente e a sustentabilidade, bem como incentivar o respeito à diversidade e um meio ambiente do trabalho com saúde e segurança para os trabalhadores."

Destaque-se ainda que o presidente do TST e do CSJT ressaltou que *"o modo de vida atual não é sustentável e é necessário pensar o trabalho humano a partir de uma "ética do cuidado, que possa contribuir para a cura do mundo"*. Ainda disse que: *"Temos o dever, enquanto sociedade, de remunerar de forma adequada o trabalho prestado por catadores e catadoras de recicláveis, e a Justiça do Trabalho tem a missão institucional de regular as relações de trabalho, contribuindo para que todos e todas tenham acesso ao trabalho decente"*.

Oxalá a Justiça do Trabalho e o grupo de estudos possam levar adiante, de forma objetiva e concreta, melhoras nas condições de trabalho de catadores, promovendo o respeito ao trabalho decente, além daqueles trabalhadores protegidos pelo regime da CLT.

Proteção necessária à pessoa autista nos setores público e privado

2 de fevereiro de 2024

Em outras oportunidades comentamos, nesta coluna, decisões da Justiça do Trabalho, em seus órgãos da 2ª Região, que cuidam de reconhecer direitos a redução de jornada a trabalhadores que possuem encargos de filhos autistas.

Claro que nossa finalidade é chamar a atenção para um tema extremamente relevante e que o Judiciário Trabalhista, ainda que sem lei que o preveja, atribui o direito de jornada reduzida a fim de que os pais possam dedicar parte de seu tempo aos cuidados de seus dependentes diagnosticados com transtorno do espectro do autismo.

A decisão da 1ª Turma do TRT-2

O caso que nos remete ao retorno do assunto foi a decisão da 1ª Turma do Tribunal Regional do Trabalho da 2ª Região que, em voto da lavra da Juíza Eliane Aparecida da Silva Pedroso, Processo n. 1001030-08.2022.5.02.0291, reformou a sentença de primeira instância e acolheu o pedido inicial de servidor público celetista para reduzir de 50% sua jornada de trabalho para atender filho com transtorno do espectro do autismo e trouxe como fundamentos a análise sistemática das Convenções Internacionais ratificadas pelo Brasil, na Constituição Federal e leis ordinárias.

De acordo com a decisão, no aspecto internacional, a Convenção Internacional sobre Direitos da Pessoa com Deficiência, após ser aprovada pelo Congresso Nacional (Decreto Legislativo n. 186, de 09.07.2008) e pelo Decreto Executivo n. 6.949/2009, é de aplicação integral na promoção de políticas de integração e apoio às pessoas com deficiência.

Lei Berenice Piana

Neste sentido, aponta a Lei n. 12.764/2012, Lei Berenice Piana, que dispõe sobre alguma forma de proteção a todos que se envolvem com a doença.

Chama a atenção a garantia assegurada pela lei no art. 3º, afirmando os direitos da pessoa autista:

> "I – a vida digna, a integridade física e moral, o livre desenvolvimento da personalidade, a segurança e o lazer;
>
> II – a proteção contra qualquer forma de abuso e exploração;
>
> III – o acesso a ações e serviços de saúde, com vistas à atenção integral às suas necessidades de saúde, incluindo:
>
> 1. *a)* o diagnóstico precoce, ainda que não definitivo;
>
> 2. *b)* o atendimento multiprofissional;
>
> 3. *c)* a nutrição adequada e a terapia nutricional;
>
> 4. *d)* os medicamentos;
>
> 5. *e)* informações que auxiliem no diagnóstico e no tratamento."

E, no art. 4º a Lei assegura à pessoa com transtorno do espectro autista que ***"não será submetida a tratamento desumano ou degradante, não será privada de sua liberdade ou do convívio familiar nem sofrerá discriminação por motivo da deficiência"***.

Tema 1.097

Considera o voto condutor regional que o Supremo Tribunal Federal já decidiu em repercussão geral , no Tema 1.097, sobre a ampliação dos efeitos do art. 98 da Lei n. 8.112/90, §§ 2º e 3º, observando que a mesma 1ª Turma do Regional decidiu por unanimidade, ***verbis***:

> "(...) Por fim, destaque-se que o art. 98 da Lei n. 8.212/1990 prevê a concessão de horário especial ao servidor portador de deficiência, assim como àquele que tenha cônjuge, filho ou dependente com deficiência, quando comprovada a necessidade por junta médica oficial, independentemente de compensação de horário. E, embora não se dirija aos empregados regidos pela CLT, seu princípio deve ser observado como sustento à exegese privilegiada pelo Ministério Público do Trabalho e por esta Relatora."

Deste modo, ampliam-se os efeitos do Tema 1.097 para servidores estaduais e municipais, regidos ou não pela CLT.

A ementa da decisão está nos seguintes termos:

> "SERVIDOR PÚBLICO CELETISTA – REDUÇÃO DE 50% DA CARGA HORÁRIA – FILHO COM TRANSTORNO DO ESPECTRO DO AUTISMO – ESTRITA LEGALIDADE – OFENSA INEXISTENTE – INTERPRETAÇÃO SISTEMÁTICA DO ORDENAMENTO JURÍDICO – CONSTITUIÇÃO, CONVENÇÃO INTERNACIONAL, LEI ORDINÁRIA – HIERARQUIA DAS FONTES – BENEFÍCIO ESTENDIDO – RENOVAÇÃO A PARTIR DA PROVA DE VIDA DA CRIANÇA. Não é a ausência de lei específica que impede o

deferimento da pretensão do empregado público em ter sua jornada reduzida, sem prejuízo da remuneração, para acompanhamento de seu filho autista. O Direito Administrativo cede lugar à interpretação sistemática do ordenamento, que se inicia na Constituição, passando pela Convenção Internacional de Proteção das Pessoas com Deficiência, a chegar a Lei n. 8.212/91, art. 98, §§ 2º e 3º, de aplicação subsidiária a situação fática do reclamante. A duração da garantia de jornada reduzida, ante as peculiaridades do transtorno do espectro autista, é permanente, bastando a revisão anual por meio da prova de vida da criança assistida. Recurso do reclamante ao qual se dá provimento."

No setor privado

O que fica desta decisão para o setor privado das relações trabalhistas é uma grande reflexão sobre a maneira pela qual, trabalhadores em situação idêntica, poderiam usufruir do mesmo benefício sem prejuízo da perda de emprego.

Aqui caminhamos pela metade, pois aquilo que se torna mais efetivo para decidir no setor público ou em relação a empresas públicas, no setor privado o Judiciário trabalhista atuaria de forma mais rigorosa, talvez tímida, e não superaria a ausência de lei protetiva do emprego para aquele que tivesse dependente em situação de autismo.

A fim de que se possa cumprir a finalidade da Lei n. 12.764/2012, Lei Berenice Piana e dar efetividade à proteção pretendida, de que a pessoa autista *"não será submetida a tratamento desumano ou degradante, não será privada de sua liberdade ou do convívio familiar nem sofrerá discriminação por motivo da deficiência"* precisamos de alguma garantia para o setor privado e, talvez, esta situação, de autistas em situação de dependência de trabalhadores, pudesse estar inserida na lei de quotas e com garantias de remuneração e redução de jornada a fim de que fosse atendido o convívio familiar. Trata-se de garantir não a inclusão social no trabalho de pessoas autistas, mas de permitir o exercício de sua liberdade e dignidade como pessoa humana.

Aviso prévio proporcional e tempo de serviço

23 de fevereiro de 2024

A Constituição, em seu art. 7º, inciso XXI, considerou como uma das garantias aos trabalhadores a previsão de que o aviso prévio deveria ser proporcional ao tempo de serviço, garantindo o mínimo de 30 dias, espelhando-se no que dispunha já a CLT, no art. 487, evitando assim o retrocesso social.

Quando a dispensa fosse sem justa causa, enquanto não tínhamos a regulamentação por lei do inciso constitucional, as negociações coletivas de diversas categorias, antecipando-se ao legislador, negociavam a inclusão de dias de acréscimo no período de aviso.

Não se tratava de aumento de dias de aviso prévio legal de 30 dias, mas de uma sobrecarga ao empregador e um benefício ao empregado despedido de tal forma que onerava a dispensa injusta mediante uma indenização representada por dias calculados pelo número de anos que o empregado tinha de emprego na empresa.

Os dias acrescentados a título de indenização não tinham o condão de somar para fins de contagem de tempo de serviço, respeitando-se a previsão que estava na lei apenas para o período de 30 dias, asseverando o art. 489 que *"Dado o aviso prévio, a rescisão torna-se efetiva depois de expirado o respectivo prazo..."*.

O prazo de que trata a lei, ao que parece, é o tempo de cumprimento do período de 30 dias, ficando a opção para o empregador de exigir ou não o trabalho e, caso opte por liberar a prestação de serviços, obriga-se à indenização do respectivo período.

Indenização proporcional

Com a aprovação da Lei n. 12.501/2011 logo se cogitou de ampliar o período do aviso prévio somando os dias de acréscimo para fins de efetivar a rescisão do contrato e, consequentemente, impor tais dias na contagem do tempo do contrato de trabalho para efeitos do tempo de serviço para fins de 13º salário, férias e demais verbas de natureza trabalhista.

No nosso sentir, a lei não ampliou o tempo de serviço, mas apenas criou uma indenização proporcional ao tempo de serviço. Não se referiu, de modo expresso, que o contrato se extinguiria quando expirado o prazo, incluindo os dias de aviso prévio proporcional, cabendo a máxima de que onde a lei não distingue não cabe ao intérprete distinguir.

Entendimento do TST

Chama a atenção publicação de 14.2.2024, do site do TST, cuja notícia traz a seguinte manchete: *"Dias de aviso-prévio a mais aumentam prazo para trabalhador apresentar ação judicial"*.

Trata-se de decisão da 2ª Turma do Tribunal Superior do Trabalho, em voto da ministra Maria Helena Mallmann (processo RRAg-10873-49.2017.5.03.0036) e que considerou que os dias acrescidos ao aviso prévio devem ser observados como tempo de serviço para fins de contagem da prescrição do prazo de dois anos para o ajuizamento da ação (CF, art. 7º, XXIX), invocando precedentes de 1997 (OJ 81 e 82) e que consideravam que, ainda que indenizado o aviso prévio, a data de baixa na CTPS deve ser aquela da data de expiração dos 30 dias, porquanto considerada como tempo de serviço.

Independentemente do conteúdo de mérito, se houve ou não erro da empresa na contagem do período acrescido de seis dias, o aspecto nodal da decisão diz respeito à natureza jurídica dos dias de acréscimo previstos na Lei n. 12.501/2011, cuja natureza é indenizatória e apenas objetivou dar ao trabalhador o direito a uma indenização especial na rescisão sem justa causa pelo empregador.

Castigo. A decisão do TST, com todo respeito, traz uma interpretação desvantajosa para os trabalhadores. Neste sentido, leva à suposição de que o empregador poderia exigir do empregado dispensado a permanência em trabalho durante o período de 30 dias acrescido dos demais dias, fato este que seria inusitado e em flagrante prejuízo para o empregado dispensado se se imaginar que ao empregador seria dado o direito de exigir o cumprimento de aviso prévio pelos dias equivalentes aos acréscimos dos 30 dias.

Nesta toada, um empregado com dez anos de trabalho na empresa, dispensado sem justa causa, teria direito aos 30 dias regulares de aviso prévio mais 30 dias correspondentes ao acréscimo de três dias por ano de serviço.

Se exigido o cumprimento de aviso prévio, de acordo com o que sugere a decisão, *data venia*, o empregado permaneceria em trabalho 60 dias. Deste modo, o tempo de serviço na empresa seria um castigo para o empregado que, a cada 12 meses, estaria se acorrentando à permanência de mais três dias em serviço.

Ora, se a regra não vale para exigir o trabalho, também não poderia valer para a projeção para fins de ajuizamento de ação.

Limites das negociações coletivas de trabalho

15 de março de 2024

As negociações coletivas de trabalho sempre receberam atenção especial em razão dos benefícios e direitos assegurados aos trabalhadores representados e, também, pelos impactos que poderiam causar nos setores de atividade econômica.

Ao longo dos anos, foram promotoras de direitos posteriormente estendidos, por lei, a todos os trabalhadores.

Neste sentido, o pagamento de 1/3 nas férias anuais remuneradas e a redução de jornada de trabalho de 48 para 44 horas que, antes da assembleia constituinte, tinham previsão como abono de férias e redução de jornada (sem redução do ganho mensal de salário) em algumas convenções coletivas, por exemplo, dos metalúrgicos de São Paulo.

Embora a Constituição de 1988 tenha atribuído aos sindicatos protagonismo relevante para a ampliação do escopo do conteúdo das negociações, o modelo da organização sindical se manteve no comodismo anterior do monopólio decorrente da unicidade sindical.

Negociado sobre o legislado

Com a reforma trabalhista em 2017 (Lei n. 13.467) e com a afirmação de que o negociado deve prevalecer sobre o legislado, houve visível alargamento e incentivo para as negociações coletivas, atribuindo aos sindicatos responsabilidade pelas condições negociadas.

Mas, ainda, mesmo assim, o modelo de organização sindical não evoluiu e apenas se preocupou com a alteração da contribuição sindical que deixou de ser obrigatória.

Contudo, o STF colaborou com o custeio dos sindicatos e suavizou, com fundamento jurídico discutível, o recolhimento de contribuições assistenciais. Mas as negociações coletivas continuaram e, o tormento da redução de arrecadação dos sindicatos se transformou numa metralhadora descontrolada.

Há uma regra na Convenção n. 87 da Organização Internacional do Trabalho, que trata da liberdade sindical, que é fundamental cujo objetivo é o da preservação da autonomia sindical e que, na Convenção n. 98 da OIT, é de clareza meridiana no sentido da proibição de qualquer custeio direto ou indireto, de empresa ou sindicato patronal, a sindicatos profissionais, (art. 2, 2) *verbis*:

> "Serão particularmente identificados a atos de ingerência, nos termos do presente artigo, medidas destinadas a provocar a criação de organizações de trabalhadores dominadas por um empregador ou uma organização de empregadores, ou a manter organizações de trabalhadores por outros meios financeiros, com o fim de colocar essas organizações sobe o controle de um empregador ou de uma organização de empregadores."

Portanto, para assegurar a liberdade sindical e seu livre exercício, o repasse de verbas pelos empregadores a entidades sindicais representam um obstáculo à autonomia sindical.

Como afirmado anteriormente, após a reforma e com a alteração na forma de custeio de entidades sindicais, a criatividade para recompor o prejuízo assumiu grandezas inimagináveis.

Em 12 de março, o site do TST publicou a seguinte notícia "Mantida nulidade de cláusula coletiva que prevê benefício custeado por empresas", decorrente de decisão da 8ª Turma que, apreciando recurso de sindicato profissional (Processo: Ag-AIRR-10135-48.2021.5.18.0054), manteve decisão que entendeu pela ilegalidade de cláusula normativa que criou "benefício familiar social" a favor do sindicato e com custeio das empresas do setor econômico.

O fundamento trazido pela relatora, ministra Delaíde Miranda Arantes, foi de que se trata "de uma espécie de contribuição assistencial compulsória que afronta os princípios da autonomia e da livre associação sindical".

A cláusula em questão se referia a Benefício Social Familiar com a seguinte redação:

> "A Entidade sindical prestará indistintamente a todos os trabalhadores subordinados a esta Convenção Coletiva de Trabalho, benefícios Sociais em caso de: nascimento de filho, acidente, enfermidade, aposentadoria, incapacitação permanente ou falecimento, conforme tabela de benefícios definida pelos sindicatos e discriminada no Manual de Orientação e Regras, por meio de organização gestora especializada e aprovada pelas entidades Sindicais convenentes."

O detalhe curioso é que o parágrafo segundo da cláusula trazia a transferência obrigatória de R$ 22,00 por trabalhador, por meio de boleto, para uma sociedade gestora indicada pelo sindicato, gerando renda em favor do sindicato profissional o que, ao final, segundo a relatora, "o sindicato obreiro passa a ser mantido pelas empresas", situação esta vedada pela citada Convenção n. 98, art. 2.

Neste aspecto, vale a lembrança da redação do disposto pelo art. 8º, § 3º, da CLT, na sua redação pela reforma, no sentido de que o exame pela Justiça do Trabalho de normas coletivas observará a atuação pelo princípio da intervenção mínima na autonomia da vontade coletiva.

A situação é típica de aprendizado para que os sindicatos brasileiros, ainda que na sua unicidade, e ansiosos para captar receita, não se deixem levar por excesso de criatividade que comprometa o exercício da liberdade sindical.

Julgados do TST que espelham os limites da negociação coletiva

5 de abril de 2024

As negociações coletivas receberam pela reforma trabalhista, em 2017, maior liberdade em fixar os conteúdos das normas que seriam observadas pelas empresas do setor econômico e que deveriam ser aplicadas aos empregados das respectivas categorias profissionais.

Entretanto, a permissão legal deve encontrar limites que, aos poucos, a Justiça do Trabalho, quase sempre por iniciativa do Ministério Público do Trabalho, vem balizando os abusos nelas previstos.

As negociações coletivas dizem respeito à consolidação de normas aplicáveis ao conteúdo específico das relações de trabalho e dos direitos dos trabalhadores na relação contratual de trabalho.

Então elas devem observar os limites do contrato de trabalho e jamais ampliar seu campo de aplicação para aquelas disposições consideradas de política de estado com objetivos sociais e que apenas ao estado cumpre sua atuação tutelar.

Limites

Existem duas situações recentes julgadas pelo Tribunal Superior do Trabalho que espelham de modo claro tais limites.

Assim, o primeiro, refere-se à negociação com objetivo de flexibilizar a base de cálculo de cotas legais, de aprendizes e trabalhadores com deficiência e o segundo refere-se à possibilidade de fixar por norma coletiva o desconto de banco de horas negativo por ocasião da rescisão contratual.

Para o primeiro caso, quanto a flexibilização das cotas, pretenderam os sindicatos negociadores que somente os trabalhadores administrativos fossem considerados para os fins de cálculo das cotas previstas nos arts. 428 e seguintes da CLT e no art. 93, da Lei n. 8.213/91.

O *site* do TST publicou a notícia em 3.4.2024, da Subseção II Especializada em Dissídios Individuais (SDI-2) que restabeleceu decisão que havia proibido sindicatos dos setores de asseio e conservação e de segurança privada de Santa Catarina de fazer instrumentos coletivos que flexibilizam a base de cálculo das cotas legais de aprendizagem e de pessoas com deficiências (Processo ROT-549-88.2019.5.12.0000).

O fundamento refere-se ao art. 611-B da CLT que considera ilícito e, portanto, impõe limites à negociação coletiva que proíbe a prática de discriminação e de medidas de proteção legal de crianças e adolescentes e que, no caso, os sindicatos teriam mitigado as cotas legais, contrariando a proibição legal cujo escopo é de proteger os destinatários e não estabelecer discriminação no cumprimento de cotas.

Trata-se de exemplo de cláusula abusiva que exorbita o campo de aplicação das negociações coletivas cujo debate de aprovação em assembleia de trabalhadores gera suspeição, inclusive.

O ministro Dezena da Silva, relator do caso, observa que não se trataria de anulação de cláusula, "mas de caráter inibitório, isto é, de impor aos entes sindicais a obrigação de não mitigar a base de cálculo das cotas legais por meio da negociação coletiva".

Já o segundo caso, que trata da permissão de desconto salarial de banco de horas negativo, o TST publicou em seu site, no dia 1º de abril, em decisão da 2ª Turma, manteve a norma coletiva que permite o desconto de banco de horas negativo ao final de cada período de 12 meses ou nas verbas rescisórias em caso de pedido de demissão ou rescisão por justa causa por não se tratar de direito indisponível assegurado pela Constituição (RR-116-23.2015.5.09.0513).

O voto da relatora, ministra Maria Helena Mallmann, observou que a jurisprudência do STF e aplicou o Tema 1.046 que se refere a limitação de direitos absolutamente indisponíveis previstos na Constituição.

Acentuou a relatora que "A instituição de "banco de horas" com a possibilidade de desconto do tempo injustificadamente não trabalhado ao final de cada período de 12 meses ou nas verbas rescisórias em casos de pedido de demissão ou dispensa por justa causa não é incompatível com a Constituição, tratado internacional ou norma de medicina e segurança do trabalho.

Aliás, ao menos em regra, a norma autônoma em questão oferece ao trabalhador a chance de compensar no período de 12 meses as faltas e atrasos antes do desconto em folha de pagamento, regime mais benéfico do que aquele estabelecido no art. 58, § 1º, da CLT.

Frise-se que não há registro de qualquer comportamento malicioso do empregador no sentido de surpreender seus empregados ocultando-lhes o saldo negativo do "banco de horas" ou impedindo-lhes dolosamente a compensação do débito.

Portanto, duas intervenções do TST em matéria de negociações coletivas de conteúdo diverso, sendo uma de caráter proibitivo na sua flexibilização por se tratar de matéria atinente a obrigação do estado na proteção de trabalhadores menores aprendizes e com deficiência e outra norma de caráter interno das relações trabalhistas, demonstrando que as negociações coletivas enfrentam limites no campo de sua aplicação.

A motivação da greve pode definir a não abusividade

26 de abril de 2024

Qual seriam os fundamentos para classificar um movimento paredista de abusivo ou ilegal?

Há tempos, ou melhor, depois da Constituição Federal de 1988 e, em especial, após a Lei n. 7783/89, chamada Lei de Greve, o julgamento de greves pelo Judiciário Trabalhista se pautou na classificação do movimento como legal ou ilegal, abusivo ou não abusivo.

Anteriormente à Constituição Federal, a greve era regulada pela Lei n. 4.330, de 1964. Todavia, a deflagração de movimentos de paralisação poderia ser considerada como atividade subversiva, com perseguição pelo regime militar, intervenção em sindicatos, desestimulando os trabalhadores a qualquer iniciativa, cabendo-lhes o silêncio e o inconformismo sufocado.

E assim foi até 1979, quando eclodiram as greves do ABC e, contra este fato, não havia regra que pudesse impedir o fortalecimento das reivindicações, especialmente no campo da reposição salarial em razão do alto índice de inflação.

Com a Constituição em 1988, houve a revogação da antiga lei de greve e, pelo art. 9º, se assegurou o direito fundamental dos trabalhadores de paralisarem as atividades e de utilizar a greve para defender os interesses que considerassem legítimos.

Lacuna e impasses

Entretanto, a ausência de uma lei que regulamentasse o exercício do direito de greve criou diversos impasses, entre eles o de saber se os dias de greve seriam remunerados pelo empregador e, ainda, como seria colocado fim à greve caso não houvesse acordo entre trabalhadores e empregadores.

Reclamava-se a necessidade de uma lei sobre a regulamentação do exercício do direito de greve. Em outras palavras, a garantia constitucional parecia não ser suficientemente segura para entrar e sair da greve.

A Justiça do Trabalho chegou a extinguir dissídios de greve por entender que não era competente por ausência de lei sobre o assunto. Talvez esse tivesse sido o caminho ideal para que trabalhadores e empregadores dispusessem com responsabilidade as regras para lidar com as paralisações.

Legalidade ou ilegalidade

Com a Lei n. 7.883/89, o que parecia ter sido resolvido permaneceu da mesma forma. A nova lei apenas deu ao Judiciário os caminhos do julgamento, pois podia então aplicar a lei. Na prática, a nova lei tem sido frequentemente descumprida e, nem por isso, a greve deixa de ser considerada um fato jurídico.

Ocorre, todavia, que muito embora a lei tenha estabelecido as regras para a deflagração do movimento de greve, como se disse, nem sempre as condições são observadas pelos trabalhadores, resultando que, efetivamente, a greve, como fato social inquestionável, passou a ser julgada com os parâmetros legais para afirmar sua legalidade ou ilegalidade, consoante preenchidos ou não os requisitos da lei.

Contudo, não consideramos adequado atribuir ao movimento grevista a sua ilegalidade ou abusividade, pois há um direito maior e fundamental a ser respeitado que é o direito de greve.

De outro lado, para a greve ser classificada de abusiva dependeria do mal uso do direito pelos trabalhadores, que seria enquadrado no conceito de abuso de direito de acordo com o Código Civil, no art. 187, carecendo de prova de que o direito tenha sido exercido além dos *"limites impostos pelo seu fim econômico ou social, pela boa-fé ou pelos costumes"*.

Motivação e política

Os fins perseguidos pela paralisação, isto é, sua motivação pode dar ensejo à ilicitude do movimento, mas se o fim perseguido é legítimo, a greve não deve ser considerada abusiva ou, ainda, podem ser abusivos os atos praticados no seu exercício, em especial relativamente a terceiros. Quando se trata de greve de motivação política, o Judiciário, equivocadamente a nosso juízo, tem entendido pela abusividade, porque estaria ausente pretensão de mérito trabalhista ou social.

O site do TST, a propósito do tema, publicou notícia em 19/4/24 com o seguinte título **"Greve de rodoviários de Recife é declarada não abusiva por empresas descumprirem acordo"**. O fundamento que justificou a deflagração da greve sem respeitar as condições legais da Lei n. 7.783, de 1989 decorreu do fato de que o empregador deixou de cumprir compromisso inserido em acordo coletivo, anteriormente avençado com os trabalhadores representados pelo sindicato. Além disso, determinou a decisão que os dias de paralisação fossem pagos pelo empregador (ROT – 1377-18.2020.5.06.0000).

O relator do recurso da Seção Especializada em Dissídios Coletivos (SDC), Ministro Mauricio Godinho Delgado, sustentou o fundamento de seu voto na própria lei que não considera abusiva a greve na vigência de norma coletiva contra o seu não cumprimento pelo empregador, caracterizando-se legítima a resistência dos trabalhadores com direito dos grevistas ao pagamentos dos dias parados.

Como se vê, a abusividade do exercício do direito de greve não tem em conta os aspectos formais da lei para sua deflagração, mas as razões da sua motivação, permitindo ao julgador considerar o fato social, isoladamente dos seus aspectos formais.

Novas dimensões do Direito do Trabalho

17 de maio de 2024

Desde que foi reconhecido como ramo do Direito, o Direito do Trabalho vive em conflito com o seu tempo, adaptando-se às transformações da economia, dos novos meios de produção e de prestação de serviços. Funciona quase como um jazz, improviso, adaptação, variação de tema, mas sem perder o foco no tema, melodia e harmonia, e, do individual ao coletivo, carrega a preocupação de manter a sintonia com a harmonização do bem comum.

Atualmente, talvez esteja passando por um momento desafiador, e seus princípios e conceitos merecem revisão e adequação de sua principiologia.

A revolução tecnológica nos empurrou para outras dimensões trabalhistas em que o modelo taylorista da produção não se aplica mais e o modelo clássico da subordinação se dissipou em outras formas de relação de trabalho, comprometendo a aplicação dos princípios do Direito do Trabalho de forma genérica.

Reforma

A propósito dos princípios do Direito do Trabalho, a reforma trabalhista de 2017, de modo expresso, introduziu no § 1º, do art. 8º, a supressão de que os princípios de Direito do Trabalho deveriam prevalecer sobre o Direito comum, deixando sinalizar que deveria prevalecer a liberdade contratual e a autonomia da vontade.

O parágrafo único, do art. 444, da CLT, introduzido pela reforma, é paradigma de que o princípio protetor recebeu novo tratamento e admite que o trabalhador possa estabelecer negociação contra disposição legal e sobre ela prevalecer.

Tema 725

O Supremo Tribunal Federal reafirmou a prevalência da autonomia da vontade no Tema 725 relativo à terceirização, dispondo que *"É lícita a terceirização ou qualquer outra forma de divisão do trabalho entre pessoas jurídicas distintas, independentemente do objeto social das empresas envolvidas, mantida a responsabilidade subsidiária da empresa contratante*", tese que vem sendo aplicada em reclamações constitucionais para cassar sentença trabalhista que reconhece vínculo de emprego entre pessoas jurídicas e tomador de serviços.

Significativo nessas decisões as manifestações de ministros a respeito do tema. Assim, o ministro Roberto Barroso, em explícito reconhecimento de que ser empregado é uma das formas de prestação de serviços, no julgamento da Rcl 56.285/SP (j. 6.12.2022), citado pelo ministro Alexandre de Moraes, na Reclamação 59.795 disse o seguinte:

> "Considero, portanto, que o contrato de emprego não é a única forma de se estabelecerem relações de trabalho. Um mesmo mercado pode comportar alguns profissionais que sejam contratados pelo regime da Consolidação das Leis do Trabalho e outros profissionais cuja atuação tenha um caráter de eventualidade ou maior autonomia. Desse modo, são lícitos, ainda que para a execução da atividade-fim da empresa, os contratos de terceirização de mão de obra, parceria, sociedade e de prestação de serviços por pessoa jurídica (pejotização), desde que o contrato seja real, isto é, de que não haja relação de emprego com a empresa tomadora do serviço, com subordinação, horário para cumprir e outras obrigações típicas do contrato trabalhista, hipótese em que se estaria fraudando a contratação."

Intervenção mínima

No plano coletivo, o § 3º, do art. 8º, não deixa dúvidas de que as negociações devem observar o disposto no art. 104 do Código Civil quanto à validade do negócio jurídico e, deste modo, preenchida essa condição, a Justiça do Trabalho, segundo o texto, balizará sua atuação pelo princípio da intervenção mínima.

O dispositivo em apreço reafirmou a prevalência da vontade coletiva, fixando a prevalência do negociado sobre o legislado no art. 611-A (*"A convenção coletiva e o acordo coletivo de trabalho têm prevalência sobre a lei..."*), o que levou o STF à fixação da tese no Tema 1.046 nos seguintes termos: *"São constitucionais os acordos e as convenções coletivas que, ao considerarem a adequação setorial negociada, pactuem limitações ou afastamentos de direitos trabalhistas, independentemente da explicitação especificada de vantagens compensatórias, desde que respeitados os direitos absolutamente indisponíveis"*.

Do que se expôs, há uma constatação de que os conceitos antigos e clássicos do Direito do Trabalho estão sendo revistos pelo STF em preocupante enfrentamento direto da jurisprudência dos tribunais trabalhistas e, portanto, o momento deve ser de reconstrução do direito do trabalho em novas bases jurídicas.